THE DIRECTORY OF
CLASSICAL THEMES

THE DIRECTORY OF CLASSICAL THEMES

DENYS PARSONS

PIATKUS

PIATKUS

First published in Great Britain in 1975 by Spencer Brown & Co.
This amended edition published by Piatkus in 2008
Reprinted in 2009

A CIP catalogue record for this book
is available from the British Library

ISBN 978-0-7499-5178-8

Data manipulation by Phoenix Photosetting, Chatham, Kent
www.phoenixphotosetting.co.uk
Printed and bound in Great Britain by
CPI Mackays, Chatham, ME5 8TD

Papers used by Piatkus are natural, renewable and recyclable
products sourced from well-managed forests and certified
in accordance with the rules of the Forest Stewardship Council.

Mixed Sources
Product group from well-managed
forests and other controlled sources
www.fsc.org Cert no. SGS-COC-004081
© 1996 Forest Stewardship Council

Piatkus
An imprint of
Little, Brown Book Group
100 Victoria Embankment
London EC4Y 0DY

An Hachette UK Company
www.hachette.co.uk

www.piatkus.co.uk

CONTENTS

INTRODUCTION
by
BERNARD LEVIN

If Mr Denys Parsons did not exist, it would be necessary to invent him, but how on earth would we set about doing so? To start with, his versatility is quite astonishing; he is, or has been, a film-maker, a chemist, scientific adviser to the Society of Authors, an amateur flautist, an author, inventor of, among other creations, that inspired maker of newspaper misprints, Gobfrey Shrdlu, an Etonian, a psychic researcher, Press Officer to the British Library, and several dozen other things besides.

Chief among which, of course, is a Filler of Long-Felt Wants. There are certain objects or principles or techniques of which it may be said that we cannot think how we managed before they were devised. Sellotape, for instance; can it really be true that we always tied up parcels with string before Signor Sello came along? Where did we get all that string from? And what about those living alone, who could not ask someone else to put a finger on the knot while they finished tying it? And what political party would dare to face the wrath of millions now by putting in its election programme a pledge to abolish Sellotape if elected?

Now Mr Parsons did not invent Sellotape. But he did invent a compendium called *What's where in London,* which is a book that tells you where, in London, you can get all those things which you may not need very often, but for which, when you *do* need them, there is no substitute. Megaphones, for instance, and tailor's dummies; swimming-pools and model railways; accessories for wood-carvings; an expert to mend your broken china; every kind of antique; dancing-classes; clothes for tall women; trombones, Turkish baths and terrapins; raffia, regimental badges and rat-catchers; flippers, fossils and fountain-pens, joss-sticks, jewellery and junk; an all-night chemist, a chair caner, an ear-piercer, a vet, a harness-maker, a midwife and a launderer of nappies. (Be reasonable; if you need a midwife you are bound, sooner or later, to need a nappy-laundry.)

What *did* we do before Mr Parsons compiled *What's where in London,* with all that information, and thousands more such items? One thing we did not do, it should be noted, was to think of the idea ourselves; but Mr Parsons did. Many have followed where he led (that has always been the story of the pioneer) and there are now many such guides. But it was he who had the idea, and (another aspect of the pioneer's story) tried an appallingly large number of publishers before he found one who would take it up. And yet, as I say, nobody who has ever made use of his invaluable handbook can imagine how they got on before he thought of it.

"Yes, Mr Galileo, what can I do for you?"

"Er, well, I believe I have invented a telescope."

"And what is that, pray?"

"Well, it is a device for seeing things a long way away—miles and miles away—oh, hundreds of miles, if not thousands."

"Oh, I don't think we want that. I mean, there wouldn't be any call for it, would there?"

And so, having proved that there was a call for *What's where in London,* Mr Parsons wondered what else there might be a call for that did not exist. And one day (it may have been in his bath, and it may not) he solved—in a single, instantaneous flash of inspiration— a problem that has hitherto been unsolved, and that seemed to be quite impossible of solution. What he did was no less extraordinary than would be the squaring of the circle or the construction of a perpetual-motion machine; he did something that, properly defined, *could not be done.* He worked out a method by which people who could not read a single note of music could look up musical themes in a directory thereof.

This is something the need for which is obvious. However ignorant of music we may be, if we have ever hummed a snatch of anonymous tune, remembered from our childhood or from yesterday's radio-programme, we have also wished we could put a name to it. Note that this is just as true for the *maestoso* theme from the last movement of Beethoven's Ninth Symphony as it is for the Gigue from Bach's French Suite No 2 in C minor: even the man who said that he only knew two tunes, and that one of them was *God saved the Queen* and the other one wasn't, would find it useful to know what the other one actually was.

If we can read music, we have long had works of reference to which we can turn to track down the theme that is teasing our minds. If we know that what we are singing is in B flat major, and that the notes at the beginning of the phrase are E flat, A flat and B flat respectively, we can hope to look it up without much difficulty in something like Barlow and Morgenstern's *Dictionary of musical themes*. But what if we cannot read, or write, a single note of music? What if we think that A flat major is an army officer who has had the misfortune to be run over by a tank? Are we to long in vain for the ability to discover what we are trilling, or the trombone-playing busker in the street is tootling, or the maiden at the piano glimpsed behind the lace curtains is tinkling?

Yes, said the world. No, said Mr Parsons, and suited the action to the word. In his preface to this book, he explains in detail how his system works, and explains much more clearly than I could. But even he cannot keep out of his explanation the tone of wonder at the fact that something so simple, so obvious, so childishly simple and ridiculously obvious, actually works—works without flaw or failure, works for those who know absolutely nothing whatever about music, works for those who hate music and want only to know exactly what music it is that they are hating at any given moment as much as for those who love music and want to know the particular name that their beloved goes by.

I cannot even say that his method only takes five minutes to learn. It takes, literally, no time at all to learn. As soon as you have read the few lines in which he explains his method you have it, complete and entire in your head, and can thereafter use it for any piece of music.

Mr Parsons has told me the number of publishers who turned down this book before Messrs Spencer Brown and Co accepted it; I have mercifully forgotten how many it was, but it was a very large number indeed. And yet, within twelve months of its publication they, like you and I and countless others, will be unable to understand how on earth anybody could have managed before the idea came to him. That, as I say, has always been the fate of pioneers.

"Oh, no, Mr Galileo, there wouldn't be any call for a telescope. No, there is really no point in your leaving your name and address. No, I am afraid I cannot think of anybody who might be interested. *But would you mind telling me, before you go, what is that tune you were humming as you came in?*"

PREFACE

On setting out to compile a new and comprehensive directory of musical themes, I intended at first to follow the method used by Barlow and Morgenstern[1] in America in the 1940s. To identify an unknown tune by their method the searcher has to transpose it into the key of C and then write down the actual notes. The idea is straightforward but requires a fair degree of musical knowledge to work it.

After giving the matter some thought, I made the unexpected discovery that a single feature—the up-and-down pattern of the melody—was sufficient to differentiate any number of themes.

All the searcher needs to do is to hum the tune and decide whether the consecutive notes of the melody go up (U), down (D), or repeat (R). Thus the first phrase of *God save the Queen*[2] would be coded * R U D U U, the asterisk representing the first note of the tune. From this we can see that there is no need to transpose, and that, apart from the shape of the melody, all other features—key signature, rhythm, phrasing, pitch, and note intervals—are ignored because they are not needed. The code sequence is simply looked up in the alphabetical index.

I continue to be astonished that such a simple test, taken to the sixteenth note (or less), should be adequate to distinguish more than 10,000 classical themes.

Admittedly, even at the sixteenth note, there are themes with identical codings, but in these cases the style of the music will almost always enable the searcher to pick out the right answer from one or more alternatives.

In selecting works for inclusion in the present Directory I have used a number of source books, in particular the thematic indexes of

---

[1] *A dictionary of musical themes,* Crown Publishers, New York, 1948; Williams & Norgate (now Ernest Benn Ltd), London 1949, still in print: and *A dictionary of vocal themes,* Crown Publishers, New York, 1950; Ernest Benn Ltd, London, 1956, still in print.

[2] For readers in USA this is the same tune as *America,* 'My country, 'tis of thee'.

Barlow and Morgenstern. Together these contain about 17,500 themes, but they include a number of works that would nowadays be considered as of academic interest only. Furthermore, they stop short at 1947, before the advent of the modern long-playing record that has made so many more works available and familiar to a general musical public. As a basic guide to today's repertoire I have used *The Gramophone* Classical Record Catalogue, and aimed to include nearly all items represented by two or more recordings, as well as many listed only once, and works not represented at all in current recordings which seemed worthy of inclusion. I shall be glad to be notified of omissions or errors which the reader considers serious.

In compiling the directory my aim has been to supply the best possible facility to enable readers to find what they are looking for. This has meant attempting to decide how a given melody will be remembered. There may be different versions of a folk song; a departure from what a composer actually wrote may have gained acceptance over the years. Sometimes it is difficult to decide whether the searcher will include the unaccented note or notes before the bar-line. Will the triplet which introduces the Rakoczy march be included or omitted?

In all such cases I know of I have included two versions, sometimes adding 'misquoted' in brackets after an unauthorized version. In certain cases I have omitted as intractable a glissando or quasi-glissando before the bar-line, assuming that the user will do likewise. An example is the flute theme from Ravel's Daphnis and Cloë suite No 2.

Sometimes different instruments play simultaneously tunes that are judged by the ear to be of equal importance, or sometimes a base line, as in Diabelli's waltz, can be so insistent as to be considered part of the tune. In these cases too I have listed more than one version. No less than three versions of Handel's largo in G (ombra mai fu) have been included because the instrumental and vocal versions are different, and there are doubts whether the searcher will include the accompaniment link. Again, *Land of hope and glory* does not tally with the trio of Elgar's Pomp and Circumstance March No 1, so both versions are included. Jessel's *Parade of the tin soldiers* is frequently remembered with an introductory duplet instead of the triplet which is correct. Both are listed.

In cases where the octave of a note is scored, it may be heard or remembered as the fundamental, especially if the octave takes the theme beyond the range of the human voice. A few such themes have been given an additional coding which takes account of this. In cases of doubt, the reader should try alternative codings that seem plausible.

Where I have followed Barlow and Morgenstern's selections I have thought it sensible to adopt also their conventions of thematic analysis. For example, they occasionally list a theme in two parts 'a' and 'b'. This explains entries in the directory such as 1t(b) and 2t(a).

Broadly I have followed the practice of Barlow and Morgenstern of including appoggiaturas and omitting grace notes, trills, and other ornaments. This is by no means as easy as it sounds, particularly with music written before the 19th century. In spite of their instruction that 'trills, turns, grace notes, and other embellishments are not taken into consideration', they invariably do code these where the composer has arbitrarily chosen to write them out as full notes— eg as a couple of semi-quavers or demi-semi-quavers at the conclusion of a trill. One such example occurs at the beginning of the third movement of the Mozart piano concerto/12 in A K414. Such themes are practically impossible to identify from exact codings of the scores, and I have also listed codings for the themes as heard, ie without the notes that sound like ornaments. But there may not be alternative codings in every such case, and if the searcher cannot at first find a theme with (for example) a trilled note, it may yet be identified by adding (or subtracting) an extra DU after the trill.

Acknowledgments

I wish to thank Brian Godfrey for his help in matters of method and nomenclature, and for coding a number of works. I gratefully acknowledge further help from Basil Bard, Jean Barnard, Constance Clift, William Coates, Marianne Davies, Verity Elliott, Lewis Foreman, Archie Harradine, Mary and Ann Hill, Isabel Hyatt, Arthur Jacobs, Pauline Kapourta, Hannah Kelly, Lester S Levy of Pikesville, Maryland, Alastair MacGeorge, Brian Mann, Jim Matthews, Patricia Millard, Pamela Morrison, John Parry of Chappell & Co Ltd, Frances, Alan, and Paul Parsons, Audrey Patton, Sonia Peters, Wolfgang Petrauschke, Eugene Rosenfeld, Margaret Skelton, Nicholas Temperley, and Anne Yeomans.

I wish also to thank W Sullivan, former BBC Light Music Librarian, Brian Payne, the present librarian, and his staff Tim Wills, Alan Wisher, Andrew David, and Chris Vezey; Alan Sopher and his staff at Westminster City Council's Central Music Library; Robert Tucker of Uxbridge Public Library; the Music Librarian of the Lincoln Center, New York; and O W Neighbour of the British Library's Music Library.

Finally I wish to thank Ernest Benn Ltd for permission to use themes from the Barlow and Morgenstern directories.

HOW TO USE THE DIRECTORIES

Write down an asterisk to represent the first note of the theme you wish to identify. Then play, sing, or hum the tune, noting whether consecutive notes go down, up, or repeat, writing down D, U, or R in each case. Go on like this to the 16th note or as far as you are able.

For readability the codes are entered in the directory in groups of five, so divide the code you have written down into groups of five from the left ignoring the asterisk. You are now ready to look up the answer.

Example: in *God Save the Queen* the second note repeats so we write R, the third note is up, U, the fourth down, D, the fifth and sixth are up, U, U. (It doesn't matter what the intervals are—you don't need to know.) So the full coding turns out to be:

1	2	3	4	5	6	7	8	9	10	11	12	13	14	15	16
*	R	U	D	U	U	U	R	U	D	D	D	U	D	D	U

Even if you can remember only the first few notes of a tune this will narrow your search considerably, and by glancing down the page you may recognize the theme whose title you had forgotten.

Warning. The most common mistake is to give a value to the *first* note of a tune, which must of course be neutral. Thus there is a temptation to code the opening of Beethoven's fifth symphony as RRRD. It should be *RRD. That is why it is important to write down the asterisk to represent the first note.

Abbreviations

In the book m = movement, t = theme, and the meaning of other abbreviations will be self-evident. Source books and thematic indexes are identified overleaf.

BWV	Bachwerke Verzeichnis (Bach)
D	Deutsch (Schubert)
FWB	Fitzwilliam Virginal Book
J	Jahns (Weber)
K	Köchel (Mozart)
Kp	Kirkpatrick (Scarlatti)
P	Pincherle (Vivaldi)

The Directory of Classical Themes

*DDDDD	DDDDD	DDDDD	**Saint-Saëns** piano concerto/4 in Emi op44 2m 1t
*DDDDD	DDDDD	DDDDU	**Berlioz** Fantastic symphony 4m 1t
*DDDDD	DDDDD	DDDUD	**Mussorgsky** Pictures from an exhibition: Gnome 2t
*DDDDD	DDDDD	DUDDU	**Verdi** string quartet in Emi 3m 2t
*DDDDD	DDDDD	UUUDU	**Mendelssohn** Midsummer night's dream: overture 2t
*DDDDD	DDDDU	DDDDU	**Berlioz** The Corsair: overture 1t
*DDDDD	DDDDU	DDDUD	**Vaughan Williams** Fantasia on Greensleeves 1t
*DDDDD	DDDDU	DDRUD	**Franck** quintet for piano/str in Fmi 1m intro
*DDDDD	DDDDU	DRRUD	**Walton** violin concerto 2m 1t(a)
*DDDDD	DDDDU	DUUUU	**Bach** suite/3 for cello solo in C 1m 1t BWV1009
*DDDDD	DDDDU	UDDDD	**Max Bruch** violin concerto/1 in Gmi 1m 2t
*DDDDD	DDDDU	UDDDD	**Rossini** Boutique Fantasque 3m mazurka
*DDDDD	DDDDU	UUDUD	**Scarlatti** harpsichord sonata in G Kp13
*DDDDD	DDDRR	UUURU	**Berlioz** Te Deum: Christe, rex gloriae
*DDDDD	DDDRU	DDUUD	**MacDowell** Sea pieces, piano op55/1: To the sea
*DDDDD	DDDUD	UDURR	**Schumann** Papillons, piano op2/11
*DDDDD	DDDUD	UUUDU	**Vivaldi** concerto flute/str in D op10/3 'Gold-
*DDDDD	DDDUU	DDUUD	**Delius** sonata/2 for violin/piano 2t [finch' 3m
*DDDDD	DDRDD	UUDUD	**Saint-Saëns** Samson & Dalila: Ah! réponds à ma
*DDDDD	DDRDU	UDUUU	**Grieg** piano sonata Emi op7 1m 1t [tendresse
*DDDDD	DDRDU	UUDDD	**Shostakovitch** symphony/6 in Bmi op54 2m 1t
*DDDDD	DDRUD	DDDDU	**Mahler** symphony/5 theme from 5m
*DDDDD	DDRUD	DUDDD	**Waldteufel** Sirenenzauber waltzes/4
*DDDDD	DDRUU	UDDDD	**Mozart** piano sonata/3 K281 2m andante
*DDDDD	DDRUU	UDDUU	**Berlioz** Te Deum: Salvum fac populum
*DDDDD	DDUDD	DDDDD	**Brahms** symphony/1 in Cmi op68 3m 2t
*DDDDD	DDUDD	DDDDD	**Shostakovich** sonata for cello/piano op40 2m 2t
*DDDDD	DDUDD	DDDUU	**Handel** Acis & Galatea: Would you gain the tender
*DDDDD	DDUDD	UDDUU	**Bach** Well-tempered Clavier II prel/6 [creature?
*DDDDD	DDUDU	DUDDU	**Franck** quintet for piano/str in Fmi 1m 1t
*DDDDD	DDURR	DURRU	**Wagner** Siegfried Act I: Zwangvolle Plage!
*DDDDD	DDUUD	DUDUR	**Haydn** string quartet/49 D op50/6 'The Frog' 1m
*DDDDD	DDUUD	UDUDD	**Bach** Two-part inventions/6 E, Clavier 1t BWV777
*DDDDD	DDUUD	UUDDD	**Weber** Konzertstück for piano/orch 4t (Jahns 282)
*DDDDD	DDUUD	UUUDU	**Handel** Water music 15m
*DDDDD	DDUUD	UUDUU	**Mozart** string quintet/5 in D K593 4m (newly dis-
*DDDDD	DDUUD	UUUDD	**Bach** concerto Dmi 2 violins 2m [covered version)
*DDDDD	DDUUD	UUUUU	**Weber** Konzertstück for piano/orch 2t (Jahns 282)
*DDDDD	DDUUU	DDDUD	**Sibelius** Autumn night (song)
*DDDDD	DDUUU	DDDUU	**Haydn** symphony/44 in Emi 2m trio
*DDDDD	DDUUU	DDUUU	**Sibelius** symphony/4 in Ami op63 2m 1t
*DDDDD	DDUUU	DUDD	**Wagner** five Wesendonck songs/4: Schmerzen
*DDDDD	DDUUU	UDDUD	**Haydn** symphony/84 in E♭ 3m trio
*DDDDD	DDUUU	UUUDD	**Beethoven** serenade for violin/viola/cello op8 2m
*DDDDD	DDUUU	UUUDU	**Bruckner** symphony/9 in Dmi 2m 1t
*DDDDD	DDUUU	UUUUD	**Brahms** symphony/4 in Emi op98 1m 2t
*DDDDD	DRDDU	DDDDD	**Haydn** symphony/99 in E♭ 3m minuet
*DDDDD	DRDUD	UDUUU	**J Strauss Jr** Frühlingsstimmen 6t
*DDDDD	DRRDD	URDUU	**Bach** Prelude (and fugue) in C organ BWV545
*DDDDD	DRRUU	DDUDD	**Schubert** piano sonata in A 3m 1t D664
*DDDDD	DRUUD	UDDDR	**Tchaikovsky** Eugene Onegin Act II: ballroom waltz 2t
*DDDDD	DUDDD	DDDUD	**Verdi** Rigoletto Act I: Caro nome
*DDDDD	DUDDD	DDDUD	**Beethoven** piano sonata/2 in A op2/2 1m 1t
*DDDDD	DUDDD	UD	**Brahms** symphony/4 in Emi op98 1m 5t
*DDDDD	DUDRU	DDUDU	**Tchaikovsky** E Onegin II: What has the coming day
*DDDDD	DUDUD	DDUUU	**Bach** sonata/1 in Gmi solo violin 1m BWV1001
*DDDDD	DUDUD	UDU	**Haydn** str quartet/74 Gmi op74/3 'Horseman' 3m 1t

*DDDDD DUDUR RRRDU **Bach** concerto/1 in Dmi for harpsichord 1m BWV1052
*DDDDD DUDUU UDDDD **Dvořàk** Bagatelles for piano/strings op47 5m 1t
*DDDDD DUDUU UDDDD **Tchaikovsky** symphony/3 in D op29 2m 2t
*DDDDD DURDD DUUDD **Bach** Fantasia in Cmi for Clavier BWV906
*DDDDD DURRD UDUDU **Bartok** string quartet/2 op17 3m 1t
*DDDDD DURUU UDDDD **Brahms** string sextet in B♭ op18 3m 2t
*DDDDD DUUDD D **Tchaikovsky** piano concerto/2 G op44 1m 2t
*DDDDD DUUDD DDDDD **Schumann** Fantasy for piano in C op17 3m 2t
*DDDDD DUUDD DDDDU **Beethoven** piano sonata/1 in Fmi op2/1 1m 2t
*DDDDD DUUDD DUDRD **Waldteufel** Immer oder nimmer waltzes/3 2t
*DDDDD DUUDR UUUDU **Brahms** piano sonata in Fmi op5 scherzo 1t
*DDDDD DUUDU DDDDD **Mozart** symphony/41 in C 'Jupiter' K551 3m 1t
*DDDDD DUUUD UDDUU **Schubert** Grand Duo in C for piano 4 hands D812 1m
*DDDDD DUUUD UDU **Sibelius** symphony/7 in C op105 7t
*DDDDD DUUUR RRR **Verdi** Requiem: Rex tremendae
*DDDDD DUUUU DU **Debussy** La Mer, 1m 6t
*DDDDD DUUUU UUDDD **Schumann** Des Abends, piano op12/1
*DDDDD DUUUU UUUUD **Bruckner** symphony/8 in Cmi 1m 3t
*DDDDD DUUUU UUUUU **Haydn** symphony/90 in C 3m trio
*DDDDD RDDUU DDDDD **Mahler** symphony/8/II Bei dem Bronn
*DDDDD RDDUU **Beethoven** symphony/6 in F 'Pastoral' 1m 3t(b)
*DDDDD RDRUU UDRUU **Brahms** quartet for piano/strings in Cmi op60 1m 2t
*DDDDD RDUUU UUUUU **Stravinsky** Capriccio for piano/orchestra 1m 2t
*DDDDD RRUDD DDDRR **Mendelssohn** string quartet/1 E♭ op12 1m 2t
*DDDDD RRUUU DURUD **Mendelssohn** Songs without words/34 piano op67/4
*DDDDD RUDDD DDDUD **Mozart** Don Giovanni Act II: Ah, pietà!
*DDDDD RUDDD DDRUU **Wagner** Siegfried Idyll, orchestra 2t
*DDDDD RUDRR UDRRR **Mozart** Don Giovanni: overture 2t
*DDDDD RUUDU DUUDD **Mozart** piano sonata/13 in B♭ K333 1m
*DDDDD UDDDD DDDDU **Handel** suite/3 for harpsichord in Dmi 2m
*DDDDD UDDDD DDDUD **Brahms** symphony/3 in F op90 1m 1t
*DDDDD UDDDD DUDDD **Handel** concerto grosso in G op6/1 1m
*DDDDD UDDDD DUDDU **Richard Strauss** Till Eulenspiegel op28 7t
*DDDDD UDDDD DUUDD **Verdi** La Traviata Act I: prelude 2t
*DDDDD UDDDD DUURR **Rachmaninov** sonata cello/piano Gmi op19 2m 1t
*DDDDD UDDDD RRUUD **Beethoven** piano concerto/2 in B♭ op19 1m 2t
*DDDDD UDDDD UUDDD **Handel** organ concerto in Gmi op7/5 1m 1t
*DDDDD UDDDR UUUUD **Sterndale Bennett** May dew (song)
*DDDDD UDDDU DUD **Richard Strauss** Salome: Dance of the seven veils 3t
*DDDDD UDDDU UDDDD **Handel** concerto grosso in Emi op6/3 2m 1t
*DDDDD UDDDU UUURU **Beethoven** symphony/4 in B♭ 2m 1t
*DDDDD UDDRU DDRRU **Elgar** Dream of Gerontius: Dispossessed
*DDDDD UDDUD DUDDU **Beethoven** symphony/9 in Dmi 'Choral' 1m 1t
*DDDDD UDDUD U **Bach** Toccata (and fugue) in Dmi, organ BWV565
*DDDDD UDRDD D **John Dowland** Awake, sweet love
*DDDDD UDRDD UD **Cilea** Adriana Lecouvreur: La dolcissima effigie
*DDDDD UDRUU DRUUU **Brahms** symphony/1 in Cmi op68 1m intro
*DDDDD UDUDD DDDDD **Bach** partita/5 in G preamble, Clavier BWV829
*DDDDD UDUDD DDDUD **Bach** sonata in Gmi for violin/Clavier 2m BWV1020
*DDDDD UDUDD DDDUD **Scarlatti** harpsichord sonata Kp400
*DDDDD UDUDD DDUDU **Butterworth** A Shropshire lad: Think no more, lad
*DDDDD UDUDD UDDUD **Schubert** Die Winterreise/1 Gute Nacht D911
*DDDDD UDUDD UDDUU **Elgar** Wand of Youth suite/1 slumber scene op1
*DDDDD UDUDU UUUUU **Chopin** prelude/16 op28
*DDDDD UDUDU DDDD **Fauré** sonata/1 violin/piano in A op13 2m 2t
*DDDDD UDUDU UUUDU **Handel** organ concerto in Gmi op4/7 2m 1t
*DDDDD UDUUU DDDUU **Mozart** cassation/1 in G K63 4m menuetto

```
*DDDDD UDUUU RRRDU   Haydn symphony/34 in Dmi 3m menuet
*DDDDD URDDD DDURD   Beethoven piano sonata/29 Bb op106 Hammerklavier
*DDDDD URDDD UUDD    Khachaturian Gayaneh ballet: variations        [4m 1t
*DDDDD URDDU R       Johann Strauss Jr Der Zigeunerbaron Act I: So elend
*DDDDD URDUD DDDDU   Bach St John Passion/37 Ach Herr BWV245
*DDDDD URRDD DDD     Verdi La Traviata Act II: Amami Alfredo
*DDDDD URRRU UUDUD   Haydn symphony/34 in Dmi 4m
*DDDDD URRUD DDUUU   Balfe Killarney song
*DDDDD URUUU DDDDR   Handel sonata in E oboe or vln/fig bass op1/15 3m
*DDDDD URUUU DUDDD   Vaughan Williams Songs of travel: Bright on the ring
*DDDDD UUDDD DDD     Grieg Lyric suite op54 piano: Shepherd boy [of words
*DDDDD UUDDD UUDDD   Mozart piano concerto/18 in Bb K456 1m 3t
*DDDDD UUDDR UUUUU   Berlioz Benvenuto Cellini Act I Chorus of metal-
                       workers: Si la terre aux beaux jours se couronne
*DDDDD UUDDU DDDDD   Tchaikovsky symphony/6 in Bmi 'Pathétique' 1m 2t
*DDDDD UUDDU DRUDD   Fauré Ballade for piano/orch 2t
*DDDDD UUDDU UDDUU   Handel concerto grosso in C Alexander's feast 4m
*DDDDD UUDDU UDDUU   Mozart divertimento in D K136 1m
*DDDDD UUDRD UUDDU   Walton violin concerto 3m 2t
*DDDDD UUDUD DD      Mozart string quintet/4 in Gmi K516 4m
*DDDDD UUDUD UUDUD   Wagner Das Rheingold: Weia! Waga! Woge!
*DDDDD UUDUU DD      Berlioz Beatrice & Benedict: overture intro
*DDDDD UUDUU DUUUU   Bruckner symphony/5 in Bb 3m 1t
*DDDDD UUDUU RDUD    Bach Well-tempered Clavier Bk II prel/21 BWV890
*DDDDD UUDUU UDDDD   Wagner Siegfried Act II: Hei! Siegfried gehört
*DDDDD UUDUU UUURD   Brahms piano sonata/3 in Fmi op5 2m
*DDDDD UURDU UD      Berlioz Beatrice & Benedict overture 2t
*DDDDD UURRU DDDDD   Haydn symphony/45 in F#mi 'Farewell' 1m
*DDDDD UUUDD         Sibelius symphony/3 in C 3m 1t
*DDDDD UUUDD DD      Mozart Serenade in Bb K361 13 wind instr 2m
*DDDDD UUUDD DDDUU   Chopin mazurka/32 2t op50/3
*DDDDD UUUDD DDUUD   Poulenc nouvellette/2 for piano 1t
*DDDDD UUUDD UUDDD   Waldteufel España waltz/1 2t (misquoted)
*DDDDD UUUDU DDUUD   Waldteufel España waltz/1 2t
*DDDDD UUUDU DDUUD   Chabrier España 2t
*DDDDD UUUDU DUD     Liszt Rakoczy march 3t (Hung'n rhaps/15 piano)
*DDDDD UUUDU DUUUU   Tchaikovsky symphony/5 in Emi 3m 1t
*DDDDD UUUUD DDDDU   Debussy Prélude à l'après-midi d'un faune 1t
*DDDDD UUUUD DDUUU   Beethoven symphony/6 in F 'Pastoral' 3m 2t
*DDDDD UUUUD U       Purcell Dido and Aeneas: With drooping wings
*DDDDD UUUUD UR      Puccini Il tabarro: Se tu sapressi
*DDDDD UUUUU DDDUU   Chopin mazurka/26 op41/1
*DDDDD UUUUU DUDDD   Palmgren May night, piano
*DDDDD UUUUU RDDDD   Fauré violin sonata in A op13 1m 2t
*DDDDR DDDDU URDRD   Brahms Romance in F for piano op118/5
*DDDDR DDDUD RUD     Reger quintet for clarinet/strings A op146 1m 2t
*DDDDR DDUDD UUDDD   Gounod Funeral march of a marionette, orch 2t
*DDDDR DRURD DDDUU   Mozart horn concerto/2 in Eb K417 1m 3t
*DDDDR DRUUD DRDRU   Brahms trio clar or vla/cello/piano Ami op114 1m 2t
*DDDDR DUDDD DRDUD   Albinoni Adagio for organ/strings (spurious)
*DDDDR DUDDD DUDDD   Donizetti L'elisir d'amore Act I: Adina, credimi
*DDDDR DUDDR RUUDD   Beethoven piano sonata/31 in Ab op110 2m
*DDDDR DURRD URRDU   J Strauss Jr Perpetuum mobile op257
*DDDDR DUUUD URUUD   Berlioz Les Troyens IV: Royal hunt & storm 2t
*DDDDR RDDUU DUDDU   Grieg Dance caprice op28/3 piano 2t  [(horn)
*DDDDR RRUDD DDRRR   Mozart piano sonata/7 in C K309 3m
*DDDDR RRUDD RDUUD   Mozart sonata/23 violin/piano in D K306 3m 3t
```

*DDDDR	RUDDD	DRRU	**Dvořák** waltz/3 op54/3 for piano 1t
*DDDDR	RUDDD	DRRUD	**Mozart** violin concerto/5 in A K219 1m 2t
*DDDDR	RUUUD	UDDUD	**Beethoven** symphony/4 in B♭ 4m 2t
*DDDDR	UDDRD	DUDDD	**Mozart** Die Zauberflöte Act II: Ach, ich fühl's
*DDDDR	UDDUU	UUUU	**Verdi** Falstaff Act I: l'Onore! Ladri!
*DDDDR	URDUD	DDDRU	**Poulenc** Toccata for piano, intro
*DDDDR	URDUU	UUUUR	**Handel** suite/2 in F for harpsichord 4m
*DDDDR	URUDD	UUDUU	**Honegger** Pastorale d'été, orch, 4t
*DDDDR	UUDD		**Vaughan Williams** symphony/2 'London' 1m 1t
*DDDDR	UURUR	UD	**Beethoven** Fidelio I: Ha! welch' ein Augenblick
*DDDDU	DDDDD		**D'Indy** Istar symphonic variations op42 1t
*DDDDU	DDDDD	DDDDD	**Debussy** Préludes for piano Bk I/2 Voiles 1t
*DDDDU	DDDDD	DUURU	**Debussy** Prélude à l'après-midi d'un faune 2t
*DDDDU	DDDDD	UUUDU	**Beethoven** sonata/4 violin/piano in Ami op23 1m
*DDDDU	DDDDU	DDDUD	**Brahms** trio piano/vln/cello in C op87 1m 3t
*DDDDU	DDDDU	DDUUD	**Vaughan Williams** symphony/4 in Fmi 4m 1t(a)
*DDDDU	DDDUD	DDDUD	**Humperdinck** Hansel & Gretel Act II: Prelude
*DDDDU	DDDUD	DUUDD	**Schumann** Three romances for oboe/piano op94/1
*DDDDU	DDDUD	UDUDD	**Haydn** symphony/45 F♯mi 'Farewell' 4m 2nd part
*DDDDU	DDDUD	UDUDU	**Mozart** piano sonata/6 K284 1m 1t
*DDDDU	DDDUR	URUDU	**Brahms** symphony/2 in D op73 2m 1t
*DDDDU	DDDUU	DDD	**Vaughan Williams** Flos campi 6m 2t
*DDDDU	DDDUU	DDUUU	**Brahms** trio for violin/cello/piano in B op8 3m 1t
*DDDDU	DDRRU	URDUD	**Schubert** An die Nachtigall (song) D196
*DDDDU	DDRUU	DDDDU	**Elgar** symphony/1 in A♭ op55 3m 2t(b)
*DDDDU	DDUDD	DDUDD	**Beethoven** symphony/6 in F 'Pastoral' 1m 2t
*DDDDU	DDUDD	DDUDD	**Mozart** Rondo in D for piano K485
*DDDDU	DDUDD	DDUDD	**Rimsky-Korsakov** Coq d'or: Hymn to the sun 2t
*DDDDU	DDUDD	DDUUU	**Rimsky-Korsakov** Tsar Sultan: Flight of bumble bee
*DDDDU	DDUDD	DUDUD	**Mozart** sonata/34 for violin/piano in A K526 1m 2t
*DDDDU	DDUDD	DUUDU	**Chopin** Fantaisie in Fmi op49 4t
*DDDDU	DDUDD	UDDUD	**Chopin** scherzo/3 in C♯mi op39 2t
*DDDDU	DDUDD	UDDUD	**Mozart** Don Giovanni Act I: Batti, batti, o bel Masetto
*DDDDU	DDUDD	UUUDD	**Prokofiev** violin concerto/2 in Gmi op63 1m 2t
*DDDDU	DDUDD	UUUUU	**Mahler** Das Lied v d Erde: Der Einsame im Herbst
*DDDDU	DDUDR	RUUUU	**Chopin** sonata for cello/piano in Gmi op65 1m
*DDDDU	DDUDU	RRRDD	**Brahms** Vier ernste Gesänge/2: Ich wandte mich
*DDDDU	DDUDU	UDDDR	**Bloch** Schelomo (Hebrew rhapsody) cello/orch 5t
*DDDDU	DDURD	DDDUD	**Rimsky-Korsakov** Le coq d'or suite 1m 1t
*DDDDU	DDURU	UDDUD	**Corelli** concerto grosso in B♭ op6/11 3m
*DDDDU	DDUUU	DD	**Beethoven** quintet for piano/wind in E♭ op16 2m
*DDDDU	DDUUU	DURDR	**Mozart** quartet/1 for piano/strings in Gmi K478 2m
*DDDDU	DRDDD	UUDRD	**Haydn** symphony/52 in Cmi 3m trio
*DDDDU	DRDUD	UDDUR	**Roger Quilter** Blow, blow, thou winter wind
*DDDDU	DRDUU	UUDDU	**Thomas Arne** Blow, blow, thou winter wind
*DDDDU	DRRUU	DUR	**Schumann** Intermezzo op39/2 Dein Bildnis...(song)
*DDDDU	DRUDD	DDUDD	**Mozart** sonata/27 for violin/piano in G K379 2m
*DDDDU	DRUDR	UDUDU	**Haydn** symphony/97 in C 1m
*DDDDU	DRURR	DRDDD	**Tchaikovsky** symphony/5 in Emi op64 4m 5t
*DDDDU	DRUUD	UDDDR	**Haydn** symphony/46 in B 4m
*DDDDU	DUDDD	DDUDD	**Prokofiev** piano concerto/3 in C op26 3m 2t
*DDDDU	DUDDU	DDDDU	**Schumann** piano sonata/2 in Gmi op22 4m 2t
*DDDDU	DUDDU	DR	**Giordano** Andrea Chenier Act I: O Pastorelle
*DDDDU	DUDDU	DUDDD	**de Falla** Three-cornered hat: Jota 4t
*DDDDU	DUDRD	DDDD	**Delius** violin concerto 1t
*DDDDU	DUDUD	UDDDD	**Haydn** symphony/92 in G 1m
*DDDDU	DUDUD	UDDDD	**Mozart** Allegro (& andante) K533 piano

*DDDDU	DUDUD	UDUDD	**Mozart** sonata/34 for violin/piano in A K526 1m 1t
*DDDDU	DUDUU	UUDDD	**Schubert** symphony/6 in C D589 3m 2t
*DDDDU	DUDUU	UUUUD	**A Pestalozza** Ciribiribin (song) first part
*DDDDU	DURDD	DDURD	**Dvořák** Bagatelles for piano/strings op47 1m
*DDDDU	DURUD	DDDDD	**Franck** Prélude (aria & finale), piano: prél 2t
*DDDDU	DUUDU	DUDUD	**Bach** Well-tempered Clavier Bk II prelude/13 BWV882
*DDDDU	DUURU	DDDDD	**Kodály** Háry János: Sej besoroztak
*DDDDU	DUUUD	UUDUU	**Mozart** sonata for two pianos in D K448 1m 1t
*DDDDU	DUUUD	UUUDU	**Chopin** étude in C♯mi op10/4
*DDDDU	DUUUD	UUUUD	**Prokofiev** symphony/1 in D 'Classical' 4m 1t
*DDDDU	DUUUR	RDDUD	**Mozart** Divertimento vln/vla/cello K563 1m
*DDDDU	DUUUU	D	**Schubert** symphony/9 'Great' 2m 4t D944
*DDDDU	DUUUU	DRDDD	**Schubert** piano sonata in Cmi 1m 2t D958
*DDDDU	RDDDD	RURDU	**Sibelius** symphony/4 in Ami op63 4m 5t
*DDDDU	RDDR		**Liszt** Grand galop chromatique, piano, 2t
*DDDDU	RDRDU	UURDU	**John Dowland** Say love, if thou didst ever find
*DDDDU	RDUDD	DDDRD	**Bach** prelude in E♭ for organ BWV552
*DDDDU	RRDUU	RDDDD	**Mozart** divertimento in B♭ K287 2m
*DDDDU	RRDUU	URRUD	**Handel** harpsichord suite/7 in G 1m 1t
*DDDDU	RRUUR	RDDRR	**Dvořák** symphony/6 in D op60 4m 1t
*DDDDU	RRUUU	UUD	**Schubert** string quartet/9 in Gmi 4m D173
*DDDDU	RUDDU	D	**Wagner** Die Meistersinger Act III: Wahn Wahn
*DDDDU	UDDDD	DDUDD	**Haydn** flute concerto in D (spurious) 3m
*DDDDU	UDDDD	DDUUD	**Chopin** prelude/23 op28
*DDDDU	UDDDD	DDUUD	**Weber** Der Freischütz: overture 2t
*DDDDU	UDDDD	DUUD	**Mendelssohn** trio/2 vln/cello/piano Cmi op66 3m 2t
*DDDDU	UDDDD	DUUUU	**Mussorgsky** The nursery/7 Pussy cat
*DDDDU	UDDDD	RU	**Sibelius** Finlandia op26 2t
*DDDDU	UDDDD	UDDRR	**Tchaikovsky** symphony/6 in Bmi 'Pathétique' 4m 1t
*DDDDU	UDDDD	UDURR	**Brahms** symphony/4 in Emi op98 3m 1t(a)
*DDDDU	UDDDR	UDRDD	**R Strauss** sonata for violin/piano in E♭ op18 1m 2t
*DDDDU	UDDDU	DRRRU	**Mendelssohn** Frülingsleid (song) op8/6
*DDDDU	UDDDU	DUUUD	**Prokofiev** piano concerto/3 in C op26 1m 2t
*DDDDU	UDDDU	URD	**Erik Satie** Gymnopédies/3, piano
*DDDDU	UDDRU	RR	**Bizet** Carmen Act II: Flower song
*DDDDU	UDDUD	DDDDD	**Chausson** Poème for violin/orch 2t op25
*DDDDU	UDDUD	DDDUU	**Verdi** Aida Act III: Là tra foreste vergini
*DDDDU	UDDUD	UUUUU	**Lehar** Luxembourg valse
*DDDDU	UDDUR	UDDU	**Waldteufel** Dolores waltzes/1 2t
*DDDDU	UDDUR	UUUDD	**Sibelius** string quartet op56 'Voces intimae' 5m 1t
*DDDDU	UDDUU	DDDDU	**Bruckner** symphony/3 in Dmi 1m 4t
*DDDDU	UDDUU	DDUUD	**Brahms** Variations on a theme of Haydn: var 7
*DDDDU	UDDUU	UUDDD	**Sibelius** symphony/5 in E♭ op82 1m 4t
*DDDDU	UDDUU	UUUUD	**Chopin** piano sonata in Bmi op58 1m 1t
*DDDDU	UDRDD	DUDDD	**Mozart** sonata/34 for violin/piano in A K526 3m
*DDDDU	UDRDD	DUUDR	**Sullivan** Pirates of Penzance: Take heart
*DDDDU	UDRDU	UUUUU	**Brahms** Ein deutsches Requiem: Selig sind
*DDDDU	UDRUU	UDRUU	**Mozart** sonata for piano 4 hands in F K497 3m
*DDDDU	UDRUU	UUDUD	**Sullivan** The Mikado Act II: See how the fates
*DDDDU	UDUDD	DDDDU	**Brahms** symphony/1 in Cmi op68 3m 3t(a)
*DDDDU	UDUDD	DDUUD	**Bruckner** symphony/4 in E♭ 4m 4t
*DDDDU	UDUDU	UDDDD	**Hindemith** Mathis der Maler, symphony 1m 2t
*DDDDU	UDUUD	U	**Franck** pastorale for organ op19 2t
*DDDDU	UDUUD	UDUDU	**Bach** St Matthew Passion: So ist mein Jesus
*DDDDU	UDUUD	UUDDD	**Handel** harpsichord suite/3 in Dmi 4m gigue
*DDDDU	UDUUD	UUDUU	**Haydn** symphony/7 in C 4m
*DDDDU	UDUUU	DUUDU	**Brahms** quartet for piano/strings in Cmi op60 3m

23

*DDDDU	URUDU	UURUD	**Schumann** symphony/4 in Dmi op120 1m intro
*DDDDU	URUUD	RRUDU	**Handel** Fireworks music 6m
*DDDDU	UUDDD	DDUUD	**Mozart** quartet/2 for piano/strings in E♭ K493 2m
*DDDDU	UUDDD	DDUUU	**Tchaikovsky** symphony/4 in Fmi op36 4m 1t
*DDDDU	UUDDD	UUUDU	**Handel** sonata for violin/fig bass in A op1/3 2m
*DDDDU	UUDDU	DDDDU	**Waldteufel** Ganz allerliebst waltz 4t
*DDDDU	UUDRD	DDDUU	**Bach** Easter Oratorio: Kommt, eilet und laufet
*DDDDU	UUDUD	DDRUU	**Vaughan Williams** For all the Saints (hymn)
*DDDDU	UUDUD	RRURD	**Rachmaninov** Floods of Spring (song) op14/11
*DDDDU	UUDUU	DDDUU	**Chopin** waltz in Ami op34/2 3t
*DDDDU	UUDUU	DUUDU	**Mozart** string quintet/4 in Gmi K516 2m
*DDDDU	UUDUU	UDDDD	**Shostakovich** symphony/5 in Dmi op47 2m 1t(b)
*DDDDU	UUDUU	UDUDD	**Shostakovich** symphony/5 in Dmi op47 1m 1t(c)
*DDDDU	UURDD	DD	**Tchaikovsky** Marche Slave op31 1t
*DDDDU	UURDU	DDDDU	**Dvořák** Slavonic dances/14 op72/6 1t
*DDDDU	UUUDD	DDDDD	**Beethoven** piano sonata/21 C 'Waldstein' op53 1m 2t
*DDDDU	UUUDD	DDDDU	**J B Pescetti** Allegretto in C
*DDDDU	UUUDD	DDDDU	**Paganini** violin concerto/1 in E♭ (D) op6 3m 1t
*DDDDU	UUUDD	DDDUU	**Albinoni** oboe concerto op7/6 3m
*DDDDU	UUUDD	DDDUU	**Bartok** Contrasts, violin/clarinet/piano 3m 3t
*DDDDU	UUUDD	DRD	**Weber** Der Freischütz: overture 3t
*DDDDU	UUUDR	D	**Bach** Partita/4 in D, Clavier: aria BWV828
*DDDDU	UUUUD	DDDUU	**Berlioz** Les Francs-Juges: overture intro(a)
*DDDDU	UUUUD	DRUUD	**Prokofiev** symphony/5 in B♭ op100 2m 2t
*DDDDU	UUUUD	DUUDD	**A Rubinstein** Kamenoi-Ostrow/22
*DDDDU	UUUUD	RD	**Donizetti** Don Pasquale Act I: Pronta io son
*DDDDU	UUUUR	DUURD	**Brahms** string quartet/1 in Cmi op51/1 4m 3t
*DDDDU	UUUUU	DDDDU	**Orlando Gibbons** Pavan - Lord Salisbury
*DDDDU	UUUUU	DDDU	**Chopin** waltz in G♭ op70 1t
*DDDDU	UUUUU	DUD	**Mozart** piano sonata/16 in B♭ K570 2m
*DDDDU	UUUUU	UUDDD	**Beethoven** sonata/3 violin/piano in E♭ op12/3 1m 1t
*DDDDU	UUUUU	UUDDR	**Beethoven** piano sonata/9 in E op14/1 1m 2t
*DDDDU	UUUUU	UURDD	**Bach** Partita/3 for solo violin in E gigue BWV1006
*DDDRD	DDRUU	UUUDD	**Handel** Xerxes: Ombra mai fu (with accomp't link)
*DDDRD	DRDRD	UUUUU	**Delibes** Coppelia: Danse de Fête
*DDDRD	DRRR		**Mussorgsky** Boris Godunov Act II Clock scene
*DDDRD	DRRUD	URUUU	**Mendelssohn** Elijah: Thanks be to God
*DDDRD	DUDDR	DRR	**Schumann** piano sonata/2 in Gmi op22 1m 1t
*DDDRD	DUUUD		**J Strauss Jr** Zigeunerbaron Act II: Wer uns getraut?
*DDDRD	RDUUU	DRUDD	**Waldteufel** Estudiantina waltzes/2 2t
*DDDRD	RURDU	DRD	**Liszt** Faust symphony 1m 4t
*DDDRD	RURDU	RRRRU	**Puccini** Tosca Act II: Già! Mi dicon venal
*DDDRD	RURUU	DDDUU	**Dvořák** string quartet in F op96 'American' 2m
*DDDRD	RURUU	DRU	**Sullivan** Pirates of Penzance Act II: Stay, Fred'ric
*DDDRD	RUURR	RRR	**Liszt** Missa choralis: Sanctus
*DDDRD	UUDDD	UDDDD	**Offenbach** Orphée aux Enfers: Galop 1t(b)
*DDDRD	UUDUR	DUUDU	**Mahler** symphony/5 5m theme at bar 24
*DDDRD	UUUDR	UUDUD	**Handel** Messiah: How beautiful are the feet
*DDDRD	UUUUD	DU	**Handel** Xerxes: Ombra mai fu
*DDDRD	UUUUD	U	**Meyerbeer** Les Huguenots Act IV: Tu l'as dit
*DDDRD	UUUUU	UDD	**Massenet** Roi de Lahore: overture 2t
*DDDRR	DDRDR	DRDRD	**Debussy** Soirée dans Grenade 3t
*DDDRR	DRRDR	UUUU	**Verdi** Rigoletto Act I final chorus: Zitti zitti
*DDDRR	DUUDD	DRRUU	**Beethoven** piano sonata/15 in D 'Pastoral' 3m 2t
*DDDRR	RDDUR	UDUDR	**Mozart** Divertimento for woodwind in B♭ K186 5m
*DDDRR	RRDDU	DURRR	**Pergolesi** Concertino for string orch in Fmi 1m
*DDDRR	RRDUD	R	**Mendelssohn** piano concerto/2 in Dmi op40 1m intro

```
*DDDRR  RRUDD  DDRRR   Brahms  piano sonata/5 in Fmi op5: intermezzo
*DDDRR  RRUDD  DRRDU   Bach  Cantata 189/1: Meine Seele rühmt BWV189
*DDDRR  RUDDD  RD      Schumann  Novelette for piano op21/6
*DDDRR  RUDDD  UD      Mozart  sonata/18 for violin/piano in G K301 1m 1t
*DDDRR  RUUUU  DUDDD   Dvořák  Serenade for strings in E op22 3m
*DDDRR  UDDDD  RRUDD   Mozart  piano concerto/24 in Cmi K491 1m 2t
*DDDRR  UDDDR  RUDDD   Beethoven  symphony/5 in Cmi 4m 4t
*DDDRR  UDDDR  RUDUD   Mozart  violin concerto/3 in G K216 3m 1t
*DDDRR  UDDDR  UUDDD   Bruckner  symphony/7 in E 1m 3t
*DDDRR  UDRRR  UURDD   MacDowell  suite/2 for orch part V 1t
*DDDRR  UDUDU  U       Vaughan Williams  symphony/8 2m 3t
*DDDRR  UDUUD  DRUDU   Tchaikovsky  symphony/1 in Gmi op13 2m 2t(a)
*DDDRR  URDRU  UDRDU   Wagner  Lohengrin Act I: Dank, König dir
*DDDRU  DDDRD  UURUU   Grieg  The lonely wanderer op43/2 piano
*DDDRU  DDDRR  RU      R Strauss  Traum durch die Dämmerung (song) op29
*DDDRU  DDDRU  DDR     Sibelius  symphony/5 in E♭ op82 2m 1t
*DDDRU  DDDRU  DUDDD   Sullivan  Mikado II: Here's a how-de-do!
*DDDRU  DDDRU  UUDDD   Bach  Komm, süsser Tod (song) BWV478
*DDDRU  DDDUD  DD      Verdi  Nabucco Act I: Come notte a sol fulgento
*DDDRU  DDRRD  DDUUD   Dvořák  Carnaval: overture 3t
*DDDRU  DDRRR  UDUUD   Boccherini  cello concerto in G 2m
*DDDRU  DDUDD  DUDDD   Richard Strauss  Ein Heldenleben op40 4t
*DDDRU  DDUDR  UDRUD   Mendelssohn  Das erste Veilchen (song) op19/2
*DDDRU  DDUUD  DDDUU   Mozart  piano sonata/12 in F K332 3m 2t
*DDDRU  DDUUR  UDDUU   Haydn  symphony/53 in D 4m (version B)
*DDDRU  DRDUD  UUUDD   Haydn  symphony/52 in Cmi 2m
*DDDRU  DRUDR  UUUUD   Scarlatti  harpsichord sonata Kp96
*DDDRU  DUUDD  UDUD    Haydn  symphony/89 in F 3m trio
*DDDRU  DUUDD  UUDDU   Bach  St John Passion/1 Herr, Herr, Herr
*DDDRU  RDUDR  DRUDD   Brahms  Serenade for orch in D op11 4m minuet/2
*DDDRU  RDURD  UDDDR   Lortzing  Zar und Zimmermann: overture 1t
*DDDRU  RUUDD  UUDDD   Bach  Mass in B minor/4 Et incarnatus est
*DDDRU  UDDRU  DUUUU   Michael Arne  The lass with the delicate air (song)
*DDDRU  UDUDD  UUUUU   Handel  Samson Part I: Total eclipse
*DDDRU  UDUUU  UUDD    Beethoven  symphony/6 in F 'Pastoral' 2m 1t(b)
*DDDRU  URDDD  RUDUD   Haydn  symphony/93 in D 1m intro
*DDDRU  URDDR  DDUUU   Parry  Blest pair of Sirens: O may we soon again
*DDDRU  UUDDD  RURUU   Handel  Messiah: Lift up your heads
*DDDRU  UUDDD  UUUDR   Haydn  The Seasons: O wie lieblich ist der Anblick
*DDDRU  UUDUD  D       Mendelssohn  symphony/5 D op107 'Reformation' 3m
*DDDRU  UUUDD  UUDDU   Stravinsky  Capriccio for piano/orch 2m 3t        [1t
*DDDRU  UUUUD  UDRDD   Handel  Xerxes: Largo in G (Ombra mai fu)
*DDDRU  UUUUU  RD      Mendelssohn  Elijah: It is enough
*DDDUD  DDDDD  DUUUU   Mendelssohn  piano concerto/1 in Gmi op25 3m
*DDDUD  DDDDD  RRUDU   Mozart  piano concerto/15 in B♭ K450 2m
*DDDUD  DDDDD  UDUDU   Mozart  Maurerische Trauermusik K477 intro
*DDDUD  DDDDD  UUUDD   Bach  Cantata/56 Ich will den Kreuzstab/3 Endlich
*DDDUD  DDDDR          Mendelssohn  Midsummer night's dream: overture 3t
*DDDUD  DDDDU          Vaughan Williams  symphony/8 in Dmi 4m 1t
*DDDUD  DDDDU  DDDDU   Shostakovich  symphony/1 in Fmi op10 1m 1t
*DDDUD  DDDDU  DDDUD   Berlioz  Les Troyens Act IV: Royal hunt and storm 1t
*DDDUD  DDDDU  R       Mahler  symphony/9 3m 5t
*DDDUD  DDDDU  UDDD    Mozart  piano concerto/25 in C K503 2m
*DDDUD  DDDDU  UUUDD   Bruckner  symphony/3 in Dmi 1m 3t
*DDDUD  DDDRU  D       Mozart  Fantasia for mechanical organ in Fmi K608 3t
*DDDUD  DDDRU  DD      Holst  The planets: Mercury 1t
*DDDUD  DDDUD  DDDDU   Hindemith  Mathis der Maler, symphony 3m 4t
```

*DDDUD	DDDUD	DUUUU	**Handel** Water music 10m
*DDDUD	DDDUD	UUDUU	**Franck** chorale/3 for organ: adagio
*DDDUD	DDDUR	RUUDD	**Mendelssohn** Songs without words op19/6 Venetian boat song, piano
*DDDUD	DDDUU	DDUD	**Brahms** Rhapsody for alto/male chorus op53: lst auf
*DDDUD	DDDUU	DDUDD	**Bach** Cantata/7 Christ unser/6 Menschen glaubt
*DDDUD	DDDUU	DDUDD	**A Pestalozza** Ciribiribin (song)
*DDDUD	DDDUU	UD	**Brahms** trio for clar or vla/cello/piano op114 2m
*DDDUD	DDDUU	UUUUD	**Warlock** Serenade for string orchestra 1t
*DDDUD	DDDUU	UUUUU	**Berlioz** The Corsair: overture 3t
*DDDUD	DDRDD	DUUUR	**Mendelssohn** Elijah: Be not afraid
*DDDUD	DDRDU		**Beethoven** string quartet/12 in E♭ op127 1m 2t
*DDDUD	DDRUU	UU	**Schubert** waltz, piano op9/12
*DDDUD	DDRUU	UUDDU	**Beethoven** piano sonata/4 in E♭ op7 1m 2t
*DDDUD	DDUD		**Sibelius** symphony/4 in Ami op63 2m 5t
*DDDUD	DDUDD	DDDDD	**Franck** Symphonic variations for piano/orch 1t
*DDDUD	DDUDD	DDDDD	**Scarlatti** harpsichord sonata in G Kp328
*DDDUD	DDUDD	DDDDD	**Schubert** symphony/3 in D 3m 1t D200
*DDDUD	DDUDD	DDDRU	**Bach** Prelude in Bmi for organ BWV544
*DDDUD	DDUDD	DDRR	**Debussy** Children's corner suite: Little shepherd 1t
*DDDUD	DDUDD	DDU	**Liszt** piano concerto/1 in E♭ 4t
*DDDUD	DDUDD	DDUDU	**Chopin** nocturne/19 in Emi op72
*DDDUD	DDUDD	DDUDU	**Respighi** Pines of Rome: Pines of the Gianicolo 1t
*DDDUD	DDUDD	DDUDU	**Brahms** Intermezzo for piano in A♭ op76/3
*DDDUD	DDUDD	DDUUD	**Brahms** piano sonata/3 in Fmi op5 finale 2t
*DDDUD	DDUDD	DRRDR	**Schubert** trio/1 violin/piano/cello in B♭ 3m 1t D898
*DDDUD	DDUDD	DRRRR	**Mozart** horn concerto/3 in E♭ K447 1m 2t
*DDDUD	DDUDD	DRUDD	**Tchaikovsky** symphony/3 in D op29 1m 2t
*DDDUD	DDUDD	DRUDD	**Mozart** piano concerto/21 in C K467 1m 2t
*DDDUD	DDUDD	DUDDD	**Beethoven** trio for vln/cello/piano in D op70/1 1m 1t
*DDDUD	DDUDD	DUDDD	**Chopin** waltz in F op34/3 1t
*DDDUD	DDUDD	DUDDD	**Delius** Hassan: intermezzo
*DDDUD	DDUDD	DUDDD	**Rachmaninov** suite/1 Fantasy op5 3m Tears
*DDDUD	DDUDD	DUDUD	**Sullivan** The Mikado Act I: With aspect stern
*DDDUD	DDUDD	DUDUU	**Handel** concerto grosso in F op6/2 4m
*DDDUD	DDUDD	DUUDU	**Richard Strauss** Sinfonia domestica op53 1m 4t
*DDDUD	DDUDD	DUUUD	**Shostakovich** 2 pieces for str octet op11/2 scherzo 1t
*DDDUD	DDUDD	DUUUU	**Stravinsky** Petrushka: Chez Petrushka 1t
*DDDUD	DDUDD	UDDUU	**Giordani** Caro mio ben (song)
*DDDUD	DDUDD	UDUUU	**Nicolai** Merry wives of Windsor: overture 2t
*DDDUD	DDUDD	URDDD	**Butterworth** A Shropshire lad: Loveliest of trees
*DDDUD	DDUDD	UUUDD	**Mozart** symphony/31 in D K297 'Paris' 3m 1t
*DDDUD	DDUDD	UUUDU	**Bach** Cantata/80 Ein feste Burg/4 Komm in mein
*DDDUD	DDUDR	DDDUD	**Prokofiev** Gavotte, piano, op12/2
*DDDUD	DDUDR	URDDU	**John Dowland** Flow, my tears
*DDDUD	DDUDU	DDDUD	**Rachmaninov** Prelude in C♯mi for piano op3/2 2t
*DDDUD	DDUDU	DUDUD	**Beethoven** sonata/3 for violin/piano in E♭ op12/3 2m
*DDDUD	DDUDU	DUDUD	**Brahms** symphony/1 in Cmi op68 2m 4t
*DDDUD	DDURU	DDUD	**Mahler** symphony/9 2m 4t
*DDDUD	DDUUD	DDDUU	**Mozart** piano sonata/14 in Cmi K457 3m 1t
*DDDUD	DDUUD	DDUDD	**Handel** concerto grosso for strings in Dmi op6/10 1m
*DDDUD	DDUUD	DUDUU	**Glazunov** violin concerto in Ami op82 2t
*DDDUD	DDUUD	DUUUU	**Bach** organ fugue in F BWV540
*DDDUD	DDUUR	DDUDD	**Josef Suk** Serenade for strings in E♭ op6 1m 1t
*DDDUD	DDUUU	DDDUD	**Schumann** Toccata for piano op7 2t
*DDDUD	DDUUU	UDUDU	**Leoncavallo** I pagliacci Act II serenade: O Colombina
*DDDUD	DRDDD	URR	**Chopin** nocturne in B op62/1

*DDDUD	DRDRD	RURUR	**Brahms** trio for violin/cello/piano in B op8 1m 2t
*DDDUD	DRDRD	UUDD	**Verdi** La forza del Destino Act IV: Pace pace
*DDDUD	DRDUD	RRDR	**Puccini** Tosca Act II: Vissi d'arte
*DDDUD	DRRUD	DUDD	**Dvořák** trio vln/cello/piano Emi op90 'Dumky' 5m
*DDDUD	DRUD		**Tchaikovsky** Swan lake: Hungarian dance 1t [intro
*DDDUD	DRUUD	DUU	**Britten** Serenade for tenor/horn/str op31: Hymn
*DDDUD	DUDDD	DDUUU	**Debussy** La mer 2m 3t
*DDDUD	DUDDD	UDD	**Dvořák** Gypsy songs op55/5: Rein gestimmt
*DDDUD	DUDDD	URU	**Beethoven** string quartet/13 in B♭ op130 1m intro
*DDDUD	DUDDU	DDDDD	**Shostakovich** symphony/1 in Fmi op10 3m 1t
*DDDUD	DUDDU	DDURU	**Beethoven** piano sonata/15 in D op28 'Pastoral' 3m 1t
*DDDUD	DUDDU	DDUUU	**Scarlatti** harpsichord sonata Kp519
*DDDUD	DUDUD	UDUDD	**Rachmaninov** symphony/3 in Ami op44 1m 1t
*DDDUD	DUDUU	DDDUD	**Beethoven** piano sonata/15 in D op28 'Pastoral' 4m
*DDDUD	DUDUU	URDUU	**J Strauss Jr** Emperor waltz/4 1t
*DDDUD	DURRD	RUDUD	**Franz Bendel** Julia's arbor at Clarens
*DDDUD	DURRD	UUU	**Bach** sonata/2 for violin/Clavier in A 3m BWV1015
*DDDUD	DUUDD	DUDUD	**Bach** St John Passion: Es ist vollbracht
*DDDUD	DUUDD	R	**Mozart** sonata/33 for violin/piano in E♭ K481 1m 2t
*DDDUD	DUUDD	UUDDD	**Scarlatti** harpsichord sonata in F♯mi Kp447
*DDDUD	DUUDD	UUDDU	**Borodin** In the Steppes of Central Asia 1t
*DDDUD	DUUDU	D	**Schubert** Military marches/1 piano 4 hands 2t D733
*DDDUD	DUURD	D	**Haydn** Nelson Mass: Dona nobis pacem
*DDDUD	DUURR	DDUUD	**Wagner** Siegfried Act III: Wache, Wala! Wala!
*DDDUD	DUURU	UD	**Berlioz** Harold in Italy, part of 1m intro
*DDDUD	DUUUD	DDUDD	**Fauré** sonata/1 in A for violin/piano op13 3m 2t
*DDDUD	DUUUD	DUDDD	**Brahms** quintet for clarinet/strings in Bmi op115 4m
*DDDUD	DUUUD	UUDDD	**Handel** sonata for flute/fig bass in Bmi op1/9 6m
*DDDUD	DUUUU	UUDDU	**Mozart** Deutsche Tänze, orch, K509
*DDDUD	DUUUR	DUDDU	**Mozart** symphony/34 in C K338 1m 2t
*DDDUD	DUUUU	DDDDR	**Shostakovich** symphony/5 in Dmi op47 1m 1t(b)
*DDDUD	DUUUU	DDDDU	**Schumann** quartet for piano/strings in E♭ op47 2m 2t
*DDDUD	DUUUU	DRUDU	**Thomé** Simple aveu
*DDDUD	DUUUU	UDDUD	**Herbert Howells** Puck's minuet op20/1 orch 2t
*DDDUD	DUUUU	UDDUU	**Elgar** symphony/1 in A♭ op55 4m 3t
*DDDUD	DUUUU	URDDD	**John Rutter** Love came down at Christmas (carol)
*DDDUD	RDUDR	DUDRD	**Tchaikovsky** piano concerto/1 in B♭mi op23 2m 2t
*DDDUD	RDUDR	UDDDD	**Beethoven** piano sonata/31 in A♭ op110 3m
*DDDUD	RDUUU	UDDDD	**Bach** St John Passion: Von den Stricken
*DDDUD	RRDUD	UDDU	**Schumann** symphonic études in C♯mi op13 piano
*DDDUD	RUDDD	RUUUU	**Saint-Saëns** piano concerto/2 op22 1m 1t
*DDDUD	RUDDU	URUDD	**Brahms** Intermezzo for piano in B♭mi op117/2 1t
*DDDUD	RUUUD	DD	**Mendelssohn** Bei der Wiege (song) op47/6
*DDDUD	RUUUU	UDRDU	**Verdi** Don Carlos Act IV: O mia Regina
*DDDUD	RUUUU	UDURR	**Beethoven** sonata/4 for cello/piano in C op102/1 2m
*DDDUD	UDDDD	UDDDU	**Bach** Well-tempered Clavier Bk I prelude/4 BWV849
*DDDUD	UDDDU	DDDUD	**Brahms** sonata/2 for violin/piano in A op100 2m 3t
*DDDUD	UDDDU	DRDDD	**Schubert** piano sonata in Cmi 4m 2t D958
*DDDUD	UDDDU	DRUDD	**Verdi** Aida Act II: Ah! vieni
*DDDUD	UDDDU	DU	**Bach** Two part inventions/9 in Fmi Clavier BWV780
*DDDUD	UDDDU	DUDDD	**Borodin** string quartet/2 in D 2m 1t
*DDDUD	UDDDU	DUDDU	**Stravinsky** Le Sacre du Printemps part I intro
*DDDUD	UDDDU	DUUDD	**Rossini** Boutique fantasque 5m Can-Can 2t
*DDDUD	UDDDU	DUUDU	**Rossini** Il barbiere di Siviglia Act II: Buona sera
*DDDUD	UDDDU	UDUDU	**Scarlatti** harpsichord sonata Kp115
*DDDUD	UDDUD	DDDD	**Bach** English suite/4 in F 2nd minuet BWV809
*DDDUD	UDDUD	DUDDD	**Bach** Well-tempered Clavier Bk I prel/22 BWV891

*DDDUD	UDDUD	DUUUU	**Britten** Serenade for tenor/horn/strings: Pastoral
*DDDUD	UDDUD	UDDU	**Mozart** symphony/1 in E♭ K16 3m 2t
*DDDUD	UDDUD	UUDUD	**Tchaikovsky** piano concerto/1 in B♭mi op23 1m 1t
*DDDUD	UDDUU	DDUD	**Scarlatti** Gavotte in Dmi for harpsichord Kp64
*DDDUD	UDDUU	UDDU	**Verdi** La Traviata Act I: Ah! fors' è lui
*DDDUD	UDDUU	UUUUR	**Walton** viola concerto 2m 3t
*DDDUD	UDRDD	UUUD	**Shostakovich** sonata for cello/piano op40 1m 2t
*DDDUD	UDUDD	DUUUD	**Handel** sonata in Bmi for flute/fig bass op1/9 5m
*DDDUD	UDUDU	DDDUU	**Haydn** symphony/53 in D 4m (version C)
*DDDUD	UDUDU	DUD	**Milhaud** La création du monde 4m 2t
*DDDUD	UDUDU	DUDUD	**Handel** suite/5 for harpsichord in E 1m prelude
*DDDUD	UDUDU	UDD	**Mozart** sonata/33 for violin/piano in E♭ K481 2m
*DDDUD	UDUDU	UUUUU	**Verdi** Rigoletto Act I: Veglia O donna
*DDDUD	UDUUD	DD	**Sibelius** Valse triste (from Kuolema op44) 3t
*DDDUD	UDUUD	UU	**Berlioz** King Lear: overture 1t
*DDDUD	URRUD	DUUUD	**Gesualdo** Moro lasso, madrigal
*DDDUD	URUUD	UDDDU	**Bach** Two part inventions/7 in Emi Clavier BWV778
*DDDUD	UUDDD	UDDDD	**Mozart** Don Giovanni Act II: finale
*DDDUD	UUDDD	UDUUD	**Mozart** symphony/28 in C K200 1m 1t
*DDDUD	UUDDU	UUUDD	**Rimsky-Korsakov** May night: overture 3t
*DDDUD	UUDUD	DDDDD	**Mozart** trio/4 for piano/violin/cello in E K542 1m
*DDDUD	UURRD		**Beethoven** sonata/9 vln/piano A 'Kreutzer' op47 1m
*DDDUD	UUUDD	DDDUU	**Beethoven** str qtet/14 in C♯mi op131 7m 2t [intro
*DDDUD	UUUDU	UDUD	**Handel** Messiah: overture 2t
*DDDUD	UUUDU	UUDRD	**Hindemith** organ sonata/3 1m 1t
*DDDUD	UUURD	DDURD	**Elgar** symphony/1 in A♭ op55 1m intro
*DDDUD	UUUUD	DDDDR	**Delibes** Le Roi s'amuse: Lesquercarde
*DDDUD	UUUUD	DDDUD	**Wagner** Parsifal Act II: Ihr kindischen Buhlen
*DDDUD	UUUUD	DU	**Dvořák** cello concerto in Bmi op104 1m 2t
*DDDUD	UUUUD	UD	**Mozart** symphony/31 in D 'Paris' K297 2m 1t
*DDDUD	UUUUU	UUU	**Richard Strauss** Aus Italien: Neapolitan 2t
*DDDUR	DDDDU	RDDDD	**J Strauss Jr** Tales of the Vienna woods/2 1t
*DDDUR	DDDUD	DDUUR	**Dukas** La Péri, dance poem for orch, 2t
*DDDUR	DDDUU	RDDDU	**Dukas** La Péri, dance poem for orch, 4t
*DDDUR	DDRDU	U	**Verdi** Nabucco Act III: Va pensiero
*DDDUR	DDUDD	UUDDD	**Handel** harpsichord suite/8 in Fmi 1m
*DDDUR	DDUU		**Mozart** piano concerto/15 in B♭ K450 1m 2t
*DDDUR	DRRRU	D	**Mozart** Der Schauspieldirektor: overture 2t K486
*DDDUR	DRURD	RDDUU	**Suppé** Die schöne Galathé: overture 1t
*DDDUR	DUDDD	DUUUU	**Richard Strauss** Der Bürger als Edelmann: Cleonte 1t
*DDDUR	DURDR	DRDDD	**Haydn** symphony/90 in C 3m menuet
*DDDUR	DUUDU	DDDUD	**Mozart** piano sonata/9 in D K311 3m
*DDDUR	RDDDU	RDDDU	**Massenet** Le Cid, 3m Aragonaise
*DDDUR	RDDRD	UDDUU	**Verdi** Nabucco: overture 2t
*DDDUR	RDUUD	UDDUD	**Berlioz** La damnation de Faust pt 2: Heureux Faust
*DDDUR	RUD		**Beethoven** Missa solemnis: Agnus Dei 2t
*DDDUR	RUDDD	DRUDU	**Bach** Cantata/106 Gottes Zeit/2 In deine BWV106
*DDDUR	UDDDU	R	**Mozart** violin concerto/4 in D K218 2m
*DDDUR	UDURU	DUDDD	**Dvořák** Slavonic dances/8 op46 1t
*DDDUR	UUDDD	DURUU	**Liszt** Hungarian rhapsody/9 in E♭, 'Carnival in Pesth', piano 4t
*DDDUR	UURRD	UDRRR	**Handel** Messiah: Glory to God in the highest
*DDDUR	UUUDU	DUUU	**Wagner** Die Meistersinger Act I: Ja, ihr seid es
*DDDUR	UUURR	RDDDU	**Wagner** Das Rheingold: Entry of the Gods into Val-
*DDDUU	DDDDD	UUDDD	**Richard Strauss** Ein Heldenleben 8t [halla 2t
*DDDUU	DDDDD	UUDUU	**Prokofiev** Peter and the wolf: The duck
*DDDUU	DDDDU	DDDDD	**Grieg** piano concerto in Ami op16 1m 3t(a)

*DDDUU	DDDDU	DDDUD	**Brahms** Vier ernste Gesänge/3: O Tod op121
*DDDUU	DDDDU	DDDUU	**Edward German** Nell Gwyn dances/1
*DDDUU	DDDDU	DDUDU	**Rachmaninov** symphony/2 in Emi op27 2m 2t
*DDDUU	DDDDU	DDUUD	**Beethoven** sonata/5 vln/piano F 'Spring' op24 1m
*DDDUU	DDDDU	DUDDD	**Brahms** trio for violin/cello/piano in Cmi op101 3m 2t
*DDDUU	DDDDU	UDDDD	**Respighi** Fountains of Rome: Valle Giulia 2t
*DDDUU	DDDDU	UDDDU	**Brahms** Serenade for strings in A op16 2m 2t
*DDDUU	DDDDU	UDDDU	**Liszt** Berceuse, piano
*DDDUU	DDDDU	UDDUD	**Saint-Saëns** cello concerto/1 in Ami op33 1m 1t
*DDDUU	DDDRR	UDDDD	**Tchaikovsky** serenade for strings in C op48 1m 1t
*DDDUU	DDDRU	RDRDR	**Ricahrd Strauss** Der Bürger als Edlemann: Tailors 2t
*DDDUU	DDDUD	DUDD	**Puccini** Manon Lescaut Act II: In quelle trine
*DDDUU	DDDUR	UUUUU	**Brahms** quartet for piano/strings in Gmi op25 2m 1t
*DDDUU	DDDUU	DDDD	**Haydn** symphony/52 in Cmi 3m menuetto
*DDDUU	DDDUU	DDDUU	**Brahms** trio clar or vla/cello/piano op114 4m 2t
*DDDUU	DDDUU	DUDUD	**Corelli** concerto grosso in Bb op6/11 5m giga
*DDDUU	DDDUU	UDDU	**Elgar** symphony/1 in Ab op55 1m 2t
*DDDUU	DDDUU	UDDUD	**Schubert** symphony/1 in D 3m 1t D82
*DDDUU	DDDUU	UDUDU	**Handel** sonata for violin/fig bass in F op1/12 1m
*DDDUU	DDDUU	UDUUU	**Chopin** polonaise/1 in A op40 2t
*DDDUU	DDRDD	DDDDU	**Weber** Jubel overture 3t (Jahns index 245)
*DDDUU	DDRDU		**Tchaikovsky** The Seasons: October op37/10
*DDDUU	DDRUD	UDRUD	**Beethoven** piano sonata/14 C#mi 'Moonlight' 3m 2t
*DDDUU	DDUDD	UDUD	**Massenet** Werther II: J'aurais sur ma poitrine
*DDDUU	DDUDD	UDUDD	**Ravel** Bolero 2t
*DDDUU	DDUDU	DUDDD	**Bach** Cantata/212 'Peasant'/4 Ach es schmeckt
*DDDUU	DDUDU	RD	**Mendelssohn** Abschied vom Wald (song) op59/3
*DDDUU	DDUDU	UUDDU	**Sullivan** Ruddigore Act I: I know a youth
*DDDUU	DDURU	UDDUU	**Vivaldi** concerto for flute/strings Cmi 1m P440
*DDDUU	DDUUD	DUUDD	**Vaughan Williams** The lark ascending, violin/orch 1t
*DDDUU	DDUUD	UDDDU	**Tartini** The Devil's trill, violin/piano, 4m 2t
*DDDUU	DRRUD	DDUUD	**Cimarosa** Il matrimonio segreto: overture 2t
*DDDUU	DRUDR	UDDUU	**Hugo Wolf** Verborgenheit (song)
*DDDUU	DUDDD	DR	**Beethoven** piano sonata/16 in G op31/1 1m 1t
*DDDUU	DUDDD	DUUDU	**Haydn** string quartet in Bb op1/1 'La Chasse' 3m
*DDDUU	DUDDD	UUD	**Brahms** symphony/1 in Cmi op68 4m intro(b)
*DDDUU	DUDDD	UUDDU	**Mendelssohn** Capriccio brillant in Bmi op22 4t
*DDDUU	DUDDU	DDUUU	**Tchaikovsky** Eugene Onegin Act I: If in this world
*DDDUU	DUDUD	UUDD	**Beethoven** sonata/2 for violin/piano in A op12/2 2m
*DDDUU	DUDUU	DDDUD	**Ravel** Le tombeau de Couperin, minuet 2t
*DDDUU	DUDUU	DDUUD	**Handel** concerto grosso in F op6/9 4m
*DDDUU	DURDD	DUUDU	**Ravel** La valse, orch, 8t
*DDDUU	DUUDU	DDDUU	**Delius** Paris, nocturne for orchestra, 1t
*DDDUU	DUURD	DDUUD	**Sullivan** Pinafore Act II: For he himself has said
*DDDUU	DUUUD	DUDDD	**Bach** Well-tempered Clavier I prelude/11 BWV856
*DDDUU	DUUUU	UDUDU	**Haydn** symphony/85 in Bb 'La Reine' 1m
*DDDUU	DUUUU	UUU	**Haydn** string quartet/81 in G op77/1 3m
*DDDUU	RDDDU	U	**Beethoven** string quartet/16 in F op135 4m
*DDDUU	RDDRU	URDDD	**Beethoven** piano sonata/26 in Eb op81a 3m
*DDDUU	RDRUR	RUDRR	**Donizetti** La Favorita Act II: Vien Leonora
*DDDUU	RDUDD	DUURD	**Tchaikovsky** symphony/4 in Fmi op36 2m 1t(a)
*DDDUU	RDURU	DUUUD	**Butterworth** A Shropshire lad: Look not in my eyes
*DDDUU	RUDDD	DDDUU	**Mozart** sonata for 2 pianos in D K448 1m 2t
*DDDUU	RUDDU	URUDU	**Mendelssohn** string quartet/3 in D op44/1 3m 1t(b)
*DDDUU	RUDUD		**Mozart** string quartet/18 in A K464 4m
*DDDUU	UDDDD	DDDUU	**Tchaikovsky** Sleeping Beauty 4m Panorama
*DDDUU	UDDDD	UDUUU	**Shostakovich** symphony/9 in Eb op70 1m 1t

*DDDUU	UDDDD	UUUDD	**Dvořák** Slavonic dances/8 op46 2t
*DDDUU	UDDDD	UUUUD	**Rimsky-Korsakov** May night: overture 2t
*DDDUU	UDDDD	UUUUU	**Debussy** Suite Bergamasque: Menuet 2t
*DDDUU	UDDDR		**Sibelius** symphony/6 in Dmi op104 1m 6t
*DDDUU	UDDDU	DDDUU	**Liszt** Gnomenreigen étude, piano 3t
*DDDUU	UDDDU	DDDUU	**Sibelius** symphony/5 in E♭ op82 1m 2t
*DDDUU	UDDDU	UDRDU	**Debussy** La fille aux cheveux de lin, piano
*DDDUU	UDDDU	UDUUD	**Grieg** Peer Gynt suite/1 In morning mood
*DDDUU	UDDDU	UU	**Vaughan Williams** symphony/3 'Pastoral' 3m 1t
*DDDUU	UDDDU	UUDDD	**Handel** concerto grosso in Ami op6/4 4m 1t
*DDDUU	UDDDU	UUDDD	**Tchaikovsky** Chant sans paroles, piano op2
*DDDUU	UDDDU	UUDDD	**Debussy** Petite suite, 2 pianos: Cortège 2t
*DDDUU	UDDDU	UUDDD	**Poulenc** Nouvellette/2 piano 2t
*DDDUU	UDDDU	UUDDU	**Mozart** concerto for flute/harp in C K299 1m 1t
*DDDUU	UDDDU	UUDUD	**Mozart** Marriage of Figaro: overture 2t
*DDDUU	UDDDU	UUDUD	**Stravinsky** Firebird intro
*DDDUU	UDDDU	UUDUU	**Grieg** Peer Gynt suite/1 Morning mood (coded without ornaments in bar 2)
*DDDUU	UDDDU	UUUU	**Lehar** Das Land des Lächelns II: Wer hat die Liebe
*DDDUU	UDDDU	UUUUU	**Beethoven** sonata/8 for violin/piano in G op30/3 1m
*DDDUU	UDDDU	UUUUU	**Mendelssohn** trio/2 violin/cello/piano in C op66 2m 1t
*DDDUU	UDDRU	RDD	**Sibelius** symphony/6 in Dmi op104 1m 1t
*DDDUU	UDDUD	DDUUU	**Brahms** symphony/4 in Emi op98 4m 2t
*DDDUU	UDDUD	DUDUD	**Rachmaninov** Serenade op3/5
*DDDUU	UDDUD	DURRU	**John Dowland** Queen Elizabeth's galliard
*DDDUU	UDDUD	UDUDD	**Mozart** quintet for clarinet/strings in A K581 1m
*DDDUU	UDDUU	DDDDD	**Debussy** La Mer 1m 3t
*DDDUU	UDDUU	DDUUD	**Bruckner** symphony/3 in Dmi 4m 2t
*DDDUU	UDDUU	RRUDU	**Berlioz** La damnation de Faust pt 1: Les bergers
*DDDUU	UDRDD	DUUUD	**Rachmaninov** piano concerto/1 in F♯mi op1 3m 3t
*DDDUU	UDRUU	DD	**Sibelius** symphony/6 in Dmi op104 1m 2t
*DDDUU	UDRUU	DUUDD	**Haydn** The creation: Rollend in schäumende Wellen
*DDDUU	UDUDD	UUUDD	**Haydn** symphony/39 in Gmi 3m trio
*DDDUU	UDUDU	DDDDD	**Mendelssohn** Capriccio brillant op22 piano/orch 1t
*DDDUU	UDUDU	DDDRD	**Mozart** piano sonata/8 in Ami K310 3m
*DDDUU	UDUDU	DDDUU	**Stravinsky** Pastorale (song without words)
*DDDUU	UDUDU	DUDUD	**Ravel** Daphnis and Chloë suite/1 3t
*DDDUU	UDUDU	UDDUD	**Handel** harpsichord suite/7 Gmi 5m gigue
*DDDUU	UDUUD	UUDDD	**Chopin** polonaise in F♯mi op44
*DDDUU	UDUUU	DUDDU	**Bruckner** symphony/4 in E♭ 2m 2t
*DDDUU	UDUUU	DUUUD	**Liszt** Grandes études de Paganini/2 in E♭, piano 2t
*DDDUU	URDDD	UUU	**Rimsky-Korsakov** Flight of the bumble bee 2t
*DDDUU	URDDR	DUUDR	**Max Bruch** violin concerto/1 in Gmi 1m 3t
*DDDUU	URRDD	DDUUU	**J Strauss Jr** Die Fledermaus II: Ha, welch ein Fest
*DDDUU	UUDDD	DUU	**de Falla** Sierra de Cordoba 1t [(Du und du waltz)
*DDDUU	UUDDD	DUUUU	**Ravel** Intro & Allegro for harp/str quartet: Allegro 1t
*DDDUU	UUDDD	RDUUD	**D'Indy** sonata for violin/piano in C 1m 2t
*DDDUU	UUDDD	UDUD	**Bizet** Jeux d'enfants: berceuse
*DDDUU	UUDDD	UUDDD	**Giles Farnaby** Fantasia (Fitzw'm Virginal Book 129)
*DDDUU	UUDDU	DDD	**Debussy** Rapsodie for clarinet/orch 1t
*DDDUU	UUDDU	DDU	**Sibelius** str quartet op56 'Voces intimae' 5m 2t
*DDDUU	UUDDU	DUDRU	**Handel** concerto grosso in Gmi op6/6 2m
*DDDUU	UUDDU	DUDUU	**Chopin** nocturne/2 in D♭ op27
*DDDUU	UUDDU	URUUR	**Beethoven** string quartet/5 in A op18/5 1m 1t
*DDDUU	UUDDU	UUUDD	**Haydn** symphony/96 in D 'Miracle' 1m
*DDDUU	UUDDU	UUUDU	**Haydn** symphony/43 in E♭ 3m trio
*DDDUU	UUDUD	DDUDD	**Bach** Partita/3 in Ami, Clavier: scherzo BWV827

*DDDUU	UUDUD	DDUUD	**Weber** Jubel overture 2t (Jahns index 245)
*DDDUU	UUDUD	UDUD	**Charles Ives** The greatest man (song)
*DDDUU	UUDUR	D	**Ravel** Intro & Allegro for harp/str qtet: Intro 1t(b)
*DDDUU	UUDUU	DRDRD	**Bach** St Matthew Passion/51 Gebt mir meinen Jesum
*DDDUU	UUDUU	UDUUU	**Massenet** Scènes pittoresques 2t
*DDDUU	UURDD	DUUUU	**Honegger** Chant de Nigamon, orch, 1t
*DDDUU	UURUU	UDDDD	**Mendelssohn** Meeresstille (& Glückliche Fahrt) op27
*DDDUU	UUUDD	DDDDD	**Mozart** trio for clarinet/piano/viola K498 rondo 2t
*DDDUU	UUUDD	DDDUU	**Beethoven** string quartet/16 in F op135 3m
*DDDUU	UUUDU	DDD	**Verdi** Il trovatore Act I: Di geloso amor sprezzato
*DDDUU	UUUDU	DDUUD	**Smetana** Bartered bride III: Is it all settled?
*DDDUU	UUUDU	RRDD	**Beethoven** sonata/4 cello/piano C op102/1 1m intro
*DDDUU	UUUDU	UUDDD	**Bizet** L'Arlésienne suite/2: intermezzo 1t
*DDDUU	UUURR	UDRRU	**Tchaikovsky** symphony/4 in Fmi op36 3m 1t(a)
*DDDUU	UUUUD	UDDUD	**Bach** Well-tempered Clavier Bk II fugue/24 BWV893
*DDDUU	UUUUU	DUDDU	**Bach** Easter oratorio: Saget, saget BWV249/9
*DDDUU	UUUUU	UUDUD	**Berlioz** Fantastic symphony 2m 1t
*DDDUU	UUUUU	UUUDD	**Beethoven** piano sonata/7 op10/3 1m 1t
*DDRDD	DDDUU	UUUDD	**Paganini** violin concerto/2 in Bmi op7 2m
*DDRDD	DDUUR	RRRDD	**Sibelius** Was it a dream? (song) op37/4
*DDRDD	DUDDD	RDUD	**Tosti** Falling leaf, from Goodbye (song)
*DDRDD	DUDDU	UR	**Schumann** Faschingsschwank aus Wien, piano
*DDRDD	DUUDD	UDUUD	**Scarlatti** harpsichord sonata D Kp140 [op26 2m
*DDRDD	DUUDU	DDRDD	**Dvořák** sonatina for violin/piano in G op100 4m 1t
*DDRDD	RDDDD	DDDUU	**Suppé** Poet and peasant overture 2t(a)
*DDRDD	RDDDU	D	**Brahms** Intermezzo for piano in Ami op118/1
*DDRDD	RDDDU	UUUUU	**Scarlatti** harpsichord sonata Kp265
*DDRDD	RDDRU	UDRD	**Coleridge-Taylor** Life and death (song)
*DDRDD	RDUUU	UR	**Liszt** Hungarian rhapsody/5 for piano in Emi 3t
*DDRDD	RURDR	UUUUR	**Beethoven** Missa solemnis: Gloria 4t
*DDRDD	RUUDR	UDDRD	**Scarlatti** harpsichord sonata in C Kp104
*DDRDD	UDDRD	DRUUD	**Liszt** étude/5 for piano in E 'La chase' based on
*DDRDD	UDDRD	DRUUD	**Paganini** Caprice for violin op1/9 'La chasse'
*DDRDD	UDDRD	DUDDU	**Scarlatti** harpsichord sonata in E Kp20
*DDRDD	UDRDU	DDRDD	**Mozart** Figaro Act I: Non so più
*DDRDD	UDRDU	UURDU	**Beethoven** string quartet in B♭ op18/6 3m
*DDRDD	UDUDU	RDUDU	**Vivaldi** concerto grosso in Dmi op3/11 2m
*DDRDD	UUDDD	DDDDU	**Paganini** violin concerto/1 in E♭(D) op6 2m
*DDRDD	UUDDD	RDDUU	**Rachmaninov** sonata for cello/piano Gmi op19 4m 1t
*DDRDD	UUDDR	DUDDD	**Grieg** Sigurd Jorsalfar op56 1m 2t
*DDRDR	DDUDU	DUDUD	**Mozart** Cosi fan tutte Act II: Donne mie la fate
*DDRDR	DRDDU	DDRUD	**Wagner** Lohengrin Act II: Du ärmste kannst wohl
*DDRDR	DRUDD	DDUUU	**Wagner** Lohengrin Act II: Euch Lüften
*DDRDR	DUUUR	UUUDD	**Beethoven** piano concerto/4 in G op58 3m 2t
*DDRDR	RUUDD	DUD	**Verdi** Il trovatore Act I: Abbietta zingara
*DDRDR	UDDDU	URURU	**Charles Ives** Evening (song)
*DDRDR	UDRUD	R	**Schubert** Moments musicaux/5 in Fmi D780
*DDRDR	UDUDD	RDUDR	**Elgar** Dream of Gerontius: Praise to the holiest
*DDRDR	URRDU	DDDRD	**Chopin** The maiden's wish (17 Polish songs/1)
*DDRDR	UUDDU	DDRDU	**John Dowland** Lasso vita mea
*DDRDU	DDRDU	DDDDU	**Richard Strauss** Alpine symphony 2t
*DDRDU	DDRDU	DDRDU	**Beethoven** trio for piano/vln/cello Cmi op1/3 1t(b)
*DDRDU	DDRDU	DRURU	**Wagner** Tannhäuser: overture 5t
*DDRDU	DRDUD	DRDUD	**Franck** sonata for violin/piano 1m 2t
*DDRDU	DUDDU	UDRRR	**Verdi** Aida Act III: Oh, patria mia (Nile song)
*DDRDU	DUDDU	UUUUD	**Wagner** Der fliegende Holländer Act II Senta's ballad, also overture 2t

*DDRDU	DUDRD	UUUDU	**Haydn** symphony/8 in G 3m trio
*DDRDU	DUUUU	DDUUD	**Scarlatti** harpsichord sonata Kp377
*DDRDU	RDD		**Rachmaninov** prelude op23/1 piano
*DDRDU	RDDDU	UUUUU	**Chopin** nocturne in Gmi op37/1
*DDRDU	RRRRU	UDU	**Richard Strauss** Arabella Act I: Mein Elemer
*DDRDU	RUDUD	URUD	**Chopin** prelude/22 op28
*DDRDU	UDDDD	RD	**Leoncavallo** I Pagliacci: Decidi il mio destin
*DDRDU	UDUDD	RDUUD	**Janáček** Sinfonietta 2m 1t
*DDRDU	UDUUD	UUUUD	**Richard Strauss** sonata for violin/piano in E♭ 1m 1t(b)
*DDRDU	UUUDR	DDDUU	**J C Bach** overture to La Calamità de' cuori, quoted below by Mozart
*DDRDU	UUUDR	DDDUU	**Mozart** piano concerto/12 in A K414 2m
*DDRDU	UUUUD	D	**Schumann** quartet for piano/strings in E♭ op47 3m 2t
*DDRDU	UUUUR	UDDDU	**Shostakovich** symphony/7 op60 (Leningrad) 3m 2t
*DDRDU	UUUUU	UDDUU	**Berlioz** La damnation de Faust pt 2 chorus: Oh! qu'il
*DDRRD	DDRDD	DUDDU	**Bizet** Carmen: Habanera [fait bon (drinking chorus)
*DDRRD	DRRUR	RRU	**Mozart** piano sonata/12 in F K332 1m 2t
*DDRRD	DRUDD	RRR	**Mozart** Marriage of Figaro Act I trio: In mal punto
*DDRRD	RDDUR	UDRDR	**Elgar** Dream of Gerontius pt 2: Take me away
*DDRRD	RDRRU	DDUDD	**Haydn** symphony/99 in E♭ 3m trio
*DDRRD	UDURU	DUD	**Sullivan** The Mikado II: For he's gone and married
*DDRRD	UDUUU	UUUUU	**Nielsen** wind quintet op43 1m 1t [Yum-yum
*DDRRD	URUUU	DD	**John Braham** Death of Nelson
*DDRRR	DUDDR	URUDU	**Sullivan** The Mikado I: For he's going to marry
*DDRRR	RDDRR	RRDDR	**Bellini** Norma: overture 2t [Yum-yum
*DDRRR	RDUUD	DUDUD	**Stravinsky** Petrushka: Tableau/1 4t
*DDRRR	RRRRR	R	**Stravinsky** Les Noces: On tresse
*DDRRR	RUDDU	UUDD	**Mozart** Warnung (song) K433
*DDRRR	RUDRD	RRRUD	**Wagner** Tannhäuser Act III: Wohl wusst' ich hier
*DDRRR	RURDD	DDDUD	**Kodály** Háry János: La la la la la
*DDRRR	UDUDD	RRRUD	**Rossini** Il barbiere di Siviglia Act I: A un Dottor
*DDRRR	URRDU	UUDDU	**Haydn** symphony/34 in Dmi 3m trio
*DDRRR	UUDDR	RRUUD	**Schubert** piano sonata/21 in B♭ 4m D960
*DDRRU	DDDRD	DRDDR	**Bach** Mass in B minor: Qui tollis peccata mundi
*DDRRU	DDDUU	DDUUU	**Mozart** piano sonata/2 in F K280 3m
*DDRRU	DDDUU	UURUD	**Delibes** Coppelia: prelude 2t and mazurka
*DDRRU	DDRRU	DDRUU	**Dussek** Rondo
*DDRRU	DDRUU	UUD	**Puccini** Manon Lescaut Act IV: Vedi, vedi
*DDRRU	DDUUU	RR	**Mendelssohn** piano concerto/2 in Dmi op40 1m 2t
*DDRRU	DRRUD	DUDRD	**Mozart** concerto for 3 pianos/orch F K242 2m
*DDRRU	RRDDR	RU	**Mozart** Die Zauberflöte Act I: Das klinget
*DDRRU	UDDDD	UDRUD	**Liszt** Venice and Naples 'Gondoliera', piano
*DDRRU	UUDDR	DDDUD	**Schumann** piano concerto in Ami op54 1m 1t
*DDRRU	UUDDR	UDURD	**Mozart** Cosi fan tutte II duet: Fra gli amplessi
*DDRRU	UUDDU	DRRUU	**Holst** St Pauls suite for str orch 4m The Dargason
*DDRRU	UURDD	RRUUU	**Schumann** Frühlingsnacht (song) op39/12
*DDRRU	UURDU	DDDUR	**Beethoven** Fidelio Act I: Komm, Hoffnung
*DDRRU	UUUDD	DUUDU	**Prokofiev** Alexander Nevsky/2 Song about Nevsky 1t
*DDRRU	UUUDD	UUUUD	**Vivaldi** concerto for 2 trumpets/strings in C 1m P75
*DDRUD	DDRDD	UUDDD	**Chopin** étude/7 in C♯mi op25 2t
*DDRUD	DDUDD	DUDUD	**Wagner** Tannhäuser Act II Entrance of the guests
*DDRUD	DRDDR	UUDDD	**Beethoven** Leonore overture/1 3t or /2 or /3 1t
*DDRUD	DRDRR	UUDUD	**Beethoven** Fidelio Act II: In des Lebens
*DDRUD	DRDUR	RRU	**Mendelssohn** Capriccio brillant in Bmi op22 3t
*DDRUD	DRUDD	DDDRU	**Beethoven** piano concerto/1 in C op15 3m 1t
*DDRUD	DRUDD	RRRD	**Haydn** string quartet/76 in D op76 2m 2t
*DDRUD	DRUDD	URRRD	**Kuhlau** Allegro vivace from sonatina in C

*DDRUD	DRURD	UURD	**Sibelius** Schilfrohr, saüsle (Whisper, O reed)(song)
*DDRUD	DRURR	UDDD	**Hugo Wolf** Nimmersatte Liebe (song)
*DDRUD	DUDDD	UUDDD	**Ravel** Chanson Madécasse/3: Il est doux
*DDRUD	DUDDR	UDDDD	**Dvořák** symphony/9 in Emi 'New World' 2m 2t
*DDRUD	DUDRU	R	**Rachmaninov** piano concerto/3 in Dmi op30 2m 1t
*DDRUD	DUUUD	RDDRU	**Mozart** Die Zauberflöte Act I: Der Vogelfänger
*DDRUD	RDDUR	RRDUD	**Chopin** scherzo/2 in B♭mi op31 2t
*DDRUD	RUDDD	UUDDR	**Kodály** Galanta dances 3m
*DDRUD	RUDRU	UDDUU	**Beethoven** piano sonata/26 in E♭ op81a 1m intro
*DDRUD	UDDRU	DDUDU	**Dvořák** Serenade for strings in E op22 4m
*DDRUD	UDUDD	UDUDU	**Haydn** symphony/88 in G 3m trio
*DDRUD	URURU	DUUU	**Schubert** symphony/5 in B♭ 1m 2t D485
*DDRUD	UUDDU	DDRUD	**Elgar** Dream of Gerontius pt 1 chorus: Be merciful
*DDRUR	DDUUD	RUD	**Fauré** En sourdine (song)
*DDRUR	RDDRU	RRDUD	**Wagner** Tannhäuser: Venusberg music 2t, overture 4t
*DDRUR	RDRRD	DURRD	**Bach** Cantata/211 Schweigt stille/6 Mädchen
*DDRUR	URUUU	UUDRD	**Mozart** Die Entführung Act II: Welche Wonne
*DDRUU	DDDDR	UDDR	**Rossini** L'Italiana in Algeri Act I: Oh! che muso
*DDRUU	DDRUD	DD	**Schumann** piano concerto in Ami op54 1m coda
*DDRUU	DRUDU	DUDUD	**Mozart** piano sonata/13 in B♭ K333 3m
*DDRUU	DUDDU	UD	**George Butterworth** Bredon Hill (song)
*DDRUU	DUUDD	RUUDU	**Schubert** piano sonata in A 3m 1t D959
*DDRUU	RDRUD	DDRUU	**Haydn** string quartet/75 in G op76 1m 2t
*DDRUU	UDDDR	UUDUU	**Handel** organ concerto in B♭ op7/1 2m 2t
*DDRUU	UDDRU	UUURU	**Brahms** string quintet in F op88 2m
*DDRUU	UDDUU	UDD	**Liszt** Bénédiction de Dieu dans la solitude, piano
*DDRUU	UDUDD	RRUUD	**Rossini** L'Italiana in Algeri Act I: cruda sorte
*DDRUU	UDUUR	UDUUD	**Mahler** symphony/6 2m mysterioso theme
*DDRUU	URDUD	DDDDU	**Mendelssohn** Andante (& Rondo capriccioso) op14
*DDRUU	UURDD	DUDDD	**Inghelbrecht** Nurseries/3/3 orch: Bon voyage
*DDRUU	UUUDD	RUUUU	**Schubert** string quartet/8 in B♭ 2m 2t D112
*DDUDD	DDDDD	DDUUU	**Debussy** cello sonata, prologue
*DDUDD	DDDDD	U	**Mozart** quartet/2 for piano/strings in E♭ K493 1m 1t
*DDUDD	DDDDD	UDDDD	**Schumann** piano sonata/2 in Gmi op22 3m
*DDUDD	DDDDU	DDDDD	**Vaughan Williams** symphony/5 D 4m passacaglia 1t
*DDUDD	DDDDU	UD	**Schumann** quartet/2 piano strings E♭ op47 3m intro
*DDUDD	DDDRD	D	**Weber** Oberon Act II: Traure, mein Herz
*DDUDD	DDDUD	DUDDU	**Peter Warlock** Capriol suite: Tordion
*DDUDD	DDDUD	DUUUU	**Nicolai** Merry wives of Windsor: overture 4t
*DDUDD	DDDUD	UDU	**Brahms** sonata for violin/piano in Dmi op108 4m 2t
*DDUDD	DDDUD	UDUUU	**Brahms** Academic Festival overture op80 3t
*DDUDD	DDDUR	DUUUD	**Bartok** Hungarian folk songs, violin/piano, 1m 3t
*DDUDD	DDDUU	DRRUU	**Mendelssohn** Songs without words/9 op30/3 piano
*DDUDD	DDDUU	UUDDU	**Brahms** sonata for cello/piano in Emi op38 2m 2t
*DDUDD	DDRRU	UUD	**Mozart** symphony/40 in Gmi K550 1m 2t
*DDUDD	DDRUU	DRUUD	**Sibelius** string quartet op56 'Voces intimae' 1m 2t
*DDUDD	DDUDD	DRD	**Massenet** Phèdre: overture 2t
*DDUDD	DDUDD	DUD	**Wagner** Die Walküre Act III: War es so schmählich
*DDUDD	DDUDD	DUUUD	**Easthope Martin** Evensong
*DDUDD	DDUDD	UDDDD	**Beethoven** piano sonata/14 C♯mi 'Moonlight' op27/2
*DDUDD	DDUDD	UDRUD	**Sullivan** Iolanthe Act II: Oh foolish fay [2m 1t
*DDUDD	DDUDR	DDUDD	**Franck** string quartet in D 1m 1t
*DDUDD	DDUDR	UD	**Bach** Three part inventions/11 Gmi Clavier BWV797
*DDUDD	DDUDU	UDUUU	**Mendelssohn** Wedding march 1t
*DDUDD	DDURD	UUD	**Verdi** Don Carlos Act IV: O don fatale
*DDUDD	DDUUD	UUUUU	**Haydn** symphony/53 in D 1m intro
*DDUDD	DDUUU	DUD	**John Dowland** Shall I sue

*DDUDD	DDUUU	UD	**Tchaikovsky** violin concerto in D op35 2m 2t
*DDUDD	DDUUU	UDUUD	**Charles Ives** symphony/2 2m 1t
*DDUDD	DDUUU	UUUUD	**Chopin** nocturne/1 in B♭mi op9 2t
*DDUDD	DRRRR	UD	**Schubert** piano sonata/16 in Ami 1m D845
*DDUDD	DRRUD	UDU	**Bach** St John Passion/10: Ach, mein Sinn
*DDUDD	DRURU	DUUDD	**Haydn** symphony/104 in D 'London' 4m
*DDUDD	DUDDD	DDD	**Moskovsky** Valse Mignonne 2t, piano
*DDUDD	DUDDD	DUDD	**Handel** sonata for violin/fig bass in A op1/3 4m
*DDUDD	DUDDD	RUUDD	**Mussorgsky** Night on a bare mountain 5t
*DDUDD	DUDDD	UDDDD	**Brahms** symphony/1 in Cmi op68 1m 3t
*DDUDD	DUDDD	UDDDD	**Grieg** piano concerto op16 1m 2t
*DDUDD	DUDDD	UDDDU	**Liszt** Waldesrauschen étude, piano
*DDUDD	DUDDD	UDDDU	**Wagner** Magic fire music 1t
*DDUDD	DUDDD	UDUDU	**Mozart** violin concerto/5 in A K219 2m
*DDUDD	DUDDD	UDURD	**Bach** concerto for harpsichord in A 2m BWV1055
*DDUDD	DUDDD	URRRD	**Offenbach** Gaieté Parisienne 3t
*DDUDD	DUDDD	UUDDU	**Mozart** string quartet/23 in F K590 4m
*DDUDD	DUDDD	UUDDU	**Delius** Intermezzo from Fenimore and Gerda
*DDUDD	DUDDR	DUDDU	**Wagner** Die Meistersinger Act III: prelude 1t
*DDUDD	DUDDU	DDU	**Sullivan** Iolanthe Act II: He who shies at such a prize
*DDUDD	DUDDU	DDUDD	**Schumann** violin concerto in Dmi 2m
*DDUDD	DUDDU	DDUDU	**Berlioz** King Lear: overture 4t
*DDUDD	DUDDU	RRUUU	**Bellini** Beatrice di Tenda: Angiol di pace
*DDUDD	DUDDU	UDU ·	**Haydn** str quartet/74 Gmi op74/3 'Horseman' 2m 1t
*DDUDD	DUDRD	R	**Franck** quintet for piano/strings in Fmi 2m 1t
*DDUDD	DUDUD	D	**Verdi** La Traviata Act I: A quell' amor
*DDUDD	DUDUD	UDDDU	**John Ireland** A London Overture 2t
*DDUDD	DUDUD	UUDDD	**Mendelssohn** Songs without words/1 in E op19/1
*DDUDD	DUDUD	UUDUU	**Handel** sonata 2 violins or 2 oboes/fig bass in E♭ 1m
*DDUDD	DUDUU	DDD	**Handel** Rodelinda: Dove sei (Art thou troubled?)
*DDUDD	DUDUU	DUUDD	**Wagner** Die Meistersinger III: Euch macht ihr's leicht
*DDUDD	DUDUU	U	**Liszt** piano concerto/2 in A 1t
*DDUDD	DUDUU	UDUUD	**Machaut** Messe Notre-Dame: Credo
*DDUDD	DURRU	RUDR	**Puccini** La Rondine: Fanciulla è sbocciato
*DDUDD	DUUDD	DDUUU	**Haydn** symphony/47 in G 2m
*DDUDD	DUUDU	DDRU	**Franck** organ chorale/1 1t
*DDUDD	DUUDU	UDUDD	**Brahms** Romance/5 for piano in F op118 2t
*DDUDD	DUUDU	UUDUU	**Brahms** symphony/4 in Emi op98 1m 1t(a)
*DDUDD	DUUUD	DDUUU	**Stravinsky** Petrushka: Chez le Maure
*DDUDD	DUUUD	UDR	**Debussy** sonata for violin/piano in Gmi 1m 1t
*DDUDD	DUUUU	UUUDR	**Richard Strauss** oboe concerto, theme at Fig 30
*DDUDD	RDDRD	D	**Beethoven** string quartet/10 in E♭ op74 'Harp' 4m
*DDUDD	RDDUD	DDUDD	**Richard Strauss** Burleske, piano/orch, 5t
*DDUDD	RDDUD	DRUDU	**Brahms** Vars on a theme of Schumann, piano 4 hands
*DDUDD	RDDUD	DURDU	**Mozart** symphony/25 in Gmi K183 2m [op9
*DDUDD	RRRRU	UUDDU	**Dvořák** Slavonic Rhapsody op45 2t
*DDUDD	RRRRU	UUUUU	**Schumann** string quartet in F op41/2 4m 2t(a)
*DDUDD	RRUDD	UDDRR	**Scarlatti** harpsichord sonata Kp380
*DDUDD	RUDDD	UUDDR	**Smetana** Bartered bride III: How blessed are lovers
*DDUDD	RUDDU	DDRUD	**Bizet** Carmen: prelude, fate motif
*DDUDD	RUDUD	DRUDD	**Stravinsky** The rake's progress Act I: I go
*DDUDD	RUUUU	UD	**Tchaikovsky** symphony/2 in Cmi op17 2m 1t
*DDUDD	RUUUU	DDUDD	**Beethoven** string quartet/2 in G op18/2 4m 2t
*DDUDD	UDDDD	DDD	**Franck** quintet for piano/strings in Fmi 1m 2t
*DDUDD	UDDDD	DDDD	**Beethoven** symphony/7 in A 4m 2t
*DDUDD	UDDDD	DDDUU	**Shostakovich** symphony/9 in E♭ op70 3m 1t
*DDUDD	UDDDD	DDUDU	**Scarlatti** harpsichord sonata in G Kp125

```
*DDUDD  UDDDD  UDD      Mozart  string quintet/5 in D K593 3m
*DDUDD  UDDDD  UUD      Bartok  string quartet/1 op7 2m 1t
*DDUDD  UDDDR  DDDUD    Brahms  Ballade in Dmi, piano op10/1 2t .
*DDUDD  UDDDU  UDUDU    Shostakovich  symphony/5 in Dmi op47 3m 4t
*DDUDD  UDDDU  UUDDD    Brahms  sonata for cello/piano in Emi op38 3m 2t
*DDUDD  UDDDU  UUUUD    D'Indy  Le Camp de Wallenstein, orch, op12 5t
*DDUDD  UDDRD  UDUDR    Berlioz  Requiem/6: Lacrymosa
*DDUDD  UDDUD  DDDDD    Haydn  symphony/97 in C 2m
*DDUDD  UDDUD  DDDDU    Schubert  symphony/4 in Cmi 'Tragic' 2m 3t D417
*DDUDD  UDDUD  DDDUU    Brahms  symphony/2 in D op73 3m 4t
*DDUDD  UDDUD  DDUDD    Scarlatti  harpsichord sonata in D Kp23
*DDUDD  UDDUD  DDUDU    Brahms  quintet for piano/strings in Fmi op34 1m 3t
*DDUDD  UDDUD  DDUUD    Haydn  symphony/38 in Gmi 'La Poule' 3m menuet
*DDUDD  UDDUD  DUDDD    Grieg  sonata/3 for violin/piano in Cmi op45 3m 2t
*DDUDD  UDDUD  DUDDD    Verdi  Aida: Dance of the priestesses 2t
*DDUDD  UDDUD  DUDDD    Shostakovich  concerto for piano/trumpet op35 3m 2t
*DDUDD  UDDUD  DUDDU    Bach  Well-tempered Clavier Bk I prelude/6 BWV851
*DDUDD  UDDUD  DUDDU    Beethoven  symphony/3 in Eb 'Eroica' 1m 2t
*DDUDD  UDDUD  DUDDU    Fauré  élégie for cello op24 1t
*DDUDD  UDDUD  DUDDU    Debussy  Petite suite for 2 pianos: En bateau 2t
*DDUDD  UDDUD  DUDDU    Haydn  symphony/22 in Eb 4m
*DDUDD  UDDUD  DUDDU    Mendelssohn  overture The Hebrides (Fingal's cave) 1t
*DDUDD  UDDUD  DUDDU    Rossini  La Danza (Tarantella Napoletana) Già la luna
*DDUDD  UDDUD  DUDDU    Verdi  Il trovatore Act II: Vedi! le fosche notturne
*DDUDD  UDDUD  DUDRU    Kabalevsky  Colas Breugnon overture op26
*DDUDD  UDDUD  DUDUD    Bach  choral prelude, organ: Kommst du nun BWV650
*DDUDD  UDDUD  DUDUD    Sibelius  King Christian II suite op27 Elégie
*DDUDD  UDDUD  DUDUU    Wagner  Der fliegende Holländer: overture 3t
*DDUDD  UDDUD  DUDUU    Mozart  Divertimento/14 in Bb K270 4m
*DDUDD  UDDUD  DURDR    Bach  Well-tempered Clavier Bk II fugue/21 BWV890
*DDUDD  UDDUD  DURUR    Stravinsky  L'Oiseau de Feu: finale
*DDUDD  UDDUD  DUUDU    Wagner  Der fliegende Holländer III: Sailors' chorus
*DDUDD  UDDUD  DUUUD    Berlioz  Benvenuto Cellini I: Pasquarello's melody
*DDUDD  UDDUD  UDDUD    D'Indy  violin sonata in C op59 3m 1t(a)
*DDUDD  UDDUD  UDDUD    Lortzing  Undine: overture 3t
*DDUDD  UDDUD  UDUDD    Handel  concerto grosso in Bb op6/7 5m hornpipe
*DDUDD  UDDUD  UDUDU    Handel  Theodora: Lord! to thee each night
*DDUDD  UDDUD  UDUUD    Richard Strauss  Liebeshymnus (song) op32/3
*DDUDD  UDDUD  UUDDU    Ravel  piano concerto in G 3m 1t
*DDUDD  UDDUR  RDUUU    Mozart  Mentre ti lascio, o figlia (aria) K513 2t
*DDUDD  UDDUR  URURU    Scarlatti  harpsichord sonata Kp17
*DDUDD  UDDUU  DDDUD    Dvořák  Carnaval overture op92 2t
*DDUDD  UDDUU  DDUDR    Mendelssohn  O for the wings of a dove (motet)
*DDUDD  UDDUU  UDDDD    Rossini  La Cenerentola: overture 2t
*DDUDD  UDDUU  UDDUU    Haydn  string quartet/75 in G op76 1m 1t
*DDUDD  UDRDD  UUUUD    Mendelssohn  symphony/4 in A op90 'Italian' 2m 3t
*DDUDD  UDRRU  DDUDD    Vivaldi  concerto for lute/strings in D 1m P209
*DDUDD  UDRRU  DDUUU    Tchaikovsky  symphony/3 in D op29 3m 3t
*DDUDD  UDRRU  DUDDD    Sullivan  Iolanthe Act II: Strephon's a Member
*DDUDD  UDRUD  D        Mendelssohn  piano trio/1 in Dmi op49 4m 1t
*DDUDD  UDUDD  DDRUR    Sibelius  symphony/2 in D op43 1m 1t
*DDUDD  UDUDD  DDUD     Mozart  Die Zauberflöte Act II: Dann schmeckte mir
*DDUDD  UDUDD  UDDUD    D'Indy  Istar, symphonic variations 4t
*DDUDD  UDUDD  UDDUU    Brahms  quintet for clarinet/strings in Bmi op115 2m
*DDUDD  UDUDU  UDDUU    Mahler  Das Lied von der Erde/4: Von der Schönheit
*DDUDD  UDUUD  DDUDD    Bach  suite/2 for flute/strings in Bmi, Rondo BWV1067
*DDUDD  UDUUD  DDUDD    Wagner  5 Wesendonck songs/2: Stehe still
```

35

*DDUDD	UDUUD	DUDD	**Schumann**	Dichterliebe/14 Allnächtlich im Traüme
*DDUDD	UDUUD	DUDDD	**Menotti**	Amahl & the night visitors : Emily, Emily
*DDUDD	UDUUD	DUDUD	**Borodin**	string quartet/2 in D 3m 1t
*DDUDD	UDUUD	DUUDD	**Haydn**	symphony/96 in D 'Miracle' 4m
*DDUDD	UDUUU	DD	**Mozart**	violin sonata/18 in G K301 2m
*DDUDD	UDUUU	UDDUD	**Stravinsky**	Capriccio, piano/orch 1m 3t
*DDUDD	UDUUU	UDDUU	**Max Bruch**	violin concerto/1 Gmi 1m intro & cadenza
*DDUDD	UDUUU	UUDDD	**Bruckner**	symphony/4 in E♭ 3m 2t
*DDUDD	UDUUU	UUDDD	**Tchaikovsky**	piano trio in Ami op50 1m 2t
*DDUDD	UDUUU	UUUUD	**Albinoni**	oboe concerto op7/6 1m
*DDUDD	URDDR	DDUUU	**Massenet**	Thais Act II : L'amour est une vertu rare
*DDUDD	URDDU	DDUDD	**Vaughan Williams**	Flos Campi 1m 1t
*DDUDD	URUDR	URRDD	**Haydn**	Nelson Mass : Sanctus
*DDUDD	URURR	RDRUU	**Handel**	Messiah : Surely he hath borne our griefs
*DDUDD	URUUD	DDDDR	**Handel**	sonata for violin/fig bass in A op1/3 1m
*DDUDD	UUDDD	DDDDD	**Mahler**	symphony/9 in D 1m 5t
*DDUDD	UUDDD	DUDUD	**Vaughan Williams**	Flos Campi 5m
*DDUDD	UUDDD	DUUUD	**Chopin**	waltz in A♭ op69/1 1t
*DDUDD	UUDDD	UDDDU	**Schumann**	string quartet in Ami op41/1 1m 1t
*DDUDD	UUDDD	UDDUU	**Haydn**	symphony/73 in D 'La Chasse' 1m intro
*DDUDD	UUDDD	UDUD	**Bach**	Well-tempered Clavier Bk II fugue/14 BWV883
*DDUDD	UUDDU	DDUDD	**Brahms**	string quartet in Ami op51/2 3m 1t
*DDUDD	UUDDU	DDUDD	**Beethoven**	Freudvoll und leidvoll (song)
*DDUDD	UUDDU	DDUUD	**Chopin**	waltz in A♭ op69/1 2t
*DDUDD	UUDDU	DDUUD	**Mussorgsky**	Pictures from an exhibition : Gnome 1t
*DDUDD	UUDDU	DDUUU	**Brahms**	symphony/1 in Cmi op68 3m 1t
*DDUDD	UUDDU	DUDDD	**D'Indy**	Istar, symphonic variations 3t
*DDUDD	UUDDU	DUDUD	**Mozart**	string quintet/4 in Gmi K516 3m
*DDUDD	UUDDU	RDUUU	**Grieg**	piano sonata in Emi op7 2m
*DDUDD	UUDDU	UDDDU	**Stravinsky**	Capriccio, piano/orch, 1m 5t
*DDUDD	UUDDU	UDDUD	**Brahms**	symphony/1 in Cmi op68 3m 3t(b)
*DDUDD	UUDDU	UURDU	**Elgar**	Falstaff, symphonic study op68 8t
*DDUDD	UUDRD	UU	**Richard Strauss**	Wozu noch Mädchen (song)
*DDUDD	UUDRU	DDUDD	**Dvořák**	Songs my mother taught me op55/4
*DDUDD	UUDUD	DUDDU	**Dvořák**	Songs my mother taught me op55/4 (misq'ted)
*DDUDD	UUDUD	UDDUD	**Handel**	Water music 2m
*DDUDD	UUDUU	DU	**Dvořák**	quartet for piano/strings in E♭ op87 1m 2t
*DDUDD	UURDD	DUURU	**Schumann**	symphony/2 in C op61 1m intro
*DDUDD	UUUDD	DDDUD	**Brahms**	concerto for violin/cello/orch in Ami op102
*DDUDD	UUUDD	DUDUU	**Bach**	Mass in B minor : Benedictus [1m 1t
*DDUDD	UUUDR	UUURR	**Tchaikovsky**	symphony/5 in Emi op64 2m 1t
*DDUDD	UUUDU	DDUD	**Alabiev**	The nightingale (song)
*DDUDD	UUUDU	URDDU	**Millöcker**	Der Bettelstudent : Ach ich hab' sie ja nur
*DDUDD	UUUDU	UUUUU	**Saint-Saëns**	Carnaval des animaux : The swan
*DDUDD	UUURR	RDURD	**Waldteufel**	Mein Traum waltzes/2 1t
*DDUDD	UUUUD	DUUD	**Honegger**	King David : March of the Philistines
*DDUDD	UUUUD	DUUUD	**Pachelbel**	Fantasia for cembalo in Gmi
*DDUDD	UUUUD	UUDDR	**Brahms**	Ein deutsches Requiem : Herr, du bist würdig
*DDUDD	UUUUU	UUUDD	**Beethoven**	violin concerto in D op61 3m 2t
*DDUDR	DDDUU	DDDDD	**Mozart**	piano sonata/13 in B♭ K333 2m
*DDUDR	DDUDD	UDURU	**Tchaikovsky**	symphony/1 in Gmi op13 4m 2t
*DDUDR	DDUDR	D	**Mozart**	symphony/28 in C K200 2m 2t
*DDUDR	DUDDU	DRD	**Franck**	string quartet in D 3m 1t
*DDUDR	DURUD	RDRUD	**Butterworth**	A Shropshire lad : Is my team ploughing
*DDUDR	RRRUU	UUUUR	**Schubert**	symphony/6 in C 'Little' 2m 2t D589
*DDUDR	RUDDU	DRRDU	**Rachmaninov**	Prelude for piano op23/3
*DDUDR	RUUDD	UUUUD	**Mahler**	Nicht wiedersehen (song)

*DDUDR	RUUUD	RRRUU	**Massenet** Le Cid 6m 2t
*DDUDR	UDDDD	UUDDD	**Mozart** Don Giovanni Act I: Dalla sua pace
*DDUDR	UDDDU	DDDRU	**Haydn** Nelson Mass: Agnus dei
*DDUDR	UDDUD	RUDDD	**Haydn** symphony/100 in G 'Military' 3m menuet
*DDUDR	UDDUU	DDDUD	**Bellini** La sonnambula: Come per me (recitative: Care compagne)
*DDUDR	URDUD	DDDUD	**Tchaikovsky** Vars on a Rococo theme, cello/orch op33
*DDUDR	UURDR	R	**Schumann** quartet piano/strings E♭ op47 3m 1t
*DDUDR	UUUUU	UDDUD	**Vaughan Williams** symphony/9 in Emi 4m 3t
*DDUDU	DDDDD	UDUDD	**Brahms** symphony/4 in Emi op98 1m 1t(b)
*DDUDU	DDDDD	UDUDD	**Debussy** Pour le piano, toccata
*DDUDU	DDDDU	DUUUD	**Walton** Crown Imperial, Coronation march 2t
*DDUDU	DDDRU		**Sibelius** symphony/7 in C op105 5t
*DDUDU	DDDUD	DDUDD	**Bach** Well-tempered Clavier Bk I: fugue/24 BWV869
*DDUDU	DDDUD	DUDUD	**Grieg** Norwegian melody op12/7 1t
*DDUDU	DDDUU	UDUDU	**Rossini** La Cenerentola: Non più mesta
*DDUDU	DDRUD	DRDD	**Schubert** Die schöne Müllerin/13 Mit dem grünen
*DDUDU	DDUDD	DDUDD	**Copland** Appalachian Spring 6t [Lautenbande
*DDUDU	DDUDD	DUUUD	**Lalo** cello concerto in Dmi 2m 1t
*DDUDU	DDUDD	UDDUD	**Schubert** string quartet/13 in Ami 1m 1t D804
*DDUDU	DDUDD	UDUDD	**Mendelssohn** Midsummer night's dream: scherzo 1t
*DDUDU	DDUDD	UDUDD	**Rachmaninov** Prelude for piano op32/12
*DDUDU	DDUDD	UUUUD	**Malipiero** Impressioni dal Vero: Il Capinero 2t
*DDUDU	DDUDR	DDUDU	**Smetana** The bartered bride: Dance of comedians 5t
*DDUDU	DDUDU	D	**Vaughan Williams** symphony/4 in Fmi 1m 1t
*DDUDU	DDUDU	DDUDD	**Mozart** sonata for 2 pianos in D K448 3m 1t
*DDUDU	DDUDU	DDUDD	**Massenet** Les Erinnyes (incidental music) finale 2t
*DDUDU	DDUDU	UUUUU	**Haydn** string quartet/78 in B♭ op76 4m 1t
*DDUDU	DDUUR	UURRD	**Torelli** trumpet concerto/2: allegro t at bar 89
*DDUDU	DDUUU	DUDDD	**Scarlatti** harpischord sonata Kp107
*DDUDU	DRDDU	DDDD	**Schumann** sonata for violin/piano in Ami op105 3m 2t
*DDUDU	DRUDR	DDUUU	**Beethoven** symphony/7 in A 1m intro
*DDUDU	DUDDD	DU	**Scarlatti** harpsichord sonata in Bmi Kp27
*DDUDU	DUDDR	URUDU	**Beethoven** Missa solemnis: Gloria 3t
*DDUDU	DUDDU	DDUDU	**Bartok** string quartet/2 op17 2m 2t
*DDUDU	DUDDU	DUUDD	**Tchaikovsky** symphony/3 in D op29 1m 3t
*DDUDU	DUDDU	UDUDU	**Brahms** trio for piano/violin/cello in C op87 4m 3t
*DDUDU	DUDDU	UUDUD	**Shostakovich** symphony/5 in Dmi op47 3m 3t
*DDUDU	DUDRD	UDUDU	**Debussy** Bruyères, piano
*DDUDU	DUDUD	DDD	**Mendelssohn** Ruy Blas overture 2t
*DDUDU	DUDUD	DUD	**Handel** a minuet from Alcina
*DDUDU	DUDUD	UDRDD	**Mozart** Deutsche Tänze/2, orch, K600
*DDUDU	DUDUD	UDUDU	**Brahms** string sextet/2 in G op36 2m 2t
*DDUDU	DUDUD	UDUDU	**Schubert** Impromptu/5 for piano in Fmi D935
*DDUDU	DUDUD	UDUDU	**Mendelssohn** Capriccio brillant 2t
*DDUDU	DUDUU	DUUDD	**Handel** harpsichord suite/8 in F 5m gigue
*DDUDU	DUDUU	RDDUD	**Weber** Der Freischütz: overture intro(b)
*DDUDU	DUDUU	URDDU	**Prokofiev** symphony/5 in B♭ op100 2m 1t
*DDUDU	DUDUU	UURRD	**Handel** sonata for violin/fig bass in D op1/13 2m
*DDUDU	DUDUU	UUUR	**Chausson** quartet for piano/strings in A op30 4m 1t
*DDUDU	DUDUU	UUUUU	**Rachmaninov** symphony/2 in Emi op27 4m 2t
*DDUDU	DURDU	UD	**Brahms** symphony/1 in Cmi op68 1m 2t
*DDUDU	DURUD	DUDUU	**Ravel** Ma Mère l'Oye: Empress of the Pagodas
*DDUDU	DUUDD	DDUDU	**Elgar** Pomp and Circumstance march/1 1t
*DDUDU	DUUDD	DDUUU	**Torelli** trumpet concerto/1 1m
*DDUDU	DUUDD	DUDDD	**Bach** Well-tempered Clavier Bk I: fugue/7 BWV852
*DDUDU	DUUDD	UDUDD	**Purcell** Dido and Aeneas Act I: Shake the cloud

*DDUDU DUUDD UDUDU   **Bach** Well-tempered Clavier Bk I: prelude/2 BWV847
*DDUDU DUUUD DUDUD   **Khachaturian** Gayaneh ballet: Ayshe's awakening 2t
*DDUDU DUUUD DUDUD   **Sibelius** symphony/1 in Emi op39 1m 1t
*DDUDU DUUUD UUURR   **Shostakovich** symphony/5 op47 2m 1t(a)
*DDUDU DUUUU UUUUD   **Schubert** sonatina for violin/piano in D 3m D384
*DDUDU RDDDU DUDDU   **Mozart** symphony/32 in G (one movement) K318 3t
*DDUDU RDUDD UDUDU   **Grieg** Sigurd Jorsalfar op56 1m prelude
*DDUDU RUDUR UDRRU   **Schumann** An den Mond (song) op95/2
*DDUDU RUUUD DDRUU   **Haydn** symphony/86 in D 1m intro
 DDUDU RUUUD UDDDU   **Weber** bassoon concerto in F 1m (Jahns index 127)
*DDUDU UDDDD DUDUD   **Verdi** Aida Act IV: Ah! tu dei vivere
*DDUDU UDDDD UD   **Puccini** Manon Lescaut Act II: Tu, tu amore?
*DDUDU UDDDD UDDDR   **Byrd** Bow thine ear
*DDUDU UDDDD UDDUD   **Beethoven** Bagatelle in B♭ op119/1 piano
*DDUDU UDDDD UUDUU   **Mozart** sonata/28 for violin/piano in E♭ K380 1t
*DDUDU UDDDU DDD   **Bach** Cantata/182: Himmelskönig, sei willkommen
*DDUDU UDDRR UDUUD   **Bartok** string quartet/1 op7 3m 1t
*DDUDU UDDUD DUDUU   **Liadov** Russian folk dances, orch op58: I danced
                       with a mosquito
*DDUDU UDDUD DUDUU   **Ravel** Daphnis & Chloë suite/2 4t
*DDUDU UDDUD U   **Beethoven** sonata/2 cello/piano in Gmi op5/2 1m intro
*DDUDU UDDUD UDUDU   **Brahms** quintet for piano/strings in Fmi op34 3m 3t
*DDUDU UDDUD UUDUD   **Brahms** piano concerto/2 in B♭ op83 2m 3t
*DDUDU UDDUD UUDUU   **Mascagni** Cavalleria Rusticana: O, che bel mestiere
*DDUDU UDDUU DDDUD   **Purcell** Indian Queen: I attempt from love's sickness
*DDUDU UDDUU DUDRR   **Beethoven** Fidelio Act II: Euch werde Lohn
*DDUDU UDDUU UUUUD   **Vaughan Williams** symphony/4 in Fmi 1m 2t
*DDUDU UDRUD DDUUD   **Shostakovich** sonata for cello/piano op40 1m 1t
*DDUDU UDUDD DDDUD   **Mozart** symphony/33 in B♭ K319 4m 2t
*DDUDU UDUDD UDDUU   **Handel** concerto grosso in Bmi op6/12 3m
*DDUDU UDUDD UDDDU   **Bach** Partita/1 for Clavier in B♭ minuet/1 BWV825
*DDUDU UDUDU DUDUD   **Haydn** string quartet/82 op77/2 2m 1t
*DDUDU UDUDU UUUDU   **Mozart** piano concerto/14 in E♭ K449 1m
*DDUDU UDURD DUDDU   **Bach** Christmas oratorio/8: Grosser Herr
*DDUDU UDUUD UDUDU   **Charles Ives** symphony/2 4m 1t
*DDUDU UDUUD UUDDU   **Elgar** symphony/2 op63 1m 2t(a)
*DDUDU URDRR URRDU   **Schumann** Kennst du das Land? (song) op98/1
*DDUDU URRUU RDRUU   **Beethoven** symphony/7 in A 1m 1t
*DDUDU UUDDD UDUUU   **Bach** Prelude & fugue in Gmi: prelude BWV535
*DDUDU UUDDU UDDUD   **Handel** concerto grosso in C 'Alexander's Feast' 2m
:DDUDU UUDDU UUD   **Bartok** string quartet/1 op7 1m
*DDUDU UUDRD UUUUU   **Tchaikovsky** Eugene Onegin: Polonaise
*DDUDU UUDUD DUDD   **Leoncavallo** I Pagliacci: Bell chorus
*DDUDU UUDUD UDUDU   **Prokofiev** symphony/5 in B♭ op100 3m 2t(b)
*DDUDU UUDUR RUD   **Schubert** Lied der mignon I op62/1: Heiss mich nicht
*DDUDU UUDUU DUDRU   **Moszkowski** Guitarre, piano, op45/2
*DDUDU UUDUU UDUDU   **Mozart** symphony/25 in Gmi K183 4m 2t
*DDUDU UUDUU UDUUU   **Stravinsky** Apollon Musagète: Apotheosis
*DDUDU UUDUU UDUUU   **Haydn** symphony/47 in G 3m menuet
*DDUDU UURDR UURDU   **Mozart** Don Giovanni Act I quartet: Non ti fidar
*DDUDU UUUDU D   **Haydn** The seasons: Komm, holder Lenz
*DDUDU UUUUU UUDDU   **Schumann** Davidsbündler, piano op6/16
*DDURD DDDDU DDRUU   **Bach** Motet/4 fürchte dich nicht BWV228
*DDURD DDDRU DDURD   **Mozart** Don Giovanni Act II finale: Già la mensa
*DDURD DDUUU UUDD   **Beethoven** symphony/7 in A 2m 2t
*DDURD DRDUU DRDUU   **Sullivan** Pirates of Penzance I: Poor wand'ring one
*DDURD DRUUD UD   **Roger Quilter** Fair house of joy (song)

*DDURD	DUDDD	URDUU	**Debussy** Images: Iberia 1m 6t
*DDURD	DURDD	URDRD	**Bach** Mass in B minor: Agnus dei
*DDURD	DUUDD	UDDUD	**Ravel** piano concerto for left hand 1t(b)
*DDURD	DUUUD	UUDD	**Grieg** string quartet in Gmi op27 1m 2t
*DDURD	DUUUU	DUUUU	**Mozart** Divertimento in F K138 2m
*DDURD	RUDUR	DRURD	**Wolf-Ferrari** Susanna's secret: overture 2t
*DDURD	UDDUD	URRUD	**Mozart** Don Giovanni II quintet: Ah! dov'è il perfido
*DDURD	UDDUR	DUDDU	**Beethoven** piano sonata/17 in Dmi op31/2 1m 2t
*DDURD	UDDUU	DDURD	**Ibert** Histoires/8 piano: Le cage de crystal
*DDURD	UUDDU	RDURU	**Josef Strauss** Mein Lebenslauf ist Lieb' und Lust/3
*DDURR	DDDDU	DDU	**Mozart** Serenade in B♭ 13 wind instr K361 6m
*DDURR	DDDUR	RDDDU	**Lalo** Namouna: Fête foraine 2t
*DDURR	DDUDR	RDRDD	**Wagner** Die Walküre Act I: Du bist der Lenz
*DDURR	DUDDU	RRD	**Verdi** Rigoletto Act II: Tutte le feste al tempio
*DDURR	RDDRD	UUDDU	**Mahler** Aus! Aus! (song)
*DDURR	RDUUR	DUDDD	**Hugo Wolf** Lebe wohl (song)
*DDURR	RRDDU	R	**Leoncavallo** I Pagliacci: Vesti la giubba
*DDURR	RUDDR	RRUDR	**Schumann** Dichterliebe/7 Ich grolle nicht (song)
*DDURR	UDRDD	URRUD	**Verdi** La Traviata Act II: Pura siccome un angelo
*DDURR	UUUUU	DRDDU	**Rachmaninov** Preludes op32/5, piano
*DDURU	DDDDU	UU	**Albeniz** suite Española: Sevillanas
*DDURU	DDDUR	UUDDD	**Hugo Wolf** In dem Schatten meiner Locken (song)
*DDURU	DDURU	RUDDD	**Brahms** string quartet/1 in Cmi op51/1 4m 2t
*DDURU	DUDDU	RD	**Meyerbeer** Les Huguenots Act IV: Le danger presse
*DDURU	RDDDD	URURD	**Sullivan** Ruddigore I: Fair is Rose as bright May day
*DDURU	RRDUR	UDDDD	**Mascagni** L'amico Fritz Act I: Son pochi fiori
*DDURU	RUUDD	URURU	**Borodin** string quartet/2 in D 4m 2t
*DDURU	UDDUU	UD	**Bruckner** symphony/4 in E♭ 4m 1t
*DDURU	UDRUD	DRUUD	**Schubert** string quintet in C 2m D956
*DDURU	UURRD	DDDRR	**Mozart** Idomeneo Act II: Fuor del mar
*DDURU	UUUUD	UURD	**Sibelius** Black roses (song)
*DDUUD	DDDDD	DDDUU	**Prokofiev** symphony/5 in B♭ op100 1m 3t
*DDUUD	DDDRU	DUDDD	**Berlioz** La Damnation de Faust pt 2: Certain rat
*DDUUD	DDDUR	RDDUD	**Handel** sonata 2 vns or 2 oboes/fig bass in E♭ 2m
*DDUUD	DDDUR	UDDDD	**Albinoni** oboe concerto op7/3 2m
*DDUUD	DDDUU	DRUUR	**Shostakovich** quintet for piano/strings op51 4m
*DDUUD	DDDUU	DU	**Schubert** symphony/4 'Tragic' 4m 2t D417
*DDUUD	DDDUU	UDUDU	**Mozart** symphony/24 in B♭ K182 1m
*DDUUD	DDDUU	UDUUD	**Verdi** Don Carlos Act V: Tu che la vanità
*DDUUD	DDRUD	DU	**Schubert** trio/2 piano/vln/cello in E♭ 1m 1t D929
*DDUUD	DDUUD	DDUUD	**Wagner** Die Walküre: Ride of the Valkyries 2t
*DDUUD	DDUUD	DUUDD	**Riccardo Drigo** Serenade - Les millions d'Arlequin 2t
*DDUUD	DDUUD	UDUUU	**Brahms** string quartet/1 in Cmi op51/1 1m 2t
*DDUUD	DDUUR	UUDUU	**Edward German** Henry VIII music: Shepherd's dance
*DDUUD	DDUUU	DUDU	**Haydn** The Seasons: Schon eilet froh der Ackersmann
*DDUUD	DDUUU	UUUUD	**Shostakovich** concerto piano/trumpet/orch op35 1m 1t
*DDUUD	DRDDR	UDDUU	**Josquin des Prés** Basies Moy
*DDUUD	DRDR		**Mozart** piano sonata/15 in C K545 1m 2t
*DDUUD	DRRRD	UUUDD	**Handel** Alcina: overture 1t
*DDUUD	DUDDD		**Beethoven** symphony/4 in B♭ 2m 2t
*DDUUD	DUDDD	DURRD	**Offenbach** Tales of Hoffmann Act II: Ah! vivre doux
*DDUUD	DUDDD	UDDDD	**Ibert** Trois pièces brèves/1 for wind quintet
*DDUUD	DUDDD	UU	**Bach** Partita for Clavier in B♭ gigue BWV825
*DDUUD	DUDDU	DDDUU	**Brahms** sonata/2 for cello/piano in F op99 3m 2t
*DDUUD	DUDDU	DDUDD	**Borodin** symphony/2 in Bmi 1m 3t
*DDUUD	DUDDU	DUD	**D'Indy** Symphony on a French mountain air 3m 2t
*DDUUD	DUDDU	DUUUU	**Liadov** The music box op32, piano 2t

*DDUUD	DUDDU	UDDUU	**Bach** Well-tempered Clavier Bk II: prel/14 BWV883
*DDUUD	DUDRD	U	**Bruckner** symphony/7 in E 3m 2t
*DDUUD	DUDRU	DDUUD	**Bach** English suite/2 in Ami, bourrée I BWV807
*DDUUD	DUDUD	DUUDD	**Brahms** violin concerto in D op77 2m
*DDUUD	DUDUD	DUUDD	**Mascagni** Cavalleria Rusticana: Viva il vino
*DDUUD	DUDUD	UUDDU	**Rachmaninov** prelude in C♯mi, piano 1t
*DDUUD	DUDUU	DUUDU	**Brahms** symphony/1 in Cmi op68 4m 2t
*DDUUD	DURDD	UUUDD	**Respighi** Pines of Rome: Pines near a catacomb
*DDUUD	DURDD	UUUDD	**Sullivan** Where the bee sucks (song)
*DDUUD	DURRU	RRU	**Wagner** Die Walküre Act II: Ho jo to ho, Ho jo to ho
*DDUUD	DURUU	UDU	**Roger Quilter** To daisies (song)
*DDUUD	DUUDD	UUDDD	**Mozart** symphony/25 in Gmi K183 1m 3t
*DDUUD	DUUDD	UUDDD	**Milhaud** Création du Monde 3m
*DDUUD	DUUDD	UUDDU	**Mozart** Serenade in D K250 'Haffner' 4m 1t
*DDUUD	DUUDD	UUDDU	**de Falla** Noches en los jardines de España: Cordoba
*DDUUD	DUUDD	UUDDU	**Brahms** quintet for piano/strings Fmi op34 4m 2t [2t
*DDUUD	DUUDD	UUDDU	**Schubert** Moments musicaux/4 in C♯mi 1t
*DDUUD	DUUDD	UUDDU	**Chopin** prelude/5 in D op28
*DDUUD	DUUDD	UUDRU	**Fauré** nocturne/6 1t, piano
*DDUUD	DUUDD	UUU	**Debussy** L'Isle joyeuse intro, piano
*DDUUD	DUUDU	DDDDD	**Brahms** piano sonata/3 in Fmi op5 1m 2t
*DDUUD	DUUDU	UDDUD	**Handel** sonata for flute/fig bass in G op1/5 5m
*DDUUD	DUUDU	UUDDU	**Franck** sonata for violin/piano in A 3m 3t
*DDUUD	DUURD	UDU	**Liadov** The enchanted lake, orch op62 1t
*DDUUD	DUURU	DDDUU	**Tchaikovsky** Swan Lake: Hungarian dance 2t
*DDUUD	DUUUD	DDDDD	**Rachmaninov** Elégie op3/1 piano 1t
*DDUUD	DUUUD	DUUDD	**Bartok** Allegro barbaro, piano, 2t
*DDUUD	DUUUD	UDDDD	**Beethoven** piano sonata/24 in F♯ op78 1m 2t
*DDUUD	DUUUR	DUU	**Handel** Alcina: Minuet from ballet
*DDUUD	DUUUR	UUUDU	**Sibelius** violin concerto in Dmi op47 2m
*DDUUD	DUUUU	DRDUU	**Bach** Easter orat'o/7: Sanfte soll mein Todeskummer
*DDUUD	DUUUU	UDDDU	**Chausson** quartet for piano/strings in A op30 1m 3t
*DDUUD	DUUUU	UDDR	**Josef Suk** Serenade for strings in E♭ op6 2m 1t
*DDUUD	RDDDU	UDRDR	**J Strauss Jr** Wine, women and song/2 2t
*DDUUD	RDUDD	UUDDD	**Bartok** Hungarian sketches/1: An evening in the vill-
*DDUUD	RRDDU	UDDR	**Verdi** Aida Act I: Nume custode [age 1m 1t
*DDUUD	RURRR	RURDD	**Sir Henry Bishop** Should he upbraid (song)
*DDUUD	RUUDU	UDRUD	**Handel** concerto grosso in Dmi op6/10 5m 1t
*DDUUD	RUUUR	DDUDD	**Adolphe Adam** Giselle 1t
*DDUUD	UDDDD	UUDUD	**Bruckner** symphony/9 in Dmi 1m 3t
*DDUUD	UDDDU	UDUDU	**Brahms** symphony/3 in F OP90 4m 1t(b)
*DDUUD	UDDDU	UUUUD	**Arthur Somervell** Come into the garden, Maud (song)
*DDUUD	UDDUD	DUDD	**Dvořák** Slavonic dances/6 op72/8 5t
*DDUUD	UDDUR	DUUDD	**Stanford** Songs of the sea: Drake's drum
*DDUUD	UDDUU	DUDDU	**Edward German** Nell Gwyn dances/2
*DDUUD	UDDUU	DUDDU	**Grieg** Norwegian bridal procession op19/2 piano
*DDUUD	UDDUU	DUDDU	**Verdi** Il trovatore Act IV: Ai nostri monti
*DDUUD	UDDUU	UDDUD	**Sibelius** Pelléas et Mélisande: Spring in the park
*DDUUD	UDDUU	UDDUU	**Grieg** Lyric pieces for piano op54/4: Notturno 2t
*DDUUD	UDRDD	UUDUD	**Dvořák** Serenade for strings in E op22 1m 1t
*DDUUD	UDRUD	DUUUD	**Bach** sonata/4 violin/Clavier in Cmi 4m BWV1017
*DDUUD	UDUDD	DDDUU	**Beethoven** piano sonata/3 in C op2/3 1m 3t
*DDUUD	UDUDD	UDDUU	**Handel** concerto grosso in Bmi op6/12 2m
*DDUUD	UDUDD	UDUUD	**Mozart** Deutsche Tänze/3, orch K600
*DDUUD	UDUDR	DD	**Beethoven** Serenade for violin/viola/cello op8 1m
*DDUUD	UDUDU	DDDDD	**Dvořák** Slavonic dances/16 op72/8 4t
*DDUUD	UDUDU	DUDDU	**Beethoven** piano sonata/23 Fmi 'Appassionata' 1m 3t

*DDUUD	UDUDU	DUDUD	**Beethoven** piano sonata/13 in E♭ op27/1 1m 2t
*DDUUD	UDUDU	DUDUD	**Bach** Well-tempered Clavier Bk I: prelude/3 BWV848
*DDUUD	UDUDU	DUUUD	**Schubert** Rosamunde: overture 2t D797
*DDUUD	UDUDU	UDUUU	**Prokofiev** Classical symphony 3m 1t
*DDUUD	UDURR	RDRDU	**Haydn** symphony/85 in B♭ 'La Reine' 3m trio
*DDUUD	UDUUU	DDDUD	**Mahler** symphony/5 5m rondo, theme at bar 16
*DDUUD	URDDU	UUDUR	**Delius** Paris, nocturne for orchestra 4t
*DDUUD	URDUD	URURR	**Beethoven** piano concerto/5 in E♭ 'Emperor' 1m 2t
*DDUUD	UUDDD	RDDUU	**Waldteufel** Estudiantina waltzes/3 2t
*DDUUD	UUDDU	DDDUU	**Brahms** piano concerto/1 in Dmi op15 1m 1t
*DDUUD	UUDDU	DUDDD	**Brahms** Sapphische Ode op94/4
*DDUUD	UUDUD	DUDUD	**Saint-Saëns** violin concerto/3 in Bmi op61 3m 2t
*DDUUD	UUDUU	DDDU	**Copland** El sal n Mexico 5t
*DDUUD	UUDUU	URUDD	**Ravel** Daphnis & Chloë suite/2 1t(a)
*DDUUD	UURDU	UUURD	**Grieg** sonata for cello/piano in Ami op36 3m 2t
*DDUUD	UUUDD	DDDUU	**Vaughan Williams** Concerto Accademico 1m 2t
*DDUUD	UUUDD	UDDDU	**Sibelius** symphony/1 in Emi op39 4m 3t
*DDUUD	UUUDD	UUDUU	**Rachmaninov** suite/2 for 2 pianos 4 hands 2m 1t
*DDUUD	UUUDD	UUUUD	**Beethoven** piano sonata/29 in B♭ op106 'Hammerklav-
*DDUUD	UUUDU	DDUUD	**Bach** Brandenburg concerto/2 in F 1m 1t [ier 4m 2t
*DDUUD	UUURU	D	**Richard Strauss** Ich liebe dich (song) op37/2
*DDUUD	UUUUD	DDUUD	**Viotti** violin concerto/22 in Ami 2m 1t
*DDUUR	DDUUR	DDUUR	**Bach** Fantasie in G for organ 1m BWV572
*DDUUR	DDUUR	DUDUD	**Albeniz** Iberia I: Fête Dieu à Seville 2t, piano
*DDUUR	DDUUR	RRUUU	**Thomas Arne** Orpheus with his lute (song)
*DDUUR	DUDDU	URD	**Mozart** Minuet for piano K1
*DDUUR	DUURD	UURDU	**Beethoven** symphony/8 in F op93 4m 3t
*DDUUR	RRDDU	DDDDU	**J Strauss Jr** Tales of the Vienna Woods/4 1t
*DDUUR	RRDDU	URDUU	**Verdi** Requiem: Hostias et preces
*DDUUR	RRRDU	URRRR	**Mozart** Deutsche Tänze/5, orch K509
*DDUUR	RRRRU	UUDDD	**Mozart** string quartet/21 in D K575 3m
*DDUUR	RUDDD	DR	**J Strauss Jr** Der Zigeunerbaron Act II: Her die Hand
*DDUUR	RURRD	RUDDD	**Britten** Serenade for tenor/horn/strings op31, Elegy
*DDUUR	RUUDD	DDD	**Dvořák** Gypsy songs op55/7: Cloudy heights of Tatra
*DDUUR	UDDDD	UDDDD	**Richard Strauss** horn concerto/2 in E♭ t at Fig 24
*DDUUR	UDUDD	UUUD	**Mahler** Lieder eines fahrenden Gesellen/1 Wenn
*DDUUR	URRUU	DDRDD	**Berlioz** Les Troyens I: Mais le ciel [mein Schatz
*DDUUR	UUDDD	UURUU	**Mozart** Adagio for violin/orch in E K261
*DDUUR	UUUDD	UU	**Handel** concerto grosso in G op6/1 2m
*DDUUR	UUUDU	DRUDU	**Elgar** Wand of youth suite/2: March
*DDUUU	DDDDD	UDRUU	**Schubert** symphony/3 in D 2m 1t D200
*DDUUU	DDDDD	UU	**Liszt** Valse oubliée, piano 1t
*DDUUU	DDDDD	UUDDU	**Brahms** sonata/2 for violin/piano in A op100 1m 2t
*DDUUU	DDDDU	UUDDD	**Debussy** string quartet in Gmi 2m 1t(a)
*DDUUU	DDDDU	UUUR	**Verdi** Requiem: Qui Mariam
*DDUUU	DDDRD	DUDRU	**Handel** Messiah: Comfort ye my people
*DDUUU	DDDRR	DDD	**Chopin** prelude/24 in Dmi op28
*DDUUU	DDDUD	RUDUD	**Debussy** string quartet in Gmi 1m 1t(a)
*DDUUU	DDDUD	U	**Handel** organ concerto in F op4/4 4m 2t
*DDUUU	DDDUR	DDUUU	**Brahms** symphony/4 in Emi op98 3m 1t(c)
*DDUUU	DDDUU	UDDDU	**Mozart** Divertimento in D K334 3m
*DDUUU	DDDUU	UDDDU	**Richard Strauss** Salome: Dance of the seven veils 4t
*DDUUU	DDDUU	UDDUR	**Ravel** Le tombeau de Couperin: Prelude
*DDUUU	DDRDD	UU	**Richard Strauss** Till Eulenspiegel op28 1t
*DDUUU	DDUDD	DUDDD	**Shostakovich** Three fantastic dances/3
*DDUUU	DDUDD	UDDDD	**Verdi** Requiem: Agnus Dei
*DDUUU	DDUDD	UUUDD	**Bach** Toccata & fugue Cmi, Clavier: fugue BWV911

*DDUUU	DDUDD	UUUDU	**Bach** French suite/5 in G, gavotte BWV816
*DDUUU	DDUDR	UUURD	**MacDowell** piano concerto/1 2m
*DDUUU	DDUDU	DDUUU	**Elgar** Chanson de nuit op15/1 orch
*DDUUU	DDUUD	DUDDU	**Delius** Summer night on the river
*DDUUU	DDUUD	DUDU	**Sibelius** symphony/2 in D op43 1m 2t
*DDUUU	DDUUD	DUURD	**Liszt** Rapsodie espagnole, piano/orch 4t
*DDUUU	DDUUR	U	**Fauré** Requiem: Offertorium
*DDUUU	DDUUU	DDDDU	**Brahms** string quintet/2 in G op111 3m
*DDUUU	DDUUU	DDUDD	**Walton** Façade suite/2: Country dance
*DDUUU	DDUUU	DDUDD	**Mozart** piano concerto/12 in A K414 3m 2t
*DDUUU	DDUUU	DDUUD	**Mozart** piano sonata/11 in A K331 3m 1t
*DDUUU	DDUUU	DUDDD	**Ravel** Gaspard de la nuit: Ondine, piano
*DDUUU	DDUUU	UDDUD	**Elgar** Contrasts, orch op10/3 2t
*DDUUU	DDUUU	UUDDD	**Schubert** symphony/8 in Bmi 'Unfinished' 1m 1t
*DDUUU	DRDDR	UUDUD	**Bodenschatz** Joseph, lieber Joseph mein
*DDUUU	DRDDU	DURDU	**Bruckner** symphony/7 in E 2m 1t
*DDUUU	DRDUU	UDDU	**D'Indy** Istar, symphonic variations 5t
*DDUUU	DRRDD	UUUDR	**Khachaturian** Gayaneh ballet: Young Kurds' dance 2t
*DDUUU	DRRDU	DUUUU	**Schumann** Carnaval op9, piano: Estrella
*DDUUU	DRRUD	DD	**Sibelius** symphony/7 in C op105 4t
*DDUUU	DRURU	DDDUD	**Elgar** Caractacus: O my warriors
*DDUUU	DUDDD	UUD	**Ravel** string quartet in F 2m 1t
*DDUUU	DUDDU	DDUUU	**Liszt** Raps. espagnole, piano/orch: Jota Aragonesa
*DDUUU	DUDDU	DUUUU	**Massenet** Manon Act III: Oui, dans les bois
*DDUUU	DUDDU	UUDUR	**Corelli** concerto grosso op6/8 'Christmas' 1m intro
*DDUUU	DUDRD	RDRDU	**Mozart** Divertimento in F K247 7m
*DDUUU	DUUDD	DD	**Beethoven** Septet in E♭ op20 4m
*DDUUU	DUUDD	DRDUU	**Delibes** Le Roi s'amuse: scène du bouquet
*DDUUU	DUUDU	DDDUD	**Ravel** Valses nobles et sentimentales/8
*DDUUU	DUUDU	UDDU	**Tchaikovsky** piano concerto/2 in G op44 1m 1t ·
*DDUUU	DUUUD	DDDUD	**Thomas Arne** Under the greenwood tree (song)
*DDUUU	DUUUD	DDRUD	**Purcell** St Cecilia: Thou turn'st this world
*DDUUU	DUUUD	RRUDD	**MacDowell** Sea pieces/3: A.D.1620
*DDUUU	DUUUU	DDDDD	**Beethoven** string quartet/14 in C♯mi op131 5m 1t
*DDUUU	DUUUU	URRUD	**Beethoven** sonata/4 for cello/piano in C op102/1 3m
*DDUUU	RDDDD	UURDD	**Mozart** sonata for piano 4 hands in F K497 2m
*DDUUU	RDDDU	D	**Beethoven** string quartet/14 in C♯mi op131 6m
*DDUUU	RDDUD	DUUUR	**Schubert** Adagio & Rondo concertante piano/str F 1m
*DDUUU	RDDUU	UUDUD	**Ravel** Valses nobles et sentimentales/3 [D487
*DDUUU	RDRDD	UUDRU	**Mozart** trio/6 for piano/vln/cello in G K564 1m
*DDUUU	RDRRU	RRUDU	**Schumann** Frauenliebe und Leben op42/2: Er, die herrlichste
*DDUUU	RDUDR	UDUUU	**Berlioz** Benvenuto Cellini Act I: Harlequin's melody
*DDUUU	RDUDU	DUDDU	**Elgar** Falstaff, symphonic study 2t [& overture 3t
*DDUUU	RRDDU	UUDUU	**Beethoven** trio/5 for piano/vln/cello in E♭ op70/2 1m 1t
*DDUUU	RRRRR	UURRR	**Dvořák** symphony/8 in G op88 1m 3t
*DDUUU	RRUDD	UUURR	**Handel** concerto grosso in G op6/1 4m
*DDUUU	UDDDD	DDUUD	**Bruckner** symphony/5 4m 1t
*DDUUU	UDDDD	DDUUU	**Franck** symphony in Dmi 2m 4t
*DDUUU	UDDDD	DUUD	**Meyerbeer** L'Africaine: O Paradis
*DDUUU	UDDDR	UDDDU	**Richard Strauss** Also sprach Zarathustra 3t(a)
*DDUUU	UDDDU	U	**Debussy** Printemps, symphonic suite 1m 1t
*DDUUU	UDDDU	U	**Chausson** quartet for piano/strings op30 4m 2t
*DDUUU	UDDDU	UDUUD	**Lalo** Namouna suite: Prelude 2t
*DDUUU	UDDDU	UUUDD	**Beethoven** Wellington's Sieg op91 3t: Sturm-Marsch
*DDUUU	UDDDU	UUUDD	**Milhaud** Scaramouche 2m
*DDUUU	UDDUU	DD	**Schubert** string quartet/8 in B♭ 3m 2t D112

*DDUUU	UDDUU	DDDUU	**Rimsky-Korsakov** Antar, symphony 4m
*DDUUU	UDDUU	DUUDD	**Beethoven** piano sonata/4 in E♭ op7 3m
*DDUUU	UDDUU	UUDD	**Flotow** Martha: overture 1t
*DDUUU	UDDUU	UUDDD	**Saint-Saëns** Intro & Rondo capriccioso vn/orch: Intro
*DDUUU	UDDUU	UUDDD	**Brahms** quartet/3 piano/strings in Cmi op60 4m 1t
*DDUUU	UDDUU	UUDR	**Mahler** symphony/4 in G 3m 2t
*DDUUU	UDRRR	R	**Mussorgsky** Night on a bare mountain 2t
*DDUUU	UDRUD	DD	**Puccini** Turandot Act II: Addio amore
*DDUUU	UDUDD	DDUUD	**Bach** suite/4 orch: Menuet/2 BWV 1069
*DDUUU	UDUDD	UDDD	**Beethoven** Fidelio Act I: Hat man nicht auch Gold
*DDUUU	UDUDD	UUDUU	**Wieniawski** violin concerto/2 op22 1m 1t
*DDUUU	UDUDU	DUDRD	**Schumann** piano sonata/2 in Gmi op22 1m 2t
*DDUUU	UDUUR	DUDUD	**Schubert** symphony/9 in C 'Great' 2m 1t D944
*DDUUU	URRDU	DDUUU	**Sibelius** King Christian II suite op27 musette
*DDUUU	URRRR	RUDRR	**Tchaikovsky** Serenade in C op48 1m 3t
*DDUUU	UUDDD	DRD	**Bach** St John Passion/11: Petrus, der nicht denkt
*DDUUU	UUDDD	DUU	**Haydn** string quartet/75 in G op76 2m
*DDUUU	UUDDD	RUDDD	**Handel** chaconne/9 in G (2nd set of keyboard suites)
*DDUUU	UUDDD	UDDDU	**Mendelssohn** Songs without words/3 op62/5 Venetian
*DDUUU	UUDDD	UUUUU	**Bach** St Matthew Passion/75: Mache dich [boat song
*DDUUU	UUDDD	UUUUU	**Mozart** str quartet/19 in C K465 'Dissonance' 1m intro
*DDUUU	UUDDU	UUUUU	**Bach** French suite/6 in E minuet BWV817
*DDUUU	UUDUD	DDDDD	**Mozart** piano sonata/16 in B♭ K570 1m 1t
*DDUUU	UUDUD	DDRDD	**Schumann** string quartet in A op41/3 1m 1t
*DDUUU	UUDUD	DDUUU	**Ravel** Sonatine for piano 1m 1t
*DDUUU	UUDUD	UUUUD	**Fauré** Dolly suite op56 piano 4 hands: Jardin de Dolly
*DDUUU	UUDUU	DDDUU	**Vivaldi** concerto vla d'amore/lute/str in Dmi 1m P266
*DDUUU	UUDUU	UDDUU	**Massenet** Thais: Méditation 1t
*DDUUU	UUDUU	UUUUU	**Vaughan Williams** London symphony 1m 4t(a)
*DDUUU	UURDU	DDDDR	**Berlioz** La damnation de Faust pt I: introduction
*DDUUU	UUUDD	DDDUD	**John Ireland** I have twelve oxen (song)
*DDUUU	UUUDD	DDUUU	**Auber** Fra Diavolo: overture 1t
*DDUUU	UUUDD	RDUDD	**Purcell** Dido and Aeneas: But ere we this perform
*DDUUU	UUUDD	UUDDD	**Prokofiev** symphony/5 in B♭ op100 4m 3t
*DDUUU	UUUDR	DDUUD	**Chopin** prelude/15 in D♭ 'Raindrop' 1t
*DDUUU	UUUDU	DUDUU	**Holst** The Planets op32: Mars 2t
*DDUUU	UUUDU	URDUD	**Beethoven** piano sonata/23 Fmi 'Appassionata' 1m 1t
*DDUUU	UUURR	DDUD	**Sullivan** The Mikado Act I: Were you not to Co-co
*DDUUU	UUUUD	DDRDD	**Massenet** Le Cid 5m 2t [plighted
*DDUUU	UUUUD	UDDDD	**Beethoven** Gottes Macht und Vorsehung (song) op48/5
*DDUUU	UUUUR	UDDUD	**Dvořák** quintet for piano/strings op81 2m 2t
*DDUUU	UUUUU	UD	**Chopin** mazurka/14 op24/1
*DDUUU	UUUUU	UUUUU	**Borodin** string quartet/2 in D 3m 2t
*DRDDD	DDUDU	DUDUD	**Prokofiev** Classical symphony 1m 1t
*DRDDD	DDUUD	UUUDU	**Bach** Mass in B minor: Domine Deus
*DRDDD	DRRRR	URURU	**Schubert** string quartet/15 in G 4m D887
*DRDDD	DUUDU	DUUUD	**Mozart** Cosi fan tutte Act II: Prenderò quel brunettino
*DRDDD	RDDDR	UDDDU	**Mozart** sonata/23 violin/piano in D K30g 3m 1t
*DRDDD	RDDUD	DDRDD	**Tchaikovsky** symphony/4 in Fmi op36 1m 3t
*DRDDD	RDUUD	RUDD	**Bizet** Carmen: intermezzo/3
*DRDDD	RUUDD	DUUDR	**Mozart** symphony/29 in A K201 3m 2t
*DRDDD	UDDRD	DUDUD	**Tchaikovsky** symphony/4 in Fmi op36 1m 1t
*DRDDD	UDRUR	RDDRD	**Offenbach** Gaieté Parisienne: 2nd valse lente
*DRDDD	UUDUR	RRDUD	**Erik Satie** Trois petites pièces: Jeux de Gargantua
*DRDDD	UUDUU	UDU	**Schubert** Alfonso & Estrella overture
*DRDDD	UUUDU	RURUD	**Khachaturian** violin concerto 3m 2t
*DRDDR	DDDDD	DDDDD	**Franck** quintet for piano/strings in Fmi 2m 3t

*DRDDR DDRDU   **Purcell** Fairy Queen: Next, winter comes slowly
*DRDDR UDDRD RRURR   **Mendelssohn** Elijah: Lord God of Abraham
*DRDDR UDUDD UR   **Brahms** Academic Festival overture op80 2t(a)
*DRDDR UDUDU DUUDD   **Mozart** violin concerto/2 in D K211 1m
*DRDDR UUDUU UUUUD   **Beethoven** sonata/9 vln/piano A op47 Kreutzer 2m
*DRDDU DDRD   **Verdi** Rigoletto Act II: Cortigiani
*DRDDU DDUDD D   **Mendelssohn** (Meeresstille und) Glückliche Fahrt 3t
*DRDDU DUDRD DUDRD   **Karl Zeller** Der Vogelhändler: Wie mein Ahnl 20 Jahr
*DRDDU DUUDD DDUUD   **Wagner** Der fliegende Holländer Act II: Traft ihr das
*DRDDU DUUUU DUDUD   **John Dowland** Sweet stay awhile (song)   [Schiff
*DRDDU UDDUU DRR   **Mozart** Figaro Act I duet: Ora si, ch'io son contenta
*DRDDU UDUDU DUUDD   **Mozart** violin concerto/2 in D K211 1m 1t
*DRDDU URDUD RDDUU   **Schubert** Schwanengesang/3 Frühlingssehnsucht
*DRDDU URURU RURDR   **Fauré** quartet piano/str op15 in Cmi 1m 1t   [D957
*DRDDU UUUUU UD   **Tchaikovsky** Sleeping Beauty 1m: Fée des lilas
*DRDRD DRDDU UUDDD   **Franck** string quartet in D 3m 2t
*DRDRD RDRDR URD   **Bach** Christmas oratorio/19: Schlafe, mein Liebster
*DRDRD RDRDU DRDRD   **Rachmaninov** suite/1 Fantasy 2m O night, O love
*DRDRD RDRRR DRRU   **Chopin** waltz in G♭ op70/1 2t
*DRDRD RDRUD DUDRD   **Verdi** La forza del Destino Act III: Lorchè pifferi
*DRDRD RDRUU UD   **Mozart** piano concerto/25 in C K503 1m 1t
*DRDRD RDUDR DRDRD   **Brahms** string quartet/1 in Cmi op51/1 3m 1t
*DRDRD RRDUR RRUDD   **Menotti** The telephone: Hello, hello
*DRDRD RURDR DRDUU   **Franck** Prélude, aria & finale, piano: finale 1t
*DRDRD RURDU RD   **Beethoven** Variations on Paisiello's 'Nel cor più'
*DRDRD RURRD DUDRU   **Clementi** piano sonata Gmi op50/3 Didone abbando-
*DRDRD RURUU DDDDD   **Mozart** Cosi fan tutte II: Per pietà   [nata 1m intro
*DRDRD RUUUD DDDUU   **Ravel** Sainte: A la fenêtre recélant (song)
*DRDRD RUUUD DRDRU   **Tchaikovsky** symphony/4 in Fmi op36 2m 2t
*DRDRD RUUUU UD   **Meyerbeer** Robert le Diable III: Nonnes qui reposez
*DRDRD UDUDU DUUU   **Richard Strauss** Der Rosenkavalier III: waltz in B♭
*DRDRD UDUUU DUUU   **Rachmaninov** sonata for cello/piano Gmi op19 1m 2t
*DRDRD UURDD RDDR   **Beethoven** septet in E♭ op20 5m
*DRDRD UURRR D   **Massenet** Werther Act I: Il faut nous séparer
*DRDRD UURUD URURR   **Mozart** piano concerto/24 in Cmi K491 3m
*DRDRR DRDRU DRDUU   **Schubert** Lob der Tränen (song) op13/2
*DRDRR DRURD RUDRR   **J Strauss Jr** The Blue Danube/1 2t
*DRDRU DDDRR RR   **Mozart** string quartet/20 in D K499 1m
*DRDRU DDUDD DRRDU   **John Dowland** Sorrow, stay (song)
*DRDRU DDUUD DRDUD   **Paganini** violin caprice op1/21
*DRDRU DRDRD URU   **Sibelius** symphony/5 in E♭ op82 1m 5t
*DRDRU DRDRU DRDUU   **Nielsen** wind quintet op43 2m 1t
*DRDRU DRRDD UUR   **Sullivan** Pirates of Penzance Act I: Stop, ladies, pray!
*DRDRU DUUUU   **Bruckner** symphony/3 in Dmi 1m 1t
*DRDRU RDDUU DRDRD   **Stravinsky** violin concerto in D 1m 2t(b)
*DRDRU RDRDR RR   **Berlioz** Harold in Italy 4m 3t
*DRDRU RUDRD RURUD   **Saint-Saëns** Nightingale & the rose (wordless song)
*DRDRU RURDD DDDUD   **Grieg** Peer Gynt suite/1 3m Anitra's dance 2t
*DRDRU UDDUD RRR   **Puccini** La Bohème Act II: Musetta's waltz, Quando
*DRDRU UDRUR RUDRD   **Handel** Messiah: Thus saith the Lord   [me'n vo'
*DRDRU URDDD UDDDU   **Orlando Gibbons** Ah! dear heart (madrigal)
*DRDRU UUUUD UUUUU   **Mozart** string quartet/14 in G K387 2m 1t
*DRDUD DDDDD D   **Bizet** Les Pêcheurs de perles: Act III: O Nadir
*DRDUD DDDDU DD   **Berlioz** Beatrice and Benedict overture 3t(b)
*DRDUD DDDUD RUUDU   **Paisiello** harpsichord concerto in C 1m 1t
*DRDUD DDUDR DUD   **Sullivan** Yeomen of the Guard Act I: Tower warders
*DRDUD DRDUU DRDUD   **Beethoven** piano sonata/4 in E♭ op7 4m

*DRDUD	DRUUU	RURD	**Sullivan** Yeomen of the Guard II: Night has spread
*DRDUD	RDDDU	DUDU	**J Strauss Jr** Morgenblätter waltz 4t
*DRDUD	RDDDU	UUD	**Massenet** Les Erinnyes: scène religieuse
*DRDUD	RDDUU	UDRD	**Waldteufel** skaters waltz/3 1t
*DRDUD	RDRDD	DUUUD	**Beethoven** symphony/8 in F 4m 1t(b)
*DRDUD	RDUDR	DDDU	**Sullivan** Iolanthe Act I: None shall part us
*DRDUD	RDUDR	DUUUU	**Debussy** Rapsodie for saxophone/orch 2t
*DRDUD	RDUDU	DUUDU	**Schubert** An Sylvia (Who is Sylvia?) D891
*DRDUD	RDUDU	UDDUD	**J Strauss Jr** Frühlingsstimmen 2t
*DRDUD	RDUUU	UDRDD	**Grieg** Ballade op24 piano
*DRDUD	RRRRD		**Mozart** Deutsche Tänze/3 K605 1t
*DRDUD	RUDRD	UDRDU	**Delius** violin concerto 5t
*DRDUD	UDDUD	DUDDU	**Bach** Motet/1: Singet dem Herrn BWV225
*DRDUD	UDRDD	UDRUD	**Beethoven** Missa solemnis: Kyrie 2t
*DRDUD	UDRDU	DUDRD	**Handel** concerto grosso in Ami op6/4 1m
*DRDUD	UDRDU	DUURR	**Debussy** Petite suite, 2 pianos: ballet 2t
*DRDUD	UDRRR	UDDD	**Monteverdi** Lagrime d'amante V: O chiome d'or
*DRDUD	UDUDD	UURUD	**Edward German** Henry VIII music: Morris dance 2t
*DRDUD	UDUDU	DUUU	**Liadov** Kikimora, orch op63 2t
*DRDUD	URDDU	DRRUR	**Wagner** Rheingold: Erda's warning, Weiche, Wotan
*DRDUR	RDDRR	DDRRD	**Mendelssohn** (Meerestille und) Glückliche Fahrt 2t
*DRDUR	UURDU	UUUDU	**Schumann** cello concerto in Ami op129 2m
*DRDUU	DRDUD	UUDRD	**Chopin** polonaise in A♭ op53 1t
*DRDUU	DRDUU	DUDUD	**Schubert** Military Marches/1 1t, piano 4 hands D733
*DRDUU	DURDU	UDUUR	**Wieniawski** violin concerto/2 in Dmi 3m 2t
*DRDUU	DUUDU	DUUDU	**Bach** Mass in B minor: Sanctus
*DRDUU	RUDUD	UDDUD	**Brahms** Intermezzo in B♭mi op117/2, piano 2t
*DRDUU	UDRUU	U	**Mozart** Divertimento in D K334 4m
*DRDUU	URDUD	RDU	**Sullivan** Iolanthe Act I: Iolanthe from thy dark exile
*DRDUU	UURDR	UUUDR	**Beethoven** piano sonata/29 B♭ op106 Hammerklavier
*DRDUU	UUUUD	DDUDD	**Mozart** symphony/34 in C K338 1m 1t [3m 1t
*DRDUU	UUUUU	UU	**Sibelius** symphony/4 in Ami op63 1m 3t
*DRRDD	DRRR		**Weber** Jubel overture intro 1t (Jahns index 245)
*DRRDD	DUDUR	URUUR	**Prokofiev** March, piano op12/1
*DRRDD	UUDUD		**Stravinsky** Symphony of Psalms: Expectans
*DRRDD	UUUDU	DUDUU	**Gounod** The Queen of Sheba: Cortège
*DRRDR	RDRUU	DRRDR	**Grieg** Norwegian melodies op63 string orch 2m 2t
*DRRDR	RDRUU	UDR	**Dvořák** Slavonic dances/13 2t op72/5
*DRRDU	DDRRD	UDUDU	**Johann & Josef Strauss** Pizzicato polka
*DRRDU	DDURD	UUDUD	**Mozart** symphony/35 in D K385 'Haffner' 4m 1t
*DRRDU	DDUUR	DD	**Mozart** Mentre ti lascio, O figlia (song) 1t K513
*DRRDU	DUDUD	DU	**Mozart** Divertimento in D K334 5m
*DRRDU	DUDUD	UUUDD	**Mozart** symphony/40 in Gmi K550 4m
*DRRDU	RRURD	DDDDD	**Mozart** string quartet/15 in Dmi K421 1m
*DRRDU	UDDUU	DRRDU	**Bruckner** symphony/4 in E♭ 'Romantic' 4m 3t
*DRRDU	UUDRD	D	**Dvořák** Slavonic dances/6 2t op46
*DRRDU	UUUDR	RDUUU	**Mozart** Deutsche Tänze/6, orch, K509
*DRRDU	UUUUU	UUDDD	**Wagner** Die Meistersinger: overture 1t
*DRRRD	DDUDR	RUD	**Sullivan** Yeomen of the Guard II: Warders are ye?
*DRRRD	DUDUD	RRRDR	**Schubert** piano sonata/20 in A 2m D959
*DRRRD	DUURU	DRRRD	**Brahms** Hungarian dances/5 piano 4 hands F♯mi 2t
*DRRRD	RDUUD	DDD	**Mendelssohn** string quartet/3 in D op44/1 3m 1t(a)
*DRRRD	RRRDU	UD	**Mozart** Adagio in B♭ from woodwind quintet K411
*DRRRD	UDUDU	DUUDD	**Scarlatti** Good-humoured ladies 1m (Sonata Kp2)
*DRRRD	UUDDR	RRDUU	**Elgar** Where corals lie (song)
*DRRRD	UUDDU	DDDDU	**Ibert** Divertissement, chamber orch, 6m finale
*DRRRD	UUDRU	UUDDU	**Schubert** symphony/9 in C 'Great' 2m 3t D944

```
*DRRRR  DDUUU  RRRUU   Handel  Water music 8m
*DRRRR  DUUDR  UDDD    Donizetti  L'Elisir d'Amore: Una furtiva lagrima
*DRRRR  RDUDR  RRRRD   Mozart  Die Entführung Act III: Ha! wie will ich trium-
*DRRRR  RRRRR  RUUDD   Gershwin  piano concerto in F 3m 1t        [phieren
*DRRRR  RRRRR  UDUDR   Mozart  symphony/33 in B♭ K319 4m 1t
*DRRRR  RRUUR  URURR   Schumann  Frauenliebe und Leben op42/8 Nun hast du
*DRRRR  RURUR  U       Mozart  piano concerto/16 in D K451 1m 1t
*DRRRR  RUUUU  UDUDU   Elgar  Wand of youth suite/1: overture
*DRRRR  UDDUU  RRRRU . Brahms  quintet for piano/strings in Fmi op34 3m 2t
*DRRRR  UURRR  RUDUD   Schubert  piano sonata in D 1m 1t D850
*DRRRU  DDUDR  RRUDD   Schubert  octet in F 5m 2t D808
*DRRRU  DDUDU  RUUUD   Haydn  symphony/48 in C 1m
*DRRRU  DDUUD          Walton  Belshazzar's Feast: How shall we sing
*DRRRU  DRRRD  UDUUD   Mozart  symphony/33 in B♭ K319 3m 1t
*DRRRU  DRRRU  DUUDD   Scarlatti  harpsichord sonata in Gmi 'Burlesca' Kp450
*DRRRU  DRUDD  DRDDD   Mozart  Flute concerto in G K313 1m
*DRRRU  UDDRU  DRRRU   Dvořák  string quartet/2 in Dmi op34 1m
*DRRRU  UURDR  RRU     Tchaikovsky  Humoresque op10/2 piano 2t
*DRRRU  UURDR  RRUUD   Stravinsky  Le baiser de la fée 2m: Fête au village 1t
*DRRUD  DRRUU  UUDDU   Bach  Well-tempered Clavier Bk II fugue/12 BWV881
*DRRUD  DRURD  RUDRR   Haydn  symphony/43 in E♭ 1m
*DRRUD  DUDDU  DU      Mozart  Divertimento in B♭ K287 5m
*DRRUD  DUDRR  UDD     Weber  Oberon Act II: Vater! Hör' mich fleh'n zu dir
*DRRUD  DUUUU  UUUD    Mozart  piano sonata/14 in Cmi K457 2m
*DRRUD  RUDDD  DDDDU   Beethoven  Turkish march op113
*DRRUD  RUDUD  DDDDD   Handel  concerto grosso in G op6/1 5m
*DRRUD  UDDUU  UUUUU   Weber  Oberon Act II: Ozean du Ungeheuer!
*DRRUD  UDRUR         Stravinsky  Le baiser de la fée 1m 2t
*DRRUD  UDUUD  DDDUU ` Beethoven  piano sonata/31 in A♭ op110 1m 1t(a)
*DRRUR  RUUUD  DDD     Beethoven  septet in E♭ op20 3m
*DRRUR  RUUUD  DDDRD   Beethoven  piano sonata/20 in G op49/2 2m
*DRRUU  DRRUD  RRUUD   Schumann  Album for the young op68 piano: Sicilienne
*DRRUU  RDDUD  UDDUD   Beethoven  trio for piano/vln/cello in B♭ op97
                              'Archduke' 2m 3t
*DRRUU  RUDUD  DDRRD   Debussy  Suite Bergamasque: Passepied 2t, piano
*DRRUU  URUDR  RUUUD   Beethoven  piano sonata/19 in Gmi op49/1 1m 2t
*DRRUU  UUUDR  DUUDD   Chopin  polonaise/1 in A op40/1 1t
*DRUDD  DDDDU  URRRU   Mozart  Cosi fan tutte Act I: Smanie implacabili
*DRUDD  DDUDD  DDU     Bruckner  symphony/9 in Dmi 1m 1t
*DRUDD  DDUDU  DRUDD   Kodály  Háry János suite, Hogyan tudtal rozsam
*DRUDD  DRRRU  RRDUR   Mozart  Don Giovanni Act I duet: Fuggi crudele
*DRUDD  DUDDD  UDRUD   Kodály  Galanta dances 5m 2t
*DRUDD  DUDDD  UUUDR   Delibes  Coppelia: Marche de la cloche 2t
*DRUDD  DUDRU  DDD     Bizet  Carmen Act I: Children's chorus
*DRUDD  DUDRU  DUUDD   Vaughan Williams  The lark ascending, violin/orch 4t
*DRUDD  RURDD  URD     John Dowland  Weep you no more, sad fountains
*DRUDD  RUUDD  UUDDR   Franck  string quartet in D 1m 2t
*DRUDD  RUUDR  UDDRU   Brahms  waltzes op39/3 piano
*DRUDD  RUURU  UUUUU   Beethoven  string quartet/3 in D op18 4m 2t
*DRUDD  UDRUD  DUD     Orlando Gibbons  What is our life (madrigal)
*DRUDD  UUDUD  UD      Brahms  Hungarian dances/6 in D♭, piano 4 hands
*DRUDD  UUUDR  DDDDU   Haydn  string quartet/76 in D op76 2m 1t
*DRUDD  UUUUD  RUDDU   Haydn  string quartet/82 in F op77/2 4m 1t
*DRUDR  RRRRR  RUDRR   Stravinsky  Sacre du Printemps: Dance of the earth
*DRUDR  RRRUR  RRURD   Beethoven  piano sonata/18 in E♭ op31/3 1m 1t
*DRUDR  RRUDR  DRUUU   Beethoven  piano sonata/32 in Cmi op111 2m
*DRUDR  RURDR  URDDD   Bach  Partita/2 solo violin Dmi: sarabande BWV1004
```

*DRUDR	RUUUR	UUD	**Brahms** Academic Festival overture op80 5t: Gaudea-
*DRUDR	UDDUD	UDD	**Beethoven** symphony/8 in F 1m 2t [mus igitur
*DRUDR	UDDUR	DUDU	**Leopold Mozart** Toy symphony 2m 1t (not Haydn)
*DRUDR	UDRUD		**Beethoven** Fidelio: overture 1t
*DRUDR	UDRUD	DDDDD	**Rossini** La scala di sieta: overture, allegro 1t
*DRUDR	UDRUD	RUDRU	**Rachmaninov** piano concerto/3 in Dmi op30 3m 1t
*DRUDR	UDRUR	DDRDD	**Mozart** symphony/40 in Gmi K550 1m 1t
*DRUDR	UDUDU	UD	**Wagner** Siegfried Act I: Schmiede, mein Hammer
*DRUDR	UDUUU	DRUUD	**Mahler** Frühlingsmorgen (song)
*DRUDR	URDUR	RRRUR	**Haydn** Nelson Mass: Kyrie
*DRUDR	UURRD	DDDDD	**Mozart** quartet/1 piano/strings in Gmi K478 1m 1t
*DRUDR	UUUUR	UDDDD	**Tchaikovsky** Nur wer die Sehnsucht kennt
			(None but the lonely heart) op6/6 (song)
*DRUDR	UUUUU	DRUUR	**Schubert** Rosamunde: overture 3t D797
*DRUDU	DDDDD	URURD	**Fránck** Pièce héroique, organ, 2t
*DRUDU	DDDUD	RUDUD	**Smetana** The bartered bride Act III: How strange
*DRUDU	DDUDU	DRDDD	**Bach** English suite/3 in Gmi: Sarabande BWV808
*DRUDU	DRUDU	DDRUU	**Dvořák** Slavonic dances/4 op46 2t
*DRUDU	DRUDU	DUDUU	**Mozart** piano concerto/9 in Eb K271 2m
*DRUDU	DUUUD	.URD	**Roussel** Sinfonietta 2m
*DRUDU	DUUUD	UUUUD	**Mozart** Figaro Act II: Voi che sapete
*DRUDU	RDUDU	UDDRR	**Verdi** Aida Act II: Gloria al Egitto
*DRUDU	RDUUD		**Chopin** Polish songs/6: Go thou, and haste thee
*DRUDU	RUUDU	UDUDR	**Handel** Acis and Galatea: O the pleasures
*DRUDU	UDDDU	RD	**Schumann** violin concerto in Dmi 1m 1t
*DRUDU	UDDUD	DUDU	**Tchaikovsky** symph/6 in Bmi op74 'Pathétique' 3m 3t
*DRUDU	UDDUU	DUDDD	**Mozart** string quartet/20 in D K499 3m
*DRUDU	UDRUD	UUDDU	**J Strauss Jr** Emperor waltz/3 2t
*DRUDU	UDUDR	UUDDU	**Schumann** Du bist wie eine Blume (song) op25/24
*DRUDU	UDUDU	UD	**Mozart** piano concerto/20 in Dmi K466 3m 2t
*DRURD	DDDRU	DRUDD	**Purcell** King Arthur: Shepherd, shepherd
*DRURD	DRURR	DRUUR	**Massenet** Thais: Méditation 2t
*DRURD	DUDUD	RURDD	**Offenbach** Gaieté Parisienne 1t
*DRURD	DUUUR	RD	**Berlioz** Harold in Italy intro(b)
*DRURD	RRDRD	RDUDD	**Liszt** Faust symphony 1m 3t
*DRURD	RRRRU	RDR	**Verdi** Rigoletto Act I: Partite? Crudele
*DRURD	RURDD	UUUDD	**Massenet** Les Erinnyes: finale 1t
*DRURD	RURDR	URRDU	**Bach** (Toccata and) fugue in Gmi, organ BWV915
*DRURD	RURDR	UURRR	**Hugo Wolf** Abschied (Unangeklopft ein Herr...) (song)
*DRURD	RURDR	UURUD	**John Ireland** Concertino pastorale, str orch, 2m
*DRURD	RUUDD	UDRUU	**Brahms** waltzes op39/15 piano
*DRURD	UDRUR	DUDDD	**Handel** organ concerto in Gmi op4/1 3m
*DRURR	RRDDD	DRUDD	**Handel** Messiah: For unto us a child is born
*DRURU	DDUD		**Schumann** symphony/3 in Eb op97 'Rhenish' 1m 1t
*DRURU	DUDU		**Mozart** piano concerto/12 in A K414 1m 2t
*DRURU	DUDUD	UD	**Mozart** Serenade in D K320 1m 1t
*DRURU	RDRDR	UDUUD	**Richard Strauss** Alpine symphony 12t
*DRURU	RDRUR	DRURU	**Brahms** piano concerto/1 in Dmi op15 1m 3t
*DRURU	RURDR	URDRU	**Beethoven** symphony/9 in Dmi 'Choral' 4m intro
*DRURU	RUUUU	UDRUR	**Handel** concerto grosso in D op6/5 5m 2t
*DRUUD	DDUUD	DUUUU	**Schubert** symphony/1 in D 3m 2t D82
*DRUUD	DRRUR	URRUD	**Grieg** Elegiac melody op34/1 str orch 'Heart wounds'
*DRUUD	DRUDD	RDRRU	**Tosti** La serenata (song)
*DRUUD	DRUUD	RRUUU	**Dvořák** string quartet/7 in Ab op105 4m 1t
*DRUUD	RDUDD	UUDRD	**Kodály** Háry János: Hagyj békét
*DRUUD	RRDUD	RRDUU	**Sibelius** Karelia suite, orch, 1m

*DRUUD	RURDR	UDDRU	**Bruckner** symphony/4 in E♭ 1m 1t
*DRUUD	RURUU	DDUUU	**Beethoven** symphony/9 in Dmi 'Choral' 1m 4t
*DRUUD	RUUDR	UDDRU	**Schumann** symphony/4 in Dmi op120 4m 4t
*DRUUD	RUUDU	DUDDU	**Handel** sonata in Gmi for 2 fl or 2 vns/fig bass op2/2
*DRUUD	RUUUU	RDURR	**Schubert** symphony/9 in C 'Great' 1m 3t D944 [4m
*DRUUD	UDRDR	UUDUD	**Joaquin Rodrigo** Concierto de Aranjuez, guitar 3m
*DRUUD	UDRUU	DUDUU	**Beethoven** symphony/9 in Dmi 'Choral' 3m 2t[at fig 3
*DRUUD	UUDD		**Wagner** Die Walküre I finale: Winterstürme wichen
*DRUUR	DURDU	DDR	**Boito** Mefistofele: prologue, trumpet theme
*DRUUR	UDDDU	DRUUD	**Bach** violin sonata/3 in E 2m BWV1016
*DRUUR	UUUDU	UDUD	**Gounod** Romeo et Juliette I: Ballade of Queen Mab
*DRUUU	DDDRU	UUD	**Mahler** symphony/8/II opening theme
*DRUUU	DRRDU	UUD	**Gluck** Armide Act IV: ballet
*DRUUU	DUDRR	RUDRD	**Mendelssohn** Songs without words/47 in A op102/5
			'The joyous peasant'
*DRUUU	DUDUU	UDD	**Wagner** Götterdämmerung: Siegfried's funeral 2t
*DRUUU	DUUDD	DUDDD	**Beethoven** symphony/9 in Dmi 'Choral' 2m 3t(b)
*DRUUU	UDDDU		**Tchaikovsky** string quartet in D op11 4m
*DRUUU	UDUDR	DDUUU	**Wagner** Die Meistersinger Act II: Lenzes Gebot
*DRUUU	URUDR	URUUR	**Fauré** quartet for piano/strings in Cmi op15 4m 2t
*DRUUU	UUDDD		**Schumann** symphonic études in C♯mi op13/1 piano
*DRUUU	UUDDD	DDRUD	**Mozart** Cosi fan tutte: overture 1t
*DRUUU	UUDDU	DR	**Wagner** Der fliegende Holländer Act II: Wirst du
*DRUUU	UUURR	UDD	**Schumann** Mit Myrthen und Rosen (song) op24/9
*DRUUU	UUUUD	UDUDU	**Mahler** symphony/5 5m theme before Fig 7
*DUDDD	DDDDD	DDDDD	**Schubert** Impromptu/2 in E♭ 1t, piano D899
*DUDDD	DDDDD	UUUUD	**Beethoven** symphony/9 in Dmi 'Choral' 2m 3t(b)
*DUDDD	DDDDR	DUDUD	**Chaminade** Callirhoë, air de ballet in G, piano
*DUDDD	DDDDU	DRUUU	**Vivaldi** concerto for 2 violins/orch in Ami op3/8 1m
*DUDDD	DDDDU	UDUDD	**Weber** Konzertstück, piano/orch 1t (Jahns 282)
*DUDDD	DDDUD	DDDDD	**Berlioz** Beatrice & Benedict: overture 3t(a)
*DUDDD	DDDUD	DDU	**Mozart** quintet clarinet/strings in A K581 3m 2t
*DUDDD	DDDUD	DUUDD	**Brahms** piano concerto/2 in B♭ op83 3m
*DUDDD	DDDUD	UDDDD	**Schumann** Carnaval, piano op9: Pierrot
*DUDDD	DDDUD	UDUDU	**Dvořák** symphony/4 in Dmi op13 1m 2t
*DUDDD	DDDUU	UDUUD	**Tchaikovsky** Sleeping Beauty 2m: Pas d'action
*DUDDD	DDRDU	RUUUU	**Bach** sonata/2 in Ami for solo violin: grave BWV1003
*DUDDD	DDRRU	UDUD	**Bach** Motet/3 Jesu, meine Freude/5 Trotz BWV227
*DUDDD	DDRUD	UUDDU	**Tchaikovsky** trio for piano/vln/cello in Ami op50 1m 1t
*DUDDD	DDUDD	UDUDD	**Janáček** Taras Bulba 2m 1t
*DUDDD	DDUDD	UDUDU	**Bach** Toccata (& Fugue) in Dmi, organ BWV565
*DUDDD	DDUDU	DUDDD	**Tchaikovsky** symphony/3 in D op29 4m 3t
*DUDDD	DDUDU	DUDUD	**Mozart** string quartet/20 in D K499 4m
*DUDDD	DDUUD	UUUUU	**Richard Strauss** Aus Italien: Sorrento 1t
*DUDDD	DDUUR	DDUUU	**Bach** Italian concerto, Clavier 2m BWV971
*DUDDD	DDUUU	UDDD	**Sibelius** symphony/7 in C op105 9t
*DUDDD	DDUUU	UUDD	**Beethoven** symphony/8 in F 1m 4t(b)
*DUDDD	DDUUU	UUUUR	**Lortzing** Undine: overture 1t
*DUDDD	DRDUD	DDDRD	**Saint-Saëns** Intro & Rondo capriccioso vln/orch 1t
*DUDDD	DRRDU	DDRDU	**Rossini** L'Italiana in Algeri Act II: Pensa alla patria
*DUDDD	DRURU	UDUDD	**Mozart** trio for clarinet/piano/viola K498 2m
*DUDDD	DRUUR	DUUUD	**Sibelius** Pohjola's daughter op49 3t
*DUDDD	DUDDD	DUDDD	**Elgar** Dream of Gerontius: prelude 5t
*DUDDD	DUDDD	DUDUD	**Telemann** suite flute/strings in Ami 4m minuet/1
*DUDDD	DUDDD	UDDUU	**Meyerbeer** Les Huguenots Act I: Plus blanche
*DUDDD	DUDDD	UUUUD	**Vivaldi** concerto vla d'amore/lute/str in Dmi 3m P266
*DUDDD	DUDDU	DDDDD	**Franck** Grande pièce symphonique op17 organ 3t

*DUDDD	DUDDU	DDU	**Mozart** Mass/19 in Dmi (Requiem) K626: Tuba mirum
*DUDDD	DUDDU	DU	**John Dowland** Fantasia in G
*DUDDD	DUDDU	UUUDD	**Haydn** string quartet/77 op76 'Emperor' 1m 1t
*DUDDD	DUDRD	RUDD	**Glinka** Russlan & Ludmilla: overture 2t
*DUDDD	DUDUD	DUU	**Ravel** Le tombeau de Couperin: toccata 2t
*DUDDD	DUDUD	UDU	**Fauré** nocturne/6 2t op63 piano
*DUDDD	DUDUD	URD	**Grieg** Summer's eve, piano op71/2
*DUDDD	DUDUU	UDUDU	**Bizet** Carmen Act IV: Les voici!
*DUDDD	DURDR	UUURD	**Tchaikovsky** piano concerto/1 in B♭mi op23 2m 1t
*DUDDD	DURUD	UDUDD	**Dvořák** symphony/6 in D op60 2m
*DUDDD	DUUDD	DDUDU	**Brahms** string quartet/2 in Ami op51/2 3m 2t
*DUDDD	DUUDD	UDUUD	**Tchaikovsky** Chant sans paroles, piano op40
*DUDDD	DUUDD	UUUUD	**Handel** Minuet from Berenice
*DUDDD	DUUDU	DDD	**Tchaikovsky** Humoresque, piano 1t op10/2
*DUDDD	DUUDU	DDDDU	**Ravel** Alborada del Gracioso, piano 2t
*DUDDD	DUUDU	DDUDU	**Wolf-Ferrari** Susanna's secret: overture 1t
*DUDDD	DUUDU	DUDUU	**Richard Strauss** Salome: Dance of the seven veils 1t
*DUDDD	DUUDU	UUDD	**Sibelius** King Christian suite: nocturne 2t
*DUDDD	DUUUD	UDUUD	**Handel** Fireworks music 5t
*DUDDD	DUUUD	UUUDD	**Bach** Well-tempered Clavier Bk I: fugue/22 BWV867
*DUDDD	DUUUD	UUUDR	**Telemann** suite for flute/strings in Ami 1m 1t
*DUDDD	DUUUU	DDD	**Brahms** symphony/2 in D op73 1m 2t
*DUDDD	DUUUU	UDDUD	**Britten** Simple symphony 2m Playful pizzicato 2t
*DUDDD	DUUUU	UUUDD	**Hindemith** Trauermusik (for George V of England) 1m
*DUDDD	RDURU	DUDDD	**Dvořák** symphony/9 in Emi 'New World' 4m 3t
*DUDDD	RRRUD	DUDDD	**Mozart** string quartet/16 in E♭ K428 4m
*DUDDD	RRUDU	DDDRR	**Haydn** symphony/77 in B♭ 1m
*DUDDD	RRURD	UDDDR	**Massenet** Le Cid 5m 1t
*DUDDD	RUDDD	D	**Tchaikovsky** violin concerto in D op35 3m 2t
*DUDDD	RUDUD	DDR	**Beethoven** trio for piano/vln/cello Cmi op1/3 4m 1t
*DUDDD	RUUUD	DDUDU	**Mozart** Divertimento for string trio in E♭ K563 6m
*DUDDD	RUUUU	DD	**Haydn** string quartet/81 in G op77/1 2m
*DUDDD	UDD		**Massenet** Manon Act I duet: accompanying figure
*DUDDD	UDDDD	DUDDR	**Albeniz** Cordoba (nocturne) piano 1t
*DUDDD	UDDDD	DUUDD	**Charles Ives** Robert Browning overture 1t
*DUDDD	UDDDD	U	**Mozart** symphony/41 in C K551 'Jupiter' 4m 3t
*DUDDD	UDDDD	UUD	**Brahms** Serenade in D op11 3m 3t
*DUDDD	UDDDU	DDDDD	**Franck** Les Djinns, symphonic poem, piano/orch 4t
*DUDDD	UDDDU	DDDUD	**Mozart** symphony/38 in D K504 'Prague' 1m 2t
*DUDDD	UDDDU	DDUUU	**Wagner** Tannhäuser Act II: Wo lange noch
*DUDDD	UDDDU	DRRUU	**Prokofiev** piano concerto/3 1m 1t(a)
*DUDDD	UDDDU	DUUUD	**Brahms** quartet for piano/strings in Cmi op25 1m 4t
*DUDDD	UDDDU	UUR	**Sibelius** symphony/2 in D op43 4m 2t
*DUDDD	UDDUD	DDDDR	**Brahms** symphony/3 in F op90 2m 3t
*DUDDD	UDDUD	DDDDU	**Borodin** symphony/2 in Bmi 4m 2t
*DUDDD	UDDUD	DDU	**Mozart** symphony/41 in C K551 'Jupiter' 2m 1t
*DUDDD	UDDUD	DU	**Beethoven** piano sonata/17 in Dmi op31/2 2m 2t
*DUDDD	UDDUD	UDDDU	**Liszt** Drei Zigeuner (song)
*DUDDD	UDDUU	DUUUD	**Brahms** trio for horn/vln/piano in E♭ op40 3m 1t
*DUDDD	UDRDD	UDDUU	**Haydn** symphony/99 in E♭ 1m
*DUDDD	UDRRU	DUDDD	**Mahler** symphony/8/I Veni creator spiritus
*DUDDD	UDRUD	UDUDD	**Franck** Grande pièce symphonique, organ, 6t
*DUDDD	UDUDD	DUDDR	**Telemann** suite for flute/strings in Ami 3m
*DUDDD	UDUDD	DUDUD	**Chopin** étude/10 in Bmi op25 1t
*DUDDD	UDUDD	DUDUD	**Ravel** La valse, orch, 4t
*DUDDD	UDUDD	DUDUD	**Mozart** Serenade in D K250 'Haffner' 7m
*DUDDD	UDUDD	DUDUD	**Bach** Brandenburg concerto/6 in B♭ 1m BWV1051

49

*DUDDD	UDUDD	DUDUD	**Saint-Saëns** Havanaise, violin/orch op83 2t
*DUDDD	UDUDD	DUUD	**Poulenc** Nouvellette/1, piano, 1t
*DUDDD	UDUDD	UUUUU	**Gounod** Faust Act II: Vin ou bière
*DUDDD	UDUDU	DDDDD	**Bach** English suite/5 in Emi: Passepied/2 BWV810
*DUDDD	UDUDU	DDDUD	**Bach** organ concerto in G 3m BWV592
*DUDDD	UDUDU	DDDUD	**Stravinsky** Le Sacre du Printemps pt 2: Mysterious circles of the adolescents
*DUDDD	UDUDU	DUDUD	**Shostakovich** cello concerto in E♭ op107 1m 1t
*DUDDD	UDUDU	RDRDD	**Reger** quintet for clarinet/strings in A op146 4m
*DUDDD	UDURU	UDDUU	**Ravel** string quartet in F 3m 1t
*DUDDD	UDUUD	UDDDU	**Beethoven** piano sonata/11 in B♭ op22 1m 3t
*DUDDD	UDUUD	UUUDD	**Walton** symphony/1 in B♭mi 3m 1t
*DUDDD	UDUUD	UUUDU	**Bach** concerto 3 harpsichords/str Dmi 2m BWV1063
*DUDDD	UDUUU	DDUUD	**Lehar** Das Land des Lächelns Act II: Dein ist mein
*DUDDD	UDUUU	UDDDU	**Bach** fugue in Cmi, organ, BWV562 [ganzes Herz
*DUDDD	UDUUU	UUUDU	**Prokofiev** symphony/5 in B♭ op100 3m 1t
*DUDDD	URDUR	DRDDR	**Stravinsky** Petrushka: Dance of nurses 1t
*DUDDD	URRUU	UDUUU	**Massenet** Phèdre: overture 1t
*DUDDD	UUDDD	DDUDU	**Haydn** symphony/95 in Cmi 3m trio
*DUDDD	UUDDD	DUDUD	**Mozart** symphony/39 in E♭ K543 3m 2t
*DUDDD	UUDDD	UDDDU	**Mahler** symphony/2 in Cmi 4m 2t
*DUDDD	UUDDD	UUUDR	**Wallace** Maritana Act III: Scenes that are brightest also overture 3t
*DUDDD	UUDRU	UDUDD	**Stravinsky** Sacre du Printemps: Ritual of ancestors
*DUDDD	UUDUD	UDDDD	**Shostakovich** concerto piano/tr'pt/orch op35 2m 3t
*DUDDD	UURRD	UDUDD	**Elgar** Salut d'amour op12 orch
*DUDDD	UUUDD	DUDDD	**Haydn** string quartet/17 in F op3 3m 1t
*DUDDD	UUUDU	DDDUD	**Brahms** trio/3 piano/vln/cello in Cmi op101 1m 1t
*DUDDD	UUUDU	DDDUU	**Haydn** string quartet/77 in C op76 'Emperor' 1m 2t
*DUDDD	UUUDU	DDDUU	**Sullivan** Iolanthe Act II: Tho' p'r'aps I may incur
*DUDDD	UUUDU	DDDUU	**Widor** organ symphony/5, toccata
*DUDDD	UUUDU	DDDUU	**Debussy** Nocturnes, orch: Sirènes 1t
*DUDDD	UUUDU	DDUDU	**Brahms** quartet/1 piano/strings in Gmi op25 3m 2t
*DUDDD	UUUDU	DUDUD	**Beethoven** symphony/6 in F 'Pastoral' 5m 1t
*DUDDD	UUUDU	UDDDU	**Handel** Samson: Let the bright Seraphim
*DUDDD	UUURR	DUDUD	**Mozart** Divertimento in F K247 1m 1t
*DUDDD	UUUUD	ĐDUDD	**Richard Strauss** oboe concerto 1m 1t
*DUDDD	UUUUD	DDUUD	**Bizet** L'Arlésienne suite/1: Carillon 1t
*DUDDD	UUUUD	DUDDU	**Rimsky-Korsakov** Snow Maiden: Dance of buffoons 2t
*DUDDD	UUUUD	U	**Mascagni** Cavalleria rusticana: prelude 1t
*DUDDD	UUUUD	UDDUD	**Fauré** barcarolle/5 op66 piano
*DUDDD	UUUUD	UUDDD	**Mascagni** Cavalleria rusticana: La tua Santuzza
*DUDDD	UUUUR	UURDU	**Brahms** quartet for piano/strings Cmi op60 2m 1t
*DUDDD	UUUUU	DD	**Beethoven** symphony/9 in Dmi 'Choral' 3m 1t
*DUDDD	UUUUU	DUDDD	**Elgar** violin concerto in Bmi 2m 1t
*DUDDR	DDDUD	UDUDD	**Mozart** piano concerto/23 in A K488 3m 1t
*DUDDR	DDDUU	D	**Mendelssohn** Elijah: Hear ye, Israel
*DUDDR	DRDRD	UDUDD	**Tchaikovsky** symphony/5 op64 4m 2t
*DUDDR	DUDDR	DUDUD	**Berlioz** Les Troyens IV: Royal hunt & storm 4t (trpt)
*DUDDR	DUDDU	DUDUD	**Verdi** Un ballo in maschera Act II: Ve' se di notte
*DUDDR	DURDR	DDDUD	**Handel** Acis & Galatea: Wretched lovers
*DUDDR	RDDUU	RRDDU	**Grieg** piano sonata in Emi op7 3m
*DUDDR	RDUUD	DDDUU	**Vaughan Williams** Sea symphony 4m: O we can wait no longer
*DUDDR	RRDRR	UUDU	**Ravel** Mélodie hébraique/2: L'énigme éternelle
*DUDDR	RRDUU	DUDDR	**Mozart** Der Schauspieldirektor: overture 1t K486
*DUDDR	RRRD		**Rossini** Boutique fantasque 7m nocturne

*DUDDR	RRUDU	DD	**Schubert** string quartet/8 in B♭ 2m 1t D112
*DUDDR	UDDUD	DUDDD	**Debussy** arabesque/1 in E for piano 2t
*DUDDR	UDDUD	UDD	**Sullivan** Iolanthe Act I: Bow, bow, ye lower
*DUDDR	UDDUR	DDUDD	**Mozart** Die Entführung Act II: Martern aller Arten
*DUDDR	UDDUU	DDDRU	**Wieniawski** violin concerto/2 op22 2m Romance
*DUDDR	UDUDD	RRUUU	**Mozart** Serenade B♭ K361 13 wind instr 7m
*DUDDR	URDUD	DDRUD	**Richard Strauss** Bürger als Edelmann: intermezzo
*DUDDR	URUUU	DUUUD	**Haydn** symphony/84 in E♭ 1m
*DUDDR	URUUU	UU	**Beethoven** Missa solemnis: Credo 1t
*DUDDR	UURDD	UDDDU	**Bach** Magnificat in D/6: Et misericordia BWV243
*DUDDR	UUUDU	DDRUU	**Schumann** Romanze/2 op8 piano
*DUDDR	UUUUU	UUDUD	**Mozart** horn concerto/2 in E♭ K417 1m 1t
*DUDDU	DDDDD	DDUDU	**Bruckner** symphony/5 in B♭ 1m intro
*DUDDU	DDDDD	DDUUD	**Prokofiev** Classical symphony 2m
*DUDDU	DDDDD	DUUDU	**Fauré** Dolly suite for piano 4 hands: Kitty-valse 2t
*DUDDU	DDDDU	DUDDD	**Mozart** symphony/25 in Gmi K183 4m 1t
*DUDDU	DDDDU	DRDUD	**Brahms** piano concerto/2 in B♭ op83 1m 3t
*DUDDU	DDDDU	DUDRU	**Beethoven** Fidelio Act I quartet: Mir ist so wunderbar
*DUDDU	DDDRR	DUDDU	**Mozart** trio/3 for piano/vln/cello in B♭ K502 1m
*DUDDU	DDDRR	RUDUD	**Rossini** William Tell: Soldiers' ballet 1t
*DUDDU	DDDRR	RUDUD	**Britten** Soirées musicales, March based on above
*DUDDU	DDDRU	UURUU	**Debussy** string quartet in Gmi 1m 2t
*DUDDU	DDDUD		**Mahler** symphony/8/I Infirma nostri corporis
*DUDDU	DDDUD	DDUDD	**Offenbach** Tales of Hoffmann Act I: J'ai les yeux
*DUDDU	DDDUD	DRDUD	**Mozart** quartet for oboe/strings in F K370 2m
*DUDDU	DDDUD	DUDUD	**Mozart** piano sonata/5 in G K283 3m 2t
*DUDDU	DDDUD	UDDDU	**Brahms** piano concerto/2 in B♭ op83 4m 3t
*DUDDU	DDDUD	UDDUD	**Haydn** symphony/93 in D 2m
*DUDDU	DDDUD	UDUDU	**Brahms** sonata clar or vla/piano in E♭ op120 1m 1t
*DUDDU	DDDUR	RUDUD	**J Strauss Jr** Wine, women and song 4t
*DUDDU	DDRDD	UD	**Mozart** Requiem K626: Recordare
*DUDDU	DDRUD	UDUUU	**Eva dell'Acqua** J'ai vu passer l'hirondelle (song)
*DUDDU	DDRUR	URDDU	**Brahms** Serenade in D op11 1m 1t
*DUDDU	DDRUU	DDU	**Mozart** sonata for organ/strings in F K145
*DUDDU	DDUDD	D	**Purcell** Fairy Queen: When I have often heard
*DUDDU	DDUDD	DUDDD	**Dvořák** quartet for piano/strings in D op23 2m
*DUDDU	DDUDD	RUDDD	**Dvořák** violin concerto in Ami op53 1m 1t(a)
*DUDDU	DDUDD	UDDU	**Liszt** Les jeux d'eaux à la Villa d'Este, piano 2t
*DUDDU	DDUDD	UDDUD	**Beethoven** symphony/3 in E♭ 'Eroica' 1m 4t
*DUDDU	DDUDD	UDDUD	**Mozart** symphony/28 in C K200 4m 1t
*DUDDU	DDUDD	UDDUD	**Tchaikovsky** symphony/3 in D op29 2m 3t
*DUDDU	DDUDD	UDDUD	**Walton** symphony/1 in B♭mi 1m 3t
*DUDDU	DDUDD	UDRUD	**Liszt** Les jeux d'eaux à la Villa d'Este, piano 1t
*DUDDU	DDUDD	UDUDD	**Donizetti** Don Pasquale III chorus: Che interminabile
*DUDDU	DDUDD	UUDDU	**Mahler** Des Knaben Wunderhorn: Das irdische Leben
*DUDDU	DDUDD	UUDUD	**Handel** Concerto grosso in D op6/5 5m 1t
*DUDDU	DDUDD	UUDUD	**Schubert** symphony/4 in Cmi 'Tragic' 3m 1t D417
*DUDDU	DDUDD	UUDUD	**Verdi** Otello Act III: Questa è una ragna
*DUDDU	DDUDD	UUDUU	**Glinka** Kamarinskaya, orch, 2t(a)
*DUDDU	DDUDD	UUUDD	**Rimsky-Korsakov** Scheherazade 1m intro(b)
*DUDDU	DDUDD	UUUUU	**Beethoven** string quartet/3 in D op18/3 4m 1t
*DUDDU	DDUDR	RRUDU	**Chopin** Fantaisie in Fmi op49 1t
*DUDDU	DDUDU	DDDUD	**Schubert** string quartet/12 in Cmi (one movt) 1t D703
*DUDDU	DDUDU	DDUD	**Brahms** string quintet in G op111 1m 2t
*DUDDU	DDUDU	DDUUD	**Beethoven** Missa solemnis: Gloria 2t
*DUDDU	DDUDU	DUDDU	**Brahms** string quartet in B♭ op87 1m 1t
*DUDDU	DDUDU	DUDDU	**Elgar** cello concerto in Emi op85 2m 2t

*DUDDU	DDUDU	DUDDU	**Rachmaninov** piano concerto/2 in Cmi 3m 1t
*DUDDU	DDUDU	DUDUD	**Rimsky-Korsakov** Scheherazade 2m 1t(a)
*DUDDU	DDUDU	DUDUD	**Sibelius** symphony/1 in Emi op39 2m 2t
*DUDDU	DDUDU	DUUUD	**Eva dell'Acqua** J'ai vu passer l'hirondelle (song)
*DUDDU	DDUDU	DUUUD	**Shostakovich** quintet piano/str op57 5m 1t [misquoted
*DUDDU	DDUDU	RRUD	**Chopin** Fantasia in Fmi op49 1t
*DUDDU	DDUDU	UDDUD	**Bizet** Jeux d'enfants suite: impromptu
*DUDDU	DDUDU	UUD	**Adolphe Adam** Si j'étais Roi: overture 3t
*DUDDU	DDURD	UUURD	**Liszt** Rakoczy march 1t (Hung'n rhapsody/15 in Ami)
*DUDDU	DDURR	RRRRD	**Bach** Well-tempered Clavier Bk II: fugue/16 BWV885
*DUDDU	DDURU	DUDDD	**Thomas Arne** Tell me where is fancy bred (song)
*DUDDU	DDUU		**Byrd** Ave verum corpus (Gradual)
*DUDDU	DDUUD	UDDUU	**Giles Farnaby** Tower Hill (Fitzwilliam Virginal Bk 245)
*DUDDU	DDUUD	UUDUD	**Edward German** Tom Jones Act II waltz: For tonight
*DUDDU	DDUUD	UUDUD	**Scarlatti** harpsichord sonata Kp487
*DUDDU	DDUUD	UUUUD	**Beethoven** symphony/7 in A 4m 3t(a)
*DUDDU	DDUUD	UUUUD	**Chopin** Berceuse op57
*DUDDU	DDUUR	UURDU	**Elgar** Dream of Gerontius: prelude 3t
*DUDDU	DDUUU	U	**Grieg** sonata for cello/piano in Ami op36 1m 2t
*DUDDU	DDUUU	UDDUD	**Brahms** quintet for clarinet/str in Bmi op115 3m
*DUDDU	DDUUU	UUUUD	**Haydn** symphony/6 in D 1m
*DUDDU	DRDRU	DUDRR	**Honegger** Chant de Nigamon, orch, 4t
*DUDDU	DRRDR	RDRRD	**Tchaikovsky** Nutcracker suite: Dance of the sugar-plum fairy
*DUDDU	DRUUU	DUUU	**Puccini** Madam Butterfly Act I: Oh quanti occhi
*DUDDU	DUDDD		**Schubert** symphony/1 in D 4m 3t D82
*DUDDU	DUDDD	UDDDD	**Mozart** Serenade in B♭ K361 13 wind instr 5m 1t
*DUDDU	DUDDD	UDUDD	**Franck** symphony in Dmi 2m 1t
*DUDDU	DUDDD	UDUUD	**Bach** English suite/2 in Ami: prelude BWV807
*DUDDU	DUDDD	UUURR	**Berlioz** Les Troyens Act IV: Tout n'est que paix
*DUDDU	DUDDR	DDRDD	**John Field** nocturne/4 1t, piano
*DUDDU	DUDDR	DDUUD	**Schumann** Faschingsschwank aus Wien op26 pft 1m
*DUDDU	DUDDR	DUDD	**Verdi** Un ballo in maschera III: Saper vorreste [2t
*DUDDU	DUDDU	DDUDU	**Bach** Partita/3 for solo violin in E: prelude BWV1006
*DUDDU	DUDDU	DRDRU	**Mozart** piano sonata/5 in G K283 1m
*DUDDU	DUDDU	DUDDU	**Scarlatti** harpsichord sonata in D Kp53
*DUDDU	DUDDU	DUDDU	**Handel** concerto grosso in Dmi op6/10 5m 2t
*DUDDU	DUDDU	DUDUD	**Weber** Invitation to the dance 2t
*DUDDU	DUDDU	DUUDU	**Delibes** La source, ballet: Pas de violes
*DUDDU	DUDDU	RDUUU	**Rossini** L'Italiana in Algeri Act II: Per lui che adoro
*DUDDU	DUDUD	DDUUU	**Chopin** sonata in B♭mi op35 1m 2t
*DUDDU	DUDUD	DUDUD	**Haydn** symphony/77 in B♭ 3m menuetto
*DUDDU	DUDUD	DUDUD	**Stravinsky** Sacre du Printemps part 2 intro
*DUDDU	DUDUD	DUUDU	**Tchaikovsky** violin concerto in D op35 1m 3t
*DUDDU	DUDUD	DUUUU	**Ravel** Le tombeau de Couperin: fugue
*DUDDU	DUDUD	RUDUD	**Rimsky-Korsakov** Antar, symphony 1m 2t
*DUDDU	DUDUD	UDR	**Mussorgsky** The nursery/3: The beetle
*DUDDU	DUDUD	UUUDU	**Rimsky-Korsakov** Scheherazade 1m intro(a)
*DUDDU	DUDUD	UUUUU	**Shostakovich** cello concerto/1 in E♭ op107 2m 1t
*DUDDU	DURUR	DDD	**Brahms** Intermezzo in A for piano op118/2 1t
*DUDDU	DURUU	RDUDD	**Beethoven** piano sonata/30 in E op109 3m
*DUDDU	DUUDD	DDUDU	**Verdi** Il trovatore Act III: Squilli e cheggi
*DUDDU	DUUDD	RDUDU	**Rachmaninov** Isle of the Dead, orch op29 2t
*DUDDU	DUUDD	UUDUD	**Waldteufel** Frühlingskinder waltz 2t
*DUDDU	DUUDU	DDDDD	**Handel** sonata for violin/fig bass in A op1/14 2m
*DUDDU	DUUDU	DRDUD	**Rimsky-Korsakov** Scheherazade 1m 1t
*DUDDU	DUUDU	DUDDD	**Ravel** string quartet in F 1m 1t

*DUDDU	DUUDU	DUUDD	**Erik Satie** Pièces froides/1 Airs à faire fuir/1, piano
*DUDDU	DUURU	UUUUD	**Mozart** flute concerto/2 in D (oboe in C) K314 3m
*DUDDU	DUUUD	DDDUD	**Haydn** cello concerto in D 2m
*DUDDU	DUUUD	DUDUD	**Elgar** symphony/2 op63 4m 1t
*DUDDU	DUUUD	UDDUD	**Elgar** symphony/2 op63 2m intro
*DUDDU	DUUUD	UDUDD	**Adolphe Adam** Giselle: Marche des vignerons
*DUDDU	DUUUU	DD	**Thomas Dunhill** To the Queen of Heaven
*DUDDU	DUUUU	DUD	**Verdi** I Lombardi Act IV: Non fu sogno
*DUDDU	DUUUU	UURDD	**Brahms** trio in E♭ for violin/horn/piano op40 3m 2t
*DUDDU	RDUDD	RUUUU	**Donizetti** L'Elisir d'amore Act I: Obligato obligato
*DUDDU	RDUDD	URDUD	**Beeethoven** symphony/5 in Cmi 4m 2t
*DUDDU	RRDUD	DDU	**Sibelius** symphony/7 in C op105 11t
*DUDDU	RRDUD	DURRD	**Handel** oboe concerto/3 in Gmi op3/2 2m
*DUDDU	RRUDR	UUDDU	**Haydn** The Creation: O glücklich Paar!
*DUDDU	RRUUU	DDRUD	**Handel** Messiah: And the glory of the Lord
*DUDDU	RUDDU	DDUUU	**Palestrina** Tu es Petrus (motet for 6 voïces)
*DUDDU	RURDD	RDURU	**Beethoven** piano sonata/26 E♭ op81a 'Les adieux' 2m
*DUDDU	RUUDU	RUUD	**Mozart** violin concerto/4 in D K218 3m 1t
*DUDDU	RUUUU	DUDDD	**Rachmaninov** symphony/1 op13 4m 1t
*DUDDU	UDDDD	DDUDU	**Mozart** Mass/19 in Dmi (Requiem) K626: Osanna
*DUDDU	UDDDD	DUDUD	**Britten** Variations on a theme of Frank Bridge, orch
*DUDDU	UDDDD	UUDDU	**Schubert** Die Winterreise/16 Letzte Hoffnung
*DUDDU	UDDDU	DDUUU	**Holst** The planets: Neptune the mystic 1t
*DUDDU	UDDUD	UDDDU	**Bach** Well-tempered Clavier Bk I: prelude/16 BWV861
*DUDDU	UDDUD	DDUUU	**Stravinsky** Sacre du Printemps: Rounds of Spring
*DUDDU	UDDUD	DUUDD	**Sibelius** symphony/4 in Ami op63 2m 3t
*DUDDU	UDDUU	DDU	**Brahms** symphony/3 in F op90 1m 4t
*DUDDU	UDDUU	DUUUD	**Bach** Well-tempered Clavier Bk I: fugue/4 BWV849
*DUDDU	UDDUU	RDRDR	**Schubert** piano sonata/20 in A 2m 1t D959
*DUDDU	UDDUU	UUUUD	**Richard Strauss** Sinfonia domestica 1m 2t(a)
*DUDDU	UDUDD	DDUU	**Mozart** string quartet/18 in A K464 3m
*DUDDU	UDUDD	DDUDU	**Bach** French suite/4 in E♭: gavotte BWV815
*DUDDU	UDUDD	DUDDR	**Edward German** Who'll buy my lavender (song)
*DUDDU	UDUDD	DUDUD	**de Falla** La vida breve: Dance/2 1t
*DUDDU	UDUDD	UDDUU	**Haydn** piano concerto in D 3m 2t
*DUDDU	UDUDD	UUDUD	**Rimsky-Korsakov** Scheherazade 1m 3t
*DUDDU	UDUDD	UUUDD	**Bach** Brandenburg concerto/3 in G 1m
*DUDDU	UDUDD	UUUUR	**Handel** sonata for violin/fig bass op1/13 4m
*DUDDU	UDUDD	UUUUU	**Tchaikovsky** sym/6 Bmi 'Pathétique' 3m 1t
*DUDDU	UDUDR	UDD	**Verdi** La forza del Destino Act III: Rataplan rataplan
*DUDDU	UDUDU	DUUU	**Sibelius** symphony/5 in E♭ op82 1m 3t
*DUDDU	UDUDU	UDRDU	**Massenet** Manon Act III: Ah! Fuyez, douce image
*DUDDU	UDUDU	UDUUD	**Beethoven** Serenade for flute/violin/viola in D op25
*DUDDU	UDUDU	UDUUD	**Bach** Well-tempered Clavier Bk II: prel/7 [allegro 1t
*DUDDU	UDUDU	UDUUU	**Mozart** symphony/29 in A K201 3m 1t
*DUDDU	UDUDU	UUDDD	**Schumann** symphony/2 in C op61 2m 3t
*DUDDU	UDUDU	UUDDR	**Mozart** piano and wind quintet in E♭ K452 2m
*DUDDU	UDUDU	UUDUR	**Bach** suite/3 in D orch: gavotte 2t BWV1068
*DUDDU	UDUUD	UUDDD	**Machaut** Messe Nôtre-Dame: Qui propter nos
*DUDDU	UDUUU	UUDUD	**Rachmaninov** Prelude op23/9 piano
*DUDDU	URDDD	DUDDD	**Coleridge-Taylor** Demande et réponse (from Petite
*DUDDU	URDDU	DDUUR	**Liszt** Missa choralis: Credo [suite de concert)
*DUDDU	URDDU	U	**Stravinsky** Les noces: Tresse, tresse
*DUDDU	URRDU	UDD	**Chopin** prelude/21 op28
*DUDDU	URRUD	DDRR	**Meyerbeer** Le Prophète Act II: Ah! mon fils
*DUDDU	UUDDD		**Berlioz** Harold in Italy 1m 1t

*DUDDU	UUDDU	DD	**Albeniz** Suite española, piano: Cadiz 2t
*DUDDU	UUDDU	DDDDU	**Debussy** string quartet in Gmi 3m 2t(b)
*DUDDU	UUDUU	DRDD	**Schubert** Die schöne Müllerin/14 Der Jäger
*DUDDU	UUDUU	DRR	**Sibelius** Rakastava suite op14 1m
*DUDDU	UUDUU	DUUUD	**Beethoven** piano sonata/8 Cmi 'Pathétique' op13 2m
*DUDDU	UUU		**Sibelius** The swan of Tuonela op22/3 1t [1t
*DUDDU	UUUDD		**Moszkovski** valse op34/1 1t, piano
*DUDDU	UUUDU	DDUUU	**Lecuona** Suite Andalucia: Andalucia 2t, piano
*DUDDU	UUUDU	DDUUU	**Sinding** Rustle of Spring (Frühlingsrauschen) 1t
*DUDDU	UUUDU	DU	**Chopin** waltz in A♭ op64/3
*DUDDU	UUUUD	DUDDU	**Ravel** La Valse, orch, 2t
*DUDDU	UUUUD	DDDUD	**Walton** Façade suite/2: Noche española 1t
*DUDDU	UUUUR		**Ravel** D'Anne jouant de l'espinette (song)
*DUDDU	UUUUU	DDUUU	**Delius** violin concerto 3t
*DUDDU	UUUUU	UDDUD	**Haydn** piano concerto in D 3m
*DUDDU	UUUUU	UUDDD	**Weber** bassoon concerto in F 3m (Jahns index 127)
*DUDDU	UUUUU	UURUD	**Richard Strauss** Der Bürger als Edelmann: Minuet
*DUDRD	DUDDD	UUU	**Bach** Well-tempered Clavier Bk II: prel/16 BWV885
*DUDRD	DUDUD	RDDUD	**Corelli** concerto grosso in B♭ op6/11 1m 2t
*DUDRD	RDRUR	URURU	**Vivaldi** concerto in C for 2 mandolines/str 1m P16
*DUDRD	RRDRD	DRRUU	**Mozart** Cosi fan tutte Act I: Ah! che tutta in un
*DUDRD	UDDDU	DDUU	**Tchaikovsky** Swan lake: 2m waltz [momento
*DUDRD	UDDDU	UUU	**Fauré** quartet/1 for piano/strings Cmi op15 1m 2t
*DUDRD	UDDRD	UDUDU	**Copland** Billy the Kid, ballet: The open prairie intro 2t
*DUDRD	UDDRD	UU	**Verdi** Aida Act I: Numi pietà del mio soffrir
*DUDRD	UDRUD	DDDUU	**Donizetti** Lucia di Lammermoor Act II: Se tradirmi
*DUDRD	UDRUU	UUDUD	**J Strauss Jr** O schöner Mai/2 1t
*DUDRD	URDDD	UUUDU	**Bartok** Rumanian folk dances/6 1t, piano
*DUDRD	UUUDU	DR	**Beethoven** piano concerto/2 in B♭ op19 3m
*DUDRD	UUUUD	RUUDU	**Elgar** Dream of Gerontius: prelude 1t
*DUDRD	UUUUD	RRR	**Beethoven** string quartet/15 in Ami op132 5m
*DUDRR	RDUDR	UDUDR	**Schumann** Frauenliebe & Leben/6: Süsser Freund
*DUDRR	RRRDU	UDD	**Diabelli** waltz theme, see 2 items below
*DUDRR	RRRRR	RRRR	**Wagner** Götterdämmerung Act II: Hoi-ho! Hoi-ho
*DUDRR	RRRRR	RRUDU	**Diabelli** waltz (1819) theme for piano variations
			by Beethoven (op120), Czerny, Forster, Hummel,
			Liszt, Schenk, Schubert, 44 other composers
*DUDRR	RRUDU	DR	**Mussorgsky** Song of the flea
*DUDRR	UDUDR		**Chopin** waltz in E♭ op18 3t
*DUDRR	UDUUR	RDDUD	**Lalo** Namouna: Fête Foraine 1t
*DUDRR	UUUDD	UDRRU	**Bach** concerto for violin/str in E 2m BWV1042
			also harpsichord concerto in D 2m BWV1054
*DUDRU	DDDDD	URDRR	**Mozart** Cosi fan tutte II: Secondate aurette amiche
*DUDRU	DDUDU	DRUDD	**Menotti** Amahl and the night visitors: Thank you
*DUDRU	DDUDU	DRUUD	**Purcell** Dido & Aeneas Act III: Great minds[kindly
*DUDRU	DRDUD	UD	**Mussorgsky** The nursery: The hobby horse
*DUDRU	DRRRR	UDRR	**Mussorgsky** The nursery: In the corner
*DUDRU	DRUDU	DUDRU	**Schubert** piano sonata in D 1m 2t D850
*DUDRU	DUDD		**Beethoven** sonata/3 for cello/piano in A op69 2m 2t
*DUDRU	DUDDU	DUD	**Mozart** symphony/28 in C K200 3m 1t
*DUDRU	DUDRU	DUDUU	**Schubert** scherzo in B♭, piano D593
*DUDRU	DURRU	DDDDU	**Britten** Simple symphony 4m Frolicsome finale 2t
*DUDRU	DUUDD	RDURU	**Chausson** quartet piano/strings in A op30 1m 1t
*DUDRU	RUUDR	RDDDU	**Morley** Thyrsis and Milla
*DUDRU	UDDUD	UDUDU	**Brahms** Es ist ein Ros' entsprungen, organ chor prel
*DUDRU	UDDUR	DUUDU	**Stravinsky** Capriccio, piano/orch 3m 3t(a)
*DUDRU	UDUDD	UDUDU	**Haydn** The Creation, pt 3 duet: Holde Gattin

*DUDRU UUDUD UUUUD **Mozart** Divertimento/14 in B♭ K270 1m
*DUDRU UUUUD DDUDD **Vivaldi** concerto 2 mandolines/strings in G 1m P133
*DUDRU UUUUD UDRUU **Scarlatti** Good-humoured ladies (sonata Kp435 2m)
*DUDRU UUUUR RDUUR **Mendelssohn** motet: Hear my prayer op39/1
*DUDUD DD **Wagner** A Faust overture 1t
*DUDUD DDDDD UDUUU **Walton** Portsmouth Point overture 1t(a)
*DUDUD DDDDD UUUDD **Wagner** Die Meistersinger: overture 2t
*DUDUD DDDDU DDDDD **Walton** viola concerto 3m 2t
*DUDUD DDDDU UUUDR **Berlioz** Les Troyens Act V: Didon's immolation scene
*DUDUD DDDRU UDDDR **Haydn** symphony/52 in Cmi 4m
*DUDUD DDDUD DUUD **Brahms** symphony/1 in Cmi op68 4m 4t
*DUDUD DDDUD RUDUD **Debussy** Children's Corner: Golliwog's cake walk 1t
*DUDUD DDDUD UUUDU **Wagner** Die Meistersinger Act II: Cobbler's song
*DUDUD DDDUU DDUDR **Bartok** Rhapsody/1 for violin/orch 1m 2t (folk dances)
*DUDUD DDDUU DUUUU **Mozart** piano concerto/21 in C K467 2m
*DUDUD DDRDD RDDDU **Mendelssohn** Variations sérieuses op54 piano
*DUDUD DDUDD DDDUD **Schubert** Die Winterreise/15 Die Krähe
*DUDUD DDUDD DRUUD **Mozart** symphony/40 in Gmi K550 2m 3t
*DUDUD DDUDD DUDDD **Bartok** string quartet/1 op7 2m 2m
*DUDUD DDUDR UUUUD **Debussy** Poissons d'or, piano
*DUDUD DDUDU DDD **Brahms** quartet piano/strings in Cmi op60 1m 1t
*DUDUD DDUDU DDDU **Bizet** Carmen: Toreador's song (first part)
*DUDUD DDUDU DDR **Mussorgsky** Khovantschina: Persian dance
*DUDUD DDUDU DUDDD **Elgar** Falstaff, symphonic study op68 5t
*DUDUD DDUDU DUDDD **Dvořák** quartet for piano/strings in D op23 1m 2t
*DUDUD DDUDU DUDDD **Shostakovich** cello concerto/1 in E♭ op107 1m 3t
*DUDUD DDUDU UDUDU **Handel** Alcina: overture 2t
*DUDUD DDUDU URU **Brahms** waltz op39/12 piano
*DUDUD DDURD DUDUU **Haydn** symphony/39 in Gmi 3m menuet
*DUDUD DDUUD D **Brahms** string quintet in G op111 4m 2t
*DUDUD DDUUD UDDUD **Elgar** Contrasts op10/3 orch, 1t
*DUDUD DDUUD UDUDD **Mendelssohn** violin concerto in Emi op64 3m 1t
*DUDUD DDUUD UDUDU **Bach** Well-tempered Clavier Bk II: fugue/1 BWV870
*DUDUD DDUUU DDDDD **Bach** concerto for 3 harps'ds/str in C 1m BWV1064
*DUDUD DDUUU DDRDU **Berlioz** La damnation de Faust: Une puce gentile
*DUDUD DDUUU RDDDD **Malipiero** Impressioni dal Vero: Il Chiù
*DUDUD DRDUD UDD **Liszt** piano concerto/1 in E♭ 1t
*DUDUD DRDUU UDUDU **Haydn** symphony/45 in F♯mi 'Farewell' 3m menuet
*DUDUD DUDDD DUDUD **Wagner** Siegfried Act III: Erda! Erda!
*DUDUD DUDDD UDUDD **Haydn** symphony/103 in E♭ 'Drum roll' 1m intro
*DUDUD DUDDU DDRDU **Mendelssohn** (Andante &) Rondo capriccioso, piano 1t
*DUDUD DUDDU DUDDD **Bach** concerto for 2 harps'ds/str in Cmi 3m BWV1060
*DUDUD DUDRD UDUDD **Richard Strauss** Aus Italien: Neapolitan 1t(b)
*DUDUD DUDU **Franck** Prélude choral et fugue: Prélude 1t, piano
*DUDUD DUDUD DDU **Bach** 3 part inventions/4 in Dmi, Clavier BWV790
*DUDUD DUDUD DUDUR **Beethoven** piano sonata/2 in A op2/2 3m 1t
*DUDUD DUDUD DUU **Beethoven** string quartet in F op135 1m 1t
*DUDUD DUDUD DUUUD **Walton** symphony/1 in B♭mi 1m 4t
*DUDUD DUDUD UDD **Mozart** piano sonata/7 in C K309 2m
*DUDUD DUDUD UDDUD **Schubert** trio for violin/piano/cello in B♭ 2m D898
*DUDUD DUDUD UDDUD **Mozart** Divertimento in F K247 4m
*DUDUD DUDUD UDDUD **de Falla** suite populaire espangnole: Jota 1t
*DUDUD DUDUD UDUU **Mahler** symphony/2 5m 1t
*DUDUD DUDUD UURDU **Walton** symphony/1 in B♭mi 3m 2t
*DUDUD DUDUD UUUDD **Brahms** Hungarian dances/1 in Gmi, piano 4 hands
*DUDUD DUDUD UUUUU **Mozart** symphony/38 in D K504 'Prague' 2m 2t
*DUDUD DUDUR DUDUD **Handel** Alcina: Musette

55

*DUDUD	DUDUR	UDDUD	**Rossini** L'Italiana in Algeri: overture 1t
*DUDUD	DUDUU	DUDUU	**Elgar** Enigma variations, theme
*DUDUD	DUDUU	RURUU	**Ravel** Daphnis & Chloë suite/1 4t
*DUDUD	DURDU	RUDUD	**Franz Scharwenka** Polish dance op3/1 piano
*DUDUD	DURRR	RRDUR	**J Strauss Jr** Morgenblätter 3t
*DUDUD	DURRR	RRUDU	**Verdi** Otello Act II: Dove guardi
*DUDUD	DURRU	UUUDD	**Tchaikovsky** suite/3 in G op55 orch, 4m
*DUDUD	DUUDD	DUD	**Stravinsky** Les Noces: Hier soir
*DUDUD	DUUDU	DDUUD	**Haydn** str quartet/39 C op33/3 'The bird' 4m 1t
*DUDUD	DUUDU	DUDDU	**Sibelius** violin concerto op47 3m 1t
*DUDUD	DUUDU	DUDUU	**Mozart** piano concerto/8 in C K246 1m 2t
*DUDUD	DUUDU	UDDUU	**Richard Strauss** Alpine symphony 11t
*DUDUD	DUUDU	UUURD	**Berlioz** Les Troyens Act III: Sa voix fait naître
*DUDUD	DUUUD	UDDUD	**Stravinsky** symphony in C 2m
*DUDUD	DUUUD	URDUU	**Mahler** symphony/2 5m 2t
*DUDUD	DUUUR	UDUDU	**Rachmaninov** Prelude op23/10, piano
*DUDUD	DUUUU	DDDDU	**Tchaikovsky** Francesca da Rimini op32 3t
*DUDUD	DUUUU	RDDDU	**Beethoven** piano concerto/4 in G op58 1m 2t
*DUDUD	DUUUU	RUUDD	**Beethoven** sonata/7 violin/piano Cmi op30/2 3m 2t
*DUDUD	DUUUU	UUDDD	**Beethoven** Missa solemnis: Agnus Dei 4t
*DUDUD	DUUUU	UUDDR	**Mascagni** Cavalleria rusticana: Voi lo sapete
*DUDUD	DUUUU	UUDUD	**Chopin** mazurka/36 op59/1
*DUDUD	RDDRD	DRDDD	**Mozart** string quintet/4 in Gmi K516 5m
*DUDUD	RDDUD	UDRRD	**Schumann** Vogel als Prophet op82/7 piano 2t
*DUDUD	RDDUR	DUD	**Mendelssohn** Lobgesang: Alles, alles op52/2
*DUDUD	RDRDU	DRDRD	**Mozart** string quartet/16 in E♭ K428 3m
*DUDUD	RDUDU	DUDUD	**Meyerbeer** Les Huguenots Act I: Une dame noble
*DUDUD	RRUDU	DUDUR	**Haydn** Symphonie concertante in B♭ op84 2m
*DUDUD	RUDRD	RDRDR	**Mozart** Mass/18 in Cmi K427: Credo
*DUDUD	RUDRU	RDRDR	**Mahler** symphony/9 2m 5t
*DUDUD	RUDUU	DUDUU	**Elgar** Enigma variations: Nimrod variation
*DUDUD	RUUDD	UUUDD	**Toselli** Serenade (song)
*DUDUD	RUUUU	UUD	**Mozart** Figaro Act III: Vedro mentre io
*DUDUD	UDDDD	DDDDD	**Stravinsky** Apollon Musagète, ballet 2t
*DUDUD	UDDDD	DDDUD	**Dvořák** Slavonic dances/11 op72/3 4t
*DUDUD	UDDDD	DDUUU	**Haydn** symphony/90 in C 2m
*DUDUD	UDDDD	UDDDD	**Prokofiev** violin concerto/2 in Gmi op63 2m 1t
*DUDUD	UDDDD	URRUD	**Mozart** piano concerto/18 in B♭ K456 3m 3t
*DUDUD	UDDDR	RRDDU	**Dvořák** Carnaval overture op92 4t
*DUDUD	UDDDU	D	**Reger** quartet clarinet/strings in A op146 2m 1t
*DUDUD	UDDDU	DDUDU	**Beethoven** string quartet/8 Emi op59/2 'Rasumovsky'
*DUDUD	UDDDU˙	DUDDD	**George Butterworth** A Shropshire lad, orch 1t [2m 2t
*DUDUD	UDDDU	DUDDD	**Stravinsky** Capriccio, piano/orch 1m 4t
*DUDUD	UDDDU	DUDDD	**Bach** Well-tempered Clavier Bk II: fugue/20 BWV889
*DUDUD	UDDDU	UDDUD	**Handel** Water music 9m
*DUDUD	UDDDU	URDUU	**Schumann** Blondel's Lied (song) op53/1
*DUDUD	UDDDU	UUDUU	**Beethoven** Für Elise, piano
*DUDUD	UDDRD	DDDDU	**Scarlatti** harpsichord sonata in Ami Kp175
*DUDUD	UDDRD	DUDUD	**Orff** Carmina Burana 7m Floret silva
*DUDUD	UDDUD	DDDUD	**Grieg** Erotic, piano, op43/5
*DUDUD	UDDUD	DRUDD	**Clementi** Sonata in Gmi 'Didone abbandonata'
*DUDUD	UDDUD	DUUDU	**Suppé** Pique Dame overture 4t [op50/3 1m
*DUDUD	UDDUD	RRU	**Mozart** Figaro Act IV: In quegli anni
*DUDUD	UDDUD	UDUDR	**Beethoven** piano sonata/11 in B♭ op22 1m 2t
*DUDUD	UDDUD	UDUDU	**Brahms** symphony/2 in D op73 4m 1t(b)
*DUDUD	UDDUD	UDUDU	**de Falla** El amor brujo: Fire dance 2t, ballet
*DUDUD	UDDUD	UDUDU	**Sibelius** symphony/2 in D op43 1m 3t

*DUDUD UDDUR UDDUD **Stravinsky** violin concerto in D 2m aria(b)
*DUDUD UDDUR UUDUD **Mozart** piano concerto/17 in G K453 1m 3t
*DUDUD UDDUU DUDDU **Franck** Prélude, aria & finale, piano: aria 2t
*DUDUD UDDUU DUDDU **Ravel** Daphnis & Chloë suite/1 2t
*DUDUD UDDUU RDDDU **Franck** organ pastorale 1t op19
*DUDUD UDDUU UDD **Ravel** Valses nobles et sentimentales/4
*DUDUD UDDUU UUUUU **Tchaikovsky** symphony/5 in Emi op64 1m 3t
*DUDUD UDRDD DUDD **Mozart** Mass/19 (Requiem) in Dmi K626: Sanctus
*DUDUD UDRDD UDUDU **Beethoven** symphony/6 in F 'Pastoral' 4m 2t
*DUDUD UDRDR D **Franck** quintet for piano/strings Fmi 1m intro(b)
*DUDUD UDRDU DRDDU **Bach** Two-part inventions/15 in Bmi, Clavier BWV786
*DUDUD UDRDU DUDUD **J Strauss** Der Zigeunerbaron Act I: Ja, das Schreiben
*DUDUD UDRRD UD **Corelli** concerto grosso in Gmi 'Christmas' 4m
*DUDUD UDRRD URRUU **Mozart** Mass/19 (Requiem) in Dmi K626: Dies irae
*DUDUD UDRRU DDUDR **Chausson** symphony in B♭ op20 2m 1t(a)
*DUDUD UDRUD DUDDU **Shostakovich** symphony/6 1m 2t
*DUDUD UDRUD UDURD **Verdi** Don Carlos Act IV: Io morrò ma lieto in core
*DUDUD UDRUU UUDDU **Tchaikovsky** symphony/5 in Emi op64 2m 2t
*DUDUD UDUDD DDDDD **Adolphe Adam** Si j'étais Roi: overture 2t
*DUDUD UDUDD DDDDD **Mozart** Mass/19 (Requiem) in Dmi K626: Confutatis
*DUDUD UDUDD DDUDD **Donizetti** Lucia di Lammermoor Act I: Sulla tomba
*DUDUD UDUDD DDUDU **Beethoven** piano sonata/15 in D 'Pastoral' op28 1m 3t
*DUDUD UDUDD DUDDR **Schumann** sonata violin/piano in Dmi op121 1m intro
*DUDUD UDUDD DUDDU **Verdi** Il trovatore Act I: Di tale amor
*DUDUD UDUDD DUDUD **Elgar** Pomp & Circumstance march/3 1t
*DUDUD UDUDD DUDUR **Mozart** Sonata for organ/strings K144 1t
*DUDUD UDUDD U̇D **Schumann** sonata violin/piano in Dmi op121 1m 1t
*DUDUD UDUDD UDUDU **Tchaikovsky** Nutcracker suite: Arabian dance
*DUDUD UDUDD UDUDU **Weber** Clarinet concerto in Fmi 1m 1t (Jahns 114)
*DUDUD UDUDD UDUUD **Liszt** Valse-impromptu 1t, piano
*DUDUD UDUDD UDUUD **Dvořák** string quintet in E♭ op97 3m
*DUDUD UDUDD UU **Verdi** Il trovatore Act I: Deserto sulla terra
*DUDUD UDUDR DDRDD **Suppé** Poet & peasant overture 1t(b)
*DUDUD UDUDR RDRUU **Rachmaninov** Prelude op23/2 piano
*DUDUD UDUDU **Wagner** Siegfried: Forest murmurs 5t(a)
*DUDUD UDUDU **Rachmaninov** suite/2 op17 2m 3t
*DUDUD UDUDU DDDD **Schumann** symphony/3 in E♭ op97 'Rhenish' 5m 3t
*DUDUD UDUDU DDDRD **Mozart** quartet/4 for flute/strings in A K298 3m
*DUDUD UDUDU DDUD **Verdi** Rigoletto Act II: Si vendetta
*DUDUD UDUDU DDUDD **Chopin** 'Minute' waltz op64/1 2t
*DUDUD UDUDU DDUUD **Bach** Well-tempered Clavier Bk I: fugue/19
*DUDUD UDUDU DDUUU **Orff** Carmina Burana 5m Ecce gratum
*DUDUD UDUDU DRDUD **Verdi** Rigoletto Act II: Scorrendo uniti remota
*DUDUD UDUDU DU **Mozart** symphony/33 in B♭ K319 1m 2t(a)
*DUDUD UDUDU DUDDD **Beethoven** piano sonata/17 in Dmi op31/2 3m 2t
*DUDUD UDUDU DUDDD **Shostakovich** The golden age, ballet 1t polka
*DUDUD UDUDU DUDDR **Khachaturian** piano concerto in D♭ 3m 2t
*DUDUD UDUDU DUDDU **Rossini** Semiramide: overture 2t
*DUDUD UDUDU DUDUD **Bach** Toccata & fugue in Dmi: fugue, organ BWV914
*DUDUD UDUDU DUDUD **Bach** organ fugue in Gmi BWV542
*DUDUD UDUDU DUDUD **Bach** organ fugue in Emi 'The wedge' BWV548
*DUDUD UDUDU DUDUD **Bach** Toccata in F, organ BWV540
*DUDUD UDUDU DUDUD **Bach** Prelude in Dmi 'Dorian', organ BWV538
*DUDUD UDUDU DUDUD **Beethoven** piano sonata/12 in A♭ op26 4m
*DUDUD UDUDU DUDUD **Brahms** waltz op39/9 piano
*DUDUD UDUDU DUDUD **Debussy** Nocturnes: Nuages, orch 1t
*DUDUD UDUDU DUDUD **de Falla** El amor brujo, intro

*DUDUD	UDUDU	DUDUD	**Ibert** concerto da camera for alto saxophone 3m 1t
*DUDUD	UDUDU	DUDUD	**Handel** Acis & Galatea: Behold the monster Poly-
*DUDUD	UDUDU	DUDUD	**Handel** suite/8 for harps'd 3m Allemande [pheme
*DUDUD	UDUDU	DUDUD	**Liadov** The musical snuff box (Music box) op32 piano
*DUDUD	UDUDU	DUDUD	**Massenet** Les Erinnyes: Grecque 1t
*DUDUD	UDUDU	DUDUD	**Mozart** piano concerto/9 in E♭ K271 2m
*DUDUD	UDUDU	DUDUD	**Richard Strauss** Till Eulenspiegel 6t
*DUDUD	UDUDU	DUDUD	**Richard Strauss** Alpine symphony 5t
*DUDUD	UDUDU	DUDUR	**Ibert** Divertissement for chamber orch 1m intro
*DUDUD	UDUDU	DUDUU	**Bach** concerto in Dmi for 2 violins/orch 3m BWV1043
*DUDUD	UDUDU	DUDUU	**Elgar** Falstaff, symphonic study 1t
*DUDUD	UDUDU	DUDUU	**Verdi** string quartet in Emi 2m
*DUDUD	UDUDU	DUUUD	**Mozart** piano concerto/17 in G K453 1m 3t
*DUDUD	UDUDU	DUUUU	**Gounod** Faust: ballet music 1t
*DUDUD	UDUDU	DUUUU	**Grieg** string quartet in Gmi op27 4m 2t
*DUDUD	UDUDU	DUUUU	**Kodály** Háry János: Viennese musical clock
*DUDUD	UDUDU	RDUDU	**Handel** suite/8 for harpsichord in G 4m aria
*DUDUD	UDUDU	UDDDD	**Dvořák** waltz op54/1 piano
*DUDUD	UDUDU	UDDRD	**Mozart** Cosi fan tutte Act I: Vorrei dir
*DUDUD	UDUDU	UDRDD	**Weber** Invitation to the dance 4t
*DUDUD	UDUDU	UDUDU	**Handel** organ concerto in B♭ op7/1 1m 2t
*DUDUD	UDUDU	UDUUU	**Sullivan** The gondoliers Act I: Try we life long
*DUDUD	UDUDU	UUD	**Vaughan Williams** symphony/9 in Emi 4m 2t
*DUDUD	UDUDU	UUDDD	**Berlioz** Benvenuto Cellini Act I: Ah! cher canon
*DUDUD	UDUDU	UUDDR	**Debussy** Nocturnes: Sirènes 2t, orch
*DUDUD	UDUDU	UUDUD	**Fauré** impromptu/2 op34 2t, piano
*DUDUD	UDUDU	UUUUU	**Khachaturian** piano concerto in D♭ 3m 1t(a)
*DUDUD	UDUDU	UUUUU	**Brahms** quintet piano/strings in Fmi op34 1m 2t
*DUDUD	UDURD	RDRRU	**Beethoven** piano sonata/5 in Cmi op10/1 1m 1t
*DUDUD	UDURR	RDRRR	**Bizet** Carmen Act III card trio: Mêlons!
*DUDUD	UDURR	RRRRR	**Handel** Messiah: Hallelujah!
*DUDUD	UDURU	DDUDU	**Khachaturian** violin concerto in Dmi 1m 1t(b)
*DUDUD	UDURU	UD	**Beethoven** violin sonata/7 in Cmi op30/2 3m 1t
*DUDUD	UDUUD	DDDUD	**Brahms** Intermezzo in E♭mi op118/6 piano 1t
*DUDUD	UDUUD	DDR	**Mozart** Serenade in D K320 3m
*DUDUD	UDUUD	DUDDD	**Handel** organ concerto in Gmi op7/5 3m
*DUDUD	UDUUD	DUUDD	**Saint-Saëns** Carnaval des animaux: Aquarium
*DUDUD	UDUUD	RUDRD	**Bach** Cantata/211: Schweigt stille/8 Heute noch
*DUDUD	UDUUD	UDUDU	**Delius** On hearing the first cuckoo in Spring, orch
*DUDUD	UDUUD	UDUUR	**Debussy** Petite suite 2 pianos or orch: En bâteau 1t
*DUDUD	UDUUD	UU	**Waldteufel** Sirenenzauber waltzes/1 1t
*DUDUD	UDUUD	UUDUU	**Mozart** string quintet/5 in D K593 4m (formerly
			accepted version)
*DUDUD	UDUUD	UUURD	**Brahms** string sextet/2 in G op36 4m 2t
*DUDUD	UDUUR	DUDUD	**Verdi** Un ballo in maschera Act I: Alla vita
*DUDUD	UDUUU	DDDDD	**Bach** Mass in B minor/8: Qui sedes ad dextram
*DUDUD	UDUUU	DDDDD	**Mussorgsky** Pictures from an exhibition: Market place
*DUDUD	UDUUU	DDUUU	**Wagner** Siegfried Idyll 4t [at Limoges
*DUDUD	UDUUU	DUDDU	**Haydn** symphony/6 in D 2m
*DUDUD	UDUUU	DUDUD	**Verdi** La forza del Destino Act I: Ah! per sempre
*DUDUD	UDUUU	UDD	**Dvořák** Slavonic dances/10 op72/2 2t
*DUDUD	UDUUU	UDDDD	**Dvořák** violin concerto in Ami op53 3m 2t
*DUDUD	UDUUU	UDUDU	**Brahms** symphony/1 in Cmi op68 1m 1t(c)
*DUDUD	UDUUU	URUUD	**Brahms** symphony/1 in Cmi op68 2m 3t
*DUDUD	UDUUU	UUD	**Mahler** symphony/1 4m 2t
*DUDUD	UDUUU	UUDUD	**Tchaikovsky** Nutcracker suite: Dance of reed flutes
*DUDUD	UDUUU	UUUDD	**Mozart** symphony/39 in E♭ K543 3m 1t

*DUDUD	UDUUU	UUUDD	**Richard Strauss** Alpine symphony 12t
*DUDUD	UDUUU	UUUU	**Vaughan Williams** symphony/8 2m 1t
*DUDUD	URDDD	DRUUU	**Bartok** Hungarian folk songs, violin/piano 3m 1t
*DUDUD	URDDR	DDURU	**Mahler** Hans und Grethe (song)
*DUDUD	URDDU	DUDUR	**J Strauss Jr** Morgenblätter 2t
*DUDUD	URDUD	UDDUD	**Chopin** 'Minute' waltz in Db op64/1 2t
*DUDUD	URDUU	UDUDU	**Richard Strauss** horn concerto/2, rondo 1t
*DUDUD	URUDD	DUURD	**Prokofiev** symphony/5 in Bb op100 4m 2t
*DUDUD	URURU	DD	**Berlioz** Fantastic symphony 5m 2t
*DUDUD	URURU	UUDUR	**Wagner** Parsifal Act III: Höchsten Heiles
*DUDUD	URUUU	DDUUD	**Beethoven** piano concerto/5 Eb 'Emperor' op73 2m
*DUDUD	UUDDD	DD	**Schumann** piano concerto in Ami op54 2m 2t
*DUDUD	UUDDD	UDUDR	**Janáček** Sinfonietta 1m
*DUDUD	UUDDD	UUUDR	**Mozart** sonata for violin/piano in D K306 2m
*DUDUD	UUDDU	DDUUU	**Mozart** Divertimento/17 D, 2 horns/str qtet K334
*DUDUD	UUDDU	DUUDD	**Fauré** Pelléas & Mélisande: prélude 2t op80 [6m
*DUDUD	UUDDU	UDDDD	**Prokofiev** Lieutenant Kije, orch op60 1m 3t
*DUDUD	UUDDU	UDDDD	**Pergolesi** concertino for string orch in Fmi 2m
*DUDUD	UUDDU	UDDDU	**Dvořák** string sextet in A op48 2m (Dumka) 1t(a)
*DUDUD	UUDDU	UDDUU	**Mozart** piano concerto/6 in Bb K238 2m
*DUDUD	UUDDU	UDUDU	**Tchaikovsky** Nutcracker suite: Waltz of flowers 2t
*DUDUD	UUDRR	DUDU	**Mozart** Cosi fan tutte: overture 2t
*DUDUD	UUDRU	DRDUR	**Menotti** Amahl and the night visitors: Mother, come with me
*DUDUD	UUDUD	DDUDR	**Ibert** concertino da camera for alto saxophone 1m 2t
*DUDUD	UUDUD	DUDDU	**Hubay** Hejre Kati, violin/orch op32/4 3t
*DUDUD	UUDUD	UDDUU	**Prokofiev** Contes de la vielle grand'mère, op31/2 pft
*DUDUD	UUDUD	UDUDU	**Richard Strauss** Schlechtes Wetter (song) op69/5
*DUDUD	UUDUD	UDUUD	**Mozart** Don Giovanni Act I: Notte e giorno faticar
*DUDUD	UUDUD	UUUUR	**Richard Strauss** Aus Italien: Sorrento 4t
*DUDUD	UUDUU	DR	**J Strauss Jr** Emperor waltzes/3 1t
*DUDUD	UUDUU	DURU	**Corelli** concerto grosso in Bb op6/11 2m Allemande
*DUDUD	UUDUU	UUUDU	**Wagner** Der fliegende Holländer I: Durch Sturm
*DUDUD	UUDUU	UUUUU	**Fauré** Dolly suite for piano 4 hands op56: Kitty-valse
*DUDUD	UURDD	RUURD	**Haydn** symphony/95 in Cmi 1m
*DUDUD	UURDU	DUDU	**Mussorgsky** Pictures from an exhibition: Ballet of un-
[DUDUD	UURDU	DUDUU	**Sibelius symph/2 in D op43 3m 2t** [hatched chickens
*DUDUD	UURDU	URDUU	**Debussy** sonata cello/piano in Dmi finale
*DUDUD	UURUD	DDDUU	**Liszt** Totentanz, piano/orch
*DUDUD	UURUU	DDUDD	**Mozart** violin concerto in Eb K268 1m
*DUDUD	UUUDD	DDRUD	**Delibes** Le Roi l'a dit: overture 1t
*DUDUD	UUUDD	DUDUD	**Stravinsky** Le sacre du Printemps: Wise men
*DUDUD	UUUDD	UDU	**Daquin** Le coucou 2t, harpsichord
*DUDUD	UUUDD	UDUDD	**Mozart** Serenade in G K525 Eine kleine Nachtmusik
*DUDUD	UUUDD	UDUDU	**Purcell** Dioclesian: What shall I do [1m
*DUDUD	UUUDD	UUDDD	**Haydn** string quartet/76 in Dmi op76/2 1m
*DUDUD	UUUDU	DUDUD	**Haydn** symphony/49 in Fmi 2m
*DUDUD	UUUDU	DUDUD	**Schumann** Toccata for piano op7 1t
*DUDUD	UUUDU	UDUDU	**Handel** Messiah: Let us break their bonds asunder
*DUDUD	UUUDU	UUDUU	**Haydn** string quartet/81 in G op77/1 4m
*DUDUD	UUUR		**Sibelius** Finlandia op26 1t
*DUDUD	UUUUD	DDUDU	**Holst** St Paul's suite, orch, 2m ostinato
*DUDUD	UUUUD	UDUDU	**Bartok** string quartet/2 op17 2m intro
*DUDUD	UUUUR	DUUDD	**J Strauss Jr** Der Zigeunerbaron: overture 1t
*DUDUD	UUUUR	RRRRR	**Richard Strauss** Der Bürger als Edelmann: overt 1t
*DUDUD	UUUUU	D	**Chopin** nocturne/3 in Gmi op15
*DUDUR	DDDDD	UDDDU	**Mozart** (Allegro &) andante, piano K33

*DUDUR	DDDUD	UDURD	**Chopin** ballade/3 op47 2t
*DUDUR	DDUDD	UDDUD	**Dvořák** string trio in Fmi op65 4m 1t
*DUDUR	DDUUU	DUU	**Shostakovich** symphony/1 in Fmi op10 4m 2t
*DUDUR	DRRDD	DUDUD	**Berlioz** L'enfance du Christ pt II: The Holy Family
*DUDUR	DRRUR	RDDUU	**Chabrier** Marche joyeuse 2t [resting
*DUDUR	DUD		**Bach** fugue in E♭ 'St Anne's', organ BWV552
*DUDUR	DUDRU	DDD	**Leoncavallo** I Pagliacci, prologue: Si può?
*DUDUR	DUDUD	UR	**Puccini** Madam Butterfly Act II: Un bel d
*DUDUR	DUUDR	D	**Schumann** string quartet in Ami op41 3m
*DUDUR	DUUUD	UUUDU	**Mozart** Figaro: overture 1t
*DUDUR	RDRUU	DUDUR	**Mozart** piano concerto/20 in Dmi K466 1m 2t
*DUDUR	RUDDR	RUD	**Mozart** violin concerto/5 in A K219 1m 1t
*DUDUR	UDDDD	UDURD	**Balakirev** Islamey 2t(a) piano
*DUDUR	URDDD	DUDUD	**Schubert** symphony/5 in B♭ 2m 1t D485
*DUDUR	UUUDD	UDDRD	**Mahler** symphony/4 in G 3m 4t
*DUDUU	DDDDD	DDD	**Handel** sonata flute/violin/fig bass in Cmi op2/1 4m
*DUDUU	DDDDD	DDDDD	**Schubert** symphony/5 in B♭ 1m intro D485
*DUDUU	DDDDD	DUUDU	**Kodály** Galanta dances/4 2t
*DUDUU	DDDDD	R	**Mozart** sonata/23 for violin/piano in D K306 1m 2t
*DUDUU	DDDDD	UUDDD	**Copland** Billy the Kid, ballet intro 1t: The open
*DUDUU	DDDDR	R	**Wagner** Siegfried I: Nothung! Nothung! [prairie
*DUDUU	DDDDR	UDDUU	**Mozart** Cosi fan tutte I trio: Una bella serenata
:DUDUU	DDDDU	DDU	**Wagner** Götterdämmerung, Siegfried's Rhine journey
*DUDUU	DDDDU	DUUDD	**Brahms** string quartet/2 in Ami op51/2 1m 2t [5t
*DUDUU	DDDDU	DUUDU	**Elgar** Dream of Gerontius pt 1: Sanctus fortis
*DUDUU	DDDDU	UDUDU	**Mussorgsky** Pictures from an exhibition: Tuileries
*DUDUU	DDDDU	UUUUR	**Beethoven** Missa Solemnis: Kyrie 3t
*DUDUU	DDDRU	DDRDR	**Mozart** piano concerto/20 in Dmi K466 2m
*DUDUU	DDDRU	UDUDU	**Smetana** The bartered bride Act III: What an obstinate girl
*DUDUU	DDDUD	URRUD	**Wagner** Das Rheingold: Song of the Rhinemaidens
*DUDUU	DDDUD	UUDDD	**J Strauss Jr** The Blue Danube waltz/2 1t
*DUDUU	DDDUD	UUDDD	**Millöcker** Der Bettelstudent: Das Spiel begann
*DUDUU	DDDUU	RDUUU	**Mozart** piano concerto/18 in B♭ K456 1m 2t
*DUDUU	DDUDD	UDUUD	**Beethoven** piano sonata/3 in C op2/3 1m 1t
*DUDUU	DDUDU	DUDUD	**Schumann** quintet for piano/strings in E♭ op44 2m 2t
*DUDUU	DDUDU	DUUDR	**Mozart** Figaro Act III: Ricevete O padroncina
*DUDUU	DDUDU	DUUDU	**Brahms** piano concerto/2 in B♭ op83 4m 2t
*DUDUU	DDUDU	DUUDU	**Schumann** quintet for piano/strings in E♭ op44 3m 2t
*DUDUU	DDUDU	UDDUD	**Rachmaninov** Vocalise (wordless song) op34/14
*DUDUU	DDUDU	UDUDU	**Ravel** Ma Mère l'Oye: Beauty and the Beast
*DUDUU	DDUDU	URRUR	**Schubert** string quartet/14 in Dmi 1m 2t D810
*DUDUU	DDUDU	UUDUD	**Shostakovich** concerto for piano/trumpet/orch in Cmi op35 3m 3t
*DUDUU	DDURD	UDUDU	**Karg-Elert** improvisation on 'Nun danket' op65
*DUDUU	DDURD	UDUUD	**Vaughan Williams** London symphony 2m 3t
*DUDUU	DDUUD	DDUUU	**Haydn** symphony/93 in D 3m menuetto
*DUDUU	DDUUD	DUDUU	**Stravinsky** Petrushka: Dance of the gypsies
*DUDUU	DDUUD	DUUDU	**Stravinsky** symphony in 3 movements 2m 3t
*DUDUU	DDUUD	UDUDU	**Handel** harpsichord suite/5 in E 3m
*DUDUU	DDUUD	UDUUD	**D'Indy** Symphonie sur un chant montagnard 3m 1t
*DUDUU	DDUUD	UUUDU	**Schubert** symphony/8 Bmi 'unfinished' 1m 2t D759
*DUDUU	DDUUR	DRDRD	**Schubert** piano sonata in A 2m 1t D959
*DUDUU	DRDUD	UUDUD	**Mahler** Lieder & Gesänge aus der Jugendzeit/2 Erin-
*DUDUU	DRDUU	DRUDU	**Mozart** flute concerto/2 D (oboe C) K314 2m [nerung
*DUDUU	DRDUU	RDDUD	**Sibelius** Return of Lemminkainen op27/4 3t
*DUDUU	DRRDU	DUUDR	**Beethoven** wind octet in E♭ op103 allegro

*DUDUU	DRUDU	DUUDD	**Schubert** piano sonata/8 in B 3m D575
*DUDUU	DRURU		**Wagner** Die Walküre Act II: Siegmund sieh' auf mich
*DUDUU	DUDDD	DUDD	**MacDowell** Sea pieces op55/7 Nautilus
*DUDUU	DUDDD	UDUUR	**Bach** sonata for solo violin/2 in Ami, fugue BWV1003
*DUDUU	DUDDU	DDUDD	**Beethoven** piano sonata/4 in E♭ op7 1m 1t
*DUDUU	DUDDU	DDUDU	**Wagner** Die Walküre Act I: Siegmund heiss' ich
*DUDUU	DUDDU	DUDUD	**Ibert** Divertissement for chamber orch 4m 2t
*DUDUU	DUDDU	UDDUU	**Massenet** Scènes pittoresques/1 3t
*DUDUU	DUDDU	UDUU	**Prokofiev** symphony/5 in B♭ op100 3m 3t
*DUDUU	DUDUD	DDDUU	**Ravel** Tzigane, violin/orch 1t
*DUDUU	DUDUD	DDUDU	**Prokofiev** symphony/5 in B♭ 3m 2t(a)
*DUDUU	DUDUD	DUDUD	**Handel** Concerto grosso in F op3/3 3m
*DUDUU	DUDUD	UUDUU	**Brahms** concerto violin/cello/orch Ami op102 1m 2t
*DUDUU	DUDUD	UUUDU	**Bach** suite in Emi for lute 1m BWV996
*DUDUU	DUDUD	UUUUD	**Respighi** Fountains of Rome: Triton fountains at morn-
*DUDUU	DUDUU	DDDUD	**Dvořák** string trio in Fmi op65 4m 2t [ing
*DUDUU	DUDUU	DDDUD	**Hummel** Rondo brillant on a Russian folk theme, piano/orch op98
*DUDUU	DUDUU	DUDUU	**Ippolitov-Ivanov** Caucasian sketches, orch op10 1m 2t
*DUDUU	DUDUU	RRRUD	**Hummel** Rondo in E♭ op11
*DUDUU	DURUD	UDDDD	**Mahler** symphony/1 in D 2m 2t
*DUDUU	DUUDD	DUDUD	**Roussel** Sinfonietta 1m 2t
*DUDUU	DUUDU	DUUDU	**Bach** Well-tempered Clavier Bk I: fugue/2 BWV847
*DUDUU	DUUDU	URDDD	**Handel** oboe concerto/1 in B♭ 4m
*DUDUU	DUUUD	DUUUU	**Rachmaninov** piano concerto/1 in F♯mi op1 2m
*DUDUU	DUUUD	UUDDD	**Tchaikovsky** The sleeping beauty, ballet 5m waltz
*DUDUU	DUUUU	DUDUU	**Rachmaninov** Prelude for piano op23/4
*DUDUU	RRDDU	DUDDU	**Haydn** string quartet/8 op2 2m
*DUDUU	RRRDU	UDUDU	**Chaminade** Scarf dance, piano
*DUDUU	RRUDU	DRURR	**Chopin** mazurka/17 op24/4
*DUDUU	RUDDD	D	**Alban Berg** Wozzeck: Ringel, Ringel
*DUDUU	RUDDU	DD	**Caccini** Amarilli, mia bella (song)
*DUDUU	UDDDD	UDDUU	**Beethoven** trio piano/vln/cello in E op70/2 allegretto
*DUDUU	UDDDD	UDUDD	**Saint-Saëns** symphony/3 in Cmi op78 3m 1t
*DUDUU	UDDDD	UDUUU	**Beethoven** piano sonata/9 in E op14/1 2m 2t
*DUDUU	UDDDD	UUDU	**Brahms** sonata/3 for violin/piano in Dmi op108 4m 1t
*DUDUU	UDDDR	DUUUU	**MacDowell** piano concerto/1 1m 1t
*DUDUU	UDDDU	DUD	**Rachmaninov** sonata cello/piano in Gmi op19 2m 2t
*DUDUU	UDDDU	DUUDU	**Handel** concerto grosso in F op6/2 1m
*DUDUU	UDDDU	DUUUD	**Kodály** Háry János suite, A császári 1t
*DUDUU	UDDDU	DUUUU	**Kodály** Háry János suite, A császári 2t
*DUDUU	UDDDU	RUDUD	**Mozart** La clemenza di Tito: Parto, parto
*DUDUU	UDDDU	UDD	**MacDowell** piano concerto/1 3m 4t
*DUDUU	UDDUD	DDUDU	**Schubert** symphony/3 in D 1m 1t D200
*DUDUU	UDDUD	DUDUD	**Rachmaninov** sonata cello/piano in Gmi op19 1m 1t
*DUDUU	UDDUD	DUDUU	**Haydn** Nelson Mass: Credo
*DUDUU	UDDUD	UUDDD	**Gounod** Faust Act III Jewel song: Ah! Je ris
*DUDUU	UDDUD	UUU	**Brahms** symphony/4 in Emi op98 4m 7t
*DUDUU	UDDUD	UUU	**Dukas** La Péri, dance poem for orch, 1t
*DUDUU	UDDUU	DDUDD	**Hindemith** organ sonata/2 3m
*DUDUU	UDDUU	DDUUU	**Orlando Gibbons** Fantazia of foure parts
*DUDUU	UDRDD	DDUD	**Beethoven** An die ferne Geliebte (song) op98/3
*DUDUU	UDUDD	D	**Sibelius** symphony/3 in C op52 1m 3t
*DUDUU	UDUDD	RUUUD	**Mendelssohn** Songs without words/35 piano op67/5
*DUDUU	UDUDU	DUDUU	**Bach** Christmas oratorio/39: Flösst, mein Heiland
*DUDUU	UDUDU	DUUUD	**Hummel** piano concerto in Ami op85 3m 2t
*DUDUU	UDUDU	DUUUD	**Ravel** Daphnis & Chloë suite/2 6t

*DUDUU	UDUDU	URRDU	**Tchaikovsky** symphony/1 in Gmi op13 2m 1t
*DUDUU	UDURR.	DRDUR	**Stravinsky** The rake's progress I: How sad a song
*DUDUU	UDUUR	DUDUU	**Erik Satie** 3 morçeaux en forme de poire/3 2t
*DUDUU	UDUUU	DDDD	**Mahler** symphony/5 5m Rondo theme at Fig 11
*DUDUU	UDUUU	UDDDR	**Handel** concerto grosso in G op6/1 3m
*DUDUU	UDUUU	UDDUD	**Schubert** symph/8 Bmi 'Unfinished' 1m 1t (strings)
*DUDUU	UDUUU	UUDUD	**Bach** Well-tempered Clavier Bk II: fugue/17 BWV886
*DUDUU	URDRD		**Schubert** piano sonata/18 in G 1m D894
*DUDUU	URDUD	UUURD	**Ravel** Sonatine for piano 3m 2t
*DUDUU	UUDD		**Beethoven** string quartet/13 in B♭ op130 4m 1t
*DUDUU	UUDDD	UDDD	**Richard Strauss** Aus Italien: Roms Ruinen 3t
*DUDUU	UUDDD	UUUDD	**Haydn** string quartet/39 op33 4m 2t
*DUDUU	UUDDD	UUUDU	**Handel** Messiah: But who may abide?
*DUDUU	UUDDU	DUUUU	**Franck** Prélude, fugue et variation, organ op18 1t
*DUDUU	UUDRD	RRURD	**Handel** Messiah: O thou that tellest glad tidings
*DUDUU	UUDUD	DDDRR	**Schubert** piano sonata/21 in B♭ 3m D960
*DUDUU	UUDUD	DDU	**Richard Strauss** Der Bürger als Edelmann: Fencing
*DUDUU	UUDUD	DU	**Tchaikovsky** symph/5 Emi op64 4m 4t [master
*DUDUU	UUDUD	UDR	**Sullivan** Yeomen of the Guard Act I: I have a song
*DUDUU	UUDUD	UDUUU	**Bruckner** symphony/9 in Dmi 1m 2t
*DUDUU	UUDUU	DDDDU	**Vaughan Williams** Concerto Accademico 3m 2t
*DUDUU	UURRR		**Mozart** Figaro: overture 3t
*DUDUU	UUUDD	DUDUU	**Wagner** Die Meistersinger Act III: Sei euch vertraut
			and overture 5t
*DUDUU	UUUDD	DUDUU	**Sullivan** Iolanthe Act I: Fare thee well
*DUDUU	UUUDD	U	**Mahler** symphony/1 4m 1t(b)
*DUDUU	UUUDD	URDDD	**Beethoven** string quartet/2 in G op18/2 1m 1t
*DUDUU	UUUDU	UUURD	**Bruckner** symphony/5 in B♭ 2m 2t
*DUDUU	UUUUD	DD	**Paganini** Caprice op1/22 violin
*DUDUU	UUUUD	UDDDU	**Fauré** nocturne/4 in E♭ op36 piano
*DUDUU	UUUUU	DDDDD	**Handel** Messiah: And with His stripes
*DUDUU	UUUUU	DDDU	**Schubert** symphony/1 in D 4m 2t D82
*DUDUU	UUUUU	DDUDU	**Gounod** Mireille: O légère hirondelle
*DURDD	DDDDR	RU	**Max Bruch** violin concerto/1 in Gmi 3m 2t
*DURDD	DDUD		**Mendelssohn** violin concerto in Emi op64 3m 2t
*DURDD	DDUUU	RU	**Grieg** Lyric suite, nocturne, piano op54
*DURDD	DUDRU	UUUDR	**Tchaikovsky** symphony/4 in Fmi op36 4m 3t
*DURDD	DURDD	DDUUD	**Schubert** string quartet/15 in G 1m D887
*DURDD	DUUDU	DDU	**Bach** violin sonata/6 in G 2m BWV1019
*DURDD	RDUDD	UDUDU	**Mozart** Adagio in Bmi K540 piano
*DURDD	RUUUD		**Verdi** Rigoletto Act I: Figlia!
*DURDD	UDDDU	DDDUD	**Schumann** quartet for piano/strings in E♭ op47 4m 1t
*DURDD	UDDUD	DUUDD	**J Strauss Jr** Nacht in Venedig: overture 1t
*DURDD	UDUDU	UDUUD	**Bach** organ sonata in E♭ 2m BWV525
*DURDD	UDURD	DU	**Mozart** Fantasia for mechanical organ Fmi K608 1t
*DURDD	UR		**Ippolitov-Ivanov** Caucasian sketches op10: The moun-
*DURDD	UUDDU	UUD	**Debussy** Rapsodie for saxophone/orch 1t [tain pass
*DURDD	UUDUR	RDURR	**Thomas Morley** Fire, fire
*DURDD	UUUD		**Mendelssohn** Songs without words/49 in A op102/7
*DURDD	UUUUU	RDRDU	**Scriabin** Etudes op8/12, piano ['Boat song'
*DURDR	DDUDD	DUDDD	**Debussy** Estampes, piano: La soirée dans Grenade
*DURDR	DDUDD	UUUUD	**Beethoven** piano concerto/2 in B♭ op19 1m 1t [1t
*DURDR	DRDUU	URDRD	**Smetana** The bartered bride: Polka 1t
*DURDR	DUDUU	DDURD	**Beethoven** piano sonata/32 in Cmi op111 1m intro
*DURDR	UD		**Liszt** Faust symphony 1m 2t
*DURDU	DDDDU	DUUDU	**Verdi** Nabucco Act I: D'Egitto là sui lidi
*DURDU	DDDRU	DUD	**Puccini** Suor Angelica: Senza mamma

*DURDU	DDDUU	UUUUU	**Liszt** 2 legends: St François d'Assise 2t, piano
*DURDU	DDURD	UUDDD	**Ravel** Valses nobles et sentimentales/7
*DURDU	DUDDU	DD	**John Field** nocturne/5, piano
*DURDU	DUDRD	U	**Liszt** Faust symphony 2m 4t
*DURDU	DUDUD	DRDUD	**Weber** Jubel overture 1t (Jahns index 245)
*DURDU	DUUUU		**Vaughan Williams** symphony/9 in Emi 2m 4t
*DURDU	DUUUU	UUUDD	**Beethoven** König Stephan overture op117 1t
*DURDU	RDDD		**Tchaikovsky** Francesca da Rimini op32 orch 1t
*DURDU	RDRDU	UUURD	**Donizetti** Don Pasquale Act III: Tornami a dir
*DURDU	RDUDD	DDDDU	**Franck** symphony in Dmi 1m intro
*DURDU	RDUDD	DDURD	**Brahms** piano sonata in Fmi op5 1m 3t
*DURDU	RDUDD	DUUDU	**Bellini** Concerto (concertino) oboe/strings E♭ 1m
*DURDU	RDUDD	UDURD	**J Strauss Sr** Radetsky march 1t
*DURDU	RDURD	UDUDU	**Walton** symphony/1 in B♭mi 1m 1t
*DURDU	RDURD	UUDDU	**Liszt** Two legends: St François d'Assise 1t, piano
*DURDU	RDURD	UUUUU	**Beethoven** piano sonata/26 in E♭ op81a 1m 1t(a)
*DURDU	RDUUD	DD	**Liszt** Sposalizio, piano 2t
*DURDU	RDUUD	DDDUR	**Brahms** Waltz op39/2 piano
*DURDU	RDUUD	DDUDU	**Schubert** string quartet/13 in Ami 3m D804
*DURDU	RDUUU	DRUUR	**Debussy** L'Isle joyeuse 3t, piano
*DURDU	RDUUU	UUUDU	**Bach** Three-part inventions/2 in Cmi, Clavier BWV788
*DURDU	RUDDD	DDDDD	**Mozart** violin sonata/33 in E♭ K481 1m 1t
*DURDU	RUDDD	DU	**Mahler** symphony/2 in Cmi 5m 3t
*DURDU	RUUDD	DDDUR	**Beethoven** piano sonata/30 in E op109 2m
*DURDU	RUUDU	DRDDU	**Johann Christian Bach** concerto for piano/strings
*DURDU	RUUUD	D	**Beethoven** symphony/7 in A 3m 2t [E♭ op7/5 3m
*DURDU	RUUUD	UDURD	**Sullivan** Iolanthe Act I: We are peers
*DURDU	UDDDD	UUUDD	**J Strauss Jr** O schöner Mai/3
*DURDU	UDDDU	DUUUD	**Beethoven** piano sonata/9 in E op14/1 2m 1t
*DURDU	UDDDU	UUUDD	**Ravel** Le tombeau de Couperin: minuet 1t
*DURDU	UDDUD	URDUU	**Liszt** Les Préludes, symphonic poem 3t
*DURDU	UDDUU	RDUUD	**Franck** symphony in Dmi 1m 1t
*DURDU	UDRDU	RDUU	**Stravinsky** Les Noces: Console-toi
*DURDU	UDRRR	URRUU	**Handel** Messiah: Worthy is the lamb
*DURDU	UDURD	UUDUD	**Handel** oboe concerto/3 in Gmi op3/2 4m
*DURDU	UDURD	UUDUU	**Handel** harpsichord suite/8 in G 7m
*DURDU	UDUUD	DDUDD	**Anton Rubinstein** Melody in F, op3/1 piano
*DURDU	UDUUD	URUUU	**J Strauss Jr** The Blue Danube/4 2t
*DURDU	URUDR	RRRD	**Max Bruch** violin concerto/1 in Gmi 2m 1t(a)
*DURDU	UUDUD	URDUU	**Brahms** Waltz op39/14 piano
*DURDU	UURRR	DURDU	**Haydn** symphony/73 in D 'La Chasse' 3m menuetto
*DURDU	UUUDU	D	**Mozart** symphony/33 in B♭ K319 2m 1t
*DURDU	UUUUD		**Mendelssohn** symphony/5 in D op107 'Reformation'
*DURRD	DRDUR	UURRD	**Haydn** symphony/99 in E♭ 2m [3m 4t
*DURRD	RDRUR	D	**Orlando de Lassus** La nuicte froide et sombre
*DURRD	URRDU	RRUDU	**Mozart** symphony/29 in A K201 1m 1t
*DURRD	URRUD	UDUDU	**Prokofiev** Lieutenant Kije op60 orch 2m 2t
*DURRD	UUDUR	RDUUU	**Handel** Water music 6m
*DURRR	DDRRR	UR	**Verdi** La forza del Destino Act II: Madre madre
*DURRR	DDUDD	DDUUD	**Telemann** suite for flute/str in Ami 7m polonaise
*DURRR	RDDUD	DDDUD	**Prokofiev** Peter and the wolf: The bird
*DURRR	URUDD	DDDUU	**Mozart** Die Entführung Act III: Meinetwegen
*DURRU	DUDDU	RDURR	**Suppé** Light Cavalry overture 1t
*DURRU	DURRU	DURRU	**Handel** oboe concerto/3 in Gmi op3/2 1m
*DURUD	DDDDU	DUDUD	**Haydn** symphony/101 in D 'The clock' 2m
*DURUD	DDDUU	DURUD	**Rimsky-Korsakov** Scheherazade 2m 2t
*DURUD	DURRR		**Chopin** prelude/2 in Ami op28

```
*DURUD  RDURU  DRDUR   Britten  Fantasy quartet oboe/vln/vla/cello 3t
*DURUD  UDDDD  DDUDD   Copland  Appalachian Spring, ballet 2t
*DURUD  UDDUU  UDUDR   Handel  Messiah: He trusted in God
*DURUD  UDURU  DU      Handel  organ concerto in B♭ op4/2 1m
*DURUD  UUDRU  DDDDR   Bach  cantata/106/1 Gottes Zeit
*DURUD  UUDUD  UDRUR   Stravinsky  The rake's progress III: You love him
*DURUR  DDRDD  DDURU   Dvořák  Slavonic dances/16 op72/8 3t
*DURUR  DDUDD  DDDUD   Bach  Cantata/140 Wachet auf/7 Mein Freund ist mein!
*DURUR  DURUR  DUR     Mozart  Idomeneo Act I: Non ho colpa
*DURUR  UDRUR  URUDU   Haydn  symphony/46 in B 3m menuet
*DURUR  UDURU  DUUDD   Mozart  Cosi fan tutte Act I: Come scoglio
*DURUR  UUDUR  URUUD   Ponchielli  Dance of the hours 4t
*DURUU  DDDUR  RDDRR   Mendelssohn  Elijah: Blessed are the men
*DURUU  DDUDD  UDURU   Elgar  Wand of youth suite/1: serenade
*DURUU  DDUDR  DDDUD   Schubert  Nacht und Träume (song) D827
*DURUU  DDUUD  DDDDU   Meyerbeer  Le Prophète: pour Bertha
*DURUU  DURDU  UURUU   Britten  Rape of Lucretia: Slumber song
*DURUU  RUDRD  RRUU    Monteverdi  Orfeo Act II lament: Tu se' morta
*DURUU  RUUUD  DDU     Schubert  octet in F 1m 1t D803
*DURUU  UDDDD  UUD     Mussorgsky  Boris Godunov: Coronation scene 2t
*DUUDD  DDDDD  DDRU    Beethoven  string quartet/1 in F op18/1 4m
*DUUDD  DDDDD  DDURR   Beethoven  piano concerto/1 in C op15 1m 2t
*DUUDD  DDDDU  DDUDD   Tchaikovsky  symphony/4 in Fmi op36 3m 2t
*DUUDD  DDDDU  DDUDD   Massenet  Le Cid 7m
*DUUDD  DDDDU  DDUUU   Schubert  Military marches/3 2t piano 4 hands D733
*DUUDD  DDDDU  UDDRR   Mahler  symphony/2 in Cmi 2m 2t
*DUUDD  DDDDU  UDDUR   Mozart  Figaro Act III finale (Fandango)
*DUUDD  DDDDU  UDUUD   Haydn  symphony/100 in G 'Military' 3m trio
*DUUDD  DDDDU  UDUUU   Bach  Easter oratorio/5: Seele deine Specereien
*DUUDD  DDDDU  UUUDD   Beethoven  piano sonata/3 in C op2/3 3m
*DUUDD  DDDUD  RUDDU   Chopin  prelude/11 op28
*DUUDD  DDDDU  UUDRR   Mozart  quartet flute/strings in A K298 2m 2t
*DUUDD  DDDUU  D       Sibelius  symphony/1 in Emi op39 1m intro
*DUUDD  DDDUU  UD      Chopin  piano concerto/2 in Fmi op21 1m 1t
*DUUDD  DDRRD  DDURD   Verdi  Un ballo in maschera Act I: La revedrà
*DUUDD  DDRUD  UUDDU   Chopin  Fantaisie in Fmi op49 5t
*DUUDD  DDUDD  DUDDU   Haydn  symphony/53 in D 3m trio
*DUUDD  DDUDD  UD      Bach  English suite/5 in Emi, sarabande BWV810
*DUUDD  DDUDD  UUUDD   Martinu  concertino cello/piano/wind: moderato
*DUUDD  DDUDU  DUUDU   Thomas Arne  When daisies pied (song) [theme
*DUUDD  DDUDU  UDDDU   Bach  violin sonata/2 in A 4m BWV1015
*DUUDD  DDUDU  UDDUU   Ravel  Le tombeau de Couperin: Rigaudon 1t
*DUUDD  DDUDU  URDUD   J Strauss Jr  Die Fledermaus Act II: Brüderlein
*DUUDD  DDUUD  DDDUU   Mozart  piano sonata/12 in F K332 3m 1t
*DUUDD  DDUUD  DDUUU   J Strauss Jr  Die Fledermaus: overture 3t
                              and Du und Du waltz/1 2t
*DUUDD  DDUUD  DUU     Schubert  string trio in E♭ 4m 1t D929
*DUUDD  DDUUD  R       Liszt  polonaise/2 in E piano 3t
*DUUDD  DDUUD  UUURU   Stravinsky  The rake's progress Act II: Vary the song
*DUUDD  DDUUD  UUUUU   Elgar  Pomp & Circumstance march/1 in D 2t
*DUUDD  DDUUU  DDUDU   Sullivan  Iolanthe Act I: Spurn not the nobly born
*DUUDD  DDUUU  DDRU    Weber  Invitation to the dance 5t
*DUUDD  DDUUU  UDDUD   Richard Strauss  Wiegenliedchen (song) op49/3
*DUUDD  DDUUU  UDUUD   Mozart  Fantasia in Dmi K397 piano 1t
*DUUDD  DRDUU  DUDUU   Gluck  Orfeo ed Euridice: Dance of the Blessed
                              Spirits (flute solo)
*DUUDD  DRRRR  DUUDD   Beethoven  sonata/5 for violin/piano F 'Spring' 4m
```

*DUUDD	DRUDU	DDD	**Mozart** clarinet concerto in A K622 1m
*DUUDD	DRURD	UUUUD	**Schubert** symphony/6 in C 2m 1t D589
*DUUDD	DUDDD	DUUDD	**Chopin** impromptu op29 1t
*DUUDD	DUDDD	DUUUD	**Wagner** Die Meistersinger III: Morgenlich leuchtend
*DUUDD	DUDDD	UDDDU	**Grieg** Holberg suite 3m musette 2t [(Prize song)
*DUUDD	DUDDD	UUDDD	**Beethoven** trio for piano/vln/cello in D op70 2m
*DUUDD	DUDDR	UURUD	**Mendelssohn** symphony/4 in A op90 'Italian' 3m 1t
*DUUDD	DUDDU	DUDRU	**Ibert** The little white donkey, piano
*DUUDD	DUDDU	UDDDD	**Dvořák** Slavonic dances/15 4t op72/7
*DUUDD	DUDDU	UDDDR	**Albeniz** Recuerdos de viaje/5: Puerta de Tierra
*DUUDD	DUDDU	UUDDD	**Walford Davies** Solemn melody
*DUUDD	DUDUD	DDUDD	**Haydn** symphony/90 in C 4m
*DUUDD	DUDUD	UDUDU	**Elgar** Wand of youth suite/2: The little bells
*DUUDD	DUDUU	DDDDU	**Bruckner** symphony/4 in E♭ 2m 1t
*DUUDD	DUDUU	DDDDU	**Constant Lambert** Horoscope, ballet: Valse of Gemini
*DUUDD	DUDUU	DUDUD	**Brahms** Rhapsody for piano in Bmi 1t op79/1
*DUUDD	DUDUU	DUDUU	**Bach** suite/4 orch: bourrée/1 BWV1069
*DUUDD	DURDR	UUUUD	**Beethoven** symphony/8 in F 1m 1t
*DUUDD	DURDU	DDUDD	**Rossini** Stabat Mater: Inflammatus
*DUUDD	DURDU	DUDDD	**Ravel** Bolero 1t
*DUUDD	DURRD	RDUUD	**J Strauss Jr** Thousand and one nights/2
*DUUDD	DUUDD	D	**Vaughan Williams** symphony/8 4m 2t
*DUUDD	DUUDD	DUUDD	**Haydn** symphony/47 in G 1m
*DUUDD	DUUDD	DUUUD	**Schubert** symphony/3 in D 1m 3t D200
*DUUDD	DUUDD	UDDUD	**Schumann** violin concerto in Dmi 1m 2t
*DUUDD	DUUDD	URRRD	**Chabrier** Marche joyeuse, intro
*DUUDD	DUUDD	UUDUD	**Debussy** La cathédrale engloutie 1t
*DUUDD	DUUDD	UUUDR	**Mozart** Die Entführung Act III: Ich baue ganz
*DUUDD	DUUDD	UUUUD	**Beethoven** piano sonata/3 in C op2/3 2m
*DUUDD	DUUDD	UUUUR	**Massenet** Scènes pittoresques II: 1t
*DUUDD	DUUDR	DDDU	**Verdi** La forza del Destino Act IV: Non imprecare
*DUUDD	DUUDR	UUUDD	**Verdi** string quartet in Emi 1m 2t
*DUUDD	DUURD		**Honegger** Chant de Nigamon, orch 3t
*DUUDD	DUURR	URU	**Beethoven** piano concerto/3 in Cmi op37 1m 2t
*DUUDD	DUUUD	DDUDU	**Brahms** string sextet in B♭ op18 1m 1t
*DUUDD	DUUUD	UUDDD	**Lortzing** Czar und Zimmerman: overture 4t
*DUUDD	DUUUU	DDUDD	**Brahms** symphony/2 in D op73 4m 1t(a)
*DUUDD	DUUUU	DUDUU	**R Strauss** Heimliche Aufforderung (song) op27/3
*DUUDD	DUUUU	DUUD	**Hindemith** Kleine Kammermusik op24/2 2m 3t
*DUUDD	DUUUU	UUDD	**Bach** suite/4 orch: Réjouissance BWV1069
*DUUDD	RDDUD	RUDUU	**Verdi** Requiem: Recordare
*DUUDD	RDDUD	UUDUR	**Schubert** symphony/6 in C 3m 1t D589
*DUUDD	RDUUU	UUUU	**Liszt** polonaise/2 in E piano 2t
*DUUDD	RRDRR	U	**Dvořák** waltz for piano op54/3 2t
*DUUDD	RRUUR	RUDDU	**Grieg** Two Elegiac melodies/2 op34/2 strings
*DUUDD	RUUDD	UUDDR	**Wagner** Siegfried: Forest murmurs 2t
*DUUDD	RUUUD	DDUD	**Mozart** string quartet/19 in C K465 'Dissonance' 2m
*DUUDD	RUUUD	UUUDD	**Schumann** Fantasy in C for piano op17 2m 3t
*DUUDD	UDDDD	DUUDU	**Mozart** violin concerto/4 in D K218 1m 2t
*DUUDD	UDDDD	RDDUD	**Pergolesi** concertino for string orch in Fmi 4m
*DUUDD	UDDDD	UDUUD	**Donizetti** Lucia di Lammermoor Act II: Esci fuggi
*DUUDD	UDDDD	UUUDD	**Mozart** Don Giovanni Act II: Non mi dir
*DUUDD	UDDRR	DUUDU	**Verdi** Luisa Miller Act I: Lo vidi
*DUUDD	UDDUD	DUDDD	**Roger Quilter** O mistress mine (song)
*DUUDD	UDDUD	URRRD	**Brahms** Rhapsody for piano in E♭ op119 1t
*DUUDD	UDDUR	DUUDR	**Verdi** Rigoletto Act II: Parmi veder le lagrime
*DUUDD	UDDUU	DDU	**Borodin** symphony/2 in Bmi 3m 2t

*DUUDD	UDDUU	DDUDD	**Richard Strauss** Burleske, piano/orch 4t
*DUUDD	UDDUU	DDUUD	**Bartok** Hungarian folk songs, violin/piano 3m 2t
*DUUDD	UDRUU	RDUUU	**Sibelius** Romance op24/9 piano 1t
*DUUDD	UDUDD	RUUDD	**Richard Strauss** Arabella Act III: Das war sehr gut
*DUUDD	UDUDD	UDRDD	**Debussy** Printemps, symphonic suite, 2m 1t
*DUUDD	UDUDD	UDURD	**Chopin** Barcarolle op60
*DUUDD	UDUDD	UUUDD	**Chopin** waltz in A♭ op42 2t
*DUUDD	UDUDU	DDDDD	**Brahms** Serenade in A for strings op16 5m 2t
*DUUDD	UDUDU	DDDDU	**Brahms** Intermezzo in B♭ op76/4 piano
*DUUDD	UDUDU	DDDDU	**Chopin** waltz in E op posth
*DUUDD	UDUDU	DUDUD	**Sibelius** King Christian II suite op27 Ballade 2t
*DUUDD	UDUDU	DUDUR	**Richard Strauss** Bürger als Edelmann: Courante 1t(b)
*DUUDD	UDUDU	DUUDD	**Bartok** piano concerto/2 2m intro
*DUUDD	UDUDU	DUUDU	**Tchaikovsky** Romeo and Juliet: fantasy overture 3t
*DUUDD	UDUDU	UDDDU	**Scarlatti** harpsichord sonata in E♭ Kp193
*DUUDD	UDUDU	UDDUD	**Mendelssohn** Midsummer night's dream intermezzo 2t
*DUUDD	UDUDU	UDDUD	**Bach** Well-tempered Clavier Bk II: fugue/15 BWV884
*DUUDD	UDUDU	UDDUD	**Verdi** La Traviata Act II: De miei bollenti spiriti
*DUUDD	UDUDU	UDDUR	**Verdi** Il trovatore Act IV: Ah chè la morte ognora
*DUUDD	UDUDU	UUDDU	**Inghelbrecht** Four fanfares for brass/1: Pour une fête
*DUUDD	UDUDU	UUDUU	**Holst** The planets: Jupiter 3t op32
*DUUDD	UDURU	RDUUD	**Sibelius** Finlandia op26 3t
*DUUDD	UDURU	UUDRU	**Purcell** The Indian Queen: We the spirits
*DUUDD	UDUUD	DDD	**Scarlatti** harpsichord sonata in Ami Kp188
*DUUDD	UDUUD	DDUD	**Kodály** Galanta dances, intro
*DUUDD	UDUUD	DRDDD	**Beethoven** sonata/7 violin/piano in Cmi op30/2 1m 1t
*DUUDD	UDUUD	DUDDU	**Schumann** sonata violin/piano in Dmi op121 2m 2t
*DUUDD	UDUUD	DUUUU	**Franck** organ pastorale 3t op19
*DUUDD	UDUUD	URDUU	**Verdi** Nabucco: overture intro
*DUUDD	UDUUU	DDUUU	**Grieg** Elegiac melodies/2 'Springtime' op34
*DUUDD	UDUUU	DUUUU	**Beethoven** sonata/6 violin/piano in A op30/1 1m 1t
*DUUDD	URUDD	RUDDR	**Mozart** piano sonata/7 in C K309 1m
*DUUDD	UUDDD	DUDDU	**Beethoven** piano concerto/4 in G 3m 1t(b)
*DUUDD	UUDDD	DUDUR	**Schubert** Ave Maria (song) D839
*DUUDD	UUDDD	DURDD	**Josef Suk** Serenade for strings in E♭ op6 3m 1t
*DUUDD	UUDDD	UUDDD	**Debussy** Rapsodie for saxophone/piano (orch) 3t
*DUUDD	UUDDD	UUUU	**MacDowell** To a waterlily 2t op51/6 piano
*DUUDD	UUDDU	DDDDD	**Dvořák** Slavonic dances/5 op46/5 2t
*DUUDD	UUDDU	DDDUU	**Ravel** Daphnis & Chloë suite/2 2t
*DUUDD	UUDDU	DUDDD	**Verdi** Don Carlos Act I: Io la vidi
*DUUDD	UUDDU	DUDUU	**Herbert Murrill** Carillon for organ
*DUUDD	UUDDU	UDDRD	**Dvořák** string quartet in G op106 4m 3t
*DUUDD	UUDDU	UDDRD	**Sullivan** Yeomen of the Guard I: When maiden loves
*DUUDD	UUDDU	UDDUU	**Bach** Well-tempered Clavier Bk II: prelude/2
*DUUDD	UUDDU	UDDUU	**Bach** sonata/3 in E violin/Clavier 4m BWV1016
*DUUDD	UUDDU	UDR	**J Strauss Jr** Roses from the South waltzes/1 1t
*DUUDD	UUDDU	URU	**Beethoven** string quartet/12 in B♭ op130 2m
*DUUDD	UUDDU	UUUDD	**Brahms** quartet/2 for piano/strings in A op26 1m 2t
*DUUDD	UUDDU	UUUDU	**Schubert** symphony/9 in C 'Great' 1m 1t D944
*DUUDD	UUDRD	DDUDD	**Hugo Wolf** Auf ein altes Bild (song)
*DUUDD	UUDUD	DDD	**D'Indy** sonata for violin/piano in C op59 3m 1t(b)
*DUUDD	UUDUD	DUUDD	**Chopin** 'Minute' waltz in D♭ 1t op64/1
*DUUDD	UUDUD	DUUDD	**Haydn** string quartet/75 in G op76 4m
*DUUDD	UUDUD	DUUDU	**Rachmaninov** Rhapsody on a theme of Paganini: varia-
*DUUDD	UUDUD	UDUDU	**Delibes** Le Roi l'a dit: overture 4t [tion 18
*DUUDD	UUDUD	UUDDU	**Scarlatti** harpsichord sonata in A Kp113
*DUUDD	UUDUU	DUDDU	**Ravel** Gaspard de la nuit: La gibet, piano

*DUUDD	UUDUU	DUDUU	**Grieg** piano sonata in Emi 1m 2t op7
*DUUDD	UUDUU	UDDDU	**Bach** Well-tempered Clavier Bk II: fugue/11 BWV880
*DUUDD	UUDUU	UDDDU	**Debussy** L'Isle joyeuse 1t, piano
*DUUDD	UURDR	RDUUD	**Boccherini** string quintet in E 3m minuet
*DUUDD	UURDU	D	**Grieg** With a waterlily (song) op25/4
*DUUDD	UURDU	UDDUU	**Bizet** symphony/1 in C 4m 1t
*DUUDD	UURRU	DUDDU	**Thomas** Mignon: overture 3t
*DUUDD	UURUU	DDUUU	**Chopin** nocturne/2 in E♭ op55
*DUUDD	UUUDD	DDUUU	**Richard Strauss** Bürger als Edelmann: overture 2t
*DUUDD	UUUDD	DU	**Chopin** nocturne/1 in Cmi 2t op48
*DUUDD	UUUDD	DUDUU	**Bartok** violin concerto/1 1m 2t
*DUUDD	UUUDU	DUUDU	**Sibelius** The North (song)
*DUUDD	UUUDU	UD	**Schumann** sonata violin/piano in Ami op105 2m 2t
*DUUDD	UUURD	UUUUD	**Haydn** symphony/92 in G 2m
*DUUDD	UUUUD	DUUDU	**Beethoven** piano sonata/16 in G op31/1 3m
*DUUDD	UUUUU	DDDUU	**Shostakovich** sonata for cello/piano op40 3m 2t
*DUUDD	UUUUU	UDDDD	**Bizet** 'Roma' symphony 2m 1t
*DUUDD	UUUUU	URRDU	**Haydn** horn concerto in D (1762) 2m 1t
*DUUDR	DDDDR	UUUUU	**Mozart** quartet for flute/strings in D K285 1m
*DUUDR	DDDDU	DDDUD	**Chopin** waltz in D♭ op70/3
*DUUDR	DDDDU	UUU	**Chopin** nocturne in A♭ op32/2
*DUUDR	DDRDU	UDDRU	**W Kienzl** Der Evangelimann: O schöne Jugendtage
*DUUDR	DRDDD	UUDUU	**Haydn** symphony/46 in B 1m
*DUUDR	DRRUD	DDDRR	**Berlioz** Les Troyens Act V: En un dernier naufrage
*DUUDR	DRUDD	UDUUD	**Poulenc** Concert champêtre, harpsichord/orch 3m
*DUUDR	DRURD	DU	**Liszt** Nimm einen Strahl (song)
*DUUDR	DUDDD	UDDUD	**Vaughan Williams** Concerto accademico 2m
*DUUDR	DUUDR	DU	**Beethoven** piano concerto/1 in C op15 3m 3t
*DUUDR	DUUDR	UUUD	**Liszt** Valse-impromptu, piano 2t
*DUUDR	DUUDU	DUUDR	**Schubert** Nocturne in E♭ for piano trio D897
*DUUDR	DUUDU	UDDDR	**Handel** sonata for oboe/fig bass in Gmi op1/6 3m
*DUUDR	DUURD	UUDRD	**Elgar** symphony/1 in A♭ op55 3m 3t
*DUUDR	DUURU	RUDDR	**Beethoven** Fidelio Act I: O wär' ich schon mit dir
*DUUDR	DUUUD	DDUUD	**Frank Bridge** Love went a-riding (song)
*DUUDR	DUUUD	UDDD	**Amy Woodforde-Finden** Pale hands I loved (song)
*DUUDR	DUUUD	UUDRD	**Chopin** piano sonata in B♭mi op35 2m 2t
*DUUDR	DUUUU	DRD	**Guy d'Hardelot** I know a lovely garden (song)
*DUUDR	RDD		**Sibelius** Tapiola, symphonic poem op112 1t
*DUUDR	RDDUD	DDUUD	**Telemann** suite for flute/strings in Ami 5m
*DUUDR	RDDUD	RR	**Mozart** string quartet/20 in D K499 2m 1t
*DUUDR	RDUDU	DURDR	**Kreisler** The old refrain, violin/piano
*DUUDR	RDUUD	RRUDR	**Beethoven** concerto for violin/cello/piano in C op56
*DUUDR	RDUUD	UUUUD	**Dvořák** trio piano/vln/cello Fmi op65 3m [1m 1t
*DUUDR	RRRDU	UDRRR	**Stravinsky** violin concerto in D 1m 1t
*DUUDR	RRRUD	UDUD	**Prokofiev** symphony/5 in B♭ op100 1m 4t
*DUUDR	RURDU	DUDRR	**Rossini** La gazza ladra: overture 1t
*DUUDR	UDDDR	UDUUD	**Beethoven** piano sonata/2 in A op2/2 1m 2t
*DUUDR	UDUUD	RRURR	**Tchaikovsky** suite/3 op55 orch 2m waltz
*DUUDR	UDUUD	RUDUU	**Elgar** Introduction & Allegro, str q'tet/orch 2t
*DUUDU	DDDDD	DU	**Bach** partita/1 in E♭ Clavier: trio BWV825
*DUUDU	DDDDD	RDUUD	**Ravel** trio for piano/violin/cello in Ami 3m
*DUUDU	DDDDD	UUUUU	**Haydn** string quartet/34 in D op20/4 4m
*DUUDU	DDDDR	RRRUD	**Shostakovich** quintet for piano/strings op57 3m 1t
*DUUDU	DDDDR	UUDD	**Schubert** trio piano/violin/cello E♭ 1m 3t D929
*DUUDU	DDDDU	DUUDU	**Bach** suite/2 for flute/strings in Bmi: sarabande
*DUUDU	DDDDU	UDUDD	**Mendelssohn** Ruy Blas overture 1t [BWV1067
*DUUDU	DDDDU	UDUDD	**Scarlatti** harpsichord sonata in Fmi Kp462

*DUUDU	DDDDU	UUDUD	**Mozart** piano concerto/16 in D K451 2m
*DUUDU	DDDDU	UUUDD	**Liszt** Hungarian Rhapsody/2 in C♯mi, piano 3t
*DUUDU	DDDR		**Debussy** Danse sacrée, harp
*DUUDU	DDDUD	DDUDR	**Debussy** sonata for violin/piano in Gmi 1m 2t
*DUUDU	DDDUD	UUDUD	**Handel** harpsichord suite/7 in Gmi 3m
*DUUDU	DDDUU	DDDDU	**Mahler** symphony/4 in G 2m 3t
*DUUDU	DDDUU	DUDUU	**Bartok** Contrasts, violin/clar/piano 3m Fast dance 1t
*DUUDU	DDDUU	UD	**Walton** Belshazzar's Feast: Praise ye the Gods
*DUUDU	DDRUD	RUDUR	**Wallace** Maritana Act II: Yes! Let me like a soldier
*DUUDU	DDRUR		**Sibelius** Pohjola's daughter op49 4t [fall
*DUUDU	DDUD		**Beethoven** sonata/10 for violin/piano in G op96 3m
*DUUDU	DDUDD	DD	**Mozart** symphony/28 in C K200 4m 2t
*DUUDU	DDUDD	DDD	**Bach** Well-tempered Clavier Bk II: fugue/2 BWV871
*DUUDU	DDUDD	RDUUU	**Bach** Cantata/51 Jauchzet Gott/3 Höchster
*DUUDU	DDUDU	DUDUD	**Roussel** Sinfonietta op52 1m 1t
*DUUDU	DDUUD	DDDDU	**Schubert** string quintet in C 1m 2t D956
*DUUDU	DDUUD	UDDUU	**Brahms** symphony/2 in D op73 1m 5t
*DUUDU	DDUUD	UDDUU	**Liszt** Hungarian rhapsody/13 in Ami 3t, piano
*DUUDU	DDUUD	UDUUD	**Ibert** Entr'acte for flute/harp (or guitar) 1t
*DUUDU	DDUUD	URUDU	**Tchaikovsky** symphony/2 in Cmi op17 1m 1t
*DUUDU	DDUUR	UD	**Schumann** Warum?, piano op12/3
*DUUDU	DDUUU	DDUU	**Debussy** Images: Homage à Rameau 2t
*DUUDU	DDUUU	DDUUD	**D'Indy** sonata for violin/piano in C op59 2m 2t
*DUUDU	DDUUU	DUDDD	**Brahms** sonata for violin/piano in A op100 1m 1t
*DUUDU	DDUUU	UUDDU	**Brahms** trio/2 for piano/vln/cello in C op87 3m 2t
*DUUDU	DRDDR	DDRDU	**Mozart** Die Entführung III: Nie werd' ich
*DUUDU	DRRUR	URUR	**Humperdinck** Königskinder Act II: prelude 3t
*DUUDU	DRRUU	DU	**Mozart** quartet/2 piano/strings in E♭ K493 1m 2t
*DUUDU	DUDDD	D	**Schubert** trio for piano/violin/cello in B♭ 1m 2t D898
*DUUDU	DUDDD	DRUDD	**Mozart** piano concerto/23 in A K488 1m 1t
*DUUDU	DUDDD	R	**Corelli** concerto grosso in Gmi op6/8 'Christmas'
*DUUDU	DUDDR	DDRDD	**Berlioz** Les Troyens I: Trojan march [1m 1t
*DUUDU	DUDDU	D	**Schubert** string quartet/10 in E♭ 1m 2t D87
*DUUDU	DUDDU	DDUDD	**MacDowell** piano concerto/1 in Ami op15 3m 1t
*DUUDU	DUDRD		**Liszt** polonaise/1 in Cmi 2t, piano
*DUUDU	DUDRD	UDDDD	**Scarlatti** harpsichord sonata in Ami 'Pastorale' Kp451
*DUUDU	DUDUD	DRDUD	**Haydn** string quartet/77 in C op76/3 'Emperor' 3m 1t
*DUUDU	DUDUD	RDDUU	**Dvořák** Slavonic dances/15 op72/7 1t
*DUUDU	DUDUD	RUDDU	**Clementi** piano sonata in B♭ op47/2 3m 1t
*DUUDU	DUDUD	UDUD	**Schubert** waltz, piano D365/2
*DUUDU	DUDUD	UDUDU	**Rossini** La boutique fantasque 6m Valse lente
*DUUDU	DUDUD	UDUDU	**Gigout** Toccata in Bmi organ
*DUUDU	DUDUU		**Wagner** Götterdämmerung: Siegfried's funeral 7t
*DUUDU	DUDUU	DUDUD	**Handel** concerto grosso in Ami op6/4 2m
*DUUDU	DUDUU	RDUUU	**Wagner** Götterdämmerung: Siegfried's Rhine journey
*DUUDU	DUUDD	UUUDD	**Haydn** symphony/88 in G 2m [2t
*DUUDU	DUUDD	UUUDU	**Brahms** sonata/3 for violin/piano in Dmi op108 2m
*DUUDU	DUUDD	UUUUU	**Liszt** Hungarian Rhapsody/2 in C♯mi 5t, piano
*DUUDU	DUUDU	DDDDR	**Weber** Der Freischütz: overture 4t
*DUUDU	DUUDU	DUUD	**Waldteufel** Skaters waltz/4
*DUUDU	DUUDU	DUUDU	**Vivaldi** concerto for 2 mandolines/str G 2t P133
*DUUDU	DUUDU	DUUUD	**Chopin** piano sonata in B♭mi op35 1m 1t
*DUUDU	DUUDU	UDDDD	**Dvořák** Slavonic dances/7 1t op46/7
*DUUDU	DUUDU	UDUDD	**Inghelbrecht** Nurseries/3/2 orch: Le tour prends
*DUUDU	DUUDU	UDUDU	**Mendelssohn** scherzo for piano op16/2 1t [garde!
*DUUDU	DUUDU	UDUDU	**Saint-Saëns** symphony/3 op78 2m 2t
*DUUDU	DUUUD	DUUUD	**Handel** concerto grosso in A op6/11 1m

```
*DUUDU  DUUUD  UDDUU    Handel  Water music 14m
*DUUDU  DUUUU  UUDUD    Bach  Well-tempered Clavier Bk II: fugue/4 BWV873
*DUUDU  RDDDD  DUUUD    Offenbach  Orfée aux Enfers: overture 2t
*DUUDU  RDDUR  DURUD    Saint-Saëns  cello concerto/1 in Ami op33 2m
*DUUDU  RDRUD          Offenbach  La Grande Duchesse de Gérolstein: Voici
*DUUDU  RDUUD  DDDDU    Purcell  Dioclesian: Let us dance          [le sabre
*DUUDU  RDUUD  UUDDD    Beethoven  piano sonata/7 in D op10/3 2m
*DUUDU  RRRUD  UDDDU    Delibes  Coppelia: Scène
*DUUDU  RUUUR  UUDDU    Richard Strauss  Don Juan 2t
*DUUDU  UDDDD  UDDUU    Sibelius  symphony/4 in Ami op63 4m 3t
*DUUDU  UDDDD  UUDUU    Brahms  symphony/2 in op73 1m 3t
*DUUDU  UDDDU  UUUUU    Bach  Well-tempered Clavier Bk II: fugue/13
*DUUDU  UDDDU  DUDUD    Mozart  Serenade in E♭ for wind K375 2m
*DUUDU  UDDDU  UDUU     Holbrooke  quintet for clarinet/strings op27/1 1m
*DUUDU  UDDDU  URDUU    Verdi  Nabucco: overture 3t
*DUUDU  UDDDU  UUURD    Elgar  symphony/1 in A♭ 2m 4t
*DUUDU  UDDRD  D        Mozart  Serenade in D K239 3m 2t
*DUUDU  UDDRU  RDUD     Debussy  Children's Corner suite: Jimbo's lullaby
*DUUDU  UDDUD          Schumann  symphony/3 in E♭ op97 'Rhenish' 1m 2t
*DUUDU  UDDUD  R        Mozart  string quartet/17 in B♭ K458 'Hunt' 2m 1t
*DUUDU  UDDUD  UUDUU    Haydn  cello concerto in D 3m 1t
*DUUDU  UDDUU  DDUUD    Kodály  Háry János suite: Toborz  2t
*DUUDU  UDDUU  DUUDD    Brahms  symphony/2 in D op73 1m coda
*DUUDU  UDDUU  UUDU     Bach  'Kyrie' arranged for organ BWV674
*DUUDU  UDUDD  DD       Tchaikovsky  piano concerto/1 in B♭mi op23 1m 2t
*DUUDU  UDUDD  DD       Mozart  piano concerto/9 in E♭ K271 3m 2t
*DUUDU  UDUDD  DUDDD    Schumann  quartet for piano/strings in E♭ op47 1m 1t
*DUUDU  UDUDD  UDDUD    Handel  Judas Maccabeus: march
*DUUDU  UDUDD  UUU      Waldteufel  Dolores waltz/1 1t
*DUUDU  UDUDD  UUUUD    Beethoven  symphony/6 in F 'Pastoral' 2m 3t
*DUUDU  UDUDU  DUD      Respighi  Pines of Rome: Pines of Villa Borghese 2t
*DUUDU  UDUDU  UDUUD    Smetana  The bartered bride: overture 1t
*DUUDU  UDURU  RDRDR    Handel  organ concerto in B♭ op7/1 4m
*DUUDU  UDUU           Delius  In a summer garden 2t
*DUUDU  UDUUD  DDD      J Strauss Jr  Roses from the South/3 1t
*DUUDU  UDUUD  DUDUU    Brahms  sonata for cello/piano in F op99 3m 1t
*DUUDU  UDUUD  DUUDD    Shostakovich  symphony/7 1m 1t
*DUUDU  UDUUD  DUUUD    Gershwin  An American in Paris, orch 1t
*DUUDU  UDUUD  RUUDU    Brahms  trio for piano/vln/cello in B op8 2m 2t
*DUUDU  UDUUD  UDDDU    Sibelius  symphony/7 in C  op105 2t
*DUUDU  UDUUD  UDUDD    Hindemith  organ sonata/3 2m
*DUUDU  UDUUD  UUDDU    Ravel  La Valse, orch 5t
*DUUDU  UDUUD  UUDUD    Handel  concerto grosso in D op6/5 2m
*DUUDU  UDUUD  UUDUD    Scarlatti  harpsichord sonata in G Kp523
*DUUDU  UDUUD  UUDUR    Chopin  piano sonata in Bmi op58 4m
*DUUDU  UDUUD  UUDUU    Samuel Barber  Adagio for strings op11
*DUUDU  UDUUD  UUDUU    Elgar  Dream of Gerontius: prelude 4t
*DUUDU  UDUUD  UUDUU    Bach  English suite/6 in Dmi, gigue BWV811
*DUUDU  UDUUD  UUDUU    Brahms  sonata for cello/piano in Emi op38 3m 1t
*DUUDU  UDUUD  UUUDD    Bach  Well-tempered Clavier Bk I: prel/17 BWV862
*DUUDU  UDUUD  UUUUU    Liszt  Faust symphony 1m 1t
*DUUDU  UDUUU  DD       Elgar  Pomp & Circumstance march/3 3t(a)
*DUUDU  UDUUU  DRD      Waldteufel  Frühlingskinder waltz 1t
*DUUDU  UDUUU  DUDDD    Nielsen  Sinfonia espansiva 2m 1t
*DUUDU  UDUUU  DUUUR    Mozart  trio/5 for piano/violin/cello in C K548 1m
*DUUDU  UDUUU  UUDUU    Schubert  string quartet/10 in E♭ 2m D87
*DUUDU  UDUUU  UUUDU    Saint-Saëns  violin concerto/3 in Bmi op61 2m 2t
```

69

```
*DUUDU  URDDU  DDUDD   Beethoven sonata/1 for violin/piano in D op12/1 1m
*DUUDU  URDUU  RDUUU   Beethoven symphony/1 in C 1m 1t
*DUUDU  URRDD  UDDDD   Haydn Clavier concerto in D 2m 1t
*DUUDU  URURU  RDDRD   Bartok Rumanian folk dances, piano 1m
*DUUDU  UUDDD  DUUUD   Erik Satie 3 petites pièces : De l'enfance de Pan-
*DUUDU  UUDDD  UDDUU   J Strauss Jr Roses from the South/4 1t  [tagruel
*DUUDU  UUDDU  DDDDD   Brahms symphony/3 in F op90 4m 1t(a)
*DUUDU  UUDUD  DD      Tchaikovsky The seasons : June, 2t piano
*DUUDU  UUDUD  DRRDR   Charpentier Louise : Depuis le jour
*DUUDU  UUDUD  UDDDD   Schubert string quartet/13 in Ami 4m 1t D804
*DUUDU  UUDUD  UDUDD   Delibes Le Roi s'amuse : Scène du bal, Madrigal
*DUUDU  UUDUU  UDUUU   Tchaikovsky string quartet in D 2m 2t
*DUUDU  UUDUU  UUDUU   Saint-Saëns cello concerto/1 in Ami op33 1m 2t
*DUUDU  UUDUU  UUUDD   Beethoven symphony/5 in Cmi 3m 3t
*DUUDU  UUUDD  DDUUD   Schubert trio for piano/violin/cello Bb 3m 2t D898
*DUUDU  UUUDD  DUDDD   Dvořák string quartet in Ab op105 4m 3t
*DUUDU  UUUDD  DUUUD   de Falla El amor brujo : Cueva
*DUUDU  UUUDD  DUUUU   Antonio Lotti Pur dicesti (aria)
*DUUDU  UUUDD  DUUUU   Handel Judas Maccabeus : See, the conqu'ring hero
*DUUDU  UUUDD  UUUUU   Liszt Funeral triumph of Tasso, symphonic poem 1t
*DUUDU  UUUDR  DUUDU   Khachaturian Gayaneh ballet 2t
*DUUDU  UUUDU  DDDD    Beethoven symphony/4 in Bb 4m 1t
*DUUDU  UUUDU  DRRRU   Haydn flute concerto in D (spurious) 2m adagio
*DUUDU  UUUDU  DUD     Schubert symphony/6 in C 1m 1t D589
*DUUDU  UUUUD  DDDDD   Grieg string quartet in Gmi op27 2m 1t
*DUUDU  UUUUD  DDUUD   Bizet Carmen Act III : March of the smugglers
*DUUDU  UUUUD  UUDDU   Sibelius string quartet op56 'Voces intimae' 4m 3t
*DUUDU  UUUUU         Beethoven string quartet/1 in F op18/1 3m
*DUUDU  UUUUU  DDDUD   Bach Well-tempered Clavier Bk I : fugue/23 BWV868
*DUURD  DDUUR  DDDUU   Liszt polonaise/2 in E 1t, piano
*DUURD  DDUUR  DDDUU   Beethoven piano sonata/5 in Cmi op10/1 3m 1t
*DUURD  DDUUU  DRDDU   Kodály Galanta dances 2m
*DUURD  DDUUU  DUDUU   Mozart symphony/39 in Eb K543 2m 2t
*DUURD  DURDD  URDDU   Mozart Fantasia for mechanical organ in Fmi K608 2t
*DUURD  RDRUD  UDRUD   Josef Strauss Mein Lebenslauf ist Lieb' und Lust
*DUURD  RUDUD  UDDDU   Fauré ballade, piano/orch op19 1t       [waltz/1
*DUURD  UDDRU  DRR     Sullivan Yeomen of the Guard Act I : I've jibe
*DUURD  UDURD  UUDUR   Schubert string quintet in C 4m 2t D956
*DUURD  UDURR  D       Handel concerto grosso in Bmi op6/12 1m
*DUURD  UDUUR  D       Waldteufel Dolores waltz/3
*DUURD  UUDDU  DDUUU   Moszkovski Spanish dances/1
*DUURD  UUDUD  RRUDD   Mendelssohn St Paul : I will sing of thy great
*DUURD  UUDUU  UDUDD   Bach sonata violin/piano/2 A 1m BWV1015 [mercies
*DUURD  UURDD  RDRUD   Beethoven sextet in Eb op71 1m 1t
*DUURD  UURDU  U       Beethoven septet in Eb op20 1m 1t
*DUURD  UURUD  UDDDD   Vivaldi concerto grosso in D op3/9 3m
*DUURD  UURUD  UDUDU   Stravinsky Pulcinella : Contento forse
*DUURR  DDDUD  UURR    Schubert Die schöne Müllerin/11 Mein !
*DUURR  DDUDD  DDDDU   Dvořák violin concerto in Ami op53 1m 1t(b)
*DUURR  DDUUR  RDRRU   Beethoven piano sonata/1 in Fmi op2/1 4m 1t
*DUURR  DRDRD  RDUD    Gershwin piano concerto in F 2m 1t
*DUURR  DUDRD  DDUDU   Berlioz Benvenuto Cellini Act I : Cette somme
*DUURR  DUUDU  DDUUD   Vaughan Williams Sea Symphony 2m : After the sea-
*DUURR  DUUUD  UUUU    Schubert str quartet/14 Dmi 3m 1t D810      [ship
*DUURR  DUUUU  UD      Mendelssohn Herbstlied op63/4
*DUURR  RRUD          Offenbach Geneviève de Brabant : Gendarmes' duet
*DUURR  RUUUU  DDDDD   Mozart piano concerto/9 in Eb K271 1m 1t
```

```
*DUURR UDDDU        Wagner Götterdämmerung: Siegfried's funeral 3t
*DUURR UDDUU DUUDD  Mozart Divertimento in D K136 2m
*DUURR UDUDU UUUDU  Beethoven concerto in C for violin/cello/piano
*DUURR URDDR DUUUU  Vaughan Williams Silent noon (song) [op56 2m
*DUURR URU          John Wilbye Draw on sweet night (song)
*DUURR UURUU RDDD   Mozart piano concerto/17 in G K453 1m 1t
*DUURU DDDUD UURUD  Berlioz Romeo & Juliette: love scene
*DUURU DDUDD UDDUD  Rachmaninov symphony/2 in Emi 3m 1t
*DUURU DDUDU UDDUU  Fauré Dolly suite, piano 4 hands: Miaou 1t
*DUURU DUDDD UUDDU  Kurt Weill Die Dreigroschenoper: Zuhälterballade
*DUURU DUDUD UUUUD  Britten Simple symphony 1m (Boisterous bourrée) 1t
*DUURU DUURU URUDD  Mozart concerto 3 pianos/orch in F K242 1m 1t
*DUURU RDUDD DDRUD  Haydn Clavier concerto in D 1m
*DUURU UDUDU DDUUD  Bach Partita/5 for Clavier in G: sarabande BWV829
*DUURU UDUUD DDUDU  Bach St Matthew Passion/74: Am Abend
*DUURU UUDRR RUUD   Mozart string quartet/17 in B♭ 'Hunt' 2m 2t
*DUURU UURUU DDDDU  Stanford Songs of the sea: The Old Superb (chorus)
*DUUUD DDDDD DUDDD  Janáček Taras Bulba 1m 1t
*DUUUD DDDDD DUDDU  Kodály Galanta dances 4m 1t
*DUUUD DDDDD UDUUD  Mendelssohn symphony/5 in D op107 'Reformation'
*DUUUD DDDDU DDDDD  Honegger Pastorale d'été, orch 2t          [2m 2t
*DUUUD DDDDU DUUUD  Massenet Scènes Alsaciennes/1 1t
*DUUUD DDDDU UUDDD  Sullivan Pirates of Penzance II: When you had
*DUUUD DDDDU UUDDD  Bach suite/4 orch: bourrée/2 BWV1069      [left
*DUUUD DDDDU UUDUU  Mozart piano concerto/21 in C K467 1m 1t
*DUUUD DDDUD RDDDU  Haydn symphony/8 in G 3m menuetto
*DUUUD DDDUD UDUDD  Thomas Arne Preach not me your musty rules
*DUUUD DDDUD UUDD   Debussy sonata for violin/piano in Gmi 2m 2t
*DUUUD DDDUR DRURR  Borodin Prince Igor: Galitsky's aria
*DUUUD DDDUR UDUUU  Rimsky-Korsakov Russian Easter Festival overture 2t
*DUUUD DDDUU D      Brahms Ein deutsches Requiem: Dass sie ruhen
*DUUUD DDDUU DDUUU  Sibelius symphony/6 in Dmi op104 4m 4t
*DUUUD DDDUU DUUUD  Beethoven str q'tet/8 in Emi op59/2 'Rasoumovsky' 1m
*DUUUD DDDUU UDD    George Butterworth A Shropshire lad: When the lad
*DUUUD DDDUU UDUDU  Bizet L'Arlésienne suite/2: Farandole
*DUUUD DDDUU UUURD  Grieg sonata for violin/piano in Cmi op45/3 1m intro
*DUUUD DDRDU UDDDU  Bach cantata/4 'Easter'/1 Christ lag
*DUUUD DDRDU URURU  Beethoven piano sonata/20 in G op49/2 1m 1t
*DUUUD DDRUD DUD    Jensen Murmuring breezes (song)
*DUUUD DDUDU U      Constant Lambert Rio Grande: The noisy streets
*DUUUD DDUDU UUUDD  Debussy Children's Corner suite: Little shepherd 2t
*DUUUD DDURU URUDU  Rachmaninov sonata for cello/piano in Gmi 2m 3t
*DUUUD DDUUD DURRD  Mozart symphony/25 in Gmi K183 3m 1t
*DUUUD DDUUD DUU    Bach St Matthew Passion/66: Komm süsses Kreuz
*DUUUD DDUUD UUUDD  Berg Wozzeck: Hansel spann deine sechs Schimmel
*DUUUD DDUUU DDDUU  Chopin waltz in Ami op34/2 1t               [an
*DUUUD DDUUU DDDUU  Kodály Háry János suite: Defeat of Napoleon 2t
*DUUUD DDUUU DDUDU  Edward German Henry VIII incidental music: Torch
*DUUUD DDUUU UDDDU  Brahms string quintet in G op111 1m 1t     [dance
*DUUUD DDUUU UDUUD  Albeniz Iberia/1, piano: Evocaci n
*DUUUD DDUUU URRRU  Bizet Carmen Act I: Habanera 2t
*DUUUD DRDDD UUU    Holst Country song (without words) op22/1 orch 1t
*DUUUD DRDRD DRRRR  Sibelius Valse triste (from Kuolema) op44 1t
*DUUUD DRDUD DUUUD  Sibelius Lemminkainen's return 2t
*DUUUD DRRUR UDDUD  Balfe Come into the garden, Maud (song)
*DUUUD DRU          Schubert quintet piano/str in A 'Trout' 1m 1t D667
*DUUUD DRUDD DRDRR  Mozart violin concerto/3 in G K216 2m
```

*DUUUD	DRUDD	DUUUD	**Schumann** Three romances for oboe/piano op94/3 1t
*DUUUD	DUDDD	D	**Mussorgsky** Pictures from an exhibition: Catacombs
*DUUUD	DUDDD	UDDDU	**Hubay** Hejre Kati, violin/orch op32/4 1t
*DUUUD	DUDDD	DD	**Mussorgsky** Pictures from an exhibition: Promenade
*DUUUD	DUDDU	DUUDD	**Brahms** sonata clar or viola/piano op120/2 2m 2t
*DUUUD	DUDDU	UD	**MacDowell** suite/2 (Indian) orch 1t
*DUUUD	DUDDU	UDD	**MacDowell** Sea pieces op55/4 Starlight
*DUUUD	DUDDU	UDDUU	**Tchaikovsky** suite/1 orch op43: Marche miniature
*DUUUD	DUDDU	UUDDU	**Tchaikovsky** Romance in Fmi, piano op5 2t [1t
*DUUUD	DUDRU	UDDDD	**Richard Strauss** Don Juan 4t
*DUUUD	DUDUD	DUUUD	**Debussy** Rêverie, piano 1t
*DUUUD	DUDUD	UDUUU	**Schubert** Die Winterreise/24 Der Leiermann
*DUUUD	DUDUD	UUUDD	**Paganini** Caprice for violin op1/18
*DUUUD	DUDUU	UDDUD	**Grieg** piano concerto in Ami op16 1m 3t(b)
*DUUUD	DUDUU	UDDUR	**Mozart** symphony/28 in C K200 3m 2t
*DUUUD	DUDUU	UDDUU	**Brahms** trio for violin/horn/piano Eb op40 2m 3t
*DUUUD	DURRR	UD	**Wagner** Götterdämmerung Act III: Mime hiess
*DUUUD	DUUDD	DUUDD	**Suppé** Poet and peasant overture 4t
*DUUUD	DUUDD	UDDDU	**Bach** St John Passion/1b: Herr, unser Herrscher
*DUUUD	DUUDU	DDUUD	**Rachmaninov** Rapsodie on theme of Paganini var 18
*DUUUD	DUUDU	DUUDU	**Purcell** Minuet in G from Abdelazar
*DUUUD	DUUDU	DUUUU	**Bach** organ fugue in C BWV547
*DUUUD	DUUDU	RDUUU	**Fauré** Pelléas et Mélisande: prelude 1t
*DUUUD	DUUDU	UDDDD	**Purcell** Dido & Aeneas: Thanks to these lonesome
*DUUUD	DUURR	RDUDD	**Handel** Messiah: And he shall purify [vales
*DUUUD	DUUUD	DUDUD	**Beethoven** violin concerto in D op61 3m 1t
*DUUUD	DUUUD	DUUDR	**Brahms** symphony/4 in Emi op98 4m 4t
*DUUUD	DUUUD	RDUUD	**Beethoven** Serenade flute/vln/vla D op25 Andante
*DUUUD	DUUUD	RR	**Holst** Marching song (without words) op22/2 orch 1t
*DUUUD	DUUUD	UDUUU	**Bach** Mass in B minor: Gloria
*DUUUD	DUUUD	UUUDD	**Paisiello** harpsichord concerto in C 2m 1t
*DUUUD	DUUUU	DUDUU	**Haydn** string quartet/78 in Bb op76/4 2m
*DUUUD	DUUUU	UD	**Vaughan Williams** symphony/8 4m 3t
*DUUUD	DUUUU	UDDDD	**Dukas** La Péri, poem for orch, 3t
*DUUUD	DUUUU	UUUDU	**Handel** organ concerto in Gmi op4/1 1m 1t
*DUUUD	RDDUU	UDRUD	**J Strauss Jr** Du und du waltz/3 1t
*DUUUD	RDUUU		**Liszt** Faust symphony 1m 5t
*DUUUD	RRDUU	UD	**Mascagni** Cavalleria Rusticana: Addio al mamma
*DUUUD	RUD		**Beethoven** string quartet/16 in F op135 4m intro
			'Muss es sein?', 'Es muss sein'
*DUUUD	RUDDD	UDDD	**Bach** English suite/6 in Dmi: sarabande BWV811
*DUUUD	UDDDU	RDUUU	**Verdi** Luisa Miller Act I: Sacra la scelta
*DUUUD	UDDRD		**Bach** Italian concerto for Clavier 1m BWV971
*DUUUD	UDDUD	DDDDR	**Verdi** La Traviata: Prelude 1t
*DUUUD	UDDUD	UDDDU	**Mendelssohn** symphony/4 in A op90 'Italian' 4m 1t
*DUUUD	UDDUD	UDDUD	**Meyerbeer** Le Prophète: Coronation march 1t
*DUUUD	UDDUU	DUD	**Bach** French suite/2 in Cmi: gigue BWV813
*DUUUD	UDDUU	RRDDU	**Chopin** piano sonata in Cmi op4(posth) 1m
*DUUUD	UDUDD	DD	**Beethoven** symphony/3 in Eb 'Eroica' 1m 6t
*DUUUD	UDUDU	DRRDD	**Dvořák** string quartet/7 in Ab op105 3m
*DUUUD	UDUDU	UDDU	**Bruckner** symphony/5 in Bb 2m 1t
*DUUUD	UDUDU	UUDDD	**Bizet** L'Arlésienne suite/1: overture 1t
*DUUUD	UDUDU	UUDUD	**Bach** French suite/6 in E: Allemande BWV817
*DUUUD	UDURD	UDUUD	**Grieg** scherzo-impromptu, piano op73/2
*DUUUD	UDUUD	UDUUD	**J Strauss Jr** Tales of the Vienna woods/5 2t
*DUUUD	UDUUU	D	**Mozart** symphony/29 in A K201 1m 3t
*DUUUD	UDUUU	DDDD	**Schumann** string quartet in F op41/2 1m 2t

*DUUUD	UDUUU	DUDUU	**Bach** Partita/3 in Ami, harpsichord: gigue BWV827
*DUUUD	UDUUU	DUDUU	**Beethoven** piano sonata/28 in A op101 4m
*DUUUD	UDUUU	DUUDU	**Rachmaninov** piano concerto/3 in Dmi op30 1m 2t
*DUUUD	URDDD	DUUDD	**Byrd** Hodie beata Virgo Maria
*DUUUD	URDUR	DDDD	**Kodály** Háry János suite: Felszant m a császár
*DUUUD	URUDD	DUUDU	**Gounod** Faust Act IV: Soldiers' chorus
*DUUUD	URUDU	UDU	**Offenbach** La Grande Duchesse de Gérolstein: Dites-
*DUUUD	UUDDD	DUUUD	**Auber** Fra Diavolo: overture 1t [lui
*DUUUD	UUDDD	RUDDD	**Sibelius** symphony/5 in E♭ op82 2m intro 1t
*DUUUD	UUDDU	DD	**Beethoven** string quartet/10 in E♭ op74 'Harp' 1m
*DUUUD	UUDDU	DDDDU	**Bach** Two part inventions/2 Cmi, Clavier BWV773
*DUUUD	UUDDU	UDUDD	**Dvořák** string quartet/8 in G op106 1m 2t
·*DUUUD	UUDDU	UUDUU	**Haydn** symphony/49 in Fmi 4m
*DUUUD	UUDRU	DUUUD	**Schumann** string quartet in A op41/3 4m 1t
*DUUUD	UUDRU	UUDDU	**Bach** suite/1 in C, orch: overture 1t BWV1066
*DUUUD	UUDUD	DDDDU	**Waldteufel** Estudiantina waltzes/3 1t
*DUUUD	UUDUU	RUDDD	**Suppé** Poet and peasant overture 1t(a)
*DUUUD	UUDUU	UDDDU	**Sibelius** Rakastava suite op14 2m
*DUUUD	UUDUU	UDUDD	**Ravel** Le tombeau de Couperin: Rigaudon 2t
*DUUUD	UUDUU	URDDD	**Respighi** Pines of Rome: Pines of Appian Way 1t
*DUUUD	UUDUU	UUUDR	**Wagner** Der fliegende Holländer II: Ach! Könntest
*DUUUD	UUDUU	UUUDU	**Richard Strauss** Wie sollten wir geheim
*DUUUD	UUUDD	DDUUU	**Grieg** Norwegian dances/1 piano or str orch op35 2t
*DUUUD	UUUDD	DDUUU	**Scriabin** Poème d'extase, orch 2t
*DUUUD	UUUDD	UDDDU	**Brahms** ballade in Gmi op118/3 2t
*DUUUD	UUUDU	DUDDD	**Kreisler** Praeludium (& Allegro)(style of Pugnani)
*DUUUD	UUUDU	DUUDD	**Chopin** scherzo in B♭mi op31 1t(a) [violin/piano
*DUUUD	UUUDU	UDUDD	**Bach** fugue in Cmi for Clavier BWV906
*DUUUD	UUUDU	UUDDD	**Berlioz** Les Francs-Juges overture 1t
*DUUUD	UUUDU	UUDDU	**Tchaikovsky** Sleeping beauty 5m valse intro
*DUUUD	UUUDU	UUDUU	**Mozart** symphony/38 in D K504 'Prague' 1m intro
*DUUUD	UUUDU	UUDUU	**Rossini** La boutique fantasque 8m galop
*DUUUD	UUURD	DUURD	**Bartok** Rhapsody/1 for violin/orch 2m 1t
*DUUUD	UUUUD	DDDDD	**Berlioz** Béatrice et Bénédict Act II: Il m'en souvient
*DUUUD	UUUUD	DDDDU	**Bach** organ fugue in Bmi BWV544
*DUUUD	UUUUD	UDDDD	**Beethoven** str quartet/10 in E♭ op74 'Harp' 1m intro
*DUUUD	UUUUR	DUDUD	**Mozart** symphony/41 in C K551 'Jupiter' 1m 1t
*DUUUD	UUUUR	UDUDD	**Sullivan** The Mikado Act I: I am so proud
*DUUUD	UUUUU	UUD	**Schubert** symphony/4 in Cmi 'Tragic' 2m 2t D417
*DUUUR	DDDUD	DUDDD	**Gluck** Orfeo ed Euridice: Dance of the blessed spirits
*DUUUR	DDRDU	UUDU	**Grieg** Peer Gynt suite/2 Solveig's song intro [intro
*DUUUR	DDUUU	DDDRD	**Boccherini** cello concerto in G 1m
*DUUUR	DRDRU	DUUUR	**Richard Strauss** Der Bürger als Edelmann: Dinner 3t
*DUUUR	DUDRD	UDRDU	**Schubert** trio for piano/vln/cello in B♭ 1m 1t D898
*DUUUR	DUDRU	DD	**Dvořák** sonatina for violin/piano in G op100 4m 2t
*DUUUR	DUUDD	DDDUD	**Beethoven** Serenade for violin/viola/cello op8 6m
*DUUUR	DUUUD	DUUUD	**Bach** Well-tempered Clavier Bk I: fugue/20 BWV865
*DUUUR	DUUUD	UUUUU	**Mahler** symphony/2 in Cmi 1m 1t
*DUUUR	RDRRR	RDRRR	**J Strauss Jr** Wiener-Blut waltzes/2 op354
*DUUUR	RRRRD	DDRDU	**Haydn** str quartet/49 in D op50/6 'The Frog' 3m 2t
*DUUUR	RUDDD	DU	**Beethoven** str quartet/8 Emi op59/2 'Rasoumovsky'
*DUUUR	RUDUD	DRRDU	**Sullivan** Patience: Prithee, pretty maiden [3m 2t
*DUUUR	RUDUD	URRUD	**J Strauss Jr** Wine, women and song/1 2t
*DUUUR	RUDUU	RRUDU	**Mozart** Idomeneo: overture
*DUUUR	RURDD	RURDU	**Anton Rubinstein** Romance in E♭ op44/1
*DUUUR	UDUDU	DUUU	**Tchaikovsky** symphony/3 in D op29 1m intro
*DUUUR	URUUR	DD	**Beethoven** str quartet/7 F op59/1 'Rasoumovsky' 4m

73

*DUUUR	UUDDU	UURUU	**Mozart** Andante for flute/orch in C K315
*DUUUU	DDDDD	D	**Stravinsky** Apollon Musagète: Calliope variation
*DUUUU	DDDDU	DDUUU	**D'Indy** violin sonata in C op59 4m
*DUUUU	DDDDU	DDRDU	**Tchaikovsky** The Seasons: November 1t
*DUUUU	DDDDU	UDDDD	**Sibelius** symphony/3 in C op53 3m 2t
*DUUUU	DDDUD	DURDU	**Schumann** symphony/4 in Dmi op120 1m 2t
*DUUUU	DDDUD	UDDDU	**Elgar** Serenade for strings op20 2m
*DUUUU	DDDUD	UDU	**Schumann** symphonic études in C♯mi op13 piano
*DUUUU	DDDUD	URUDD	**Waldteufel** Estudiantina waltzes/1 2t [finale 1t
*DUUUU	DDDUD	UUDDU	**Prokofiev** piano concerto/3 in C op26 1m 1t(b)
*DUUUU	DDDUR	RUDDU	**Beethoven** Romance/1 for violin/orch in G op40
*DUUUU	DDDUR	UDDRR	**Wagner** Tannhäuser: overture 6t
*DUUUU	DDDUU	DDU	**Verdi** Rigoletto II: Piangi, piangi, fanciulla
*DUUUU	DDDUU	UUDDD	**Schumann** violin concerto in Dmi 3m 1t
*DUUUU	DDDUU	UUDDR	**Prokofiev** symphony/5 in B♭ op100 4m 1t
*DUUUU	DDRDU	UDRDU	**J Strauss Jr** Die Fledermaus III: Spiel ich 'ne Dame
*DUUUU	DDRDU	UUUD	**Sibelius** violin concerto in Dmi op47 1m 2t(a)
*DUUUU	DDRUR	DUDDD	**Bach** St John Passion/8 Wer hat dich so
*DUUUU	DDRUU	RDUDD	**Bach** St Matthew Passion/16 Ich bin's
*DUUUU	DDRUU	RDUDD	**Bach** St Matthew Passion/46 Wer hat dich so
*DUUUU	DDUDD	UDDD	**Beethoven** str quartet/9 C op59/3 'Rasoumovsky' 3m
*DUUUU	DDUDD	UUDDU	**Puccini** Manon Lescaut Act II: Ah! Manon
*DUUUU	DDUDU	UUUU	**Chausson** symphony in B♭ op20 1m 2t
*DUUUU	DDURD	UUUUD	**Fauré** quartet for piano/strings in Cmi op15 4m 3t
*DUUUU	DDUUU	UDDUU	**Chopin** étude in Bmi op25/10 intro
*DUUUU	DDUUU	UDUDD	**Bach** Two part inventions/5 in E♭, Clavier BWV776
*DUUUU	DDUUU	UDUUD	**Mozart** sonata for organ/orch in C K329
*DUUUU	DR		**Bruckner** symphony/3 in Dmi 2m 2t
*DUUUU	DRU		**Wagner** Götterdämmerung: Siegfried's funeral 4t
*DUUUU	DRUDU	UUU	**Bach** Minuet in G, A M Bach notebook BWV Anh114
*DUUUU	DRUUU	RDU	**Beethoven** sonata/10 for violin/piano in G op96 2m
*DUUUU	DUDDD	DDDD	**Wallace** Maritana: overture 5t
*DUUUU	DUDDD	DDDUD	**Bach** Motet/3 jesu meine Freude/4 Denn das Gesetz
*DUUUU	DUDDD	DDUDD	**Schumann** piano concerto in Ami op54 3m 1t
*DUUUU	DUDDD	URUDD	**Wagner** Tannhäuser Act I: Dir töne Lob!
*DUUUU	DUDDR	DDUDU	**Prokofiev** violin concerto/2 op63 3m 2t
*DUUUU	DUDDU	UDDDD	**Haydn** string quartet/81 in G op77/1 1m 2t
*DUUUU	DUDUD	DD	**Brahms** intermezzo in E, piano op116/4
*DUUUU	DUDUD	UD	**Tchaikovsky** Swan lake 1m intro
*DUUUU	DUDUD	UDUDU	**Bach** Partita/2 in Cmi, Clavier: Rondeau BWV826
*DUUUU	DUDUU	UUDUD	**Wagner** Siegfried III: Ewig war ich, ewig bin ich
*DUUUU	DUUDD	UUUDU	**Bach** Cantata/51 Jauchzet Gott/1
*DUUUU	DUUDU	URDDD	**Ravel** Tzigane, violin/orch 4t
*DUUUU	DUUDU	UUDDU	**Elgar** Introduction & Allegro for str q'tet/orch
*DUUUU	DUUUD	DUDDU	**Wagner** Die Meistersinger III: prel 2t [op47 1t
*DUUUU	DUUUU	UDDDD	**Chopin** mazurka/39 op63/1
*DUUUU	DUUUU	UDDDR	**Berlioz** Requiem/9b Hosanna
*DUUUU	DUUUU	UDU	**Bruckner** symphony/5 in B♭ 4m 3t
*DUUUU	DUUUU	UR	**Bizet** Carmen Act III Card song: En vain
*DUUUU	RDDR		**Chopin** scherzo in E op54 3t
*DUUUU	RDDUD		**Puccini** Madame Butterfly Act I: Dammi ch'io baci
*DUUUU	RDUUU	DDDDD	**Wagner** Tannhäuser Act II: march 2t
*DUUUU	RRRUD	UUDDD	**Bach** Christmas oratorio/41: Ich will nur dir
*DUUUU	RUDDD	DURUD	**Mozart** piano sonata/9 in D K311 1m 2t
*DUUUU	RUDRU	DUUDU	**Mendelssohn** Hebrides overture (Fingal's Cave) op26
*DUUUU	RUDUU	DDUUD	**Handel** Messiah: Thou art gone up on high [3t
*DUUUU	UDDDD	UUDDU	**Thomas Arne** harpsichord sonata/1 in F, allegro

*DUUUU	UDDDD	UUUUU	**Khachaturian** piano concerto in D♭ 2m intro
*DUUUU	UDDDR	DUUUU	**Holst** Perfect fool, ballet op39: Spirits of water
*DUUUU	UDDDU	DUUD	**Bliss** A colour symphony 1m 1t
*DUUUU	UDDDU	UDDRD	**Chopin** piano concerto/1 in Emi op11 1m 2t
*DUUUU	UDDDU	UUUUD	**Beethoven** Prometheus overture 2t
*DUUUU	UDDUD	DRUUD	**Mahler** symphony/2 in Cmi 5m 5t
*DUUUU	UDDUD	DUDDU	**Elgar** symphony/1 in A♭ op55 2m 1t or 3m 1t
*DUUUU	UDDUD	DUDUD	**Erik Satie** 3 Morçeaux en forme de poire: Prolon-
*DUUUU	UDDUD	DUUUU	**Richard Strauss** Don Quixote op35 5t(a) [gation
*DUUUU	UDDUD	UDUDU	**Mozart** Cassation/1 in G K63 6m menuetto
*DUUUU	UDDUU	DDDDU	**John Ireland** Concertino pastorale, str orch 1m 2t
*DUUUU	UDDUU	UUUDU	**Ponchielli** Dance of the hours 2t
*DUUUU	UDRDD	DDURU	**Ambroise Thomas** Raymond overture 3t
*DUUUU	UDRDD	DUUUU	**Elgar** Dream of Gerontius pt 2: Angel's theme
*DUUUU	UDRUD	UUUUU	**Mendelssohn** octet in E♭ op20 3m 2t
*DUUUU	UDRUU	DU	**Schubert** symphony/3 in D 3m 2t D200
*DUUUU	UDUDD	DDDDD	**Bach** Partita/2 in Dmi solo violin, gigue BWV1004
*DUUUU	UDUDD	DUUU	**Mozart** Serenade in D K250 'Haffner' 1m 2t
*DUUUU	UDUDR	UDDDD	**Bach** Motet/3 Jesu meine Freude/7 So aber Christus
*DUUUU	UDUDU	DDUDU	**Telemann** suite for flute/strings in Ami 2m 1t
*DUUUU	UDUDU	DRD	**Mozart** Figaro Act I chorus: Giovanni liete
*DUUUU	UDUDU	DUDUU	**Dvořák** piano quintet in A op81 3m
*DUUUU	UDUUU	DDDDU	**Bruckner** symphony/7 in E 1m 1t(a)
*DUUUU	UDUUU	DUDDD	**Bach** organ concerto/1 in G 2m BWV592
*DUUUU	UDUUU	UUDUU	**Schumann** piano quintet in E♭ op44 1m 2t
*DUUUU	UDUUU	UUDUU	**Mozart** symphony/34 in C K338 3m 1t
*DUUUU	UDUUU	UUUUR	**Wagner** Die Meistersinger Act III quintet: Selig wie
*DUUUU	URDDD	UUUDU	**Wagner** Die Meistersinger: overture 4t [die Sonne
*DUUUU	URDRU	DUDDD	**Bach** French suite/2 in Cmi: Air BWV813
*DUUUU	URDUD	UUUUU	**Offenbach** Tales of Hoffmann Act IV: J'ai le bonheur
*DUUUU	URRDR	DUUUR	**Vivaldi** concerto for 2 violins/orch in Ami 3m
*DUUUU	UUDDD	DDRU	**Mendelssohn** Wedding march op61/9 3t
*DUUUU	UUDDD	DUURU	**Brahms** Mit vierzig Jahren (song) op94/1
*DUUUU	UUDDD	DUUUD	**Bach** Brandenburg concerto/3 in G 3m BWV1048
*DUUUU	UUDDD	RDDDU	**MacDowell** piano concerto/2 1m 1t
*DUUUU	UUDDD	RURUR	**Mozart** concerto/2 for horn/strings in E♭ K417 1m 2t
*DUUUU	UUDDD	UDUDD	**Haydn** symphony/7 in C 1m intro
*DUUUU	UUDDD	URRDR	**Berlioz** Les Troyens Act I: Dieux protecteurs
*DUUUU	UUDDD	UUUUD	**Mahler** symphony/2 in Cmi 3m 1t
*DUUUU	UUDDR	DUUUU	**Prokofiev** Alexander Nevsky/2 Song about A Nevsky 2t
*DUUUU	UUDDR	UDDDD	**Berlioz** Les Troyens Act I: March & hymn
*DUUUU	UUDDU	DDDDD	**Wallace** Maritana: overture 1t
*DUUUU	UUDDU	DDUDD	**Berlioz** Carnival Romain overture 4t
*DUUUU	UUDDU	DRUDD	**Wagner** Die Meistersinger Act I: Da zu dir
*DUUUU	UUDDU	UDDD	**Elgar** Serenade for string orch op20 3m
*DUUUU	UUDDU	UUUUD	**Bruckner** symphony/7 in E 4m 1t
*DUUUU	UUDRD	UUDDU	**Hubay** Poème hongrois for violin/orch op27/9 2t
*DUUUU	UUDUD	DDDRU	**Brahms** quintet for piano/strings in Fmi op34 1m 4t
*DUUUU	UUDUD	DDUUU	**Mozart** symphony/33 in B♭ K319 1m 1t
*DUUUU	UUDUD	UUUDD	**Bach** Cantata/17 Wer Dank opfert/3 Herr, deine Güte
*DUUUU	UUDUU		**Richard Strauss** Also sprach Zarathustra 6t
*DUUUU	UUDUU	DU	**Berlioz** Harold in Italy 4m 2t
*DUUUU	UURDD	DDDD	**Mozart** symphony/35 in D K385 'Haffner' 3m 1t
*DUUUU	UUUDD	DDDUD	**Brahms** Vier ernste Gesänge/4: Wenn ich mit Men-
*DUUUU	UUUDD	UUUUD	**Erik Satie** Parade ballet: Rag-time parade [schen
*DUUUU	UUUR		**Chopin** Andante spianato & Polonaise in E♭ op22 1t
*DUUUU	UUUUD	DDDDD	**Tchaikovsky** symphony/3 in D op29 4m 1t

*DUUUU	UUUUD	DDDUU	**Mahler** sym/1 in D 1m 1t (same tune as next entry)
*DUUUU	UUUUD	DDDUU	**Mahler** Lieder eines fahrenden Gesellen/2 Ging heut' Morgen
*DUUUU	UUUUD	U	**Mendelssohn** piano concerto/1 in Gmi op25 1m 1t
*DUUUU	UUUUU	DDDDU	**Grieg** Lyric pieces, piano op43/1: Butterfly
*DUUUU	UUUUU	DDUUD	**Mozart** sonata piano 4 hands in F K497 1m intro
*DUUUU	UUUUU	URDUD	**Schubert** symphony/1 in D 1m 1t(a) D82
*DUUUU	UUUUU	UURRD	**Bach** Italian concerto, Clavier, 3m 1t BWV971

*RDDDD	DDDDU	DDDUU	**Dvořák** trio piano/violin/cello Emi op90 'Dumky' 1m
*RDDDD	DDDRR	RUDRU	**Mendelssohn** symph/3 Ami op56 'Scotch' 2m 2t [1t(b)
*RDDDD	DDDRU	UUUDU	**Beethoven** piano sonata/15 in D 'Pastoral' op28
*RDDDD	DDDUU	UURRU	**Nielsen** Irmelin Rose (song) [1m 1t
*RDDDD	DDUDU	DDDDD	**J Strauss Jr** Wine, women and song/3
*RDDDD	DDUDU	URDDD	**Bach** Magnificat in D/8: Deposuit, deposuit
*RDDDD	DDURD	DDDDD	**Poulenc** Mouvement perpetuel/1, piano
*RDDDD	DDURD	RDRDR	**Borodin** symphony/2 in Bmi 2m 1t(b)
*RDDDD	DDUUD	DDDDD	**Bach** A M Bach notebk: Gedenke doch (song) BWV509
*RDDDD	DDUUD	DUUDD	**Bach** suite for cello solo in C, courante BWV1009
*RDDDD	DUDUU	DDDDD	**Handel** harpsichord suite/3 in D 1m allemande
*RDDDD	DURDD	DDDU	**Haydn** string quartet/49 in D op50/6 'The Frog' 4m
*RDDDD	DUUDD	UDUUU	**Handel** harpsichord suite/8 3m courante [2t
*RDDDD	DUUUD	UDUUU	**Mozart** symphony/31 in D K297 'Paris' 2m 2t
*RDDDD	DUUUU	UUDRD	**Handel** Messiah: He shall feed his flock
*RDDDD	RUDDU	RUDDU	**Tchaikovsky** symphony/2 in Cmi 4m 2t
*RDDDD	UDDDD	UUD	**Handel** harpsichord suite/4 in Emi 3m courante
*RDDDD	UDDDD	UUDUR	**Mahler** symphony/9 4m 1t
*RDDDD	UDDDU	DDDD	**Berlioz** Le spectre de la rose (song) op7/2
*RDDDD	UUDDD	DUUUD	**Handel** harpsichord suite/4 in Emi 2m allemande
*RDDDD	UUDDD	DUUUU	**Elgar** Dream of Gerontius pt 2: To us His elder
*RDDDD	UUUDD	UUUUD	**Bach** Cantata/78/1 Jesu, der du meine Seele BWV78
*RDDDD	UUUDD	DUUUD	**Bach** Motet/3/1 Jesu, meine Freude
*RDDDD	UUUUD	UUUU	**Verdi** Requiem: Libera me
*RDDDD	UUUUU	DDUUU	**Grieg** Lyric pieces, piano op54/4 Notturno 1t
*RDDDR	DDDDD	DDDD	**Beethoven** string quartet/11 in Fmi op95 3m
*RDDDR	DRDD		**Bach** organ fantasia in G 2m BWV572
*RDDDR	DRRRU	UDDDU	**Schubert** Im Frühling (song) D882
*RDDDR	UUUUU	DURDR	**Handel** Largo from Xerxes (instr'l arrangement)
*RDDDR	UUUUU	UUDDD	**Beethoven** symphony/6 in F 'Pastoral' 2m 2t
*RDDDU	DDDDU	DDDDU	**Massenet** Scènes Alsaciennes IV 1t
*RDDDU	DDDDU	U	**Mendelssohn** Hymn of praise: Erzählet op52/3
*RDDDU	DDDRU	DUDDD	**Wagner** Lohengrin Act I: O fänd ich Jubel
*RDDDU	DDURD	DDUDD	**Dvořák** string quintet in E♭ op97 2m 1t
*RDDDU	DDUUD	DD	**R Strauss** Ach Lieb, ich muss nun scheiden (song)
*RDDDU	DDUUU	UDDDU	**César Cui** Orientale, violin/piano op50/9 [op21/3
*RDDDU	DRDDD	UURDD	**Beethoven** piano sonata/18 in E♭ op31/3 4m t(a)
*RDDDU	DRUUR	DDDUU	**Bach** English suite/6 in Dmi, courante BWV811
*RDDDU	DUDUR	RDDDU	**Ibert** Escales, orch, 1m Rome - Palermo 1t
*RDDDU	DURDR	UDUUD	**Bach** French suite/1 in Dmi, courante BWV812
*RDDDU	DUUDD	DURU	**Schubert** Die schöne Müllerin/19 Der Müller und
*RDDDU	DUURU	DU	**John Ireland** The Sally Gardens (song) [der Bach
*RDDDU	DUUUU	DD	**Mozart** Deutsche Tänze/6, orch K600
*RDDDU	DUUUU	UDDUR	**Haydn** symphony/85 in B♭ 'La Reine' 4m
*RDDDU	DUUUU	UUUDD	**Bach** suite for cello solo in G 2m BWV1007

*RDDDU	RDDDU	DUDUD	**Prokofiev** Lieutenant Kije, orch 2m 3t
*RDDDU	RDDDU	RDDDD	**Suppé** Morning, noon & night in Vienna, overture 4t
*RDDDU	RDDDU	RDDRU	**Berlioz** Les Troyens Act IV: Ballet music A
*RDDDU	RDDDU	RDURD	**Tchaikovsky** symphony/6 in Bmi 'Pathétique' 4m 2t
*RDDDU	RUDDD	D	**de Falla** Canciòn 'Por traidores'
*RDDDU	RURDD	DRUDD	**Bach** English suite/2 in Ami, Sarabande BWV807
*RDDDU	UDDDU	DDDUD	**Schubert** string quintet in C 4m 1t D956
*RDDDU	UDDRU	UUUUU	**Mendelssohn** Elijah: Woe, woe unto them
*RDDDU	UDDUU	D	**Mozart** Deutsche Tänze/3, orch K602 1t
*RDDDU	UDRUD	DDDUU	**Dvořák** symphony/4 in Dmi op13 2m
*RDDDU	UDUDD	DUUD	**Mozart** piano concerto/23 in A K488 2m 2t
*RDDDU	URDUU	RRRRD	**Bach** Cantata/51 Jauchzet Gott/4 Sei Lob und Preis
*RDDDU	URUDD		**Mozart** quintet for clarinet/strings in A K581 3m 1t
*RDDDU	UUDDD	DUDU	**Bach** Cantata/212 'Peasant'/22 Und dass ihr's alle
*RDDDU	UUDDD	URDD	**Schubert** Die schöne Müllerin/9 Des Müllers Blumen
*RDDDU	UURDD	DUURD	**Beethoven** piano sonata/21 C op53 'Waldstein' 3m
*RDDDU	UURDD	UDUU	**Prokofiev** Alexander Nevsky/7 A's entry into Pskov 3t
*RDDDU	UURRR	DDUDD	**Louis Bourgeois** Old hundredth (hymn)
*RDDDU	UUUDD		**Mozart** Deutsche Tänze/6 K600 orch
*RDDDU	UUUDU	DD	**Delibes** Le Roi l'a dit, overture 2t
*RDDDU	UUURR	DURRD	**Ravel** Tzigane, violin/orch 3t
*RDDDU	UUUUU	UDDDD	**Hindemith** Trauermusik (for George V of England) 4m
*RDDRD	DDRRD	RUDDU	**Waldteufel** Estudiantina waltzes/4 1t
*RDDRD	DDUUU	D	**Mozart** piano sonata/10 in C K330 1m
*RDDRD	DDUUU	URDDU	**Mahler** symphony/9 in D 2m 3t
*RDDRD	DRDDD	DDUDD	**Franck** Prélude, chorale & fugue: fugue, piano
*RDDRD	DRDDD	RUDRU	**Vaughan Williams** Concerto accademico vln/str orch
*RDDRD	DRDDR	DDRDD	**Grieg** piano concerto op16 1m intro [in Dmi 3m 1t
*RDDRD	DRDDR	DUDDU	**J Strauss Jr** O schöner Mai/2 2t
*RDDRD	DRDUD	URDDD	**Wagner** Die Meistersinger Act I: Aller End' ist doch
*RDDRD	DURRR	R	**Mozart** sonata in F, piano 4 hands K497 1m [David
*RDDRD	DUUUD	UDUD	**Delibes** La source: Danse Circassienne 1t
*RDDRD	RDDRU	UDUUD	**Percy Grainger** Country gardens (trad) arrangement
*RDDRD	UDUUD	DDRDU	**Schubert** Die Winterreise/3 Gefror'ne Tränen
*RDDRD	URDDR	DURUU	**J Strauss Jr** Thousand and one nights/1 1t
*RDDRD	URDDR	DURUU	**John Wilbye** Sweet honey-sucking bees (madrigal)
*RDDRD	URDDR	RRUUU	**Nielsen** symphony Det Uudslukkelige (the inextingui-
			shable) 1m, theme after fig 4
*RDDRD	URDDU	DDD	**Debussy** Images: Iberia 2m 3t
*RDDRD	URDUU	DDDDD	**Wagner** Parsifal Act II: Amfortas! Die Wunde!
*RDDRR	DDRRU	UUU	**Schubert** piano sonata in B♭ 1m 2t D960
*RDDRR	DDUDR	DDDRU	**Mozart** Die Zauberflöte Act I: Zum Leiden
*RDDRR	DRUD		**Liszt** Mazeppa, Transcendental étude/4, piano 1ty 2,2t
*RDDRR	DURDD	UR	**Schubert** symphony/1 in D 4m 1t D82
*RDDRR	DUUDU	RUDDD	**Richard Strauss** Allerseelen (song) op10/8
*RDDRR	DUUDU	UUUDU	**Schubert** Die Winterreise/19 Täuschung
*RDDRR	RDDUR	DDDDU	**P von Klenau** Liebeslied (song)
*RDDRR	RDUUR	DRRDD	**Tosti** Ideale (song)
*RDDRR	RRUDD	DRRRR	**Puccini** La fanciulla del West Act II: Or son sei mesi
*RDDRR	RURDD	DRU	**Mozart** Mass/19 (Requiem) K626: Rex tremendae
*RDDRR	RURRD	UDD	**Wagner** Tannhäuser Act III: Inbrunst im Herzen
*RDDRU	DDDDR		**Puccini** Turandot Act I trio: Non v'è in China
*RDDRU	DRDDR	DDRUU	**Dvořák** quartet for piano/strings in E♭ op87 3m 1t
*RDDRU	RDDRU	RDDRD	**Beethoven** piano concerto/1 in C op15 3m 1t
*RDDRU	RRDDU	RDURD	**Beethoven** piano sonata/13 in E♭ op27/1 1m 1t
*RDDRU	RRRRU	DDURR	**Berlioz** La damnation de Faust pt 4: Nature immense
*RDDRU	UDDRU	URUUR	**Anonymous** Farewell to the piano, formerly attrib-
			uted to Beethoven

*RDDRU	UDURD	DUU	**Sullivan**	Pirates of Penzance Act I: Oh! men of dark
*RDDRU	URDDR	UURDR	**Verdi**	La forza del Destino III: Compagni, sostiamo
*RDDRU	URDDR	UUUDU	**Paderewski**	Minuet op14/1 piano
*RDDRU	UUDUR	DUUUD	**Mascagni**	L'Amico Fritz Act II: Suzel, buon d
*RDDUD	DDDUU	UDDDD	**Schubert**	string quintet in C 3m 2t D956
*RDDUD	DDUDD	RURDD	**Richard Strauss**	Aus Italien: Neapolitan 3t
*RDDUD	DDUUU	DUDUU	**Hindemith**	organ sonata/2 1m 1t
*RDDUD	DDUUU	UDDUU	**Chopin**	posthumous étude/2 in D♭
*RDDUD	DRDDU	UDDD	**Britten**	Peter Grimes: first interlude, Dawn
*RDDUD	DRDDU	D	**Liszt**	Liebestraum/2 piano
*RDDUD	DRUUU	RDUUU	**Beethoven**	piano sonata/13 in E♭ op27 3m
*RDDUD	DUDDD	DDUUD	**Berlioz**	La damnation de Faust pt 3: Merci, doux
*RDDUD	DUUDU	DD	**R Strauss**	Winterweihe (song) op48/4 [crépuscule
*RDDUD	RDDUD	RRDUR	**Meyerbeer**	Les Huguenots Act II: O beau pays
*RDDUD	RDDUD	RRRUU	**Mozart**	string quartet/22 in B♭ K589 1m
*RDDUD	RDDUR	RDDRR	**Beethoven**	string quartet/2 in G op18/2 2m 2t
*RDDUD	RRDUD	RDDUD	**Grieg**	Mélodie op47/3 piano
*RDDUD	RRRDR		**Hugo Wolf**	Auch kleine Dinge (song)
*RDDUD	RURDD	UDDU	**Elgar**	The Kingdom: The sun goeth down
*RDDUD	RUUUU	UUURU	**Berlioz**	Les Troyens Act V: Adieu fière cité
*RDDUD	UDDUD	DUD	**Mozart**	Ah, lo previdi (aria) K272 2t andantino
*RDDUD	UDDUD	DUDDD	**Chopin**	étude in E♭mi op10/6
*RDDUD	UDRDD	UUDUU	**Granados**	La maja dolorosa/3 De aquel majo
*RDDUD	UDUDD	DUUUD	**Stravinsky**	Petrushka: Ballerina et Maure 2t(b)
*RDDUD	UUDDD		**Mozart**	Abendempfindung (song) K523
*RDDUD	UUDRU	RDD	**Verdi**	Requiem: Quid sum miser
*RDDUD	UUUDD	RRRU	**Sibelius**	symphony/2 in D 2m 2t
*RDDUD	UUUUD	UDR	**Puccini**	La Bohème Act I: Mi piaccion quelle cose
*RDDUR	DDDDU	DUDUD	**Dvořák**	symphony/6 in D op60 4m 2t
*RDDUR	DDUDD	UDDUD	**Grieg**	symphonic dances/2 2t
*RDDUR	DDURD	DURD	**Beethoven**	symphony/9 in Dmi 'Choral' 4m 2t
*RDDUR	DDURR	RUDDD	**Lalo**	symphonie espagnole, violin/orch op21 3m 1t
*RDDUR	DDUUU	UUDD	**Beethoven**	symphony/9 in Dmi 'Choral' 4m 4t
*RDDUR	DRDDD	DDUDR	**Josef Suk**	Serenade for strings E♭ op6 3m 2t
*RDDUR	DRDUR	RUDDU	**Berlioz**	Béatrice & Bénédict Act I: Je vais le voir
*RDDUR	DUDUD	UU	**William Byrd**	The carman's whistle, harps'd FVB58
*RDDUR	DURDD	DUR	**Mozart**	Idomeneo Act III: Se colà ne' fati è scritto
*RDDUR	DURDD	URD	**Suppé**	Poet & peasant overture 3t
*RDDUR	RDDUD	DDUD	**Charles Ives**	Ann Street (song)
*RDDUR	RDUUR	RDDUR	**Beethoven**	piano sonata/27 in Emi op90 1m
*RDDUR	RRRDD	UDUDU	**Handel**	concerto grosso in F op3/4 1m
*RDDUR	RRRRD		**Hugo Wolf**	Wie lange schon war immer (song)
*RDDUR	RRURD	DDRUR	**Chopin**	The return home (17 Polish songs/15)
*RDDUR	UDDDD	RDRUR	**Mozart**	Divertimento for string trio in E♭ K563 4m
*RDDUR	UDUUR	UDDDD	**Schubert**	sonata for violin/piano in A 3m D574
*RDDUR	UURRD		**Verdi**	Aida Act I: I sacri nomi di padre
*RDDUU	DDDDD	UUUDD	**Rossini**	Il barbiere di Siviglia II: Zitti zitti
*RDDUU	DDDDU	RDDUU	**Tchaikovsky**	Romance in Fmi op5 piano 1t
*RDDUU	DDDDU	RDUDD	**Bach**	St John Passion/5 Dein Will' gescheh'
*RDDUU	DDDUD	URURD	**Reynaldo Hahn**	D'une prison (song)
*RDDUU	DDURD	DUDDR	**J C Bach**	concerto for Clavier/strings in E♭ op7/5 2m
*RDDUU	DDUUU	UUDDD	**Schumann**	Erstes Grün (song) op35/4
*RDDUU	DRDRU	UDU	**Beethoven**	symphony/6 in F 'Pastoral' 5m 3t
*RDDUU	DRRUU	URRUU	**Tchaikovsky**	Marche Slave op31 orch. 3t
*RDDUU	DRUDD	UDDUD	**Donizetti**	Lucia di Lammermoor I: Cruda funesta
*RDDUU	DUDDR	UUURD	**Handel**	oboe concerto/3 in Gmi 3m

*RDDUU	DUDRD	DUUDU	**Handel** Acis and Galatea: As when the dove
*RDDUU	DUDUD	UDU	**Brahms** quintet clarinet/strings Bmi op115 1m 2t
*RDDUU	DUDUU	DDUUU	**Rimsky-Korsakov** Capriccio espagnol: Gypsy song
*RDDUU	DUDUU	RUUUU	**Tchaikovsky** violin concerto in D op35 1m 1t
*RDDUU	DURDU	DDDUR	**Mozart** Cosi fan tutte Act II: Il core vi dono
*RDDUU	RDDDD	DUUUR	**Schubert** Moments musicaux/1 in C piano D780
*RDDUU	RDDRR	DDDRD	**Wagner** Lohengrin Act I: Des reinen Arm
*RDDUU	RDDUU	RDDUU	**Grieg** symphonic dances/3 op64
*RDDUU	RDURD	RUDDD	**Hugo Wolf** Schlafendes Jesuskind (song)
*RDDUU	RUURD	D	**Leoncavallo** Pagliacci: No! Pagliaccio non son
*RDDUU	UDDDD	DUUD	**Bach** Partita/6 for Clavier in Emi, courante BWV830
*RDDUU	UDDDU	DDUUU	**Bach** suite for cello solo in G 3m BWV1007
*RDDUU	UDDDU	RDDUU	**Mozart** string quartet/22 in B♭ K589 4m
*RDDUU	UDRDD	UUUUU	**Gounod** Funeral march of a marionette, orch 1t
*RDDUU	UDRDU	URDDD	**Spontini** La Vestale Act II: O Nume tutelar
*RDDUU	UDRRD	DUUUD	**Mozart** Cosi fan tutte Act I: Ah, guarda sorella
*RDDUU	URDDU	DUDUD	**Brahms** Intermezzo in E♭mi op118/6 piano 2t
*RDDUU	URDDU	UUUU	**Tchaikovsky** Soldiers' march, piano op39/5
*RDDUU	URRRU	DDDUD	**Dvořák** symphony/9 in Emi 'New World' 1m 3t
*RDDUU	UUDUD	UDRUD	**Bizet** L'Arlésienne suite/2: minuetto
*RDDUU	UUUDD	DUD	**Bizet** Les pêcheurs de perles: Je crois entendre
*RDDUU	UUUUD	UUUUD	**Elgar** Introduction & Allegro for str quartet/orch 3t
*RDRDD	DUDRU	RURUD	**Haydn** symphony/88 in G 4m
*RDRDD	DUUUR	DUDDD	**Brahms** sonata clar or vla/piano in Fmi op120 2m
*RDRDD	RDDDR	URDRD	**Elgar** Dream of Gerontius pt2 Jesu, by that shudd'ring
*RDRDD	RDDRD	RUURU	**Beethoven** An die ferne Geliebte (song) op98/5
*RDRDD	RRDRD		**Wagner** Tannhäuser Act III: Wie Todes Ahnung
*RDRDD	RUDDD	UUUUU	**Berlioz** Romeo et Juliette pt 4: Pauvres enfants
*RDRDD	RUDRU	RRU	**Sullivan** Yeomen of the Guard Act II: Hark! What
*RDRDD	UDDRU	UUDUU	**Bartok** violin concerto/1 2m [was that, Sir?
*RDRDD	UDRDR	DDUDD	**Grieg** Sigurd Jorsalfar, orch op56 2m Borghild's
*RDRDD	UDRRU	DUDDD	**Puccini** Tosca Act I: Te Deum [dream
*RDRDD	UDRUU	UDDDD	**Purcell** Dido & Aeneas: In our deep vaulted cell
*RDRDD	UDURD	RDUDD	**Schubert** Wer nie sein Brot (song)
*RDRDD	UUDRU	DDR	**Wagner** Tannhäuser Act II: Der Unglücksel'ge
*RDRDD	UURUR	DRDDU	**Brahms** Serenade in D, orch op11 5m 2t
*RDRDD	UUUUD	RUUUD	**Mahler** Das Lied von der Erde: Der Abschied
*RDRDR	DDRUR	DDDRD	**Schumann** Dichterliebe op48/8: Und wüssten's die
*RDRDR	DRURD	RDRDU	**Mozart** Figaro II finale: Ah, signore [Blumen
*RDRDR	DRURD	RDRRR	**Tartini** The devil's trill, violin/piano 4m 1t
*RDRDR	DRURD	RURD	**Elgar** Light of life: As a spirit
*RDRDR	DRUUD	UUU	**Schubert** quintet piano/strings in A 'Trout' 3m 2t D667
*RDRDR	DUDDD	UDUDU	**Sibelius** symphony/6 in Dmi 4m 1t
*RDRDR	DUUDD	DDD	**J Strauss Jr** Roses from the South/4 2t
*RDRDR	DUURD	RDR	**Sullivan** Pirates of Penzance I: Stay we must not lose
*RDRDR	RRDUU	RDRDR	**Debussy** symphonic suite, Printemps 2m 2t
*RDRDR	RRRUD	UDUD	**Verdi** Un ballo in maschera Act I: E lui è lui
*RDRDR	RUDDD	DUDRU	**Haydn** Nelson mass: Et incarnatus
*RDRDR	URDRD	RURDD	**Franck** Messe solonnelle op16: Panis angeli-
*RDRDR	URDRD	RURDR	**Rossini** La boutique fantasque 1m 3t [cus
*RDRDR	URDRU	RURDR	**Vivaldi** concerto bassoon/str/cembalo Emi 2m P137
*RDRDR	URURU	RUDDU	**Sullivan** Iolanthe Act II: If we're weak enough
*RDRDR	UUDDD	RRRRU	**Mozart** symphony/36 in C K425 'Linz' 3m 1t
*RDRDR	UUURD	RD	**Beethoven** trio piano/vln/cello in B♭ op97 'Archduke'
*RDRDR	UUUUU	UDDDU	**Haydn** symphony/92 in G 3m trio [3m
*RDRDU	DDDDD	DDDD	**Shostakovich** Two pieces from string octet/1 prel 2t
*RDRDU	DRURR	RRUUU	**Schubert** Die Winterreise/9 Irrlicht

*RDRDU	DRUUD	DUUUD	**Mozart** sonata for 2 pianos in D K448 2m
*RDRDU	DURDR	DUD	**Menotti** The medium: Mother, mother
*RDRDU	DUUUU	UDUDU	**Schumann** piano sonata/2 in Gmi op22 4m 1t
*RDRDU	RDUDU	UUDDD	**Liszt** Hungarian rhapsody/9 E♭ 'Carnival in Pesth' 2t
*RDRDU	RRRDD	RDRDR	**Brahms** trio piano/vln/cello in C op87 4m 2t
*RDRDU	UDDRU	RDRDU	**Tchaikovsky** Serenade for strings in C op48 4m 1t
*RDRDU	UUDRR	UURUD	**Berlioz** Benvenuto Cellini Act II: A tous penchés and overture 2t
*RDRRD	DRRRU	RRRRU	**Mozart** Cosi fan tutte Act II: Tutti accusan le donne
*RDRRD	DUUD	DDUUU	**Bach** English suite/3 in Gmi prelude BWV808
*RDRRD	RDUUR	DURUD	**Mozart** Die Zauberflöte Act I: Bei Männern
*RDRRD	RRDDU	UDDDU	**Brahms** Intermezzo in E, piano op116/6
*RDRRD	RRDRU	RRDRD	**Mahler** Ablösung im Sommer (song)
*RDRRD	RRUDU	UDDDU	**Mozart** string quartet/17 in B♭ 'Hunt' 1m
*RDRRD	RRURR	U	**Anonymous** Kol Nidre, 16th century synagogue song
*RDRRD	RRUUU	UDRDR	**Schumann** Wanderlied (song) op35/3
*RDRRD	RURDR	DR	**Vaughan Williams** symphony/8 1m 3t
*RDRRD	UUDUU	UUUDD	**Shostakovich** sonata for cello/piano op40 2m 1t
*RDRRR	DRUDU	UD	**Charles Ives** Charlie Rutlage (song)
*RDRRR	DRUUU	DDDUR	**Schubert** Die Winterreise/5 Der Lindenbaum
*RDRRR	RRRRR	UDDUD	**Stravinsky** Petrushka: Danse Russe 2t
*RDRRR	RRUDR	DRRRD	**Mussorgsky** Boris Godunov Act IV: Farewell my son
*RDRRR	URRRD	RRRRR	**Schumann** Faschingsschwank aus Wien, piano op26 1m 3t
*RDRRR	URRRU	RUDDU	**Beethoven** trio piano/vln/cello Cmi op1/3 3m 1t
*RDRRR	URURD	RRRUU	**Sullivan** Patience Act II: Sing 'Hey to you'
*RDRRR	UURRR	UURRR	**Rossini** Il barbiere di Siviglia: overture intro
*RDRRU	DDDDD	DUUU	**Mozart** Mass in Cmi K427: Quoniam tu solus
*RDRRU	DDUUU	DRDR	**Ravel** Rapsodie espagnole 1m
*RDRRU	DRDRU	RDRRU	**Delius** Twilight fancies (song)
*RDRRU	RDDU		**Schubert** piano sonata in B♭ 2m D960
*RDRRU	RDRRU	DUD	**Schumann** Dem rothen Röslein (song) op27/2
*RDRRU	UDRRR	DDUUR	**Schubert** Die Winterreise/23 Die Nebensonnen
*RDRRU	UUDDD	UDDD	**Mahler** symphony/8/II gerettet ist das edle Glied
*RDRRU	UUDUD		**Schubert** Deutsche Tänze, piano D783/7
*RDRUD	DDDRU	RUDDU	**Brahms** piano concerto/2 in B♭ op83 4m 1t
*RDRUD	DRDUU	DD	**Wagner** Lohengrin Act I Elsa's dream: Einsam
*RDRUD	DRURD	RUDDR	**Offenbach** Gaieté Parisienne: con brio theme
*RDRUD	RDUUR	RDDDR	**Mozart** Vars (on a theme of Gluck) piano K455
*RDRUD	RUUDD	DD	**Schubert** Der Schiffer (song) D536
*RDRUD	UDUUD	URUUD	**Handel** Messiah: But thanks be to God
*RDRUD	UUDDD		**Alfvén** Midsommarvarka ('Swedish rhapsody') 3t
*RDRUD	UUDUR	UUDDU	**Elgar** The pipes of Pan (song)
*RDRUD	UUURD	RUDUU	**Schumann** Dichterliebe/1 op48 Im wunderschönen
*RDRUR	DRDRD	RDR	**Erik Satie** Gnossiennes/3 piano [Monat Mai
*RDRUR	DRDRD	URDDR	**Haydn** symphony/26 in Dmi 3m menuet
*RDRUR	DRRUU	RR	**Gounod** Sappho: O ma lyre immortelle
*RDRUR	DRUDD	DDDDD	**Prokofiev** Classical symphony 1m 2t
*RDRUR	DRURD	RURDR	**Rossini** La boutique fantasque 5m Can-can 1t
*RDRUR	DRURD	UDUDR	**Mozart** Don Giovanni I finale: Presto, presto
*RDRUR	DRURD	UUDDU	**Orff** Carmina Burana 1m Semper crescis
*RDRUR	DRURU	DDUUR	**Grieg** sonata violin/piano in Cmi op45 3m 1t
*RDRUR	DRURU	DUDUD	**Mozart** piano concerto/25 in C K503 3m
*RDRUR	DRURU	RURDR	**Saint-Saëns** symphony/3 in Cmi op78 1m 1t
*RDRUR	DUDUU	UDU	**Purcell** Indian Queen: By the crooking
*RDRUR	DURRR	URRD	**Schumann** Dichterliebe/11 Ein Jüngling liebt
*RDRUR	DURUR	DRD	**Bartok** 3 Burlesques op8c/2 'A bit drunk'

*RDRUR	DUUDD	RURDU	**Schumann** symphonic études/6 in C#mi op13 piano
*RDRUR	UDDRU	RUDDD	**Prokofiev** Music for children: march
*RDRUR	UDRDU	UUDDU	**Liszt** Hungarian rhapsody/13 in Ami, piano 1t
*RDRUR	UURD		**Wagner** Tristan und Isolde Act II: Einsam wachend
*RDRUU	DRDDU	UUDDU	**Stravinsky** violin concerto in D 4m intro
*RDRUU	DRDRU	UDRUU	**Grieg** Peer Gynt suite/2 1m 2t
*RDRUU	RDUDD	RUUU	**Delius** sonata/2 for violin/piano 3t
*RDRUU	RRDDU	RRUUD	**Handel** Acis & Galatea: O didst thou know
*RDRUU	UDDRD	RU	**Mozart** quintet clarinet/str in A K581 4m
*RDRUU	UDDUU	DDUDU	**Mozart** Mass/19 Dmi (Requiem) K626 Requiem
*RDUDD	DDUDU	DDDDU	**Bach** Partita/2 in Dmi solo violin, courante
*RDUDD	DDUUD	DD	**Paganini** violin concerto/2 3m 2t [BWV1004
*RDUDD	DDUUU		**Liszt** Les préludes, symphonic poem/3 2t
*RDUDD	DUDDD	DUUU	**Mozart** string quartet/18 in A K464 1m
*RDUDD	DUDUU	RDRD	**Debussy** Chansons de Bilitis/2 La chevelure
*RDUDD	DURRU	RDUUD	**Berlioz** Te Deum/2 Tibi omnes (vocal line)
*RDUDD	DUUDD	DDDDU	**Handel** sonata/flute/fig bass in G op1/5 4m
*RDUDD	DUUDR	UDDDD	**Bizet** 'Roma' symphony 3m 1t
*RDUDD	RDDRD	UUUUU	**Berlioz** Romeo et Juliette: Juliette's funeral
*RDUDD	RDURD	DUUDD	**Mahler** symphony/3 in Dmi 3m 1t
*RDUDD	RRDRR	UUUDD	**Vaughan Williams** Flos campi 4m 2t
*RDUDD	RRUUU	DDR	**Verdi** La Traviata II gypsies' chorus: Noi siamo
*RDUDD	RUDDD	DDUU	**Orlando de Lassus** Justorum animae [zingarelle
*RDUDD	UDDDD	UUUDU	**Paul Lacome** Estudiantina (song, better known as the Waldteufel waltz arrangement)
*RDUDD	UDDUU	DRDDU	**Mozart** Divertimento in F K138 3m
*RDUDD	UDDUU	DRDUU	**Auber** Fra Diavolo overture 2t
*RDUDD	UDDUU	UDD	**Beethoven** symphony/4 in B♭ 4m 3t
*RDUDD	UDRUD	D	**Mendelssohn** Venetian gondola song op57/5
*RDUDD	UDUUD	UDDRU	**Schubert** octet in F 4m theme & variations D803
*RDUDD	UDUUD	UUUDU	**Mozart** string quartet/15 in Dmi K421 2m
*RDUDD	URDRU	RDUUR	**J Strauss Jr** Die Fledermaus III: O Fledermaus
*RDUDD	UURRU	DDDUU	**Wagner** Parsifal III Amfortas's prayer: Mein Vater!
*RDUDD	UUUDR	R	**Tchaikovsky** Hamlet, fantasy overture 1t
*RDUDR	DDURD	DUUDU	**Beethoven** string quartet/2 in G op18/2 3m 1t
*RDUDR	DUDDU	RD	**Thomas Campian** Never weather-beaten sail (song)
*RDUDR	DUDRD	UDUDU	**Milhaud** Scaramouche 3m
*RDUDR	DUDRD	URDUD	**Debussy** Children's Corner: Golliwog's cake walk 2t
*RDUDR	DUDUD	DUDDU	**Hubay** Poème hongrois, violin/orch op27/9 1t
*RDUDR	DURDD	UDDUD	**Handel** concerto grosso in Gmi op6/6 5m
*RDUDR	RDDDU	RRDDD	**Liszt** valse oubliée, piano 2t
*RDUDR	RDUDU	UUDUU	**Weinberger** Schwanda the bagpiper: fugue
*RDUDR	RRDUR	URRDU	**Carlo Gesualdo** O vos omnes, motet
*RDUDR	URUDU	UDUUD	**Mozart** Mass/19 in Dmi (Requiem) K626 Kyrie eleison
*RDUDR	UUDR		**Hugo Wolf** Wie soll ich fröhlich sein (song)
*RDUDR	UUUUU	UUU	**Mozart** Rondo in Ami for piano K511
*RDUDU	DDRDD	RDDDU	**Berlioz** Les Troyens Act I: Du Roi des dieux (Trojan
*RDUDU	DDUDD	DUUDU	**Brahms** trio piano/vln/cello in B op8 3m 2t [march]
*RDUDU	DDURD	UDUDU	**Richard Strauss** Burleske, piano/orch 1t
*RDUDU	DDURD	UDUDU	**Bach** English suite/5 in Emi, prelude BWV810
*RDUDU	DDURR	UDDUU	**John Bartlet** Of all the birds...Philip my sparrow
*RDUDU	DDUUU	DUUUU	**Elgar** Wand of Youth suite op1a: Fairy pipers
*RDUDU	DRUDR	UDDDD	**Rossini** William Tell Act IV: Asile héréditaire
*RDUDU	DRUUD		**Mendelssohn** symphony/4 in A op90 'Italian' 1m 3t
*RDUDU	DUDDR	DUDUD	**Mozart** violin concerto/3 G K216 1m 1t solo entry
*RDUDU	DUDRD	UDUDU	**Liszt** Hungarian rhapsody/6 in D♭, piano 1t
*RDUDU	DUDRD	UDUDU	**Mozart** violin concerto/3 in G K216 1m

81

*RDUDU	DUDUD	DUD	**Handel** Concerto grosso in A op6/11 2m
*RDUDU	DUDUD	DUUD	**Verdi** Aida, Dance of the Moorish slaves
*RDUDU	DUDUU	DDRDD	**Sullivan** Ruddigore Act II: There grew a little
*RDUDU	DUDUU	UDUUD	**Bach** Partita/3 in E solo violin, minuet BWV1006
*RDUDU	DUDUU	UUDUD	**Dvořák** Carnaval overture op92 1t
*RDUDU	DURRD	UDUDU	**Suppé** Pique Dame overture 1t
*RDUDU	DUUDU	DDUDD	**Wagner** Die Meistersinger Act III: O Sachs!
*RDUDU	DUURR	DUDUD	**Handel** concerto grosso in F op6/2 2m
*RDUDU	DUUUD	DDUDU	**Brahms** quartet piano/strings in A op26 1m 1t
*RDUDU	RDRRR	DUDUR	**Chabrier** Marche joyeuse 1t
*RDUDU	RDUDU	DD	**Bartok** Bagatelle op2 piano
*RDUDU	RDUDU	DUDU	**Mozart** Divertimento in D K334 2m
*RDUDU	RDUDU	RDDUU	**Mozart** piano concerto/9 in E♭ K271 2m
*RDUDU	RRRDD	DDRD	**Beethoven** Fidelio Act I: Leb' wohl du warmes
*RDUDU	RUDDD	UDDD	**Verdi** Il trovatore Act III: Ah si, ben mio
*RDUDU	UDUUU	DU	**Tchaikovsky** violin concerto in D op35 3m 1t
*RDUDU	URDUD	R	**Ravel** l'enfant et les sortilèges: Fire song
*RDUDU	URRDU	RUDUD	**Mozart** flute concerto/2 D (oboe C) K314 1m intro
*RDUDU	UUDDR	DUDUU	**de Falla** Three-cornered hat, ballet: Jota 3t
*RDUDU	UUDDU		**Richard Strauss** Das Geheimnis (song) op17/3
*RDUDU	UURDR	DUDUU	**Borodin** symphony/2 in Bmi 1m 2t
*RDUDU	UURRU	DDUUD	**Schubert** piano sonata in Cmi 2m 1t D958
*RDUDU	UUUUU	UDDUU	**Erik Satie** 3 morçeaux en forme de poire/2, piano
*RDUDU	UUUUU	UUDUU	**Mozart** flute concerto/2 D (oboe C) K314 1m fl entry
*RDURD	DDDUU	DUDDD	**Millöcker** Der Bettelstudent: Ich knüpfte manche
*RDURD	DDUDR	DURDD	**Tchaikovsky** Nutcracker suite: Russian dance
*RDURD	DUUDD	UUUUU	**Mozart** piano sonata/15 in C K545 3m
*RDURD	DUUUD	D	**Schubert** Moments musicaux/6 in A♭ 1t D780
*RDURD	RRDRU	R	**Lortzing** Zar und Zimmermann Act III: Sonst spielt
*RDURD	UDRDU	RDUDD	**Bruckner** symphony/4 in E♭ 1m 3t [ich
*RDURD	UDRRR	URRD	**Schumann** Die Stille (song) op39/4
*RDURD	UDRUD	URDUD	**Louis Daquin** La guitarre, for harpsichord
*RDURD	UDUDU	DUDUD	**Roussel** Sinfonietta 3m 1t
*RDURD	UDURU	UDURU	**Mozart** Cosi fan tutte Act I: La mia Dorabella
*RDURD	URDDD	DURDD	**Boccherini** cello concerto in B♭ 3m
*RDURD	URDDD	URRDU	**Mozart** Die Zauberflöte Act I: Zu Hülfe! zu Hülfe!
*RDURD	URDDR	D	**Bach** Well-tempered Clavier Bk II: prel/12 BWV881
*RDURD	URDDR	DDUDR	**Clementi** piano sonata Gmi 'Didone abbandonata' 3m
*RDURD	URDDU	RDU	**Mozart** Figaro Act I: Non più andrai
*RDURD	URDRU	RDDUU	**Fauré** Requiem: Kyrie
*RDURD	URDUD		**Mozart** Deutsche Tänze/1 K509
*RDURD	URDUD	UDU	**Rimsky-Korsakov** Russian Easter Festival ov 4t
*RDURD	URDUR	D	**Beethoven** symphony/8 in F 1m 4t(a)
*RDURD	URDUR	DDUUU	**Brahms** symphony/2 in D 3m 3t
*RDURD	URDUR	DURDD	**Debussy** La mer 3m 1t
*RDURD	URDUR	DURDU	**Khachaturian** Gayaneh ballet: The young Kurds 1t
*RDURD	URDUU	U	**Verdi** Il trovatore Act III: All'armi! All'armi
*RDURD	URUDD	RDRRU	**Mozart** Cosi fan tutte Act II: E amore un ladroncello
*RDURD	UUDUD	D	**Verdi** I Lombardi Act II: Se vano
*RDURD	UURUD	RDURD	**Bach** Sheep may safely graze (from cantata/208) accompaniment theme, 2 flutes
*RDURD	UUUDU	UDRUD	**Schubert** Rosamunde: ballet/2 D797
*RDURD	UUURD	DRDUU	**Nielsen** symphony Det Uudslukkelige (The inextinguishable) 2m 1t
*RDURR	DDDDR	RURDD	**Sullivan** Pirates of Penzance Act I: Oh, better far
*RDURR	DDRDU	UDDDD	**Purcell** Dido & Aeneas Act I: Ah! Ah! Ah! Belinda
*RDURR	DUDD		**Liszt** piano concerto/2 in A 2t (Grove 125)

```
*RDURR  DUDUU  UDU     J Strauss Jr  Der Zigeunerbaron Act II: Mein Aug'
*RDURR  DURDD  DUDRD   Wagner  Lohengrin I: Gegrüsst du gottgesandter Held
*RDURR  RDURR  RDUUD   Jessel  Parade of the tin (wooden) soldiers 1t
*RDURR  RDURR  UUUDR   Chopin  piano sonata in Cmi op4 3m
*RDURU  DRDRD  RDU     Mozart  piano concerto/19 in F K459 3m 1t
*RDURU  DUDUU  UUUDD   Wagner  Die Meistersinger Act I: Am stillen Herd
*RDURU  RDURR  DDUDD   Purcell  Retir'd from any mortal's sight (King
*RDURU  RUUUD  DRDDU   Dvořák  symphony/7 in Dmi op70 4m 2t [Richard II)
*RDUUD  DDDUU  UURRU   Mozart  Deutsche Tänze/2 K605
*RDUUD  DDRDU  UDU     Elgar  Land of hope and glory - setting of Pomp &
                               circumstance march/1 2t see DUUDD DDUUD UUUUU
*RDUUD  DDUDD          Verdi  I Lombardi Act II: La mia letizia
*RDUUD  DDUDR  DRDRU   Ravel  Tzigane, violin/orch intro cadenza
*RDUUD  DDURD  UDDUU   Bach  Vater unser im Himmelreich, chorale BWV737
*RDUUD  DDUUR  DUUDU   Massenet  Scènes pittoresques IV 1t
*RDUUD  DRDUD  DURDU   Erik Satie  Pièces froides/1 Airs à faire fuir/2
*RDUUD  DRDUD  RDD     Verdi  I Lombardi Act II: O madre     [piano
*RDUUD  DRDUR  DDDUU   Bach  Cantata/78 Jesu der du/7 Herr, ich glaube
*RDUUD  DRRDD  UUUU    Bizet  Carmen Act III Michaela's aria: Je dis que rien
*RDUUD  DUDUU  UDURR   Rossini  Semiramide overture 1t
*RDUUD  DUDUU  UDUUU   Wagner  Siegfried Act I: Es sangen die Vöglein
*RDUUD  DURDD  DDUU    Saint-Saëns  Samson et Dalila Act I: Maudite à jamais
*RDUUD  DUUDD  D       Brahms  Hungarian dances/2 in Dmi, piano 4 hands 1t
*RDUUD  DUUDD  DUDDU   Beethoven  piano sonata/19 in Gmi op49/1 2m 2t
*RDUUD  DUUDD  URDUU   Fauré  Dolly suite, piano 4 hands: berceuse
*RDUUD  DUUDD  UUDUD   J Strauss Jr  Der Fledermaus: overture 4t
*RDUUD  DUURD  UDDUU   Berlioz  L'Enfance du Christ/1 O mon cher fils
*RDUUD  RDDDU  DRDDU   Brahms  sonata for violin/piano in A op100 1m 4t
*RDUUD  RDDUR  UDR     Giordano  Andrea Chenier Act IV: Come un bel d
*RDUUD  RDUDU  DUDDD   Mozart  string quartet/1 in G K80 2m
*RDUUD  RDUDU  DUDUD   Mozart  piano concerto/12 in A K414 3m 1t
*RDUUD  RDUUD  UDUUD   Mozart  sonata for violin/piano in G K379 2m
*RDUUD  RRRDU  UD      Sullivan  Patience Act I: And everyone will say
*RDUUD  RURDU  UDDUU   Corelli  concerto grosso in Gmi 'Christmas' 3m
*RDUUD  UDDDU  DRDUD   Bach  O Jesulein süss, o Jesulein mild (song) BWV493
*RDUUD  UDDUU  RDURU   Dvořák  Rusalka: O silver moon
*RDUUD  UDR           Brahms  Ballade in Dmi op10/1 piano 1t
*RDUUD  UDUDR  DUUDU   Bach  Partita/1 in B♭ for Clavier: prelude BWV825
*RDUUD  UDUUU  UDDDR   Dvořák  quartet piano/strings in D op23 3m 1t
*RDUUD  URUUD  UDDDU   Bach  Cantata/189 Meine Seele rühmt/3 Gott hat
*RDUUD  UUDUU  DUUDU   Chopin  prelude/19 op28
*RDUUD  UUUDD          Brahms  Ein deutsches Requiem: So seid nun
*RDUUD  UUUDR  DUU     Sullivan  Yeomen of the Guard II: A man who would
*RDUUR  DDUDU  URDDU   Beethoven  piano sonata/28 in A op101 2m     [woo
*RDUUR  DDURD  RDUDR   Ravel  trio for piano/violin/cello 2m
*RDUUR  DRUDU  UDD     Verdi  Il trovatore Act II: Il balen
*RDUUR  DUDRD  UDDD    Debussy  Images: Gigues 2t
*RDUUR  DUDRD  UUDDU   Ravel  Le tombeau de Couperin: Forlane 2t
*RDUUR  DUUDR  DDDRR   Mozart  sonata/24 for violin/piano K376 2m
*RDUUR  DUURD  UURDU   Mozart  Variations on an allegretto in B♭ K500 piano
*RDUUR  RDDUD  RRDUU   Puccini  Turandot Act I: Non piangere
*RDUUR  RDURD  URDDR   Haydn  cello concerto in D op101 3m 2t
*RDUUR  RRRUD  DR      J Strauss Jr  Die Fledermaus Act I: Täubchen
*RDUUR  RRUUU  UURDR   Boccherini  cello concerto in B♭ 1m cello entry
*RDUUR  RUURR  DDUDU   Bach  Partita/2 in Cmi, Clavier: prelude BWV826
*RDUUR  UUDDD  DDR     Brahms  Ein deutsches Requiem: Herr, lehre doch mich
*RDUUU  DDDRR  DUUUD   Bach  Cantata 68/2 My heart ever faithful
```

83

*RDUUU	DDRDU	DDUUR	**Ravel** trio for piano/violin/cello 1m
*RDUUU	DDRDU	UU	**Vaughan Williams** On Wenlock Edge (song)
*RDUUU	DDURR	DDU	**Schubert** piano sonata/21 in B♭ 1m 1t D960
*RDUUU	DDUUU	DDUDD	**Grieg** piano concerto in Ami op16 2m 1t
*RDUUU	DRDUD	DUD	**Sullivan** Iolanthe, Good-morrow, good mother
*RDUUU	DRDUU	UDRDU	**Mozart** sonata/19 for violin/piano K404 2m
*RDUUU	DRUDR	UDUDU	**Verdi** Nabucco Act I: Tremin gl'insani
*RDUUU	DUDDU	RDUUU	**Glinka** Capriccio brilliant on the Jota Aragonesa 1t
*RDUUU	DUDDU	UDUDD	**Bach** Nun komm der Heiden Heiland, choral
*RDUUU	DURRD	UUUDU	**Mahler** symphony/2 Cmi 2m 1t [prelude BWV659
*RDUUU	DURRR	DUUUD	**Verdi** Il trovatore Act II: Condotta ell'era
*RDUUU	RDUDD	DDUUU	**Mozart** Don Giovanni Act II: Sola, sola
*RDUUU	RDUDD	UDUD	**Liszt** Consolation/3 piano
*RDUUU	RDUUU	DUUDD	**Leopold Mozart** Toy symphony 1m 2t (not by Haydn)
*RDUUU	RDUUU	RDRD	**Beethoven** symphony/2 in D 1m 1t
*RDUUU	RDUUU	URUUD	**Schumann** Faschingsschwank aus Wien op26 piano
*RDUUU	RDUUU	UUDUU	**Schubert** symphony/2 in B♭ 1m 1t D125 [1m 1t
*RDUUU	RUDDR	DU	**Delibes** Le Roi s'amuse: Pavane
*RDUUU	RUDDR	DUDRD	**Warlock** Capriol suite: Pavane
*RDUUU	UDDDR	RRDUU	**Sibelius** The tryst (song) op37/5
*RDUUU	UDDDU	DDRDU	**Scarlatti** harpsichord sonata in E Kp206
*RDUUU	UDDRD	D	**Shostakovich** cello concerto/1 in E♭ op107 2m 3t
*RDUUU	UDDRD	DDRDD	**Lalo** Le Roi d'Ys: overture 2t
*RDUUU	UDDDU	DUUUD	**Bach** suite/1 in C, orch: courante BWV1066
*RDUUU	UDDUU	UUUDD	**Shostakovich** symphony/1 in Fmi op10 4m 1t
*RDUUU	UDUDD	UDDUD	**Bach** French suite/1 in Dmi minuet/2 BWV812
*RDUUU	UDUDD	UUDDD	**Dvořák** cello concerto in Bmi op104 3m 2t
*RDUUU	UDUDU	RRDUU	**Rimsky-Korsakov** Mlada ballet 1t
*RDUUU	UDUUD	U	**Mozart** Divertimento in F K247 5m
*RDUUU	URDUU	RUDDR	**Beethoven** piano sonata/11 in B♭ op22 2m
*RDUUU	UUDDD	DUUUD	**Mahler** Ich atmet' einem linden Duft (Rückert song)
*RDUUU	UUDUD	DUUUD	**Yradier** La paloma
*RDUUU	UURDU	DUDDU	**Mozart** fugue in Cmi for piano duo K426
*RDUUU	UURDU	DUDDU	**Mozart** (Adagio &) fugue for strings in Cmi K546
*RDUUU	UUURD	UUUUU	**Haydn** symphony/85 in B♭ 'La Reine' 1m intro
*RDUUU	UUUUD	DRRRD	**Berlioz** Requiem/4: Rex tremendae
*RRDDD	DDDDR		**Liszt** piano sonata in Bmi 1t
*RRDDD	DDDDR	UDDUR	**Shostakovich** symphony/9 5m 2t
*RRDDD	DRUDD	URR	**Sullivan** Iolanthe Act I: Nay tempt me not
*RRDDD	DUDDD	DDDDU	**Berlioz** Requiem/1a: Requiem aeternam
*RRDDD	DUDDD	UUDUU	**Purcell** Trumpet tune in D (not J Clarke's voluntary)
*RRDDD	DURRU	RRRUU	**Brahms** sonata/1 for violin/piano in G op78 1m 1t
*RRDDD	DUUD		**Liszt** Faust symphony 2m 3t
*RRDDD	DUUDR	DUUDD	**Suppé** Light Cavalry overture 3t(b)
*RRDDD	DUUUD	DUDDU	**Litolff** piano 'concerto symphonique' op102 scherzo
*RRDDD	RDDDU	RURRD	**Mozart** Ah, lo previdi (aria) K272 1t allegro
*RRDDD	RDRRR	RURU	**Schumann** Fantasy in C op17 piano 1m 1t
*RRDDD	RRRDD	DDUUU	**Rimsky-Korsakov** Le coq d'or, suite 2m
*RRDDD	RRRRD	DDURR	**Verdi** string quartet in Emi 1m 2t
*RRDDD	RRRUD	URRUD	**Wagner** Lohengrin Act III: Das süsse Lied verhallt
*RRDDD	RUUUU	RDDD	**Kodály** Háry János: Gyiytottam
*RRDDD	UDDDD	UURDD	**Mahler** symphony/6 in Ami 4m brass theme at bar 49
*RRDDD	UDDDU	DDDUR	**Mozart** symphony/41 in C K551 'Jupiter' 4m 2t
*RRDDD	UDRUD	RUUDU	**Weber** Der Freischütz I: Hier im ird'schen Jammer-
*RRDDD	UDRUR	RDDRD	**Offenbach** Gaieté Parisienne: valse lente/2 [thal
*RRDDD	UDUDR	DUUDD	**Dufay** La belle de siet

*RRDDD	UDUUR	RDDDU	**de Falla** concerto harps'd/chamber orch in D 3m 1t
*RRDDD	UDUUU	UUDUD	**Mozart** Serenade in D K320 2m
*RRDDD	URURR	UDD	**Schumann** Auf dem Rhein (song) op51/4
*RRDDD	UUDUD	DUUDU	**Brahms** sonata clar or vla/piano in Fmi op120/1 4m
*RRDDD	UUUDD	DUU	**Liszt** Hungarian rhapsody/12 in C♯mi piano 2t
*RRDDD	UUUDU	DD	**Tchaikovsky** The seasons op37/11 November 2t
*RRDDD	UUUDU	RR	**Bach** Partita/1 in B♭ for Clavier: Sarabande BWV825
*RRDDD	UUURU	DD	**Bach** St Matthew Passion/3 Herzliebste Jesu
*RRDDR	DDDUR	UUUDD	**Mendelssohn** Andante & rondo capriccioso: rondo 2t
*RRDDR	DDRDD	D	**Mendelssohn** trio/1 piano/vln/cello in Dmi op49 2m 2t
*RRDDR	DDRDD	RDDRR	**Mendelssohn** symphony/3 in Ami op56 'Scotch' 1m 2t
*RRDDR	DDUUD	URRDD	**Beethoven** sonata/7 violin/piano in Cmi op3Ø2 2m
*RRDDR	DRRRU	DURRR	**Berlioz** Requiem/2 Tuba mirum
*RRDDR	DURDD	RURD	**Wagner** Die Walküre Act II: Der alte Sturm
*RRDDR	DURRD	DRD	**J Strauss Jr** Emperor waltz/2
*RRDDR	DUUDU	UUUUU	**Liszt** Hungarian rhapsody/5 in Emi, piano 1t
*RRDDR	RDDRR	DUDD	**Mendelssohn** sym/5 in D op107 'Reformation' 2m 1t
*RRDDR	RDDRR	URDRD	**Beethoven** trio vln/cello/piano B♭ 'Archduke' 1m 2t
*RRDDR	RDDRU	DDRDD	**Tchaikovsky** sym/6 Bmi op74 'Pathétique' 2m 2t [op97
*RRDDR	RDURR	DDRR	**Bach** Motet/3 Jesu meine Freude/8a Gute Nacht
*RRDDR	RDURR	UDRR	**Sullivan** The Mikado II: Mi-ya-sa-ma, mi-ya-sa-ma
*RRDDR	RRRRD	DRRRU	**Beethoven** sonata/6 violin/piano in A op30/1 2m
*RRDDR	RRUDR	UUUUD	**Mozart** Cosi fan tutte II: Una donna a quindici anni
*RRDDR	URRDR	URR	**Beethoven** Missa solemnis: Kyrie 1t
*RRDDR	URRUU	DURRD	**Beethoven** trio 2 oboes/cors anglais op87 minuet 2t
*RRDDR	UURRR	RDDRU	**de Falla** 4 piezas españoles: Montañesa 2t
*RRDDR	UUUDD	RUUDD	**Sibelius** Pelléas et Mélisande: Pastorale op46
*RRDDU	DRRRD	DUDRR	**Franck** quintet piano/strings Fmi 2m 2t and 3m 2t
*RRDDU	DUDUU	DUDUU	**Elgar** violin concerto in Bmi op61 1m 1t(b)
*RRDDU	DURD		**Bruckner** symphony/3 in Dmi 4m 1t
*RRDDU	DURRU	URRUR	**Beethoven** sextet in E♭ op71 rondo
*RRDDU	RDURD	URDRU	**J Strauss Jr** Tritsch-tratsch polka 2t
*RRDDU	RRDDU	DDUDD	**Khachaturian** Gayaneh ballet: Lezghinka
*RRDDU	RRDDU	RRUDD	**Verdi** Ernani Act III: O sommo Carlo
*RRDDU	RRDDU	UD	**Tchaikovsky** symphony/2 in Cmi op17 1m 2t
*RRDDU	RRDRR	DDRRR	**Mozart** string quartet/1 in G K80 4m
*RRDDU	RRRDD	UUDDD	**Grieg** Holberg suite op40 4m Air
*RRDDU	RUUDR	R	**Puccini** Manon Lescaut Act I: Donna non vidi mai
*RRDDU	RUUDR	UDDUD	**Rimsky-Korsakov** Russian Easter Festival overture
*RRDDU	UDDDD	UDU	**Vaughan Williams** symphony/9 in Emi 3m 2t [1t
*RRDDU	UDDDD	UDUUU	**John Dunstable** O rosa bella
*RRDDU	UDDDU	RRDDU	**Elgar** Chanson de matin op15/2 orch
*RRDDU	UDRDD	UUDRD	**Waldteufel** Skaters waltz/3 2t
*RRDDU	UDURR	DDUUD	**Sullivan** Patience Act I: Twenty lovesick maidens we
*RRDDU	UDUUU	UUUUD	**Haydn** symphony/85 in B♭ 'La Reine' 2m
*RRDDU	URDDU	UDDUD	**Sullivan** Pirates of Penzance I: When Fred'rick was
*RRDDU	URUU		**Beethoven** Rondo in C op51/1 piano
*RRDDU	URUUU	RRUDD	**Schubert** symphony/2 in B♭ 2m D125
*RRDDU	UUDDD	DURRU	**Bach** suite/6 in D for cello solo: gavotte BWV1012
*RRDDU	UUDRD	UUU	**Bach** prelude in Cmi, organ BWV546
*RRDDU	UUDUR	RDDUR	**Handel** sonata 2 fl or 2 vlns/fig bass op2/2 2m
*RRDDU	UUDUU	UD	**Froberger** suite/10 in Ami
*RRDDU	UURUD	DRUUU	**Bach** St John Passion: O grosse Lieb'
*RRDDU	UURUD	DRUUU	**Bach** St Matthew Passion/55 Wie wunderbarlich
*RRDDU	UUUUD	UUUDU	**Mozart** concerto for flute/harp in C K299 2m
*RRDRD	DRDDU	UUUUU	**Scarlatti** harpsichord sonata Kp202
*RRDRD	DURRR	D	**Gluck** Orfeo ed Euridice Act II: Che puro ciel

*RRDRD	DURUD	DDDUR	**Dvorak** Gypsy songs op55/3 Rings ist der Wald
*RRDRD	DUUUD	UUU	**Hindemith** Kleine Kammermusik 5m 3t
*RRDRD	RDDDU	DDRDD	**Berlioz** Romeo et Juliette: Allegro (Capulets' Ball)
*RRDRD	RDDU		**Hugo Wolf** Ich liess mir sagen (song)
*RRDRD	RDRDR	DUUDR	**Tchaikovsky** symphony/1 in Gmi op13 1m 1t(b)
*RRDRD	RRUDR	RRDR	**Schubert** impromptu/3 in B♭ piano D935
*RRDRD	RRURU	RDU	**Schumann** Dichterliebe/16 Die alten bösen Lieder
*RRDRD	RUDRU	RUR	**Schumann** Dichterliebe/10 Hör' ich das Liedchen
*RRDRD	UDUUD	URDDD	**Dvořák** quintet piano/strings in A op81 4m 2t
*RRDRR	DDUUD	RRUDU	**Brahms** symphony/4 in Emi op98 3m 1t(b)
*RRDRR	DRDRR	RURD	**Liszt** Missa choralis: Agnus Dei
*RRDRR	DRRDR	RURRU	**Chopin** posthumous étude/3 in A♭
*RRDRR	DRRRD	URRUR	**Verdi** Falstaff Act II: Quand' ero paggio
*RRDRR	DRRUR	DRDUD	**Jannequin** La guerre (song)
*RRDRR	DRRUR	RURRU	**Verdi** Aida: ballet 1t
*RRDRR	DRRUR	RURUD	**Max Bruch** Kol Nidrei (trad) violin/piano 1t
*RRDRR	DRURR	UDDRR	**Chabrier** España 1t
*RRDRR	DRURR	UDDRR	**Waldteufel** España waltz/1 1t (same tune as Chabrier)
*RRDRR	DUUDR	URRDR	**Schubert** string quartet/13 in Ami 2m D804
*RRDRR	DUUDR	URRDR	**Schubert** Rosamunde entr'acte D797 (same tune)
*RRDRR	RRRDR	RRRDR	**Verdi** La forza del Destino Act II: Il santo nome di Dio
*RRDRR	UDDDD	UUUD	**Sullivan** Princess Ida: If you give me your attention
*RRDRR	UDRDD	UU	**Hugo Wolf** Das verlassene Mägdlein (song)
*RRDRR	URRDD	DD	**Mozart** sextet in F K522 'Ein musikalischer Spass' 4m
*RRDRR	URRDR	RURRD	**Schumann** (Adagio &) Allegro for piano/horn op70
*RRDRR	URRUD	DUDR	**Shostakovich** The golden age, ballet 2t
*RRDRU	DURDR	DUDDU	**Handel** oboe concerto/1 in B♭ 1m
*RRDRU	RDDUR	DRURR	**Handel** organ concerto in F op4/4 2m
*RRDRU	RDRUU	DRDDU	**Sullivan** Iolanthe I: The law is the true embodiment
*RRDRU	RRDRR	UDDRU	**J Strauss Jr** Der Zigeunerbaron: overture 4t
*RRDRU	UDDDU	RRDRU	**Dvořák** symphony/9 in Emi op95 'New World' 3m 1t
*RRDRU	URRDR	UUDRD	**Sibelius** symphony/3 in C 3m 3t
*RRDRU	UUDRD	DUUUR	**Suppé** Boccaccio (operetta)/3 Holde Schöne
*RRDRU	UURRD	RUUUD	**Grieg** Holberg suite op40 1m prelude
*RRDUD	DDRDU	DDDUD	**Berlioz** Les Troyens Act IV: Tout conspire à vaincre
*RRDUD	DDRRD	UDD	**Moszkowski** Serenade for piano op15/1
*RRDUD	DDRRU	DDUDD	**Moszkowski** ditto encoded with ornament in 4th bar
*RRDUD	DDRUD	DUDU	**Richard Strauss** Die Zeitlose (song) op10/7
*RRDUD	DDUUD	DDDUD	**Albeniz** Iberia/1 piano: Fête Dieu à Seville 1t
*RRDUD	DDURR	DUDDD	**Ippolitov-Ivanov** Caucasian sketches 3m
*RRDUD	DUDDD	DRRDU	**Haydn** symphony/93 in D 3m trio
*RRDUD	DUDDR	UUU	**Verdi** Nabucco Act II: Tu sul labbro
*RRDUD	DUDDU	UUUDD	**Lalo** Symphonie espagnole, violin/orch 3m intro
*RRDUD	DURRD	UDDDR	**Schumann** Papillons op2/8 piano
*RRDUD	DURRD	UDDUD	**Sibelius** symphony/1 in Emi 2m 1t(b)
*RRDUD	DUURR	DUDDU	**D'Indy** Le camp de Wallenstein, orch op12 1t
*RRDUD	DUURR	RDDDD	**Edward Purcell-Cochrane** Passing by (song)
*RRDUD	DUUUD		**Sibelius** The first kiss (song) op37/1
*RRDUD	RRRDU	D	**Smetana** The bartered bride Act II: Stuttering song
*RRDUD	RRRRD	UUDUR	**Schubert** piano sonata in D 3m 2t D850
*RRDUD	RUDDD	UD	**Berlioz** King Lear: overture 5t
*RRDUD	RURDD	RD	**Hugo Wolf** Gebet (song) Herr! Schicke was du willt
*RRDUD	UDDDU	UDD	**Bach** Well-tempered Clavier Bk II: fugue/5 BWV 874
*RRDUD	UDDRR	DUDUD	**Gounod** Romeo et Juliette: waltz song
*RRDUD	UDDUD	UDDUU	**Shostakovich** symphony/1 in Fmi op10 2m 2t
*RRDUD	UDDUR	R	**Chopin** étude in F op10/8 2t
*RRDUD	UDDUR	RRRRR	**Shostakovich** symphony/9 1m 2t

*RRDUD	UDRDD	D	**Mozart** Divertimento in B♭ K186 3m
*RRDUD	UDUUU	DDDDD	**Dvořák** quintet for piano/strings in A op81 4m 1t
*RRDUD	URRDU	DDRRD	**Vaughan Williams** symphony/4 in Fmi 4m 1t(b)
*RRDUD	URRDU	DURRD	**Mussorgsky** The nursery/4 Dolly's cradle song
*RRDUD	URRDU	DURRR	**Schubert** piano sonata in A 2m 2t D959
*RRDUD	URRDU	UDRRD	**Mendelssohn** violin concerto in Emi op64 3m intro
*RRDUD	UUDDR	RDUDD	**Liszt** Hungarian rhapsody/2 in C♯mi piano 1t
*RRDUD	UUDDU	DUUDD	**Poulenc** Mouvement perpétuel/3 2t
*RRDUD	UUDUD	UDUDD	**Mozart** concerto/10 for 2 pianos K365 1m 2t
*RRDUD	UUUDU	DUDDU	**Buxtehude** (Prelude, fugue and) chaconne in C, organ
*RRDUD	UUUDU	DUUDD	**Weber** Der Freischütz Act II: Kommt ein schlanker
*RRDUR	DDDUU	URRRD	**Mozart** string quartet/15 in Dmi K421 3m 1t
*RRDUR	DUDDD	UD	**Mendelssohn** violin concerto in Emi op64 1m 1t
*RRDUR	DUURR	RDURD	**Mozart** sonata for violin/piano in D K306 3m 2t
*RRDUR	DUUUU	DRDDU	**Albeniz** Iberia/2 piano: Triana 2t
*RRDUR	RDDRR	DUUDD	**Debussy** Images: Gigues 1t
*RRDUR	RDUDD	UUUDU	**Mozart** Rondo for piano/orch in D K382
*RRDUR	RDUDU	DDRRD	**Tchaikovsky** symphony/2 in Cmi 3m 2t
*RRDUR	RDUDU	RRDDD	**Bach** St John Passion/13: Wäre dieser nicht
*RRDUR	RDURR	DDDD	**Mendelssohn** sym/5 in D op107 'Reformation' 3m 6t
*RRDUR	RDURR	DRURR	**Inghelbrecht** Nurseries/3/6 Arlequin marié sa fille
*RRDUR	RDURR	DUDD	**Beethoven** string quartet in E♭ op74 'Harp' 3m
*RRDUR	RDURR	DUR	**Mozart** piano concerto/18 in B♭ K456 2m
*RRDUR	RDURR	DURRD	**Beethoven** symphony/5 in Cmi 1m 1t
*RRDUR	RDURR	DURRD	**Sullivan** HMS Pinafore Act II: Oh joy, oh rapture
*RRDUR	RDURR	RDDD	**Schubert** An mein Klavier (song) D342
*RRDUR	RDUUU	D	**Stravinsky** Petrushka: Ballerina et Maure 2t(a)
*RRDUR	RRDDU	DURRD	**Mozart** Cosi fan tutte Act I: Sento, oh Dio!
*RRDUR	RRDUD	D	**Stravinsky** Les Noces: Daigne aimable mère
*RRDUR	RRDUR	RUUUR	**Ibert** Divertissement, chamber orch, 4m waltz 1t
*RRDUR	RRRRR	DR	**John Bennet** All creatures now
*RRDUR	RRUD		**Bartok** Allegro barbaro, piano 1t
*RRDUR	UDDUD	UDU	**Rachmaninov** piano concerto/2 in Cmi 1t(b)
*RRDUR	UDUDR	RRRRR	**Mozart** Don Giovanni Act I: Madamina
*RRDUR	URRDU	D	**Vaughan Williams** symphony/9 2m 2t
*RRDUR	UUDUD	DUUUU	**Martinu** concertino for cello/piano/wind 1t
*RRDUU	DDDDU	UDDDD	**Dvořák** quintet for piano/strings in A op81 1m 2t
*RRDUU	DDDDU	UDDDD	**Brahms** sonata for violin/piano in G op78 3m 1t
*RRDUU	DDDDU	UDDDD	**Mozart** Cassation/1 in G K63 3m
*RRDUU	DDDUD	DUUUD	**Bach** Magnificat in D/5: Quia facit BWV243
*RRDUU	DDDUU		**Debussy** Images: Iberia 2m 1t
*RRDUU	DDDUU	UD	**Honegger** concertino for piano/orch 2m
*RRDUU	DDRRR	DUUDD	**Bach** English suite/6 in Dmi: Gavotte/1 BWV811
*RRDUU	DDRRR	DUUDU	**Bach** English suite/6 in Dmi: Gavotte/2 BWV811
*RRDUU	DDUDD	DUDDD	**Mendelssohn** sym/5 in D op107 'Reformation' 3m 2t
*RRDUU	DDUDD	UUDUU	**Mozart** Mass/18 in Cmi K427: Gloria
*RRDUU	DDUDU	UDDUD	**Schubert** Schwanengesang/5 Aufenthalt D957
*RRDUU	DDURR	URDDD	**Beethoven** piano sonata/2 in A op2/2 2m
*RRDUU	DDURU	RRDUU	**Richard Strauss** Don Quixote 5t(b)
*RRDUU	DDUUD	DUUU	**John Dowland** What if I never speed (song)
*RRDUU	DDUUD	UDDDU	**Mendelssohn** piano trio/2 in Cmi op66 3m 1t
*RRDUU	DDUUU	UUUUU	**Mozart** Sinfonia concertante in E♭ K297b 1m 1t
*RRDUU	DRRDU	UD	**Berlioz** Harold in Italy op16 3m 1t
*RRDUU	DUDDD	RRDUU	**Sullivan** Pirates of Penzance Act I: Climbing over
*RRDUU	DUDDR	RUURU	**Stravinsky** The rake's progress I: Love too
*RRDUU	DUDDU	DUDDD	**Bach** Mass in B minor/12 Credo/2(b) [frequently
*RRDUU	DUDUU	URRD	**Albeniz** Iberia/3: El Albaicin, piano

*RRDUU	DURDU	UDURD	**Walton** symphony/1 in B♭mi 4m 3t
*RRDUU	DUUDD	DDURR	**Richard Strauss** violin sonata in E♭ op18 3m 2t
*RRDUU	DUUDR	RRUUU	**Buxtehude** Jubilate Domino (Ugrino/19) cantata
*RRDUU	DUURD	URRDU	**Nicolai** Merry wives of Windsor: overture 5t
*RRDUU	RDDUU	RDDUU	**Offenbach** La belle Hélène: overture 1t
*RRDUU	RRDRR	DUDRR	**Sibelius** violin concerto in Dmi op47 3m 2t
*RRDUU	RRDUU	RRDU	**Waldteufel** Mein Traum waltzes/4
*RRDUU	RRDUU	RRDUU	**Mozart** Sinfonia concertante in E♭ K364 3m 1t
*RRDUU	RRUDD	RU	**Roger Quilter** Weep you no more, sad fountains
*RRDUU	RUDDU	RRDUU	**Haydn** symphony/8 in G 1m
*RRDUU	UDDDD	UD	**Dufay** Bon jour, bon mois
*RRDUU	UDDDU	DDDUD	**Bach** chorale: Ein feste Burg BWV302
*RRDUU	UDDDU	DDDUD	**Meyerbeer** Les Huguenots I: Seigneur rempart (tune:
*RRDUU	UDDRD	UUUDD	**Waldteufel** Sirenenzauber waltzes/2 [Ein feste Burg)
*RRDUU	UDDRR	DDUUR	**Brahms** symphony/3 in F op90 4m 2t
*RRDUU	UDDUD	UDDDU	**Bach** suite/1 in C, orch 2t BWV1066
*RRDUU	UDRUR	UR	**Verdi** Rigoletto Act I: Pari siamo
*RRDUU	UDUUR	DDURD	**Debussy** Nocturnes, orch: Fêtes 4t
*RRDUU	UDUUR	RDUUU	**Schubert** quintet piano/str A 'Trout' 1m 2t D667
*RRDUU	UUDDD		**Haydn** Nelson Mass: Gloria
*RRDUU	UUDDR	UDRUD	**Chopin** waltz in E♭ op18 4t
*RRDUU	UURUD	UUUUU	**J Strauss** Blue Danube waltz/5 2t
*RRDUU	UUUDU	DD	**Schumann** cello concerto in Ami op129 3m 3t
*RRDUU	UUUDU	UUUUD	**Bach** Magnificat in D/12: Gloria
*RRRDD	DDDDD	DUUUU	**Beethoven** piano sonatina in F 1m 1t
*RRRDD	DDDDU	RRD	**Mendelssohn** sym/5 in D op107 'Reformation' 3m 5t
*RRRDD	DDDRR	RRUDU	**Tchaikovsky** Nutcracker suite: March 2t
*RRRDD	DDDUR	RRUUD	**Mozart** Mass/18 Cmi K427 'Great': Benedictus
*RRRDD	DDUDD	DDUUR	**Beethoven** Missa solemnis: Credo 4t
*RRRDD	DDUDD	UDUDD	**Honegger** concertino for piano/orch 1m 2t
*RRRDD	DDUUU	DD	**Verdi** Il trovatore Act II: Chi del gitano
*RRRDD	DDUUU	UUURD	**Sibelius** Come away death (song) op60/1
*RRRDD	DRRUR	RRUDU	**Sibelius** symphony/3 in C 1m 1t
*RRRDD	DRURD	DDDRD	**Monteverdi** Chiome d'oro
*RRRDD	DUDDD	UDUUD	**John Dowland** King of Denmark's galliard, lute/str
*RRRDD	DUDDU	RRRUD	**Haydn** symphony/92 in G 1m intro
*RRRDD	DUDRU	UU	**Verdi** Aida Act III: O cieli azzurri
*RRRDD	DUDUD	DDUDD	**Mozart** flute concerto/1 in G K313 3m
*RRRDD	DUURD		**Mozart** Divertimento in C K188 1m
*RRRDD	DUUUR	DDD	**Bach** St John Passion/12: Christus, der uns selig
*RRRDD	DUUUU	UURRR	**Haydn** symphony/103 in E♭ 'Drum roll' 4m
*RRRDD	RDDUR	RRDDR	**Tchaikovsky** symphony/4 in Fmi 4m 2t
*RRRDD	RDRUD	URRRU	**Mozart** piano sonata/8 in Ami K310 1m
*RRRDD	RDUUD	DUUDD	**Liszt** Years of travel, piano: Sonnet 104 of Petrarch
*RRRDD	RRRDD	RRRDD	**Saint-Saëns** Havanaise, violin/orch op83 1t
*RRRDD	RRRUU	RRRDD	**Brahms** trio/1 for piano/vln/cello in B op8 4m
*RRRDD	RURRR	DDR	**Mozart** Cosi dunque tradisci (song) K432
*RRRDD	RUUDR	UDDRU	**Handel** sonata for flute/fig bass in G op1/5 2m
*RRRDD	UDDDU	DUUDU	**Elgar** violin concerto in Bmi 3m 2t
*RRRDD	UDDRD	U	**Monteverdi** Zefiro torno
*RRRDD	UDDUD		**Hindemith** Mathis der Maler, symphony 1m 1t(a)
*RRRDD	UDRRR	DUURR	**Elgar** Pomp & Circumstance march/2 1t
*RRRDD	UDUDD	DU	**Schubert** piano sonata in A 1m 2t D959
*RRRDD	UDUUD	URRR	**Bach** organ fugue in Dmi BWV539
*RRRDD	UDUUD	URRR	**Bach** sonata/1 for solo violin in Gmi: fugue BWV1001
*RRRDD	UDUUU	UUDUR	**Wagner** Die Meistersinger Act I: So rief der Lenz
*RRRDD	URDRR	RR	**Puccini** Tosca Act I: Sempre con fe sincera

*RRRDD	URRRD	DUU	**Vaughan Williams** On Wenlock Edge: From far
*RRRDD	URRRD	UDRRR	**Mozart** piano concerto/18 in B♭ K456 3m 1t
*RRRDD	URRRR	DDU	**Handel** Water music 13m 2t
*RRRDD	UUDDU		**Delius** Mass of Life: O du mein Wille
*RRRDD	UUDDU	RRRDD	**Ewald** symphony for brass 2m
*RRRDD	UUDDU	UDDUU	**Bizet** Carmen: Danse Bohème
*RRRDD	UUDRD	DURUU	**Vaughan Williams** symphony/3 'Pastoral' 4m 1t
*RRRDD	UUDUU	DUUDU	**Nielsen** flute concerto, a theme from 1m
*RRRDD	UURRD	DUU	**Ravel** L'enfant et les sortilèges: clock
*RRRDD	UURRR	DDUDR	**Shostakovich** symphony/5 3m 2t
*RRRDD	UURRR	UUDDR	**Bizet** Carmen: prelude 1t
*RRRDD	UUUDD	UDDDU	**Sibelius** Pelléas et Mélisande: Entr'acte
*RRRDD	UUUUD	RRRRD	**Chopin** Fantaisie in Fmi op49 2t
*RRRDR	DDUDU	DUUUD	**Bach** St Matthew Passion/67: Der du den Tempel
*RRRDR	DDURR	RDRDD	**J Strauss Jr** Artist's life/1 1t
*RRRDR	DRDRR	RURUR	**Sibelius** symphony/5 in E♭ 3m 1t
*RRRDR	DRDUR	DDDDD	**Massenet** Scènes Alsaciennes/2 1t
*RRRDR	DRRRU	DURUD	**G Gabrieli** Sonata pian' e forte, for brass 1t
*RRRDR	DRUDR	DRDRU	**Haydn** string quartet/39 in C op33 'The bird' 1m 2t
*RRRDR	DRURD	RRDDR	**Richard Strauss** Aus Italien: Neapolitan 1t(a)
*RRRDR	RDRUR	RRDDR	**Wagner** Das Rheingold: Immer ist Undank
*RRRDR	RRDRR	RDRRR	**Haydn** string quartet/76 in D op76/2 4m 2t
*RRRDR	RRRUR	RRRDR	**Mozart** Die Zauberflöte Act I: Hm, hm, hm
*RRRDR	RRUDD	DRRRD	**Donizetti** La Favorita Act IV: Spirto gentil
*RRRDR	RRUDR	RRRRR	**Wagner** Der fliegende Holländer II: Auf hohem Felsen
*RRRDR	RRURR	RDDR	**Puccini** Turandot Act III: Nessun dorma!
*RRRDR	RURRD	RRDRR	**Sullivan** Ruddigore Act I: My boy you may take it
*RRRDR	RURRD	RRURR	**Schubert** Die Winterreise/17 Im Dorfe
*RRRDR	UDURR	RDRUD	**Sullivan** The Mikado I: Three little maids from school
*RRRDR	URDRU	DRUUU	**Schubert** Die Winterreise/13 Die Post
*RRRDR	URRDR	DUUDU	**Mozart** Mass/19 in Dmi K626 (Requiem): Quam olim
*RRRDR	URRRR	UDDRU	**Rachmaninov** sonata for cello/piano in Gmi 3m
*RRRDR	UUURR	RDRUU	**Schumann** symphony/4 in Dmi op120 4m 1t
*RRRDR	UUUUD	RUUUU	**Vivaldi** concerto in Bmi op3/10 2m
*RRRDU	DDDDD	RRDUD	**Berlioz** Les Troyens: Royal Hunt and Storm 3t
*RRRDU	DDDDR	DRDUD	**Mozart** sonata for violin/piano in G K379 1m 1t
*RRRDU	DDDDR	URDRD	**Stravinsky** Petrushka: Dance of the coachmen
*RRRDU	DDDDU	UD	**Schubert** Impromptu/3 in G♭ piano D899
*RRRDU	DDDRU	RRRDU	**Sibelius** En saga op9 5t
*RRRDU	DDDUU	RU	**Richard Strauss** Der Rosenkavalier Act II: Mit Ihren
*RRRDU	DDRRR	DUD	**Sibelius** symphony/1 in Emi op39 3m 1t [Augen
*RRRDU	DDRUU	D	**Mozart** piano concerto/11 in F K413 1m 2t
*RRRDU	DDUDD	DUUDD	**Henri Rabaud** La procession nocturne 3t
*RRRDU	DDUDD	UDRDR	**Lalo** Symphonie espagnole, violin/orch 5m 2t
*RRRDU	DDUUU	RDUDD	**Sibelius** symphony/1 in Emi op39 2m 1t(a)
*RRRDU	DRDRU	RRDUD	**Gounod** Faust Act III: Salut! demeure chaste et pure
*RRRDU	DRRDU	D	**Honegger** King David, symphonic psalm 2t
*RRRDU	DRRDU	U	**Debussy** Images/2 Iberia 2m 2t
*RRRDU	DRRRD	UUR	**Hugo Wolf** Herr, was trägt der Boden hier (song)
*RRRDU	DRUUU	DDRRR	**Balakirev** Islamey, oriental fantasy for piano 1t
*RRRDU	DUDUD	UDDDR	**Schumann** string quartet in Ami op41/1 1m 2t(a)
*RRRDU	DUDUR	RRDUD	**Mozart** Deutsche Tänze/6 orch K571
*RRRDU	DURRR	DUDUD	**Bartok** Hungarian folk songs, violin/piano 2m 2t
*RRRDU	DUUDD	DDDRR	**Grieg** sonata violin/piano Gmi op13/2 1m intro
*RRRDU	DUURR	RUDDR	**Mozart** piano sonata/10 in C K330 2m 2t
*RRRDU	RDDDR	UUDD	**Haydn** string quartet/39 in C op33 'The bird' 1m 1t
*RRRDU	RDDUU	RRR	**Sullivan** Iolanthe Act II: Love unrequited robs me

*RRRDU	RDRRR	RUU	**Sullivan** Iolanthe Act II: In vain to us you plead
*RRRDU	RDUDD	DDDDD	**Mozart** piano sonata/5 in G K283 2m
*RRRDU	RDUUD	RUDUD	**Holst** The Planets op32: Mars 3t
*RRRDU	RRDDU	UUD	**Sullivan** Yeomen of the Guard Act I: Oh, Sergeant
*RRRDU	RRDUD	RDUDU	**de Falla** concerto harps'd/chamber orch in D 1m 1t
*RRRDU	RRDUR	RRDUU	**Handel** harpsichord suite/7 in G 1m 2t
*RRRDU	RRRDU	DDURR	**Mozart** Don Giovanni Act II: Eh via buffone
*RRRDU	RRRDU	RRRDU	**Mozart** symphony/24 in B♭ K182 3m
*RRRDU	RRRRU	URRRD	**Debussy** Pour le piano: prelude 1t
*RRRDU	RRRUR	RRRUR	**J Strauss Jr** Artist's life/2 1t
*RRRDU	RRUD		**Waldteufel** Immer oder Nimmer waltzes/2 1t
*RRRDU	RRUDU	D	**Purcell** Indian Queen: Ye twice ten hundred
*RRRDU	RUDDD	DUD	**Handel** harpsichord suite/3 in Dmi 5m minuet
*RRRDU	RUDDD	URUD	**Bach** Christmas oratorio/1 Jauchzet, frohlocket
*RRRDU	RUDDU	UUDUU	**Stravinsky** Les Noces: Et vous père
*RRRDU	RURRR	DURUR	**Bruckner** symphony/4 in E♭ 3m 1t
*RRRDU	RURRR	UDDDD	**Wagner** Tannhäuser Act I: Frau Holde kam
*RRRDU	RUURR	UURD	**Wagner** Die Walküre Act I: Der Männer Sippe
*RRRDU	UDDDD	UUDDR	**Verdi** Il trovatore Act II: Stride la vampa
*RRRDU	UDDDU	RRRDU	**Offenbach** Orpheus in the underworld: overture 1t
*RRRDU	UDDUD	DDDRR	**Mozart** piano concerto/22 in E♭ K482 1m 1t
*RRRDU	UDDUD	DDUUD	**Tchaikovsky** symphony/3 in D op29 3m 2t
*RRRDU	UDDUD	UUDDU	**Vaughan Williams** Flos campi 4m 1t
*RRRDU	UDDUR	RRDUU	**Tchaikovsky** Swan lake 3m: swans
*RRRDU	UDDUR	RRDUU	**Chabrier** España 3t
*RRRDU	UDDUU	UUUUR	**Sibelius** symphony/2 in D op43 3m 1t
*RRRDU	UDUDD	DDUDD	**Tartini** Devil's trill, violin/piano 3m
*RRRDU	UDUUD	URR	**Mozart** Figaro Act I: Se vuol ballare
*RRRDU	UDUUU	UUUD	**Reynaldo Hahn** Si mes vers avaient des ailes (song)
*RRRDU	URDUD	RDUUD	**Vaughan Williams** London symphony 4m 1t
*RRRDU	URRRD	UURRR	**Offenbach** Tales of Hoffmann Act IV: Chère enfant!
*RRRDU	URRRR	RUDUU	**Liszt** Les funérailles, piano 3t
*RRRDU	URUDU	D	**Bellini** Norma: overture 1t
*RRRDU	UUDDU	DDUDD	**Sibelius** symphony/6 in Dmi 3m 3t
*RRRDU	UUDDU	R	**Vaughan Williams** Sea symphony: Flaunt out O sea
*RRRDU	UUDRR	RRDUU	**Schumann** Dichterliebe/5 Ich will meine Seele
*RRRDU	UUDUD	DDU	**Ravel** Mélodies grecques: Réveille-toi
*RRRDU	UUUDD	DRUDU	**Stravinsky** Firebird: Ronde des Princesses 2t
*RRRDU	UUUDD	DURDU	**Haydn** Nelson Mass: Quoniam tu solus
*RRRDU	UUUDD	U	**Vaughan Williams** symphony/8 3m 2t
*RRRDU	UUURR		**Beethoven** string quartet/6 in B♭ op18/6 4m
*RRRDU	UUUUD	DUUUD	**Chopin** waltz in Emi (op posth.) 1t
*RRRDU	UUUUD	RRDUU	**Vivaldi** concerto for piccolo/strings in C 1m P79
*RRRDU	UUUUU	DDRRR	**Wagner** Götterdämmerung: Siegfried's funeral 1t
*RRRRD	DDDDD	DUUDU	**Bach** Magnificat in D/4 Omnes generationes
*RRRRD	DDDDU	DDDDD	**Mendelssohn** string quartet/4 in Emi op44/2 2m
*RRRRD	DDDRR	RUUUU	**Orff** Carmina Burana 8m Chramer, gip die varwe mir
*RRRRD	DDRRR	UDD	**Verdi** Don Carlos Act II: Nel giardin del bello
*RRRRD	DDUDD	DUUUU	**Schubert** Military marches/1 piano 4 hands 3t D733
*RRRRD	DDUDU		**Hugo Wolf** Du denkst mit einem Fädchen (song)
*RRRRD	DDURR	RRDDD	**Sibelius** Driftwood (song) op13/7
*RRRRD	DRRRR	R	**Waldteufel** skaters waltz/2 2t
*RRRRD	DUDRD	UUUUU	**Liszt** piano sonata in Bmi 5t
*RRRRD	DUDRU	RUDDU	**Sullivan** Pirates of Penzance Act I: For I am a pirate
*RRRRD	DUDUR	RR	**Wagner** Das Rheingold: Abendlich strahlt [King
*RRRRD	DUDUU	RRRUD	**Vaughan Williams** symphony/4 in Fmi 3t
*RRRRD	DUUDU	UDRD	**Dvořák** sonatina for violin/piano in G op100 3m

*RRRRD	DUURR	R	**Hugo Wolf** Nun wandre Maria (song)
*RRRRD	DUUUD	DDDUU	**Verdi** Requiem: Lux aerterna: Requiem aeternam
*RRRRD	RDUDR	URR	**Sullivan** The Gondoliers Act II: Here we are
*RRRRD	RRRDR	RRDUD	**Sousa** Stars and stripes march 4t
*RRRRD	RRRRD	RRRR	**Beethoven** symphony/1 in C 1m 4t
*RRRRD	RRRRU	D	**Mozart** sonata for violin/piano in Emi K304 2m 2t
*RRRRD	RRRRU	RRRRD	**Mozart** symphony/25 in Gmi K183 1m 1t
*RRRRD	RRRRU	RRRRU	**Malipiero** Impressioni dal Vero: Il picchio 1t
*RRRRD	RRRRU	RURDD	**Schubert** trio for piano/vln/cello in E♭ 1m 2t D929
*RRRRD	RRRUR	RRUDD	**Beethoven** piano concerto/4 in G 1m 1t
*RRRRD	RRURU	RRUU	**Verdi** La forza del Destino Act III: Urna fatale
*RRRRD	RRUUR	RDUDD	**Lalo** symphonie espagnole, violin/orch 1m 1t(b)
*RRRRD	RUDDD	RUDUD	**Haydn** symphony/86 in D 4m
*RRRRD	RUUDD	URRRR	**Hummel** concerto piano/vln/orch in G op17 1m 1t
*RRRRD	UDUDD		**de Falla** El amor brujo: fire dance t
*RRRRD	UDUDD	RDRUD	**Ravel** Rapsodie espagnole 4m 3t
*RRRRD	UDUDU	RRURD	**Mozart** symphony/41 in C K551 'Jupiter' 1m 1t
*RRRRD	URDDD	DRU	**Mozart** Figaro Act I: Via resti servita
*RRRRD	URRRR	RDURR	**Hummel** concerto piano/vln/orch in G op17 1m 1t
*RRRRD	URRRU	DRRRR	**Hindemith** Kleine Kammermusik op24/2 4m
*RRRRD	URURU	UDUDU	**Bach** sonata for viola da gamba/Clavier 3m BWV1029
*RRRRD	UUDDD	DRRRR	**Saint-Saëns** Carnaval des animaux: finale
*RRRRD	UUDDD	DURRR	**Mozart** symphony/39 in E♭ K543 2m 3t
*RRRRD	UUDDD	UUDDD	**Dvořák** string sextet in A op48 2m (Dumka) 1t(b)
*RRRRD	UUDDU	DRRRR	**Mozart** symphony/29 in A K201 1m 2t
*RRRRD	UUDDU	RUUDU	**Handel** Dead March from Saul
*RRRRD	UUDUR	DURD	**Ravel** Don Quichotte à Dulcinée: Chanson roman-
*RRRRD	UURDD	UURDR	**Haydn** flute concerto D (spurious) 1m [tique
*RRRRD	UURDU	URDUU	**Nielsen** flute concerto 2m 1t
*RRRRD	UURDU	UURUD	**Schumann** symphony/1 in B♭ op38 'Spring' 1m 1t
*RRRRD	UURRR	DUUUD	**Verdi** Luisa Miller Act II: Quando le sere
*RRRRD	UURRU	RUD	**Tchaikovsky** Chanson triste, piano op40/2
*RRRRD	UUUDD	DUUUD	**Honegger** piano concertino 1m 1t
*RRRRD	UUUDU	DDDUU	**Grieg** Elfin dance, piano op12/4
*RRRRD	UUUDU	UDDUU	**Thomas** Raymond overture intro
*RRRRD	UUUDU	UUDUU	**Bach** organ fugue in Emi BWV533
*RRRRD	UUURR	RRDUU	**Schumann** symphony/1 in B♭ op38 'Spring' 1m intro
*RRRRR	DDDRR	RUDDU	**Honegger** piano concertino 3m 2t
*RRRRR	DDDUD	UDUDD	**Ravel** Rapsodie espagnole 2m 1t
*RRRRR	DDDUR	RRRRU	**Schubert** string quartet/15 in G 3m 1t D956
*RRRRR	DDDUR	UDUUU	**Haydn** symphony/90 in C 1m
*RRRRR	DDRUR	UUDDD	**Wagner** Die Meistersinger Act II: Hört, ihr Leut'
*RRRRR	DDUD		**Schubert** symphony/9 in C 'Great' 3m 4t D944
*RRRRR	DDURR	RRRUU	**Paganini** caprice for violin op1/4 'Militaire'
*RRRRR	DDURR	RUDDD	**Bartok** Contrasts, violin/clar/piano 1m 2t
*RRRRR	DDURR	RUDDD	**Schubert** Schwanengesang/13 Der Doppelgänger D957
*RRRRR	DDURR	RUR	**Hugo Wolf** Blumengruss (song)
*RRRRR	DDURU	UUDDD	**Balfe** The arrow and the song (song)
*RRRRR	DDUUR	DDUUR	**Brahms** concerto violin/cello/orch Ami op102 3m 3t
*RRRRR	DDUUR	RRRRD	**Brahms** trio for piano/vln/cello in C op87 3m 1t
*RRRRR	DRDRR	DRURR	**Clementi** piano s'ta Gmi 'Didone abbandonata' 2m
*RRRRR	DRRRR	RDUDU	**Schubert** Grand Duo in C piano 4 hands 3m D812
*RRRRR	DRURD	RURDR	**Mozart** Idomeneo Act I: Tutte nel cor
*RRRRR	DRURR	RRRDD	**Bach** sonata/5 violin/Clavier Fmi 3m BWV1018
*RRRRR	DRUUR	RRRDR	**Beethoven** piano sonata/6 in F op10/2 2m 2t
*RRRRR	DUDDR	RRRDU	**de Falla** Seguidilla Murciana (song)
*RRRRR	DUDDU	UU	**Mozart** Divertimento in B♭ K287 6m

*RRRRR	DUDRD	UUDRR	**Wagner** Tannhäuser Act II: Verzeihe
*RRRRR	DURRR	RRDUD	**Haydn** Clavier concerto in D 2m 2t
*RRRRR	DURUR	RRŘUU	**Guy d'Hardelot** O love! when thou art far away (song)
*RRRRR	DUURU	DUDUD	**Inghelbrecht** Four fanfares/3, brass: Funèbre
*RRRRR	DUUUR	DRDRD	**J Strauss Jr** Tales of the Vienna Woods/3
*RRRRR	DUUUU	UUU	**Schubert** symphony/6 in G 4m 3t D589
*RRRRR	DUUUU	UUUUD	**Debussy** sonata for violin/piano in Gmi 2m 1t
*RRRRR	RDDDU	UDDDD	**Beethoven** symphony/3 in E♭ 'Eroica' 4m 3t
*RRRRR	RDDRR	UUURR	**Dvořák** symphony/7 in Dmi op70 3m 1t
*RRRRR	RDDUD	RRRRR	**Ivanovici** Donauwellen/1 2t (Waves of the Danube)
*RRRRR	RDDUU	DDUUD	**Mozart** Die Entführung I: Solche hergelauf'ne Laffen
*RRRRR	RDRDR		**Monteverdi** Lagrime d'amante/6 Dunque amate
*RRRRR	RDRRR	DRRRD	**J Strauss Jr** Thousand and one nights/1 2t
*RRRRR	RDRRR	RRRRR	**Richard Strauss** Ariadne auf Naxos: Es gibt ein Reich
*RRRRR	RDUDD	DUUUU	**Waldteufel** Estudiantina waltzes/2 1t
*RRRRR	RDUUD	DD	**Berlioz** Fantastic symphony 3m 2t
*RRRRR	RDUUU	UUUUR	**Schubert** Fantasie in C 'Der Wanderer' piano 1t D760
*RRRRR	RRDDD	UDRRR	**Saint-Saëns** piano concerto/4 in Cmi op44 2m 2t
*RRRRR	RRDDD	UDUUU	**Stravinsky** Sacre du Printemps: Adolescents 1t
*RRRRR	RRDRR	RDRRR	**Mussorgsky** Pictures from an exhibition: S Golden-
*RRRRR	RRDRR	RRRRR	**Ravel** La Valse, orch 3t [berg & Schmuyle 2t
*RRRRR	RRDRR	RRUDU	**Monteverdi** Lagrime d'amante/3 Dará la notte
*RRRRR	RRDRU	UURDR	**Mozart** violin concerto/1 B♭ K207 3m 2t
*RRRRR	RRDUU	DU	**Honegger** King David, symphonic psalm: Cortège 1t
*RRRRR	RRDUU	RDUUU	**Mendelssohn** symphony/3 in Ami 'Scotch' 3m 2t
*RRRRR	RRRDU	DDDRR	**Mozart** piano concerto/20 in Dmi K466 1m 1t
*RRRRR	RRRDU	RRRUD	**Sousa** El Capitan, march 3t
*RRRRR	RRRDU	UUUDU	**Sibelius** symphony/2 in D op43 3m 3t
*RRRRR	RRRDU	UUURR	**Wagner** Tannhäuser Act II: march, intro
*RRRRR	RRRRD	DDDDU	**R strauss** Der Rosenkavalier Act II: Mir ist die Ehre
*RRRRR	RRRRD	DDDUD	**Haydn** string quartet/49 in D op50 'The frog' 4m 1t
*RRRRR	RRRRD	DUUDD	**Scarlatti** harpsichord sonata in D K397
*RRRRR	RRRRD	RDDUD	**Catalani** La Wally: Ebben? Ne andrò lontana
*RRRRR	RRRRR	RDURR	**Ravel** L'enfant et les sortilèges: Lullaby
*RRRRR	RRRRR	RDUUR	**Tchaikovsky** symphony/4 in Fmi op36 1m intro
*RRRRR	RRRRR	RRRD	**Villa-Lobos** Bachianas Brasileiras/5 2t
*RRRRR	RRRRR	RRRDD	**Schubert** piano sonata in A 1m 1t D959
*RRRRR	RRRRR	RRRDU	**Handel** concerto grosso in B♭ op6/7 2m
*RRRRR	RRRRR	RRRRD	**Khachaturian** Sabre dance from Gayaneh ballet 1t
*RRRRR	RRRRR	RRRRR	**Beethoven** piano sonata/12 in A♭ op26 3m
*RRRRR	RRRRR	RRRRR	**Mozart** concerto/10 2 pianos K365 1m 2t
*RRRRR	RRRRR	RRRRU	**Stravinsky** violin concerto in D 4m
*RRRRR	RRRRR	RRRUD	**Verdi** La forza del Destino Act I: Me pellegrina
*RRRRR	RRRRR	RRRUD	**Verdi** La Traviata Act III: Prendi quest'è l'immagine
*RRRRR	RRRRR	RRUD	**Gaetano Braga** Angel's serenade (song)
*RRRRR	RRRRR	RRURD	**Verdi** Otello Act II: Si, pel ciel marmoreo giuro
*RRRRR	RRRRR	RRURU	**Beethoven** piano sonata/21 C 'Waldstein' op53 1m 1t
*RRRRR	RRRRR	RRURU	**Sullivan** The lost chord (song)
*RRRRR	RRRRR	RRUUU	**Sibelius** Valse triste, orch op44 2t
*RRRRR	RRRRR	RUDDD	**Stravinsky** Petrushka: Tableau 2t
*RRRRR	RRRRR	RUDDD	**Beethoven** symphony/5 in Cmi 3m 2t
*RRRRR	RRRRR	RUDDD	**Hummel** trumpet concerto in E 3m
*RRRRR	RRRRR	RUDRD	**Verdi** Requiem: Requiem aeternam
*RRRRR	RRRRR	RUUDR	**Berlioz** Requiem/8 Hostias
*RRRRR	RRRRR	RUURD	**J Strauss Jr** Tales of the Vienna Woods/5 1t
*RRRRR	RRRRR	RUURR	**Beethoven** symphony/7 in A 2m 1t
*RRRRR	RRRRR	UDDRD	**Mozart** Serenade in E♭ K375 1m 1t

*RRRRR	RRRRR	UDRRU	**Mahler** symphony/5 1m funeral march 1t
*RRRRR	RRRRR	UDUUD	**Sir Henry Bishop** The mistletoe bough (song)
*RRRRR	RRRRR	URUR	**Mahler** Kindertotenlieder/5 In diesem Wetter
*RRRRR	RRRRU	DRRRD	**Haydn** symphony/31 in D 1m
*RRRRR	RRRRU	DUDUD	**Stravinsky** symphony in 3 movements 2m 1t
*RRRRR	RRRUD	DDDDR	**Prokofiev** Lieutenant Kije, orch 1m 2t
*RRRRR	RRRUD	DDDRU	**Poulenc** Les biches: adagietto
*RRRRR	RRRUD	DRUDD	**Bloch** Schelomo (Hebrew rhapsody) cello/orch 6t
*RRRRR	RRRUD	UDDUU	**Mahler** symphony/4 in G 1m intro
*RRRRR	RRRUD	UDRUD	**Mozart** Divertimento for string trio in E♭ K563 2m
*RRRRR	RRRUD	UDUDU	**Schumann** string quartet in Ami op41/1 2m 1t
*RRRRR	RRRUD	UUUDD	**Shostakovich** symphony/6 in Bmi 3m 1t
*RRRRR	RRRUR	DDDUD	**Puccini** La Bohème Act I: Che gelida manina
*RRRRR	RRRUR	RRRU	**Verdi** Otello Act II: Credo in un Dio crudel
*RRRRR	RRRUU	RDRRU	**Berlioz** Requiem/10 Agnus dei
*RRRRR	RRUDD		**Verdi** La forza del Destino Act III: Toh toh! Poffare
*RRRRR	RRUDR	RRRRR	**Liszt** Les préludes, symphonic poem 4t
*RRRRR	RRUDU	D	**Stravinsky** Pulcinella: Una te falanz
*RRRRR	RRURR	RDUUR	**Giordano** Andrea Chenier Act III: La mamma morta
*RRRRR	RRUUD	R	**Verdi** Requiem: Lux aeterna
*RRRRR	RRUUD	UUDUU	**Beethoven** sonata/9 violin/piano op47 'Kreutzer' 3m 1t
*RRRRR	RRUUU	DDRR	**Puccini** La Bohème Act IV: Vecchia zimarra
*RRRRR	RRUUU	DDURR	**Sibelius** En saga op9 1t
*RRRRR	RRUUU	DRRRR	**Rossini** William Tell: overture 2t
*RRRRR	RUDDD	DDDUD	**Beethoven** symphony/3 in E♭ 'Eroica' 3m 1t(b)
*RRRRR	RUDDD	DDUD	**Beethoven** Fidelio Act I: O welche Lust!
*RRRRR	RUDDD	DURDD	**Walton** symphony/1 in B♭mi 2m 2t
*RRRRR	RUDDD	UURRR	**Ravel** Rapsodie espagnole 4m 2t(a)
*RRRRR	RUDDR	DUUDR	**Verdi** Don Carlos Act IV: Dormirò sol
*RRRRR	RUDDR	RDUDD	**Sullivan** The Mikado Act I: So please you, sir
*RRRRR	RUDDR	RDUUR	**Gershwin** piano concerto in F 1m 2t
*RRRRR	RUDDU	RUDDD	**Berlioz** Benvenuto Cellini Act II: Bienheureux
*RRRRR	RUDRR	D	**Debussy** Chansons de Bilitis/3 Le tombeau des Naiades
*RRRRR	RUDRU	DDUUU	**Dvořák** trio/4 piano/vln/cello Emi op90 'Dumka' 1m
*RRRRR	RUDUU	DUUDU	**Beethoven** symphony/8 in F 4m 1t(a) [2t
*RRRRR	RURRR	RRDUR	**Brahms** trio/2 piano/vln/cello in C op87 3m 1t
*RRRRR	RUUDD	DDUUU	**Brahms** symphony/1 in Cmi op68 3m 4t
*RRRRR	RUUDD	DRDDD	**Haydn** symphony/87 in A 1m
*RRRRR	RUUDD	DU	**Dvořák** string quartet in G op106 3m 1t
*RRRRR	RUUDR	RRRRU	**Tchaikovsky** The doll's burial, piano
*RRRRR	RUURD		**Hugo Wolf** Gesang Weyla's (song)
*RRRRR	RUURU	R	**Monteverdi** Lagrime d'amante/1 Incenerite spoglie
*RRRRR	UDDDD	U	**Chopin** waltz in E♭ op18 2t
*RRRRR	UDDDU	D	**Puccini** Turandot Act II: In questa reggia
*RRRRR	UDDRD	DUU	**Sir Henry Bishop** Lo here the gentle lark (song)
*RRRRR	UDDRR	RRUDD	**Mozart** Don Giovanni I: Ballroom scene, menuetto
*RRRRR	UDDUD	URRRR	**Beethoven** piano sonata/14 C♯mi op27/2 'Moonlight' [1m
*RRRRR	UDDUU	RRRRR	**Mozart** Die Zauberflöte: overture
*RRRRR	UDDUU	RRRRR	**Clementi** piano sonata in B♭ op47/2 1m
*RRRRR	UDDUU	UDUDU	**Sullivan** The Gondoliers Act II: Of happiness
*RRRRR	UDRDD	DRRUD	**Verdi** Un ballo in maschera III: eri tu che macchiave
*RRRRR	UDRRR	RRUDR	**Saint-Saëns** Carnaval des animaux: Poules et coqs
*RRRRR	UDRRU	DRRRD	**Vivaldi** concerto in Bmi op3/10 1m
*RRRRR	UDRRU	DRRRD	**Bach** concerto for 4 harpsichords/str Ami 1m BWV1065
*RRRRR	UDRRU	DUUUU	**Schubert** Was bedeutet die Bewegung (song) D720
*RRRRR	UDRUR	DRRDR	**Schumann** Frauenliebe & Leben/3 Ich kann's nicht

*RRRRR	UDRUU	UUU	**Verdi**	Falstaff Act II: E sogno? o realtà?
*RRRRR	UDUDR	RRUDU	**Bach**	sonata/1 violin/Clavier in Bmi 4m BWV1014
*RRRRR	UDUUR	RRRR	**Mozart**	Figaro Act III: finale, march
*RRRRR	UDUUU	DDDDD	**Bach**	Cantata/211 Schweigt stille/2 Hat mann nicht
*RRRRR	UDUUU	UDUDU	**Handel**	Fireworks music 1m overture 2t
*RRRRR	URDUD	DRDDR	**Wagner**	Lohengrin Act I: Wenn ich im Kampfe
*RRRRR	URRRR	RDRRR	**Scarlatti**	harpsichord sonata in Dmi Kp141 toccata
*RRRRR	URRRR	RURRR	**Handel**	concerto grosso in F op6/2 3m 2t
*RRRRR	URRRR	UDRD	**Beethoven**	Vom Tode (Gellert Lieder/3)
*RRRRR	URRRR	UDU	**Wagner**	Die Meistersinger Act II: Was duftet doch
*RRRRR	URRUD	DDU	**Josef Strauss**	Sphärenklange waltzes/1 2t
*RRRRR	URURR	RDRUR	**Shostakovich**	Two pieces from str octet/2 scherzo 2t
*RRRRR	URUUU	DD	**Verdi**	Otello Act I: Già nella notte densa
*RRRRR	UUDDD	UURRR	**Ravel**	Rapsodie espagnole 4m 2t(b)
*RRRRR	UUDDU	UDDUU	**Mozart**	violin concerto/4 in D K218 1m 1t
*RRRRR	UUDDU	UDRU	**Schumann**	Volksliedchen op51/2 (song)
*RRRRR	UUDRR	RRRRU	**Bruckner**	Te Deum: Aeterna fac
*RRRRR	UUDRR	RRRUU	**Handel**	sonata for flute/violin/fig bass Cmi op2/1 3m
*RRRRR	UUDRU	UDRUD	**R Strauss**	Freundliche Vision (song) op48/1
*RRRRR	UUUUD	UDDDD	**Mozart**	piano concerto/13 in C K415 1m 2t
*RRRRR	UUUUU	UUUDD	**Beethoven**	piano sonata/13 in E♭ op27 2m 2t
*RRRRU	DDDDD	DDDDD	**Berlioz**	Benvenuto Cellini Act I trio: Demain soir
*RRRRU	DDDDD	DDU	**Mozart**	sinfonia concertante, vln/vla/orch E♭ K364
*RRRRU	DDDRR	RRRRR	**Mozart**	Cosi fan tutte Act I: E la fede [1m 1t
*RRRRU	DDDRR	UUDUU	**Alfvén**	Midsommarvarka (Swedish rhapsody) 4t
*RRRRU	DDDUD	DUDDD	**Vaughan Williams**	symphony/4 in Fmi 3m 2t
*RRRRU	DDDUD	RRRRR	**Haydn**	symphony/83 in Gmi 'La Poule' 2m
*RRRRU	DDDUD	UUUDD	**Jannequin**	Le chant des oiseaux (song)
*RRRRU	DDDUR	DUDDD	**Puccini**	Madam Butterfly Act I: Bimba dagli occhi
*RRRRU	DDDUR	RRUD	**Haydn**	symphony/26 in Dmi 1m
*RRRRU	DDDUR	UDD	**Schumann**	Papillons, piano op2/4
*RRRRU	DDDUU	UDD	**Sullivan**	The Gondoliers Act I: Bridegroom and bride
*RRRRU	DDRDD	DRRDD	**Weber**	Konzertstück, piano/orch 3t
*RRRRU	DDRDD	UUR	**Schubert**	symphony/9 in C 'Great' 4m 2t D944
*RRRRU	DDRRR	DDDU	**Schumann**	Dichterliebe/13 Ich hab' im Traum
*RRRRU	DDRRR	RRUDR	**Mozart**	Don Giovanni Act II: Meta di voi vadano
*RRRRU	DDUDD	DDURU	**Chopin**	Ballade/2 op38
*RRRRU	DDUDD	RUD	**R Strauss**	Arabella II: Und du wirst mein Gebieter
*RRRRU	DDUDD	UUDDR	**Berlioz**	Te Deum/6a: Judex crederis
*RRRRU	DDUDU	UUDUD	**Liszt**	Grandes études de Paganini/3 in G♯mi La cam-
*RRRRU	DDURD	UUD	**Gluck**	Paris & Helena: O del mio dolce [panella 2t
*RRRRU	DDUUD	DUUDD	**Mozart**	Serenade in D K320 1m 2t
*RRRRU	DDUUD	DUURD	**Tchaikovsky**	Don Juan's serenade op38/1 All Granada
*RRRRU	DRDDD	DRUDU	**Stravinsky**	Les Noces: Avec quoi
*RRRRU	DRDDD	UURRD	**Massenet**	Werther III: Va! laisse couler mes larmes
*RRRRU	DRDRD	DDRUU	**Berlioz**	Les Troyens V: Ah! quand viendra l'instant
*RRRRU	DRDRR	RRU	**Schumann**	Dichterliebe/4 Wenn ich deine Augen seh'
*RRRRU	DRDRU	DRUD	**Schumann**	Dichterliebe/2 Aus meinen Thränen
*RRRRU	DRDUR	RDUD	**Schubert**	Schwanengesang/11 Die Stadt D957
*RRRRU	DRRRR	UDUDR	**Chopin**	étude/1 op25 'Harp'
*RRRRU	DRRRU	U	**Gluck**	Alceste Act I: Divinités du Styx
*RRRRU	DRRUR		**Mussorgsky**	Boris Godunov: Pimen's monologue
*RRRRU	DRUDD	RURRD	**Wagner**	Parsifal III: Wie dünkt mich doch die Auge
*RRRRU	DUDDD	DDDUU	**Mozart**	string quintet/3 in C K515 3m
*RRRRU	DUDDU	DDDD	**Bach**	Well-tempered Clavier Bk II: fugue/8 BWV877
*RRRRU	DUDUU	UDDDD	**Mozart**	Serenade in D K239 1m 1t
*RRRRU	DURDD	URUD	**Mendelssohn**	Der Mond (song)

*RRRRU	DURRR	RUD	**Mozart** string quartet/23 in F K590 2m
*RRRRU	DUURR	RDUU	**Handel** Water music 20m
*RRRRU	DUURR	RRDUU	**Mozart** piano concerto/18 in B♭ K456 1m 1t
*RRRRU	DUURU	DDD	**Schubert** Der Musensohn (song) D764
*RRRRU	DUURU	DUUUD	**Mozart** piano concerto/26 in D K537 2m
*RRRRU	DUUUD	DDDDD	**Haydn** symphony/73 in D 'La chasse' 4m
*RRRRU	RDDDD	UUUUU	**Mozart** piano concerto/13 in C K415 1m 1t
*RRRRU	RDDRD		**Hugo Wolf** Auf eine Christblume/1 (song)
*RRRRU	RDRRR	RUU	**Mozart** Figaro Act II: Susanna or via sortite
*RRRRU	RRDDD	DRRRR	**Mozart** piano concerto/19 in F K459 1m 1t
*RRRRU	RRDRR	RRDR	**Verdi** La forza del Destino II: La vergine degli angeli
*RRRRU	RRRDR	RRDRR	**Elgar** cello concerto in Emi op85 2m 1t
*RRRRU	RRRRR	RUDDR	**Elgar** Sea pictures op37/3 Sabbath morning at sea
*RRRRU	RRRRU	DDUUD	**Mozart** symphony/36 in C K425 'Linz' 1m 2t
*RRRRU	RRRRU	RURRD	**Mendelssohn** octet in E♭ op20 2m 2t
*RRRRU	RRRUR	RRDD	**Mozart** Serenade in E♭ K375 1m 2t
*RRRRU	RRURD	UD	**Puccini** La Bohème Act III: Donde lieta usci
*RRRRU	RUDDD	DDDUD	**Schumann** Dein Angesicht op127/2 (song)
*RRRRU	RURDD	UUDUD	**Donizetti** Lucia di Lammermoor Act III: Qui del padre
*RRRRU	RURDR	RUDDR	**Puccini** La fanciulla del West Act I: Minnie
*RRRRU	RUURD	RUU	**Sullivan** Pirates of Penzance Act II: Now for the
*RRRRU	UDDDD	DUUUD	**Debussy** La Mer 1m 2t [pirates' lair
*RRRRU	UDDRR	RDUDR	**Hindemith** Kleine Kammermusik op24/2 2m 2t
*RRRRU	UDDRR	RDURU	**Puccini** Turandot Act II: O principi
*RRRRU	UDDRR	RRRRU	**Dvořák** symphony/8 in G op88 4m 2t
*RRRRU	UDDRR	RRRRU	**Schumann** Im Walde (song) op39/11
*RRRRU	UDRDD	DRUUU	**Carrie Jacobs-Bond** A perfect day (song)
*RRRRU	UDUDD	DRRRR	**Caldara** Come raggio di sol (song)
*RRRRU	UDUDU	DURRR	**Grieg** sonata/3 for violin/piano in Cmi op45 2m 2t
*RRRRU	URRRR	UURRU	**Brahms** Academic Festival overture op80 4t
*RRRRU	URRUU	UDDDD	**Dvořák** quartet for piano/strings in E♭ op87 3m 2t
*RRRRU	UUDDD	RRRRR	**Mozart** symph/32 in G K318 (in one movement) 2t
*RRRRU	UUDUD	DDDDU	**Beethoven** string quartet/12 E♭ op127 4m 2t
*RRRRU	UURRU	UUURD	**Schubert** piano sonata in A 4m 3t D959
*RRRUD	DDDDD	DDDDD	**Mozart** symphony/39 in E♭ K543 1m intro
*RRRUD	DDDDU	DDDDD	**Mozart** piano sonata/2 in F K280 1m 1t
*RRRUD	DDDRR	RRUDD	**Verdi** I Lombardi Act III: Qual voluttà
*RRRUD	DDDRU	UDDDU	**Berlioz** Les Troyens Act IV: Nuit d'ivresse
*RRRUD	DDDUU	DDDUD	**Mozart** piano concerto/11 in F K413 1m 1t
*RRRUD	DDDUU	RRRUD	**R Strauss** oboe concerto in D 1m theme at fig 19
*RRRUD	DDDUU	UUUDD	**Beethoven** Missa solemnis: Credo 2t
*RRRUD	DDDUU	UUUU	**Mozart** symphony/40 in Gmi K550 4m 2t
*RRRUD	DDRRR	RRDUU	**Chabrier** España 4t
*RRRUD	DDRRR	RRDUU	**Waldteufel** España waltz 2t (same tune as Chabrier)
*RRRUD	DDRRR	UDDD	**Mendelssohn** violin concerto in Emi op64 3m 3t
*RRRUD	DDUDD	DUDUU	**Arthur Benjamin** Jamaica rumba
*RRRUD	DDUDD	UUDDU	**Mozart** Die Zauberflöte II: In diesen heiligen Hallen
*RRRUD	DDUDR	UDRDD	**R Strauss** Der Rosenkavalier III duet: Ist ein Traum
*RRRUD	DDUDR	URUDD	**Stravinsky** Les Noces: Ya deux fleurs
*RRRUD	DDUDU	DDDUD	**R Strauss** Du meines Herzens Krönelein op21/2
*RRRUD	DDUDU	DUUUD	**Hindemith** Kleine Kammermusik op24/2 3m 2t
*RRRUD	DDUDU	RRRUD	**Janáček** Sinfonietta 4m
*RRRUD	DDURR	RUDD	**Mozart** Serenade in D K320 6m minuet
*RRRUD	DDURR	RUDDD	**Tchaikovsky** Eugene Onegin Act II: Ye who attend
*RRRUD	DDURR	RUDDD	**Dvořák** string quintet in E♭ op97 1m 2t
*RRRUD	DDUUD	DDU	**Mendelssohn** octet in E♭ op20 2m 1t
*RRRUD	DDUUD	DDUUD	**Mozart** Divertimento vln/vla/cello K563 5m trio/1

*RRRUD	DDUUD	DUDDU	**Telemann** concerto for trumpet/strings in D 4m
*RRRUD	DDUUD	UDDUU	**de Falla** Three-cornered hat: Neighbours 1t
*RRRUD	DRUDR	DDDDU	**Ravel** Daphnis & Chloë suite/1 1t
*RRRUD	DRURU	DDU	**Sullivan** Iolanthe Act I: When I went to the bar
*RRRUD	DUDDR	RRR	**Stravinsky** Pulcinella: Sento dire
*RRRUD	DUDDU	DRUDD	**Ravel** piano concerto in G 1m 2t
*RRRUD	DUDRD	RDRDR	**Mozart** piano concerto/22 in E♭ K482 1m 1t
*RRRUD	DUDRR	RUDDU	**de Falla** 4 pièces espagnoles: Andaluza
*RRRUD	DUDUD		**Mozart** piano sonata/10 in C K330 2m 1t
*RRRUD	DUDUD	UDUDU	**Rossini** Semiramide overture 3t
*RRRUD	DUDUU	DDDUD	**Schubert** Military marches/2 piano 4 hands D733
*RRRUD	DUDUU	DDUDU	**Paganini** violin concerto/2 3m 1t(b)
*RRRUD	DUDUU	UDDDD	**Massenet** Le Cid 4m
*RRRUD	DURRR	RUDDD	**Brahms** trio for piano/vln/cello in Cmi op101 1m 2t
*RRRUD	DURRR	RUDDU	**Chopin** étude/11 in Ami op25 'Winter wind'
*RRRUD	DURRR	UDR	**Monteverdi** Lagrime d'amante/4 Ma te recoglie
*RRRUD	DURUD	RDDUR	**Schubert** Wanderers Nachtlied: Uber allen Gipfeln
*RRRUD	DUUDD	UUDDD	**Bach** Mass in B minor: Kyrie [D768
*RRRUD	DUUDU		**Donizetti** La Favorita Act III: A tanto amor
*RRRUD	DUURR	RRRUD	**Rossini** Il barbiere di Siviglia: overture 3t
*RRRUD	DUURR	RUDDD	**Schubert** Fantasia in C 'Wanderer', piano 2t D760
*RRRUD	DUUU		**Liszt** Funeral triumph of Tasso, symph'c poem 2t
*RRRUD	DUUUD	RRRRU	**Mahler** symphony/8/II Alles vergängliche
*RRRUD	DUUUD	RUUUU	**Mahler** symphony/8/II Ewiger Wonnebrand
*RRRUD	DUUUU	DDUUU	**Ravel** Daphnis & Chloë suite/2 5t
*RRRUD	DUUUU	UDDDU	**Wagner** Die Meistersinger Act III: Ehrt eure deutschen
*RRRUD	RDDRR	UUUUD	**Schubert** Heidenröslein (song) Sah ein Knab' D257
*RRRUD	RDDRU	DRD	**Sullivan** Y'men of the Guard II: Oh! a private buffoon
*RRRUD	RDRRR	URRRU	**Chopin** piano sonata B♭mi op35 3m 1t Funeral march
*RRRUD	RRDDU	UR	**Hugo Wolf** Nun lass uns Frieden schliessen (song)
*RRRUD	RRRDU	URR	**D'Indy** sonata for violin/piano in C op59 2m 1t
*RRRUD	RRRRU	DDDUR	**Shostakovich** cello concerto in E♭ op107 1m 2t
*RRRUD	RRRUD		**Beethoven** string quartet/13 in B♭ op130 1m
*RRRUD	RRRUR	RUDRR	**Sullivan** Ruddigore Act II: When the night wind howls
*RRRUD	RRRUU	RRRUU	**Dag Wirén** March from Serenade for strings op11
*RRRUD	RRUDD	DDUDU	**Mozart** Don Giovanni Act I: Ah! chi mi dice mai
*RRRUD	RRUDD	RDUUD	**Schubert** Schwanengesang/6 In der Ferne
*RRRUD	RRUDU		**Elgar** Sea pictures op37/1 Sea slumber song
*RRRUD	RUDDD	R	**Verdi** La forza del Destino III: Solenne in quest'ora
*RRRUD	RUUUD	DRRRU	**Beethoven** sextet in E♭ op71 menuetto
*RRRUD	RUUUU	DDDDD	**John Ireland** A London overture 3t
*RRRUD	UDDDD	UD	**Walton** viola concerto 2m 2t
*RRRUD	UDDDU	UDDUD	**Giles Farnaby** Loth to depart (Fitzw'm Virg'l Bk 230)
*RRRUD	UDDRR	DUDUD	**Verdi** Il trovatore Act III: Di quella pira
*RRRUD	UDRRR	RRUDU	**Brahms** violin concerto in D op77 1m 2t
*RRRUD	UDRRR	UDUDR	**Handel** Water music 4m
*RRRUD	UDRUD		**Mussorgsky** The nursery/5 Evening prayer
*RRRUD	UDUDD	DUD	**Haydn** string quartet/34 in D op20/4 1m
*RRRUD	UDUDD	UDUD	**Mozart** sonata/26 for violin/piano in B♭ K378 3m
*RRRUD	UDUUD	DUDDU	**Nicolai** Merry wives of Windsor: overture 1t
*RRRUD	UDUUD	UDDUD	**Stravinsky** Symphony in 3 movements 3m 1t
*RRRUD	UDUUU	UUUUU	**Mendelssohn** symphony/4 in A op90 'Italian' 3m 2t
*RRRUD	URDRR	RUD	**Bruckner** symphony/9 in Dmi 1m intro
*RRRUD	URDRR	UDURD	**Vivaldi** concerto grosso in D op3/9 1m
*RRRUD	URRDD	DUDUR	**Coleridge-Taylor** Hiawatha: Onaway awake beloved!
*RRRUD	UU		**Rubbra** symphony/3 2m
*RRRUD	UUDRR	RUDD	**Verdi** Rigoletto Act III: Un d , se ben rammentomi

*RRRUD	UUUDR	DUUUU	**Britten** Serenade for tenor/horn/str op31/6 Keats
*RRRUR	DRDRU	RDDDD	**Mozart** symphony/36 in C K425 'Linz' 2m 2t [sonnet
*RRRUR	DUUUD	UDD	**Albeniz** suite española, piano: Cadiz 1t
*RRRUR	RDDDR	RRRUR	**Schubert** Schwanengesang/14 Die Taubenpost D957
*RRRUR	RDDRR	URD	**Sullivan** Pirates of Penzance Act II: Sighing softly
*RRRUR	RDUUD	UDDDU	**Bach** organ concerto in G 1m BWV592
*RRRUR	RRDRR	RDRRR	**Schubert** trio for piano/vln/cello in E♭ 4m 2t D929
*RRRUR	RRDRR	RUDRR	**Gershwin** piano concerto in F 2m 2t
*RRRUR	RRDUD	UDUDU	**J Strauss Jr** Der Fledermaus: overture 5t
*RRRUR	RRURD	RDRUD	**Tchaikovsky** symphony/4 in Fmi op36 3m 1t(b)
*RRRUR	RRURR	D	**Mozart** sonata/27 for violin/piano in G K379 1m 2t
*RRRUR	RRURU	UUDDD	**Arditi** Il bacio (The kiss) (song)
*RRRUR	RRUUR	RURRD	**Wagner** Götterdämmerung Act I: Hier sitz ich
*RRRUR	RUDDD	UURR	**Mascagni** Cavalleria Rusticana: A casa, a casa
*RRRUR	RURRD	RRUDU	**Suppé** Poet & Peasant overture intro
*RRRUR	RURUR	RRRR	**Gounod** Faust IV: Death of Valentine: Ecoute-moi bien
*RRRUR	UDDDD	URDRU	**Wagner** Das Rheingold: Uber Stock und Stein zu Thal
*RRRUR	UDDRR	URUDD	**R Strauss** Breit über mein Haupt (song) op19/2
*RRRUR	UDRRU	DRRD	**S S Wesley** Blessed be the God and Father
*RRRUR	UDUDR	RRURU	**Tchaikovsky** Nutcracker suite: March 1t
*RRRUR	UDUUD	URRUD	**Mozart** piano concerto/24 in Cmi K491 2m
*RRRUR	URRRU	R	**Liszt** piano sonata in Bmi 4t
*RRRUR	URRRU	RDRRR	**Debussy** Images: Iberia 3m 1t
*RRRUR	URRRU	RRRDR	**Chopin** prelude/9 op28
*RRRUR	URUDD	RRRUU	**Brahms** Ballade in D, piano op10/2 2t
*RRRUR	UUUUD	DDUUU	**Weber** Invitation to the dance: intro
*RRRUU	DDDDD	DURRR	**Scarlatti** harpsichord sonata in G Kp124
*RRRUU	DDDRU	DDDUR	**Mozart** Don Giovanni Act II: Vedrai carino
*RRRUU	DDDRU	UDUDR	**Schubert** Die Winterreise/4 Erstarrung
*RRRUU	DDDUD	RUUDR	**Mendelssohn** Frühlingslied (song) op19/1
*RRRUU	DDDUR	RRRRR	**Schubert** string quartet/14 in Dmi 2m D810
*RRRUU	DDDUU	RRDUD	**Schubert** Im Abendrot (song) D799
*RRRUU	DDRDU		**Delibes** Sylvia ballet: prelude
*RRRUU	DDRRR	UUDUU	**Rossini** La gazza ladra overture 4t
*RRRUU	DDRUU	DD	**Schumann** quintet for piano/strings in E♭ op44 2m 1t
*RRRUU	DDUDU	UDUUU	**Walton** violin concerto 2m 3t
*RRRUU	DDUUD	UUUUU	**Chopin** Polonaise in A♭ op53 2t
*RRRUU	DRDUD	DUUDD	**Alessandro Scarlatti** O cèssate di piagarmi (song)
*RRRUU	DRRRR	UUR	**Purcell** Dido & Aeneas: Destruction's our delight
*RRRUU	DRRRU	UDUUD	**Franck** theme from Le chasseur maudit
*RRRUU	DUDDD	RDRUR	**Haydn** symphony/73 in D 'La chasse' 1m
*RRRUU	DUDDR	DUDD	**Weber** Der Freischütz: overture 1t
*RRRUU	DUDUD	UURUU	**Sibelius** symphony/7 in C op105 8t
*RRRUU	DUUDD	URRDU	**Mozart** Die Zauberflöte II: Seid uns zum zweitenmal
*RRRUU	RDDDD	RRDRR	**Debussy** La Mer 2m 2t
*RRRUU	RDDRD	DUDDU	**Schubert** piano sonata in B 2m D575
*RRRUU	RRDDR	DRRD	**Bizet** Carmen Act I: Et tu lui diras
*RRRUU	RRRDD	RRRUD	**Saint-Saëns** symphony/3 op78 2m 1t
*RRRUU	RRRRU	U	**Mozart** Serenade in D K250 'Haffner' 1m 3t
*RRRUU	RRRUU	RUUDD	**Brahms** symphony/3 in F op90 1m 2t
*RRRUU	RUDDD	UDUUU	**Vaughan Williams** symphony/5 in D 3m romanza
*RRRUU	RUDUR	UU	**Purcell** Dido & Aeneas: Come away, fellow sailors
*RRRUU	UDDDD	DDDDU	**de Falla** Three-cornered hat: Mayor's dance 1t
*RRRUU	UDDDD	UDUDD	**Richard Strauss** Der Bürger als Edelmann: Dinner 5t
*RRRUU	UDDDR	UUUDR	**Stravinsky** Sacre du Printemps: Adolescents 3t
*RRRUU	UDDDU	RUDUD	**de Falla** 7 popular Spanish songs/5 Nana
*RRRUU	UDDDU	UUDDD	**de Falla** same tune in Suite populaire espagnole

```
*RRRUU  UDDUR  UDRD   Donizetti  La Favorita Act II: Quando le soglie
*RRRUU  UDUDU  DDRRD  Haydn  symphony/96 in D 'Miracle' 1m
*RRRUU  UDUUU  RUDRD  Wagner  5 Wesendonck songs/1 Der Engel
*RRRUU  UDUUU  UDDUU  Mozart  symphony/32 in G K318 1t
*RRRUU  URDRU  DDDDU  Schumann  Mondnacht (song) op39/5
*RRRUU  URRDR  DUUUD  Sousa  Washington Post, march 2t
*RRRUU  URRRD  DRDRR  Mozart  Mass/19 in Dmi K626 (Requiem): Hostias
*RRRUU  URRRU  UDUDR  Liszt  Tarantella 1t, piano
*RRRUU  URRRU  UDURR  Purcell  Minuet in G
*RRRUU  URUDD  RRRUU  Wagner  Die Meistersinger: overture 3t
*RRRUU  UUDDD  DUUDD  Vaughan Williams  On Wenlock Edge: Clun (song)
*RRRUU  UUDRR  RUUU   Beethoven  sonata/8 for violin/piano in G op30/3 3m
*RRRUU  UUDUR  RUURD  Beethoven  Wellington's Sieg op91 1t (Rule Britannia)
*RRRUU  UUDUU  UDUUU  Handel  concerto grosso in D op6/5
*RRRUU  UUUDD  DUUUU  Mendelssohn  (Meeresstille &) Glückliche Fahrt op27 1t
*RRRUU  UUUDU  DUUUU  Handel  Acis & Galatea: Love sounds the alarm
*RRRUU  UUUUD  UD     Schubert  symphony/2 in B♭ 4m 1t D125
*RRRUU  UUUUU  RDDUD  Mozart  symphony/31 in D K297 'Paris' 1m 1t
*RRUDD  DDDDU  RRDRR  Schubert  Schwanengesang/2 Kriegers Ahnung D957
*RRUDD  DDDDU  UDDUU  Elgar  symphony/1 in A♭ op55 2m 2t
*RRUDD  DDDUD  DDRUR  Mozart  string quartet/19 in C 'Dissonance' 4m
*RRUDD  DDDUD  DDUUU  Sibelius  King Christian II suite: nocturne 1t
*RRUDD  DDDUD  DURRU  Schubert  Psalm 23 D706
*RRUDD  DDDUU  RRRUD  Tchaikovsky  symphony/1 in Gmi op13 4m 1t
*RRUDD  DDRRR  UDDDD  Karl Zeller  Der Vogelhändler: Schenkt man sich
*RRUDD  DDRUD  DUUDU  Hindemith  Kleine Kammermusik op24/2 1m 1t [Rosen
*RRUDD  DDURR  DDD    Kodály  Háry János: A-bé-cé-dé
*RRUDD  DDURU  RUDDD  Verdi  Aida Act I: Su! del Nilo al sacro
*RRUDD  DDURU  RUUD   Schubert  Adagio & Rondo concertante in F piano/str
*RRUDD  DDUUD  UUDRU  Mozart  concerto 2 pianos E♭ K365 3m       [2m D487
*RRUDD  DDUUU  RU     Schubert  sonatina for vln/piano in Gmi 4m 2t
*RRUDD  DDUUU  UURUD  Haydn  symphony/77 in B♭ 2m
*RRUDD  DRDDD  DD     Beethoven  string trio in Cmi op1/3 1m 2t
*RRUDD  DRDDD  UUURU  Beethoven  An die Geliebte (song)
*RRUDD  DRDRR  UDDUD  Verdi  La forza del Destino Act III: Oh, tu che in seno
*RRUDD  DRRRU  DDRDU  Mendelssohn  piano concerto/2 in Dmi op40 1m 1t
*RRUDD  DRURU  RDDDR  Mendelssohn  Wedding march 2t
*RRUDD  DRUUU  RRDDD  Beethoven  symphony/7 in A 1m 2t
*RRUDD  DUDDD  DDDDD  Haydn  string quartet/49 in D op50 'The frog' 3m 1t
*RRUDD  DUDDD  UUDUD  Verdi  Aida: Ballet 2t
*RRUDD  DUDDR  RUUD   Schubert  Die schöne Müllerin/8 Morgengruss
*RRUDD  DUDRU  RDDDD  Schubert  Schwanengesang/12 Am Meer D957
*RRUDD  DUDUD  UDUDU  Handel  harpsichord suite/4 in Emi 1m
*RRUDD  DUDUD  UUDDU  Debussy  Images: Iberia 1m 3t
*RRUDD  DUUDU  UURRD  Warlock  Capriol suite: Basse dance
*RRUDD  DUUUD  UDR    Puccini  Gianni Schicchi: Oh, mio babbino caro (Oh, my
*RRUDD  RDDUU  URD    A H Malotte  The Lord's Prayer        [beloved father)
*RRUDD  RDRRU  DDRDR  Mendelssohn  violin concerto in Emi op64 1m 3t
*RRUDD  RDRUR  U      Mozart  piano sonata/12 in F K332 1m 3t
*RRUDD  RRRDU  URRUD  Grieg  sonata for cello/piano in Ami op36 2m
*RRUDD  RRRUD  DUDD   Verdi  Rigoletto Act III: La donna è mobile
*RRUDD  RUDDD  UUD    Sullivan  The Gondoliers Act I: Then one of us will be
*RRUDD  RUDDR         Berlioz  Carnaval Romain: overture 3t       [a Queen
*RRUDD  RUDDR  UDD    Schumann  piano concerto in Ami op54 3m 2t
*RRUDD  RURRR  UDDD   Schumann  symphony/2 in C op61 1m intro
*RRUDD  RUUDU  DD     Stravinsky  Les Noces: Le beau lit
*RRUDD  UDDDU  URRRD  Vivaldi  bassoon concerto in Ami 2m
```

```
*RRUDD  UDDRR  UDDDU  Vaughan Williams London symphony 4m 2t
*RRUDD  UDDRU  RDDUU  Schubert symphony/6 in C 4m 1t D589
*RRUDD  UDDUD  UDDUD  Monteverdi Lagrime d'amante/2 Ditelo o fiumi
*RRUDD  UDDUR  RUDDD  Verdi La forza del Destino: overture 5t
*RRUDD  UDDUR  RUUUU  Hindemith Kleine Kammermusik op24/2 3m 2t
*RRUDD  UDDUU  DDDUD  Dvořák symphony/8 in G op88 1m 1t
*RRUDD  UDDUU  UDDUD  Gounod Faust Act V: Anges purs, anges radieux
*RRUDD  UDRRR  UDDUD  Liadov Russian folk dances op58: Legend of the birds
*RRUDD  UDRUD  DURRU  Paganini caprice for violin op1/24
*RRUDD  UDRUD  DURRU  Liszt étude/6 Ami piano on Paganini's caprice
*RRUDD  UDRUD  DURRU  Rachmaninov (Rhapsody on a) theme of Paganini
*RRUDD  UDRUU  DDDDD  Puccini Manon Lescaut Act IV: Sola, perduta
*RRUDD  UDRUU  DRU    Schumann Marienwürmchen (song) op79/14
*RRUDD  UDRUU  UDUUU  Wagner Der fliegende Holländer I: Wie oft im Meeres
*RRUDD  UDURR  UDDUD  Tchaikovsky symphony/5 in Emi op64 4m 1t
*RRUDD  URDDU  RDDUR  Mozart symphony/36 in C K425 'Linz' 1m 3t
*RRUDD  UUDDU  DRDDU  Mozart concerto flute/harp/orch in C K299 3m
*RRUDD  UUDDU  UDRRU  Lalo Namouna suite: Parades de foire 1t
*RRUDD  UUDDU  URDDR  Mozart Serenade in G 'Eine kleine Nachtmusik' 2m
*RRUDD  UUDUD  DUDDD  Mozart Il re pastore K208 2t                      [K525
*RRUDD  UUDUU  DUUUD  Stravinsky The rake's progress Act III: If boys
*RRUDD  UURDU  UDUD   Franck organ chorale/2 1t
*RRUDD  UURUD  UDDR   Schumann sonata violin/piano in Dmi op121 3m 1t
*RRUDD  UUUDD  UDDDU  Erik Satie 3 Morçeaux en forme de poire/1
*RRUDD  UUURD  RDDDU  Mozart violin concerto in E♭ K268 3m
*RRUDD  UUUUD  DUUUD  Haydn oboe concerto in C (doubtful) 1m 1t
*RRUDD  UUUUU  UDDD   Mahler symphony/4 in G 3m 5t
*RRUDR  DDRRR  URURR  Kodály Háry János suite: Hej Két tikom
*RRUDR  DRRUD  RDRUU  Mozart Don Giovanni Act I: Finch' han dal vino
*RRUDR  DUDDD  DU     Praetorius Es ist ein Ros' entsprungen
*RRUDR  DUDDD  UDDDD  Wagner Tannhäuser II: Der Sänger klugen Weisen
*RRUDR  DUDDR  UUUUD  Richard Strauss Aus Italien: Roms Ruinen 4t
*RRUDR  DUDUR  RUDRD  Ravel Alborado del gracioso, piano 1t
*RRUDR  DUUDD  DUDR   Vaughan Williams Sea symphony: Behold the sea
*RRUDR  RDDRD  UURUU  Grieg string quartet in Gmi op27 3m 1t
*RRUDR  RDDRU  RUDRR  Haydn symphony/104 in D 'London' 1m intro
*RRUDR  RDURU  DDDDD  Bruckner symphony/8 in Cmi 3m 1t
*RRUDR  RRDRU  RR     Verdi Otello Act III: A terra si ne livido fango
*RRUDR  RRRUD  DDUDU  Walton symphony/1 in B♭mi 1m 2t
*RRUDR  RRUDR  RRUDD  Rossini Il barbiere di Siviglia: overture 1t
*RRUDR  RRUDR  RUD    Mozart Figaro Act IV: L'ho perduta
*RRUDR  RRUDR  RUDRR  Schubert Fantasy in Fmi, piano 4 hands 1m D940
*RRUDR  RRUDU  DDUDD  Schumann Frauenliebe und Leben op42/5 Helft mir
*RRUDR  RRUUD  DRRRU  Schubert Der Zwerg (song) D771
*RRUDR  RRUUD  URD    Mozart Figaro Act I: Se a caso Madama
*RRUDR  RUDDU  UDDUU  Mozart piano concerto/26 in D K537 3m 1t
*RRUDR  RUDRD  RRUDU  Wagner Lohengrin Act III: Kommt er dann heim
*RRUDR  RUDRR  UDDDD  Shostakovich symphony/5 2m 4t
*RRUDR  RUDRR  UDDUR  Brahms symphony/2 in D op73 3m 2t
*RRUDR  RUDRR  UDRRU  Ibert Divertissement, chamber orch 2m Cortège 1t
*RRUDR  RUDRR  UUDDD  Wagner Götterdämmerung Act I: Höre mit Sinn
*RRUDR  RUDRR  UUUD   Sullivan Pirates of Penzance Act II: Away, away
*RRUDR  RUDUR  RUDUU  Schubert piano sonata in D 4m 2t D850
*RRUDR  RUDUU  U      Hugo Wolf Ihr jungen Leute (song)
*RRUDR  RURDD  RRUDR  Schubert Rastlose Liebe (song)
*RRUDR  RURDD  RUDRD  Mendelssohn trio/2 piano/vln/cello Cmi op66 2m 2t
*RRUDR  RURRU  DR     Mozart piano concerto/17 in G K453 1m 2t
```

*RRUDR	RURRU	DRRUR	**Haydn** symphony/88 in G 1m
*RRUDR	RUUDD	DUD	**Berlioz** L'Absence (song) op7/4
*RRUDR	UDDDU	DUR	**Verdi** Otello Act II: Ora e sempre Addio
*RRUDR	UDRDD	R	**Bartok** Hungarian sketches/1 2m Bear dance
*RRUDR	UDRRU	DRUDD	**Vivaldi** concerto for violin/str/organ in F 'Autumn'
*RRUDR	UDRUD	RDUDU	**Schumann** piano sonata/2 in Gmi op22 2m
*RRUDR	UDRUU	DUUDD	**Walton** symphony/1 in B♭mi 4m 4t
*RRUDR	UDUUU	RDUUD	**Gounod** Ce qui je suis sans toi (song)
*RRUDR	URRRU	UUD	**Beethoven** In questa tomba oscura (song)
*RRUDR	URRUD	RUUDR	**Mozart** piano concerto/17 in G K453 1m 2t
*RRUDR	URUDU	RRURU	**Wagner** Siegfried Act III: Stark ruft das Lied
*RRUDR	UUDDD	UDU	**Schumann** Carnaval, piano op9 'Chopin'
*RRUDR	UUDRR	UDDDD	**Schumann** Widmung (song) op25/1
*RRUDR	UUUDU	RDUUD	**Mendelssohn** symphony/3 in Ami op56 'Scotch' 1m 1t
*RRUDU	DDDDD	UDRRU	**Shostakovich** symphony/5 in Dmi op47 3m 1t
*RRUDU	DDDDU	UUUDR	**Berlioz** Béatrice et Bénédict Act II: Je vais (trio)
*RRUDU	DDDRR	DDU	**Sullivan** Iolanthe Act I: My well loved Lord
*RRUDU	DDDU		**Mendelssohn** sym/5 in D op107 'Reformation' 1m 1t
*RRUDU	DDRD		**Clara Schumann** Liebst du um Schönheit op37/4
*RRUDU	DDRUR	UDUD	**Richard Strauss** Die Verschwiegenen (song) op10/6
*RRUDU	DDRUR	UDUDU	**Ravel** La pintade (song)
*RRUDU	DDUDD	URUU	**Bruckner** Ave Maria (motet)
*RRUDU	DDUUD		**Hugo Wolf** Der Gärtner (song)
*RRUDU	DRRDR	RRUDU	**Bach** Toccata, adagio & fugue in C, organ: adagio
*RRUDU	DRRUD	DUUDD	**Haydn** string quartet/17 in F op3 1m 1t [BWV564
*RRUDU	DRRUD	RRUDU	**Stravinsky** Sacre du Printemps: Ancestors
*RRUDU	DRRUR	DDDUD	**Donizetti** Don Pasquale Act II: Cercherò lontana terra
*RRUDU	DRRUR	RDDUD	**Shostakovich** symphony/1 in Fmi op10 3m 2t
*RRUDU	DUDDD	DDDUD	**Dvořák** trio for piano/vln/cello in Fmi op65 1m 2t
*RRUDU	DUDDD	UUDRD	**Handel** concerto grosso in Gmi op3/2 4m
*RRUDU	DUDUD	DUD	**Handel** organ concerto in B♭ op7/1 3m
*RRUDU	DUDUD	RUDUD	**Hindemith** Kleine Kammermusik op24/2 5m 1t
*RRUDU	DUDUD	UDUD	**Shostakovich** cello concerto/1 in E♭ op107 4m 1t
*RRUDU	DUDUU	UDUDD	**Richard Strauss** Am Ufer (song) op41a/3
*RRUDU	DUDUU	UDUDU	**Mozart** Die Zauberflöte Act II: Soll ich dich, Theurer
*RRUDU	DURRR	UDUDU	**Bach** Brandenburg concerto/1 in F 3m BWV1046
*RRUDU	DURUU	RDRRR	**Richard Strauss** Mein Herz ist stumm (song) op19/6
*RRUDU	DUUUD	DDDUU	**Thomas Morley** Hard by a crystal fountain (song)
*RRUDU	RDDDR	D	**Kodály** Háry János: Ku-ku-ku-kus-kám
*RRUDU	RDRDD	UDDUD	**Mozart** Die Zauberflöte Act II: Der Hölle Rache
*RRUDU	RDURR	DDDDU	**Rossini** William Tell: Pas de trois
*RRUDU	RRRUD	DUUDD	**Chopin** prelude/13 op28
*RRUDU	RRRUD	U	**Verdi** La Traviata Act II: Dite alla giovine
*RRUDU	RRUDU	RRUDD	**Haydn** symphony/39 in Gmi 2m
*RRUDU	RRUDU	RRUDU	**Malcolm Williamson** The stone wall
*RRUDU	RURDD	UD	**Richard Strauss** Befreit (song) op39/4
*RRUDU	RUUUU	DDRD	**Handel** harpsichord suite/4 in Dmi 1m allemande
*RRUDU	UDDDD	DDUDU	**Schumann** Dem Helden (song) op95/3
*RRUDU	UDDDD	UDDD	**Bruckner** sytphony/3 in Dmi 2m 3t
*RRUDU	UDDUR	UDDRU	**Wagner** Tannhäuser: overture 8t
*RRUDU	UDRRU	UUDUD	**Wagner** Tannhäuser Act I: Geliebter komm!
*RRUDU	UDRRU	DUDUR	**Berlioz** Benvenuto Cellini Act II: theme on brass
*RRUDU	UDUDU	RDDDD	**Bach** English suite/2 in Ami: allemande BWV807
*RRUDU	UDURR	UDUDD	**Richard Strauss** Don Quixote 1t
*RRUDU	URDDR	UUUUD	**Richard Strauss** Die Georgine (song) op10/4
*RRUDU	URDUR	DURDU	**Prokofiev** Love of three oranges: March
*RRUDU	URRUD	UDRRD	**Verdi** I vespri Siciliani Act IV: Giorno di pianto

*RRUDU	UUDDD	RRUDU	**Beethoven** piano sonata/20 in G op49/2 1m 2t
*RRUDU	UUDDD	UD	**Handel** harpsichord suite/4 in Dmi 2m courante
*RRUDU	UUDUD	DDDUD	**Beethoven** symphony/3 in E♭ 'Eroica' 2m 1t
*RRUDU	UURDD	URDRR	**Debussy** Images: Iberia 1m 5t
*RRUDU	UUUDU	DDRUU	**Albeniz** tango in D, piano
*RRUDU	UUUDU	UURRD	**Chopin** mazurka/31 op50/2 2t
*RRUDU	UUUUU	UDDDU	**Max Bruch** violin concerto/1 in Gmi 1m 1t
*RRURD	DDDUD	R	**Liszt** Hungarian rhapsody/9 in E♭, piano, 'Carnival in Pesth' 3t
*RRURD	DDRUD	UUUUD	**Mozart** Die Entführung II: Wenn der Freude Thränen
*RRURD	DRRUD	DDRRU	**Elgar** Pomp & Circumstance march/3 2t
*RRURD	DURRR	RRRRR	**Puccini** Madam Butterfly Act I: Spira sul mare
*RRURD	DUUUU	DUDDR	**Beethoven** piano concerto/1 in C op15 2m 2t
*RRURD	RDRDR	DRRDU	**Sullivan** The Gondoliers Act I: Oh 'tis a glorious thing
*RRURD	RRURR	URDR	**Verdi** Simon Boccanegra prologue: Il lacerato spirito
*RRURD	RRUUR	UUDD	**Verdi** Macbeth Act IV: Patria oppressa!
*RRURD	RUDUU	UDURD	**Chopin** sonata for cello/piano in Gmi op65 2m 1t
*RRURD	RUUDU	RRUDU	**Walton** Crown Imperial (Coronation march) 1t
*RRURD	UDDDD	DDDDD	**Kodály** Háry János: Kozjátek 2t
*RRURD	UDRDR	DUDDD	**Sibelius** Pelléas et Mélisande: Death of Mélisande
*RRURD	UDRDR	RUUUD	**Handel** Lascia ch'io pianga (song)
*RRURD	UUDDD	UUUUU	**Handel** harpsichord suite in G chaconne/2
*RRURR	DDDDD	DDDUU	**Beethoven** string quartet/4 in Cmi op18/4 2m 1t
*RRURR	DDDRR	URRDD	**Ethelbert Nevin** The rosary (song)
*RRURR	DDDRR	UUUDD	**Beethoven** Gellert Lieder/1 op48/1: Bitten .
*RRURR	DDDUR	DDDDU	**de Falla** El amor brujo: Firefly
*RRURR	DDDUU		**Vaughan Williams** Serenade to music 1t
*RRURR	DDUDR	RUR	**Elgar** Sea pictures op37/5 The swimmer
*RRURR	DDUUU	RRRU	**Schubert** Die schöne Müllerin/18 Trockne Blumen
*RRURR	DRRDR	UDDUD	**Brahms** Capriccio in Dmi, piano op116/1
*RRURR	DRRUD	RD	**Schubert** Fantasy in C 'Wanderer', piano 4t D760
*RRURR	DRRUR	RURRR	**Schumann** symphony/1 in B♭ op38 'Spring' 3m 3t
*RRURR	DRUUU	UUDDD	**Bach** Mass in B minor/19 Sanctus
*RRURR	DURUD	DDDDU	**Schubert** Der König in Thule (song) D367
*RRURR	DUURD	RURD	**Britten** Simple symphony 4m Frolicsome finale 1t
*RRURR	DUURR	RU	**Ravel** L'Indifferent (song)
*RRURR	RDDDR	UDR	**Sullivan** Pirates of Penzance Act II: Yes, I am brave!
*RRURR	RDUDD	UD	**Mendelssohn** Elijah: He, watching over Israel
*RRURR	RDURR	URRRD	**Handel** Zadok the Priest, coronation anthem
*RRURR	RRDDU	DURRR	**Bach** organ fugue in G BWV541
*RRURR	RRRUD		**Wagner** Tannhäuser Act II: Blick' ich umher
*RRURR	RRUUD	DRR	**Sullivan** Pirates of Penzance Act II: All is prepared
*RRURR	RUDUD	RRDDD	**Mozart** Idomeneo Act I: Padre! Germani
*RRURR	RURRD	DDR	**Sullivan** Yeomen of the Guard I: How say you maiden
*RRURR	UDDDU	UD	**Richard Strauss** Der Rosenkavalier II: Herr Cavalier
*RRURR	UDDRR	RURRU	**Verdi** Rigoletto Act III: Bella figlia dell'amore
*RRURR	UDDUR	RRR	**Schumann** Dichterliebe/9 Das ist ein Flöten & Geigen
*RRURR	UDURR	URRUD	**Vivaldi** concerto for flute/strings in Cmi 2m P44O
*RRURR	URRDD	RRURR	**Beethoven** symphony/3 in E♭ 'Eroica' 1m 5t
*RRURR	URRRR	RUR	**Beethoven** Das Geheimnis (song) (Grove 250)
*RRURR	URRRR	UDRDD	**Dvořák** symphony/9 in Emi op95 'New World' 3m 3t
*RRURR	URRUD	DDUDD	**Rossini** La Cenerentola: overture 1t
*RRURR	URRUR	R	**Mascagni** Cavalleria Rusticana, chorus: Gli arancio
*RRURR	URUDD	DDRD	**Schumann** Dichterliebe/6 Im Rhein
*RRURR	UUUDD	DDRRU	**Mozart** sextet in F 'Ein musikalischer Spass' allegro
*RRURR	UUUDD	UUDUR	**Inghelbrecht** Nurseries: Sur le pont d'Avignon [K522
*RRURU	DDDDD	UDUDD	**Beethoven** piano sonata/25 in G op79 2m 2t

*RRURU	DDDDU	URRUD	**Dvořák** string quartet in G op106 2m
*RRURU	DDDRU	DUDDU	**Stravinsky** The rake's progress III: I have waited
*RRURU	DDURU	URDDU	**Mozart** Serenade in D K320 5m
*RRURU	DRDR		**Mozart** sonata/26 for violin/piano K378 2m
*RRURU	DRDUU	U	**Bach** St Matthew Passion: chorale theme
*RRURU	DRURD	R	**Giordano** Andrea Chenier Act I: Son sessant'anni
*RRURU	DRUUD	DDUDD	**Mozart** Cosi fan tutte Act I: Soave sia il vento
*RRURU	DUDRR	URUDU	**Schubert** Du bist die Ruh (song) D776
*RRURU	DUDUU	UDDDD	**Elgar** symphony/2 in E♭ op63 1m 1t(a)
*RRURU	DURUU	RDUDR	**Wagner** Parsifal I: Vom Bade kehrt der König heim
*RRURU	DUURD	RDRD	**Mozart** Mass/19 in Dmi (Requiem) K626: Domine Jesu
*RRURU	RDUDD	RRRUR	**Wagner** Lohengrin Act III: In fernem Land
*RRURU	RDUDR	RURUR	**Schumann** Frauenliebe und Leben/7 An meinem Her-
*RRURU	RRRRD	UDUUD	**Hugo Wolf** Ganymed (song) [zen
*RRURU	RRUDR	RRRRR	**Haydn** The Creation: Stimmmt an die Saiten
*RRURU	RRUUU	UR	**Massenet** Werther Act II: Lorsque l'enfant
*RRURU	RUDUD	RDRDR	**Delius** Eventyr 3t
*RRURU	RUDUU	DRDRD	**Mozart** piano concerto/25 in C K503 1m 2t
*RRURU	RURRU	DUD	**Sullivan** The Mikado Act II: A more humane Mikado
*RRURU	RURRU	RRUR	**A H Malotte** Song of the open road
*RRURU	UDUDD	UDD	**de Falla** Three-cornered hat: Neighbours 2t
*RRURU	UDURR	RDDD	**Verdi** Macbeth Act IV: Ah! la paterna mano
*RRUUD	DDDDU	RRDUD	**Mozart** Don Giovanni II: Mi tradi quel'alma ingrata
*RRUUD	DDDDU	UUDUD	**Dufay** Vergine bella
*RRUUD	DDDRR	DDUDU	**Schumann** Zwielicht (song) op39/10
*RRUUD	DDDRU	UDUDD	**Mozart** trio for piano/vln/cello in B♭ K502 2m
*RRUUD	DDDUD	DDRU	**Mendelssohn** trio piano/vln/cello Cmi op66 1m 2t
*RRUUD	DDDUU	DUDDD	**Wagner** Tannhäuser Act I: War's Zauber
*RRUUD	DDDUU	UDDDD	**Handel** concerto grosso in Cmi op6/8 2m
*RRUUD	DDRUD	DD	**Ibert** Histoires/3 Le vieux mendicant, piano
*RRUUD	DDUDD	UUUDD	**Donizetti** Lucia di Lammermoor Act II sextet: Chi
*RRUUD	DDURD	DUR	**Mendelssohn** Elijah: Lift thine eyes [mi frena
*RRUUD	DDURR	UDDU	**Walton** Belshazzar's Feast: By the waters of Babylon
*RRUUD	DDURR	UUDDD	**Tchaikovsky** symphony/3 in D op29 5m 1t
*RRUUD	DDUUU	RRUUU	**Honegger** King David: March of the Isrealites
*RRUUD	DRDUD	DDRRU	**Bellini** La Sonnambula Act I: Vi ravviso
*RRUUD	DRRRU	RUD	**Schumann** Stille Thränen (song) op35/10
*RRUUD	DRRUU	DDRUU	**J Strauss Jr** Nacht in Venedig overture 5t
*RRUUD	DUDDD	D	**Honegger** Pastorale d'été, orch 3t
*RRUUD	DUDDU	DUUDU	**Handel** harpsichord suite/8 in G 1m allemande
*RRUUD	DUDRR	UUDDU	**Borodin** symphony/2 in Bmi 1m 1t
*RRUUD	DURDU	RURDU	**Bach** Well-tempered Clavier Bk I: fugue/18 BWV863
*RRUUD	DURRU	UDDDR	**Mozart** sextet in F K522 'Ein musikalischer Spass' 2m
*RRUUD	RDRDU		**Schubert** Moments musicaux/2 in A♭ D780
*RRUUD	RDRUU	R	**Kurt Weill** Die Dreigroschenoper: Seeräuber-Jenny
*RRUUD	RRRDD	U	**Duparc** Phidylé (song)
*RRUUD	RRUUD	RRUUR	**J Strauss Jr** Artist's life/5 2t
*RRUUD	RRUUD	UDUDD	**Adam** Giselle: Galop général
*RRUUD	RRUUU	R	**Puccini** La Bohème Act I duet: O soave fanciulla
*RRUUD	RUDDR	UD	**Massenet** Le Cid Act III: Pleurez, pleurez mes yeux
*RRUUD	RUUDD	DD	**Saint-Saëns** Samson et Dalila: Mon coeur s'ouvre
*RRUUD	RUUDR	RUDD	**Elgar** Light of life: I am the good Shepherd
*RRUUD	RUURU	DRDUD	**Bartok** Hungarian folk songs, violin/piano 1m 1t
*RRUUD	UDDRR	DDUDD	**Verdi** Un ballo in maschera Act III: Morrò ma prima
*RRUUD	UDDUD	U	**Schubert** Impromptu/2 in E♭ piano 2t D899
*RRUUD	URDUR	UUUUD	**Massenet** Manon Act II: Adieu, notre petite table
*RRUUD	URRDD	DRRRD	**Mendelssohn** violin concerto in Emi op64 2m 2t

*RRUUD URRDD URRUU **Ravel** L'enfant et les sortilèges: Old man's song
*RRUUR DDRRU URDDR **Haydn** symphony/89 in F 4m
*RRUUR RDUDD DDUUU **Chausson** Chanson perpetuelle (song) op37
*RRUUR RDUDU UDDDU **Dvořák** symphony/8 in G op88 3m 2t
*RRUUR RRUUR URURR **Mendelssohn** songs without words/3 A op19/3 piano
*RRUUR RUURR UUDRR **Beethoven** sonata/9 violin/piano A op47 'Kreutzer'
*RRUUR UDDDD DRDD **Fauré** Requiem: Agnus Dei   [3m 1t(b)
*RRUUR UUDU **Beethoven** Egmont overture op84 1t
*RRUUU DDDDU DDUDU **Bach** So oft ich mein Tabakspfeife (A M Bach's
                                        notebook) BWV515
*RRUUU DDDRD DUUD **Mascagni** Cavalleria Rusticana: Bada, Santuzza
*RRUUU DDDRU RDDD **Kodály** Háry János: Mar engem
*RRUUU DDDUD UUUD **Mozart** Divertimento in C K188 6m
*RRUUU DDDUR RUUUD **Haydn** sinfonia concertante in B♭ 1m t at bar 113
*RRUUU DDUDD UDDUD **Grieg** sonata/2 for violin/piano in Gmi 3m 1t
*RRUUU DDUDD UUUDD **Mozart** piano/wind quintet in E♭ K452 3m
*RRUUU DDUUU UUUUD **Hindemith** Mathis der Maler, symphony 2m 1t
*RRUUU DRDDU DDUDD **Handel** Semele Act III: Leave me, loathsome light
*RRUUU DRDRD UUDUD **Elgar** Dream of Gerontius pt 2: Lord, thou hast been
*RRUUU DRRUU UDRRU **Bach** concerto for harpsichord/str/7 Gmi 2m BWV1058
*RRUUU DUDDU DUUUD **Bach** Motet/3 Jesu meine Freude/5b Ihr aber
*RRUUU DUDRR UDD **Liszt** Years of travel, piano: Au lac de Wallenstadt
*RRUUU DUDUR RDD **Delibes** Coppelia: Czardas 2t
*RRUUU DUDUU DUD **Richard Strauss** Ich trage meine Minne (song) op32/1
*RRUUU DURRU UDDU **Cilea** Adriana Lecouvreur: Io sono l'umile ancella
*RRUUU DUUUU DUUDU **Mozart** symphony/28 in C K200 1m 2t
*RRUUU RDRRR URDDD **John Ireland** Sea fever (song)
*RRUUU RDUDD UURD **Beethoven** An die ferne Geliebte (song) op98/1
*RRUUU RRDDU UUD **Massenet** Thais Act I: Voilà donc
*RRUUU RRRRR UUUDD **Beethoven** sonata/2 violin/piano in A op12/2 1m 2t
*RRUUU RRUDD DURRU **Schubert** piano sonata in D 3m 1t D850
*RRUUU RUDUU DDUD **Richard Strauss** Nachtgang (song) op29/3
*RRUUU UDDDD RRUUU **Mozart** concerto/10 2 pianos/orch in E♭ K365 1m
*RRUUU UDDDR RU **Tchaikovsky** Eugene Onegin II: All men should once
*RRUUU UDDDU DDDDR **Sibelius** En Saga op9 3t
*RRUUU UDDDU U **Rachmaninov** Before my window (song)
*RRUUU UDDRD RRRUU **Mendelssohn** trio/1 for piano/vln/cello Dmi op49 2m 1t
*RRUUU UDDRU UUUD **Bach** In dulci jubilo BWV729
*RRUUU UDRDR UU **R L Pearsall** In dulci jubilo
*RRUUU UDRUU DDRUU **Grieg** piano sonata in Emi op7 4m
*RRUUU UDUDD UDUDU **Mozart** Ch'io mi scordi di te K505 (song)
*RRUUU URRUD DDDUU **Mahler** symphony/1 in D 1m 2t
*RRUUU UUDDD DURRU **Haydn** The seasons: Licht und Leben
*RRUUU UUDDD DUURD **Mozart** Mass/18 in Cmi K427 Kyrie
*RRUUU UURDD DUUDD **Mendelssohn** piano concerto/2 in Dmi op40 3m
*RRUUU UURUD UDRUU **Reissiger** Fairy waltz
*RRUUU UUUDU DRUUU **Wagner** Siegfried Act I: Auf wolkigen Höhn
*RRUUU UUUUU D **Verdi** Requiem: Tuba mirum
*RUDDD DDDDD UDRRR **Verdi** Aida Act III duet: Pur ti rivego
*RUDDD DDDDD UDUU **Handel** sonata for violin/fig bass in A op1/14 3m
*RUDDD DDDDD UURUU **Brahms** piano concerto/1 in Dmi op15 2m
*RUDDD DDDRU UUU **Shostakovich** United Nations (song)
*RUDDD DDDU **Beethoven** trio for clarinet/cello/piano in B♭ op11 1m
*RUDDD DDDUD UDDDU **Bach** English suite/5 in Emi courante BWV810
*RUDDD DDDUD UUDDR **Haydn** symphony/93 in D 4m
*RUDDD DDDUD UURRR **Purcell** Chaconne from King Arthur
*RUDDD DDRRD DUUUD **Spohr** violin concerto/8 in Ami 2m

103

*RUDDD	DDRUR	UUUDD	**Schubert** Die schöne Müllerin/10 Tränenregen
*RUDDD	DDUDR		**Liszt** piano sonata in Bmi 6t
*RUDDD	DDUDR	UDDDD	**Hummel** concerto piano/vln/orch in G op17 3m 1t
*RUDDD	DDURR	RUDDD	**Verdi** La Traviata Act II: Cinque tori
*RUDDD	DDUUU	DDDUD	**Hubay** Poème hongrois, violin/orch op27/1
*RUDDD	DDUUU	UDDUU	**Lecuona** suite Andalucia, piano: Gitanerias 1t
*RUDDD	DRDRR	UUUR	**Verdi** Nabucco Act III: Chi mi toglie
*RUDDD	DUDDD	D	**Chopin** mazurka/32 op50/3 1t
*RUDDD	DUDDU	DDDDD	**Chopin** mazurka/19 op30/2
*RUDDD	DUDRU	DDUDU	**Stravinsky** Petrushka: General dance
*RUDDD	DUDUD	DD	**Borodin** symphony/2 in Bmi 4m 1t
*RUDDD	DURRU	UDUD	**Donizetti** Lucia di Lammermoor Act I: Quando rapito
*RUDDD	DURUD	DDD	**Beethoven** string quartet/1 in F op18/1 1m 2t
*RUDDD	DURUD	DDDUR	**Max Reger** organ pieces/7 op65
*RUDDD	DURUU	DDDDU	**Offenbach** La belle Hélène Act III: Entr'acte
*RUDDD	DUUDD	DDUUD	**Beethoven** str quartet/9 C op59/3 'Rasoumovsky'
*RUDDD	DUUDU	DU	**Borodin** string quartet/2 in D 1m 3t [4m
*RUDDD	DUUDU	UDRUD	**Mozart** concerto/10 2 pianos E♭ K365 3m
*RUDDD	DUUUD	DDDD	**Albeniz** Iberia/4 piano: Málaga
*RUDDD	DUUUD	DDDUU	**Bartok** Rumanian folk dances, piano 4m
*RUDDD	DUUUR	DDDDR	**Haydn** symphony/84 in E♭ 4m
*RUDDD	DUUUU	DDD	**Thomas Dunhill** The cloths of Heaven op30/3
*RUDDD	DUUUU	UUUU	**Schubert** symphony/9 in C 'Great' 1m 2t D944
*RUDDD	RDDUD	DRDRD	**Verdi** Luisa Miller Act II: Tu puniscimi o Signore
*RUDDD	RDDUU	RRDRD	**Mozart** Mass/16 in C K317 'Coronation': Adoremus
*RUDDD	RDRUD	DDRDD	**Mozart** violin concerto/1 in B♭ K207 1m 1t
*RUDDD	RDUUD	RDUUD	**Elgar** Pomp & Circumstance march/2 3t
*RUDDD	RRRDU	UDD	**Mozart** symphony/35 in D K385 'Haffner' 4m 2t
*RUDDD	RRUDD	D	**Lehar** Was ich längst erträumte (from Der Göttergate)
*RUDDD	RUDDD	RUUUR	**Meyerbeer** L'Africaine: Adamastor
*RUDDD	RUDDU	DUDRU	**G Gabrieli** sonata pian' e forte, for brass 2t
*RUDDD	RUDUR	DUDUU	**Tchaikovsky** 1812 overture 4t
*RUDDD	RURUU	UDDDD	**Mendelssohn** string quartet/1 in E♭ op12 4m 1t
*RUDDD	RUURU	RUDDR	**R Strauss** Ariadne auf Naxos: Composer's song
*RUDDD	RUUUR	UUUDD	**Schubert** string quartet/9 in Gmi 2m D173
*RUDDD	UDDDD	RUDDU	**Bartok** Hungarian folk songs, violin/piano 2m 1t
*RUDDD	UDDDU		**Dvořák** waltz for piano op54/6
*RUDDD	UDDUD		**Verdi** Nabucco Act III: Del futuro
*RUDDD	UDDUU		**Schubert** trio/1 piano/vln/cello in E♭ 2m D898
*RUDDD	UDRDD	RDRUD	**Stravinsky** Rake's progress I: With air commanding
*RUDDD	UDRRU	DDDUD	**Donizetti** Lucia di Lammermoor III: Fra poco a me
*RUDDD	UDUDD	DUUUD	**Haydn** string quartet/39 in C op33/1 'The bird' 2m 2t
*RUDDD	UDUDU	UDDDD	**Wagner** Götterdämmerung Act II: Helle Wehr!
*RUDDD	UDURU	RUUDU	**Schumann** Lied der Suleika op25/9
*RUDDD	UDUUD	DDDU	**Bach** sonata/2 for solo vln in Ami, andante BWV1003
*RUDDD	URDDD	DUUUU	**Dvořák** string quintet in E♭ op97 2m 2t
*RUDDD	URUDD	DURUD	**Verdi** Requiem: Quam olim Abrahae (voices overlap)
*RUDDD	URUDD	UDUUU	**Mahler** Des Knaben Wunderhorn: Wo die schönen
*RUDDD	URUDD	URUDD	**Schubert** symphony/4 in Cmi 'Tragic' 2m 1t D417
*RUDDD	UUDDD	URUDD	**Holst** The Planets: Mercury 2t
*RUDDD	UUDDU	UDRUR	**Schubert** Schwanengesang/9 Ihr Bild D957
*RUDDD	UUDRD	RRRUD	**Beethoven** sonata for horn/piano in F op17 1m
*RUDDD	UUDUD	DDDR	**Schubert** Die schöne Müllerin/5 Am Feierabend
*RUDDD	UUDUR	UDDUU	**Beethoven** string quartet/3 in D op18/3 3m
*RUDDD	UURUD	DDUUU	**Brahms** symphony/2 in D op73 4m 2t
*RUDDD	UUUDU	DDDDD	**Mozart** piano concerto/8 in C K246 3m
*RUDDD	UUUDU	RDDU	**Donizetti** La Favorita Act IV: Splendon più belle

*RUDDD	UUUUD	UUDDD	**Mozart**	Don Giovanni Act II: Il mio tesoro
*RUDDD	UUUUD	UUDRD	**Mozart**	trio for piano/vln/cello in C K548 3m
*RUDDD	UUUUU	UDDDD	**Schubert**	symphony/9 in C 'Great' 4m 1t D944
*RUDDR	DDDUR	RD	**Mozart**	bassoon concerto in B♭ K191 1m 1t
*RUDDR	DDDUR	UDRD	**Mozart**	Mass/18 in Cmi K427 'Great Mass': Qui tollis
*RUDDR	DDUDU	URUUD	**Schubert**	Frühlingsglaube (song) D686
*RUDDR	DRUDU	RUUDD	**Puccini**	Turandot Act I: Signore ascolta!
*RUDDR	DRUUU	RUDDR	**Mozart**	Serenade in D K320 4m
*RUDDR	DURRU	DDD	**Weber**	Invitation to the dance: intro
*RUDDR	DUUDD	DDUUU	**Sullivan**	The Mikado Act II: Willow, tit-willow
*RUDDR	DUURU	DDRDU	**Delius**	In a summer garden 1t
*RUDDR	DUUUU	UDD	**Beethoven**	symphony/2 in D 1m intro
*RUDDR	RDDDD	RRRRU	**Mendelssohn**	string quartet/4 in Emi op44/2 3m 2t
*RUDDR	RDDDU	RRUR	**Donizetti**	L'Elisir d'Amore Act II: Venti scudi
*RUDDR	RDDUU	DURRR	**Kodály**	Háry János suite: Bordal-O melysok hal
*RUDDR	RRUUD	DDRUU	**Schubert**	piano sonata in Cmi 3m D958
*RUDDR	RRUUR	UDUDU	**Hugo Wolf**	Mignon/4 Kennst du das Land (song)
*RUDDR	RUDDD	RUDDR	**Gounod**	Faust Act II: Ballet music 2t
*RUDDR	RUDUD	UUUDU	**Dvořák**	sonatina violin/piano in G op100 1m 2t
*RUDDR	UDDRU	DDRUU	**Beethoven**	piano concerto/4 in G op58 3m 1t(a)
*RUDDR	UDDRU	DDUUD	**Elgar**	Wand of youth suite/2: The wild bears
*RUDDR	UDDRU	DDUUD	**Saint-Saëns**	Intro & rondo capriccioso op28 2t
*RUDDR	UDDRU	DRUD	**Schubert**	Deutsche Tänze/2 piano D783
*RUDDR	UDDRU	UDR	**Schubert**	symphony/2 in B♭ 4m 2t D125
*RUDDR	UDDRU	UUDUD	**Grieg**	With a primrose (song) op26/4
*RUDDR	UDDUD	DUDDU	**Dvořák**	Slavonic dances/14 op72 2t
*RUDDR	UDDUU	UUUDD	**Gershwin**	piano concerto 1m 3t
*RUDDR	UDRUD	DRUUD	**Lehar**	Gold and silver waltz 2t
*RUDDR	UDRUU	DRUDD	**Chopin**	prelude/15 'Raindrop' op28 2t
*RUDDR	URDRU	DDD	**Mozart**	piano/wind quintet in E♭ K452 1m
*RUDDR	URURR	RUD	**Schumann**	Schöne Wiege meiner Leiden op24/5
*RUDDR	UUDD		**Sibelius**	symphony/1 in Emi op39 1m 2t
*RUDDR	UUUDD		**Liszt**	Liebestraum/1, piano
*RUDDU	DDDDR	DUUDR	**Mozart**	trio for piano/vln/cello in B♭ K502 3m
*RUDDU	DDDDU	DUDUU	**Bach**	St Matthew Passion/58 Aus Liebe
*RUDDU	DDDUR	UDDUD	**Franck**	organ chorale/1 2t
*RUDDU	DDDUR	UDUU	**Wagner**	Götterdämmerung: Siegfried's funeral 5t
*RUDDU	DDDUU	UDDDD	**Brahms**	Variations on an original theme op21/1
*RUDDU	DDRDU	UDUUU	**Stanford**	The Revenge: So Lord Howard
*RUDDU	DDRUD		**Schubert**	Moments musicaux/6 in A♭ 2t D780
*RUDDU	DDRUU	UUD	**Mahler**	Des Knaben Wunderhorn: Antonius v Padua
*RUDDU	DDUDD	DUDDU	**Schumann**	string quartet in Ami op41 4m
*RUDDU	DDUDD	RUDDU	**Balfe**	I dreamt that I dwelt in marble halls (song)
*RUDDU	DDUDD	RUDUD	**Sullivan**	The Gondoliers I: We're called gondolieri
*RUDDU	DDUDD	UDDUD	**Josef Strauss**	Mein Lebenslauf ist Lieb' und Lust/2
*RUDDU	DDUDU	RUUDD	**Saint-Saëns**	piano concerto/4 in Cmi op44 3m
*RUDDU	DDUUD	DDUDD	**Donizetti**	Lucia di Lammermoor III Mad scene: Alfin
*RUDDU	DDUUD	RUDDU	**Richard Strauss**	sonata vln/piano E♭ op18 1m 1t(a)
*RUDDU	DDUUU	UDDDD	**Saint-Saëns**	piano concerto/4 in Cmi op44 1m 2t(a)
*RUDDU	DRRDU	DUDDD	**Wagner**	Das Rheingold: So weit Leben und Weben
*RUDDU	DURUD	DUDUU	**Rachmaninov**	Polichinelle, piano 1t
*RUDDU	DUUDD	UUDUU	**Bach**	harpsichord concerto/5 in Fmi 1m BWV1056
*RUDDU	DUUDR	UDDUD	**Schubert**	trio vln/vla/cello in B♭ 4m D581
*RUDDU	DUUDU	DDUDU	**Chopin**	mazurka/45 op67/4
*RUDDU	DUURU	DDUDD	**Haydn**	sinfonia concertante in B♭ op84 3m
*RUDDU	RDDDD	DUDDD	**Beethoven**	sonata for horn/piano in F op17 3m
*RUDDU	RDRUD	UUR	**Schubert**	Moments musicaux/3 in Fmi D780

*RUDDU	RRUDD	U	**J Strauss Jr** Der Zigeunerbaron I: Ja das alles auf
*RUDDU	RUDDR	UDU	**Britten** Simple symphony 3m Sentimental sarabande
*RUDDU	RUDDU	DUDDU	**Poulenc** Nouvellette/1 for piano 2t [2t
*RUDDU	RUDDU	RUDUU	**Tchaikovsky** string quartet in D op11 3m
*RUDDU	RUDU		**Fauré** sonata for violin/piano in Cmi op101 4m 1t
*RUDDU	RUUDR	UUDDD	**Brahms** trio for piano/vln/cello in Cmi op101 4m 1t
*RUDDU	UDDDD	UUDRR	**Bizet** Fair maid of Perth Act II: Quand la flamme
*RUDDU	UDDDU	D	**E Kremser** Wir treten zum beten
*RUDDU	UDDDU	DDD	**Holst** The Planets, Jupiter 4t
*RUDDU	UDDDU	DUUDD	**Debussy** La Mer 1m 4t
*RUDDU	UDDRU	RRD	**Verdi** Requiem: Domine Jesu
*RUDDU	UDDUR	UUDDD	**Holst** St Pauls suite, orch 1m 1t(b)
*RUDDU	UDDUU	DDDRU	**Handel** harpsichord suite/8 in G 2m
*RUDDU	UDDUU	DR	**J Strauss Jr** Die Fledermaus II: Klänge der Heimat
*RUDDU	UDRUD	UDU	**Schubert** Rosamunde: ballet/1 2t D797
*RUDDU	UDUDR	URDUU	**Beethoven** piano sonata/28 in A op101 3m
*RUDDU	UDUUU	UDUUD	**Mozart** trio for piano/vln/cello in E K542 2m
*RUDDU	URDDU	D	**Schubert** symphony/6 in C 4m 2t D589
*RUDDU	UUDRD	DUUUU	**Berlioz** La damnation de Faust Pt 3: Ange adoré
*RUDDU	UUDRU	RUDDU	**Delius** Young Venevil (song)
*RUDDU	UURDD	UDDUU	**Haydn** string quartet/17 in F op3 1m 2t
*RUDDU	UURRR	RRUD	**Sullivan** Pirates of Penzance Act II: When the foeman
*RUDDU	UURUD	DURUD	**Liszt** Rapsodie espagnole, piano/orch 1t
*RUDDU	UURUD	DUU	**Schubert** symphony/9 in C 'Great' 4m intro D944
*RUDDU	UURUD	RRUDU	**Brahms** waltzes op39/11 piano
*RUDDU	UUUDD	UUUU	**Brahms** sonata for violin/piano in A op100 3m 2t
*RUDDU	UUUDU	UDDUU	**Mussorgsky** Night on a bare mountain 3t
*RUDDU	UUURD	DRUDD	**Haydn** string quartet/39 in C op33 'The bird' 2m 1t
*RUDDU	UUURU	DUDDD	**Lalo** Namouna: Parades de Foire 2t
*RUDDU	UUUUU		**Beethoven** string quartet/4 in Cmi op18/4 4m 2t
*RUDRD	DDDDD	UUUDD	**Haydn** symphony/31 in D 2m
*RUDRD	DDDUD	DUDUU	**Sibelius** Karelia suite, orch 2m
*RUDRD	DDRDD	UUDUD	**Haydn** symphony/44 in Emi 3m
*RUDRD	DRDUU	URURU	**Haydn** symphony/103 in E♭ 'Drum roll' 1m
*RUDRD	DRDUU	UUUUU	**Beethoven** symphony/3 in E♭ 'Eroica' 4m 4t
*RUDRD	DRUDD	UURUU	**Brahms** Intermezzo in Ami piano op116/2
*RUDRD	DRUDU	UDURU	**Beethoven** Bagatelle in F op33/3 piano
*RUDRD	DUDRU	DRDRD	**Chopin** mazurka/27 op41/2
*RUDRD	DUUUU	D	**Leoncavallo** I Pagliacci: So ben che difforme
*RUDRD	RDRDR	UU	**Berlioz** Fantastic symphony 1m intro
*RUDRD	RDRRU	DDDU	**Schubert** Die schöne Müllerin/3 Halt!
*RUDRD	RRRRD	RUDRD	**MacDowell** suite/2 (Indian) II Love scene 1t
*RUDRD	UDUDU	DUDUD	**Mozart** piano concerto/12 in A K414 3m 1t
*RUDRD	URUDR	DRRRR	**Schumann** The knight of the hobby-horse, piano
*RUDRR	RRRUD	UDR	**Mussorgsky** The nursery/1 With Nanny
*RUDRR	RUDUR	RRRU	**Wagner** Götterdämmerung Act III: Starke Scheite
*RUDRR	UDDDR	URUDR	**Schumann** Frauenliebe und Leben op42/1 Seit ich ihn
*RUDRR	UDDRU	DDUD	**Schubert** Impromptu in Fmi D935
*RUDRR	UDDUU	UD	**Verdi** Macbeth Act IV: Una macchia
*RUDRR	UDRDD	UDDRD	**Donizetti** La Favorita Act I: Ah! mio bene mio tesoro
*RUDRR	UDRRU	DDD	**Richard Strauss** Also sprach Zarathustra 7t(b)
*RUDRR	UDRRU	RDUDD	**Smetana** The bartered bride Act I: Ah, with you
*RUDRR	UDRRU	URDRD	**Max Bruch** violin concerto/1 in Gmi 3m 1t
*RUDRR	UDRUD	RUUU	**Albeniz** Iberia/2 piano: Triana 1t
*RUDRR	UDUUR	RUDDU	**Debussy** Nocturnes, orch: Fêtes 2t
*RUDRR	UUDDR	RUD	**Walton** Belshazzar's Feast: Alleluja
*RUDRU	DDDUD	RUDDD	**Mendelssohn** Wedding march 4t

*RUDRU	DDRDD	UUDDU	**Schubert** Waltz for piano D969/10
*RUDRU	DDUDU	DR	**Stravinsky** Petrushka: Chez Petrushka 2t(a)
*RUDRU	DDUUD	D	**Verdi** Don Carlos Act II: Dio, che nell'alma infondere
*RUDRU	DRDUR	UDRUU	**Brahms** Intermezzo in Emi piano op119/2 1t
*RUDRU	DRDUU	RUDRU	**Beethoven** sonata for horn/piano in F op17 2m
*RUDRU	DRRUD	RURDD	**Mendelssohn** symphony/4 in A op90 'Italian' 2m 2t
*RUDRU	DRRUR	UDDUD	**Schubert** Die Winterreise/10 Rast
*RUDRU	DRUDD	UDDRU	**Schubert** Rosamunde: overture 1t D797
*RUDRU	DRUDD	UDDUD	**Karl Zeller** Der Vogelhändler: nightingale song 2t
*RUDRU	DRUDD	UDUDU	**Handel** harpsichord suite/7 in Gmi 4m sarabande
*RUDRU	DRUDD	URUDD	**Brahms** symphony/2 in D op73 3m 1t
*RUDRU	DRUDR	R	**Mozart** sonata/17 for violin/piano in C K296 1m
*RUDRU	DRUDR	RUDDR	**J Strauss Jr** Wiener-Blut/1 2t
*RUDRU	DRUDR	UD	**Brahms** string quartet/3 in B♭ op87 1m 2t
*RUDRU	DRUDU	DDDRU	**Brahms** sonata for violin/piano in Dmi op108 3m
*RUDRU	DRUDU	DUU	**Ravel** Le tombeau de Couperin: Toccata 1t
*RUDRU	DRURD	RDD	**Sullivan** The Mikado Act II: The flowers that bloom
*RUDRU	DRURR	UDDD	**Beethoven** sonata/3 for violin/piano E♭ op12/3 3m
*RUDRU	DRURU	RUDR	**Brahms** sonata for violin/piano in A op100 1m 3t
*RUDRU	DRUUD	UU	**Schubert** piano sonata in Ami 3m D784
*RUDRU	DUDUD	UUDDU	**Schubert** Schäfers Klagelied (song)
*RUDRU	DUDUD	UURUU	**Walton** Belshazzar's Feast: Sing us one of the songs
*RUDRU	DUDUU	DDDRD	**Mozart** sonata/27 for violin/piano in G K379 2m
*RUDRU	DURRR	UDUUR	**Mozart** Don Giovanni II: Don Giovanni, a cenar teco
*RUDRU	DUUDD	RDDUU	**Brahms** Wiegenlied (Lullaby) op49/4
*RUDRU	RDDDD	UD	**Sir Joseph Barnby** Sweet and low (song)
*RUDRU	RDDDU	DRDDD	**Bach** St John Passion/36 Ruht wohl
*RUDRU	RDDRD		**Richard Strauss** Geduld (song) op10/5
*RUDRU	RUDDR	RUUUU	**Stravinsky** Petrushka: Chez Petrushka 2t(b)
*RUDRU	RUDRU	URUD	**Handel** harpsichord suite/4 in Dmi 3m sarabande
*RUDRU	UDRUD	DUUDU	**Hummel** concerto for piano/vln/orch in G op17 1m 2t
*RUDRU	UDUDU	DDDRU	**Wagner** Rienzi: overture 2t
*RUDRU	URDDR	UDD	**Schumann** Die Tochter Jephta's op95/1 (song)
*RUDRU	URDUR	DURDU	**Bartok** string quartet/1 op7 3m intro
*RUDRU	URUDR	UDRUD	**Handel** organ concerto in B♭ op4/6 2m
*RUDRU	URURU	D	**Mozart** Mass/19 in Dmi (Requiem) K626 Agnus Dei
*RUDRU	UUDDU	DDDUD	**Bach** Mass in B minor/13 Et in unum
*RUDRU	UUDRU	UUDRU	**Wagner** Götterdämmerung: Siegfried's Rhine journey
*RUDRU	UURUU	UDUDU	**Mahler** Um Mitternacht (Rückert song) [6t
*RUDUD	DDDUU	DRRU	**Schubert** Die schöne Müllerin/12 Pause
*RUDUD	DDRUD	UDDDR	**Mozart** Cosi fan tutte Act I: Bella vita militar
*RUDUD	DDUDU	UUDDD	**Walton** violin concerto 2m 1t(b)
*RUDUD	DDUUD	DUDDU	**Handel** concerto grosso in Emi op6/3 2m 2t
*RUDUD	DDUUU	DDUDD	**Machaut** Messe Notre-Dame: Kyrie
*RUDUD	DDUUU	RUDDD	**Borodin** Prince Igor: Polovtsian dances 1t
*RUDUD	DRDDU	DDDUD	**Richard Strauss** Seit dem dein Aug' (song) op17/1
*RUDUD	DUDDU	DDUUU	**Bach** sonata for viola da gamba/harpsichord in Gmi
*RUDUD	DUDUD	RRD	**Bach** Mass in B minor/12 Credo/2 [BWV1029 1m
*RUDUD	DUDUD	UDUDD	**Scarlatti** harpsichord sonata in B♭ Kp267
*RUDUD	DUDUR	DUUUU	**Weber** Oberon: overture 2t
*RUDUD	DUDUU	DDUD	**Tippett** A child of our time: Interludium
*RUDUD	RDUDD	RUDUD	**Brahms** sonata for violin/piano in A op100 2m 2t
*RUDUD	RUDDD	RDUUU	**Mendelssohn** symphony/4 in A op90 'Italian' 4m 2t
*RUDUD	RUDUD	DUUDU	**Milhaud** Création du Monde 1m
*RUDUD	RUDUD	RUDUD	**Khachaturian** violin concerto in D♭ 1m 1t(a)
*RUDUD	RUDUU	RUDDU	**Dvořák** string quartet in Dmi op34 4m
*RUDUD	RUUDD	DDRDU	**Britten** Fantasy quartet for oboe/vln/vla/cello 1t

*RUDUD	RUUDD	RUD	**Mozart** Figaro Act IV: Deh vieni non tardar
*RUDUD	RUUDU	DRUUD	**Mendelssohn** symphony/3 in Ami op56 'Scotch' 4m 3t
*RUDUD	UDDDU	DDUD	**Schubert** Die schöne Müllerin/1 Das Wandern
*RUDUD	UDDDU	UDDDU	**Beethoven** sextet in E♭ op71 trio
*RUDUD	UDDUD	UDUDR	**Britten** Peter Grimes Act III: Embroidery in childhood
*RUDUD	UDDUU	DUDUD	**Vaughan Williams** symphony/8 2m 2t
*RUDUD	UDRD		**Liszt** Years of travel, piano: Sonnet 47 of Petrarch
*RUDUD	UDRUD	RUDD	**Hugo Wolf** Mausfallen - Sprüchlein (song)
*RUDUD	UDUDD	RDDRU	**Sullivan** The Gondoliers Act II: Dance a cachucha
*RUDUD	UDUDD	UUUUD	**Bach** English suite/3 in Gmi allemande BWV808
*RUDUD	UDUDU	DUDDD	**Sullivan** Pirates of Penzance I: I am the very model
*RUDUD	UDUDU	DUDDR	**Buxtehude** (Prelude) fugue (& chaconne) in C, organ
*RUDUD	UDUDU	DUDUD	**Chopin** étude in C op10/7
*RUDUD	UDUDU	DUUUU	**Beethoven** symphony/3 in E♭ 'Eroica' 3m 1t(a)
*RUDUD	UDUDU	UDUDU	**Bach** cantata/106 Gottes Zeit/1b In ihm leben
*RUDUD	UDURU	RRR	**Leoncavallo** I Pagliacci: Stridono lassù
*RUDUD	UDURU	UUR	**Gershwin** piano concerto in F 2m 1t(b)
*RUDUD	UDUUU	DRU	**Sullivan** The Mikado Act II: There is beauty
*RUDUD	URRDU	DUUUU	**Schubert** symphony/9 in C 'Great' 3m 1t D944
*RUDUD	UUDDD		**Beethoven** symphony/6 in F 'Pastoral' 5m 2t
*RUDUD	UUDRR	DRRUD	**Schubert** Die Winterreise/12 Einsamkeit
*RUDUD	UUDRU	DUDUD	**Schubert** string trio in B♭ 4m D581
*RUDUD	UUDUD	DU	**Shostakovich** symphony/9 4m
*RUDUD	UUDUR	DDUDU	**Brahms** serenade in A, strings op16 2m 1t
*RUDUD	UURUU	RUUDD	**Schumann** Frauenliebe und Leben op42/4 Du Ring
*RUDUD	UUUDD	UDDDU	**Poulenc** piano concerto, brass theme from 1m
*RUDUD	UUUDU	DUUDU	**Mozart** piano concerto/5 in D K175 1m 1t
*RUDUD	UUUUU	UDDUU	**Puccini** Tosca Act I: Mia gelosa
*RUDUR	DDRRU	UDUUD	**Schubert** Die Winterreise/11 Frühlingstraum
*RUDUR	DURUD	URDUR	**J Strauss Jr** Tales of the Vienna Woods/1 2t
*RUDUR	DUUUD	DDRUD	**Bach** choral prelude, organ: O Mensch BWV622
*RUDUR	RRRUU	DUR	**Sullivan** The Mikado I: As some day it may happen
*RUDUR	RUDDU	DDUDD	**Mozart** Figaro Act I: La vendetta
*RUDUR	UDDRU	DUDDD	**Donizetti** La fille du Régiment Act I: Chacun le sait
*RUDUR	UDRDD	RD	**Berlioz** Fantastic symphony 1m 1t or 2m 2t
*RUDUR	UDUDD	DDUUD	**Brahms** Academic Festival Overture op80 1t
*RUDUR	UDUUU	DDUD	**Gavin Gordon** The Rake's Progress, ballet 2m 1t
*RUDUR	URDRD	RD	**Berlioz** Fantastic symphony 5m 1t
*RUDUU	DDDDU	DDUDU	**Tchaikovsky** piano concerto/2 in G op44 3m 2t
*RUDUU	DDDRR	UDDDU	**Vaughan Williams** Serenade to music 2t
*RUDUU	DDDUU	DRDUD	**Verdi** La forza del Destino Act II: Son Pereda
*RUDUU	DDRRU	DUUDD	**Debussy** string quartet in Gmi 1m 1t(b)
*RUDUU	DDRRU	DUUDD	**Mozart** Cosi fan tutte Act I: Alla bella Despinetta
*RUDUU	DDUDU	UU	**Chopin** étude Fmi op25/2
*RUDUU	DDUDU	UUUDU	**Bach** choral prelude, organ: Nun komm' der Heiden
*RUDUU	DDUUD	DUDRU	**Schubert** Litanei (song) D343 [Heiland BWV599
*RUDUU	DUDDD	RUUUD	**Dvořák** string quartet in A♭ op105 1m 1t
*RUDUU	DUDUU	RDRDR	**Mozart** Ridente la calma (song) K152
*RUDUU	DURRR	DRRRU	**Schubert** symphony/4 in Cmi 'Tragic' 1m intro D417
*RUDUU	RDRRU	DRDD	**Mendelssohn** Elijah: O come, everyone that thirsteth
*RUDUU	RDUDR	DUDRD	**Grieg** Symphonic dances/1 op64
*RUDUU	RDUDU	RUDDD	**Dvořák** scherzo capriccioso, orch op66 4t
*RUDUU	RURUR	UDUU	**Sibelius** symphony/6 in Dmi op104 4m 3t
*RUDUU	RUUDD	DUDDD	**Mendelssohn** Midsummer night's dream: nocturne
*RUDUU	UDDDR	DDUUD	**Brahms** symphony/3 in F op90 2m 2t [op61/7
*RUDUU	UDDRU	DUUDU	**Verdi** Rigoletto Act I: Deh non parlare
*RUDUU	UDDRU	RUDDD	**Haydn** string quartet/38 in E♭ op33 'The joke' 4m

*RUDUU	UDRUU	UURD	**Verdi** Il trovatore Act II: Per me ora fatale
*RUDUU	UDUDU	DDUDU	**Mahler** Blicke mir nicht in die Lieder (Rückert song)
*RUDUU	UDUUU	UUDDU	**Leopold Mozart** trumpet concerto 1m
*RUDUU	URDUD	DRDUD	**Debussy** Préludes BkI/5 Les collines d'Anacapri
*RUDUU	URRUD	UDD	**Mozart** sonata for organ/strings in C K336 (one movt)
*RUDUU	URUDD	DDD	**Chausson** Poème, violin/orch 1t
*RUDUU	URUDD	DUDDD	**Debussy** Hommage à S.Pickwick Esq (parody of God save the Queen)
*RUDUU	URUDD	DUDDU	God save the Queen
*RUDUU	UUDDD	RRUDU	**Mascagni** Cavalleria Rusticana: Innegiamo
*RUDUU	UUDDD	UDDUU	**Mozart** trio for piano/vln/cello in G K564 2m
*RUDUU	UUDUD	DDDDU	**Mozart** piano sonata/6 in D K284 3m
*RUDUU	UUDUR	DDDUU	**Ferde Grofé** Mississipi suite 4m Mardi Gras 1t
*RUDUU	UUDUR	UDUUD	**Schubert** Die Winterreise/18 Der stürmische Morgen
*RUDUU	UUUD		**Hugo Wolf** Gesegnet sei, durch den die Welt (song)
*RURDD	DDDUU		**Mendelssohn** symphony/3 in Ami op56 'Scotch' 1m 3t
*RURDD	DRUDD	D	**Massenet** Scènes pittoresques/1 1t
*RURDD	DRUDU	RDRUR	**Warlock** Capriol suite: Bransles
*RURDD	DURUD	DDDDD	**Mozart** Mass/18 in Cmi K427: Et incarnatus est
*RURDD	DUUDD	DRUUU	**Bach** St Matthew Passion/38 Mir hat die Welt
*RURDD	DUUUU	DDR	**Bach** Cantata/106 Gottes Zeit/3 Glorie, Lob BWV106
*RURDD	RDRRR	URDUD	**Beethoven** Abendlied (song) (Grove 352)
*RURDD	RUDRD	RDDUD	**Schubert** Das Mädchens Klage (song) D6
*RURDD	RUDRR	URDDR	**Mozart** Cosi fan tutte Act I: Un'aura amorosa
*RURDD	URUDD	UDUUU	**Fauré** Requiem: Pie Jesu
*RURDD	URURD	D	**Humperdinck** Hansel & Gretel Act III prelude 1t
*RURDD	UUDUU	UDDUD	**Kodály** Háry János: Tiszán innen
*RURDD	UUUDD	UUUDD	**Mahler** Liebst du um Schönheit (Rückert song)
*RURDD	UUURR	RURRR	**Debussy** Chansons de Bilitis/1 La flute de Pan
*RURDD	UUUUU		**Beethoven** string quartet/4 in Cmi op18/4 4m 2t
*RURDR	DDDDU	DUDUD	**Mozart** piano sonata in E♭ K282 3m
*RURDR	DDDUD	UDDDU	**Massenet** Scènes pittoresques/2 2t
*RURDR	DDRUR	DRD	**Beethoven** string quartet/4 in Cmi op18/4 1m 2t
*RURDR	DRDRD	UDRDR	**Sullivan** The Mikado Act I: Our great Mikado
*RURDR	DRDRR		**Rimsky-Korsakov** Le coq d'or Act II: Hymn to the sun
*RURDR	DRRDD	UD	**Berlioz** Beatrice & Benedict overture 1t
*RURDR	DRURU	RD	**Dvořák** scherzo capriccioso, orch op66 2t
*RURDR	DRURU	RDRDR	**J Strauss Jr** Wine, women and song/1 1t
*RURDR	DRURU	RDRUU	**Dvořák** Slavonic dances/3 op46 1t
*RURDR	DUDUD	UDUUU	**Haydn** String quartet/17 in F op3 4m
*RURDR	RDUUR	DDRDR	**Kodály** Háry János suite: Toborzo 1t
*RURDR	RRDRD	RURRR	**Bach** Well tempered Clavier Bk II: prel/3a BWV872
*RURDR	RRDUD	RDDUD	**Mozart** piano concerto/17 in G K453 2m
*RURDR	RURDD	DR	**Kodály** Háry János: Ajo lovas
*RURDR	RURDR	RUDDR	**Berlioz** L'Enfance du Christ pt3: Ouvrez, ouvrez
*RURDR	UDDDD	UD	**Brahms** Ein deutsches Requiem: Die Erlöseten
*RURDR	UDDUD	UD	**Wagner** Siegfried Act III: Was ruht dort schlummernd
*RURDR	UDRUR	DRU	**Sullivan** Yeomen of the Guard Act I: When our gallant
*RURDR	URDRD	RURDR	**Franck** symphonic variations, piano/orch: intro
*RURDR	URDRU	RDRUR	**Britten** Peter Grimes: interlude/2 Sunday morning 1t
*RURDR	URDRU	RDRUR	**Mozart** violin concerto/2 in D K211 1m 2t
*RURDR	URDRU	RDRUR	**Beethoven** piano sonata/18 in E♭ op31/3 4m 1t(b)
*RURDR	URDRU	RDUUD	**Handel** organ concerto in B♭ op7/1 1m 1t
*RURDR	URDRU	RR	**Liszt** Christus: Christus vincit
*RURDR	URDRU	UUDRD	**Verdi** Aida: Dance of the priestesses 1t
*RURDR	URDUD	UDUDU	**Bach** organ fugue in G BWV577
*RURDR	URDUR	RRDDD	**Richard Strauss** Leise Lieder (song) op41a/5
*RURDR	URDUR	URDDD	**Mozart** Sinfonia concertante in E♭ K297b 3m

*RURDR	URURR	RURDR	**Ravel** string quartet in F 4m
*RURDR	URUUD	UUDDU	**Wagner** Lohengrin Act III: prelude 3t
*RURDU	DDDRR	DRUDR	**Hubay** Hejre Kati, violin/orch op32/4 2t
*RURDU	DDUDD	U	**Schumann** Carnaval op9 piano: Lettres dansantes
*RURDU	DDUDU	DDRRD	**Haydn** The Creation Pt 3: Singt dem Herren
*RURDU	DRUDD	UUU	**Vaughan Williams** On Wenlock Edge: Oh, when I was
*RURDU	DRUDU	DURDR	**Leoncavallo** I Pagliacci: Un tal gioco [in love
*RURDU	RDDDD	DDDDD	**Haydn** symphony/26 in Dmi 3m trio
*RURDU	UDDDR	D	**Mozart** string quartet/1 in G K80 1m
*RURDU	UDDUD	DRRUR	**Haydn** oboe concerto in C (doubtful) 2m
*RURDU	UUDUD	DRDUU	**Liszt** Hungarian rhapsody/2 in C♯mi, piano 2t
*RURDU	UUURD	RUUD	**Massenet** Werther Act III: Werther! Werther!
*RURRD	DDDUR	DDR	**Bartok** Hungarian folk songs, violin/piano 1m 2t
*RURRD	DDRUR	RDDD	**Beethoven** symphony/7 in A 1m 3t
*RURRD	DRDUU	URDUU	**Wagner** Tannhäuser Act II: Noch bleibe denn!
*RURRD	DRRDU	DUDDU	**Mozart** Don Giovanni Act II: Deh vieni
*RURRD	RDRRU	UDRDD	**Hugo Wolf** Anakreon's Grab (song)
*RURRD	RDUDU	UUDDR	**Beethoven** piano sonata/12 in A♭ op26 1m
*RURRD	RRDDU	UURDD	**Beethoven** sonata/7 for violin/piano Cmi op30/2 1m 2t
*RURRD	RRRUR	RDRUU	**Haydn** symphony/103 in E♭ 'Drum roll' 3m
*RURRD	RURRD	RURUD	**Mozart** sinfonia concertante in E♭ K297b 3m
*RURRD	RURRD	UDDUD	**Mozart** horn concerto in D K412 2m 1t
*RURRD	UDDDU	UDUDD	**Ippolitov-Ivanov** Caucasian sketches,orch op10 2m 2t
*RURRD	UDRUR	RDD	**Richard Strauss** Heimkehr (song) op15/5
*RURRD	URRUD	DDRUD	**Schubert** March/2, piano 2t D886
*RURRD	UUDRU	DRUDD	**Verdi** Ernani Act I: Ernani involami
*RURRD	UUUDU	DRURR	**Beethoven** trio for piano/vln/cello E op70 2m
*RURRD	UUURU	UR	**Purcell** Dido and Aeneas: To the hills
*RURRR	DDDDU	UUDUU	**Schubert** Der Einsame (song) D800
*RURRR	DDRRU	RRRDU	**Stravinsky** Petrushka: Dance of the nurses 2t
*RURRR	DDUDD	RRURR	**Verdi** Un ballo in maschera Act II: Ma dall'arido stelo
*RURRR	DRRDD	RUDUR	**Mozart** Idomeneo Act I: Il Padre adorato
*RURRR	DUDDD		**Donizetti** Linda di Chamounix Act I: Ambo nati
*RURRR	DUDUU	RDDRD	**Mozart** Die Entführung Act I: Wer ein Liebchen
*RURRR	DUUDD	UUR	**Schumann** Die Löwenbraut (song) op31/1
*RURRR	RDDDD		**Mussorgsky** Boris Godunov: Varlaam's song
*RURRR	RDUUD	UDRUR	**Sullivan** The Gondoliers I finale: Replying, we sing
*RURRR	RDUUU	RRRRD	**Mahler** Starke Einbildungskraft (song)
*RURRR	RRDUR	DUDUU	**Prokofiev** Classical symphony 3m 2t
*RURRR	RRRDU	UDDUD	**Sullivan** Patience I: When I first put this uniform on
*RURRR	RRRRR	RRRRD	**Rimsky-Korsakov** Antar symphony 2m 1t
*RURRR	RRRRU	DDDD	**Sullivan** The Gondoliers II: On the day when I was
*RURRR	RRUDR	RRRDU	**Schubert** piano sonata in D 3m trio D850 [wedded
*RURRR	UDDRR	URRRU	**Delius** Appalachia: theme for variations
*RURRR	UDRRR	RRRUR	**Ravel** La flute enchantèe (song)
*RURRR	URRDR	DUDDU	**Mozart** Die Entführung Act I: Ach ich liebte
*RURRR	URRRU	RDDD	**Brahms** sextet in B♭ op18 1m 3t
*RURRR	URRRU	RRDDD	**Handel** Water music 12m
*RURRR	URRUU	DDDRD	**Schumann** An den Sonnenschein (song) op36/4
*RURRR	UUDDR	RUDRD	**Puccini** La Bohème Act IV: Sono andati
*RURRU	DDDDD	DDUUD	**Bach** Partita/2 solo violin in Dmi, chaconne BWV1004
*RURRU	DDDRU	RRUDD	**Delius** Appalachia 2t
*RURRU	DRDUD	UDD	**Mendeissohn** Zuleika (song)
*RURRU	DURDD	UDRDD	**Wagner** Lohengrin Act I: Nun sei bedanket
*RURRU	DUUUD	D	**Debussy** Images: Iberia 2m intro
*RURRU	RDUUD	DDURU	**Brahms** sonata for violin/piano in A op100 3m 1t
*RURRU	RRDRR	RURRU	**Mascagni** Cavalleria rusticana: Irregiamo

*RURRU	RRUDR	UDUDU	**Bizet** symphony/1 in C 1m 1t(a)
*RURRU	RRURR	UURDU	**Rachmaninov** piano concerto/3 in Dmi op30 3m 2t
*RURRU	RRUÜD	DUDUD	**Haydn** symphony/102 in B♭ 3m menuet
*RURRU	RRUUR		**Puccini** Madam Butterfly Act II: Che tua madre
*RURRU	RUDDU	UUDDR	**Mozart** concerto/2 for horn/strings in E♭ K417 rondo
*RURRU	RUDRU	DUDRU	**Joaquin Rodrigo** Concierto de Aranjuez, guitar 3m 1t
*RURRU	UDUDU	DURUD	**R Strauss** Der Rosenkavalier Act I: Kann mich auch
*RURRU	URRDR	UDRUU	**Beethoven** piano s'ta/21 C op53 'Waldstein' 2m
*RURRU	URUUU	DDUUR	**Donizetti** La Favorita Act I: Una vergine
*RURUD	DDDDD	RDUUD	**Bach** aria for Goldberg variations, Clavier BWV988
*RURUD	DDDDU	DUDUD	**Bach** St John Passion/19 Sei gegrüsset
*RURUD	DDDRU	RDRD	**Shostakovich** sonata for cello/piano op40 4m
*RURUD	DDDUD	UUUDD	**Purcell** Oedipus: Music for a while
*RURUD	DDUDD	DRURU	**Bellini** Beatrice di Tenda: Deh! se un urna
*RURUD	DRDRR	RUD	**Weber** Peter Schmoll: overture intro
*RURUD	DRURD	D	**Franck** quintet for piano/strings in Fmi 3m 1t
*RURUD	DUDRU	DUUUU	**Richard Strauss** Zueignung (song) op10/1
*RURUD	DUURD	RURUR	**Lalo** symphonie espagnole, violin/orch 1m 1t(a)
*RURUD	DUUUR	RDRUU	**Haydn** symphony/87 in A 4m
*RURUD	RDDUD	DUDRU	**Wagner** Im Treibhaus (song)
*RURUD	RDRDD	RU	**Sousa** Manhattan Beach, march 1t
*RURUD	RDRRU	RURRD	**Ravel** Le Martin-pêcheur (song)
*RURUD	RDUDU	UURDU	**Haydn** symphony/95 in Cmi 3m
*RURUD	RUDRU	UUDRU	**Elgar** Sea pictures op37/2 In haven
*RURUD	RURUD	UUUUU	**Martinu** concertino for cello/piano/wind: andante
*RURUD	UUDRD	UURDU	**Ravel** Les grands vents (song)
*RURUD	UURRD	UURDD	**Walton** symphony/1 in B♭mi 4m 2t
*RURUR	DDRDR	DRD	**Anonymous** nursery tune: Ah vous dirai-je Maman; Twinkle, twinkle little star etc, used for variations by J C F Bach, Dohnányi (piano/orch op25) Mozart (piano K265) and Rinck (organ)
*RURUR	DDUU		**Mozart** piano concerto/9 in E♭ K271 2m
*RURUR	DRDUR	UDUR	**Mozart** Idomeneo Act II: Se il padre
*RURUR	DRUDR	RDU	**Liszt** Mephisto waltz, piano 2t
*RURUR	DRURD	RRURD	**Rossini** Il barbiere di Siviglia Act I: All'idea
*RURUR	DUDRR	RDDRU	**Mendelssohn** Elijah: Then shall the righteous
*RURUR	DURDD	UR	**Mozart** symphony/36 in C K425 'Linz' 1m intro
*RUŖUR	DURDR	DRDUR	**Haydn** symphony/94 in G 2m
*RURUR	DUUDD	R	**Fauré** Requiem: In paradisum
*RURUR	DUUDR	URURD	**Shostakovich** symphony/9 in E♭ op70 2m 2t
*RURUR	DUUUD	DDDUR	**Haydn** cello concerto in D 1m 1t
*RURUR	RRUDD	RUR	**Rossini** Il barbiere di Siviglia Act I: La calumnia
*RURUR	RUDUU	UDU	**Sullivan** Yeomen of the Guard Act II When a wooer
*RURUR	RUUDD	DURRD	**Handel** Fireworks music 1m overture 1t
*RURUR	UDDDU	UURDD	**Haydn** symphony/83 in Gmi 'La poule' 4m
*RURUR	UDDRR	DURDR	**Mozart** violin concerto in E♭ K268 2m
*RURUR	UDDRU	RURUD	**Schumann** Fantasiestücke op12/2 Aufschwung, piano
*RURUR	UDDUU	DDUUD	**Handel** concerto grosso in F op6/9 1m [2t
*RURUR	UDUDR		**Holst** The planets op32, Uranus 2t
*RURUR	UDURU	DRRDR	**Haydn** symphony/73 in D 'La chasse' 2m
*RURUR	URDDU	D	**Beethoven** symphony/3 in E♭ 'Eroica' 3m 2t
*RURUR	URDRD	RDDU	**Smetana** The bartered bride I: Gladly do I trust
*RURUR	URDRD	RDUDD	**Schubert** Rondo for violin/piano in Bmi 2t D895
*RURUR	URDRD	RRURU	**Purcell** St Cecilia: Wondrous, wondrous
*RURUR	URDRU	RURUR	**Wagner** Die Meistersinger III: Die ich mich auserkoren
*RURUR	URDUD	DDDDD	**Bach** Brandenburg concerto/5 in D 1m BWV1050
*RURUR	URDUD	RUDRU	**Mozart** Cassation/1 in G K63 (Serenade) 7m finale

*RURUR URDUR DURDR   **Britten** Peter Grimes: interlude/3 Moonlight
*RURUR URRDD RUD   **Smetana** The bartered bride Act II: Come, my boy
*RURUR URURD RUDRU   **R C Clarke** The blind ploughman (song)
*RURUR URURD RURDR   **Waldteufel** Sirenenzauber waltzes/3 1t
*RURUR URURR UDDUD   **Beethoven** piano concerto/5 in E♭ 'Emperor' 3m 1t
*RURUR URURU DDDDU   **Haydn** string quartet/1 in B♭ op1/1 1m
*RURUU DDDRR UDUDU   **Haydn** symphony/88 in G 1m
*RURUU DDRDU UUD   **Purcell** Dido & Aeneas: Oft she visits
*RURUU DDRUR UUUUD   **Chausson** symphony in B♭ op20 3m 1t
*RURUU DDUDR URUUD   **Hugo Wolf** Elfenlied (song) 2t Was sing das helle
*RURUU DRUDD RURD   **Sibelius** symphony/1 in Emi op39 4m 1t
*RURUU DRURU RUUDU   **Handel** concerto grosso in Bmi op6/12 5m
*RURUU DUDDR URUUD   **Gossec** gavotte in D, violin/piano 2t
*RURUU RDDRD UDRUR   **Brahms** trio/1 for piano/vln/cello in B op8 scherzo
*RURUU RDURR RDRUD   **Purcell** Blessed Virgin's expostulation (arr Britten)
*RURUU RUUDD   **Puccini** La fanciulla del West: Io non son che una
*RURUU UDDDD DDUDD   **Verdi** Requiem: Dies irae
*RURUU UUUUU UDURU   **Schubert** piano sonata in Cmi 1m 1t D958
*RUUDD DDDDU UUUUU   **Schubert** Frühlingslied (song) D398
*RUUDD DDDUD UD   **Wagner** Der fliegende Holländer Act II: Mögst du
*RUUDD DDDUU UUUUD   **Haydn** symphony/91 in E♭ 3m trio
*RUUDD DDUDR DDUD   **Halévy** La Juive: Rachel, quand du Seigneur
*RUUDD DDUDU UUUU   **Rimsky-Korsakov** Antar symphony 2m 2t
*RUUDD DDURD UDURR   **Jehain Alain** Trois pièces/3 Litanies, organ
*RUUDD DDUUR UDUDU   **Mozart** Gesellenreise (Masonic song) K468
*RUUDD DRDDU UUURD   **Beethoven** piano sonata/1 in Fmi op2/1 2m
*RUUDD DRDUU DDUDD   **Bach** Choral prelude, organ: Herr Christ BWV601
*RUUDD DRRRU RUURD   **Rossini** Il barbiere di Siviglia Act I: Dunque io son?
*RUUDD DRUUD DDUDU   **Sullivan** HMS Pinafore I: I'm called little buttercup
*RUUDD DUDDD DUDDD   **Prokofiev** piano concerto/3 in C op26 2m
*RUUDD DURRU RUUD   **Liszt** Hungarian rhapsody/6 in D♭ piano 2t
*RUUDD DURUU DDDDR   **Beethoven** symphony/7 in A 4m 1t
*RUUDD DUUDU DUDDU   **Bach** English suite/2 in Ami Bourrée/2 BWV807
*RUUDD DUUDU RRUUD   **Rachmaninov** prelude, piano op23/5 2t
*RUUDD DUURD RUDDD   **Prokofiev** Alexander Nevsky/6 The field of the dead
*RUUDD DUURU UDDDU   **Fauré** Dolly suite: Le pas espagnol 1t, op56 piano
*RUUDD RDUDD RUDRD   **Lalo** Le Roi d'Ys: overture intro   [4 hands
*RUUDD RRRRU RUUDD   **Mozart** Die Entführung: overture 1t
*RUUDD RURUU DDD   **Holbrooke** Bronwen overture 3t
*RUUDD RUUDD DDUDD   **Brahms** symphony/3 in F op90 4m 3t
*RUUDD UDDDD DU   **MacDowell** To a water lily 1t
*RUUDD UDDDU U   **Walton** Belshazzar's Feast: If I forget thee
*RUUDD UDDRU UDDDU   **Rachmaninov** symphony/2 in Emi op27 1m 1t
*RUUDD UDDUD   **Richard Strauss** Ein Heldenleben 5t
*RUUDD UDDUD DU   **Beethoven** piano concerto/4 in G op58 1m 3t
*RUUDD UDDUR DURDR   **Mozart** Die Zauberflöte Act II: Bald prangt
*RUUDD UDDUR UUDDU   **Beethoven** Rondino in E♭ for wind op146 posth. 1t
*RUUDD UDRD   **Beethoven** piano concerto/2 in B♭ op19 2m
*RUUDD UDRRU UDURU   **Mozart** Don Giovanni Act I: La ci darem la mano
*RUUDD UDRUD DDURR   **Rimsky-Korsakov** Antar symphony 1m 1t
*RUUDD UDUDD UUDDU   **Schubert** Fantasy for piano 4 hands in Fmi 2m D940
*RUUDD UDUDU UUD   **Brahms** symphony/4 in Emi op98 2m 2t
*RUUDD UDURU UUD   **Brahms** Ein deutsches Requiem/2 Denn alles Fleisch
*RUUDD UDURU UUUDD   **Massenet** Manon Act II: Des Grieux's dream
*RUUDD URRUD UDRR   **Offenbach** Orpheus in Hades: galop 2t
*RUUDD UUDDD DDDD   **Verdi** La forza del Destino II: Deh! non m'abbandonar
*RUUDD UUDDU RDDDU   **Charles Ives** symphony/2 3m 1t

*RUUDD	UUDDU	UUDUU	**Stravinsky** symphony in 3 movements 2m 3t
*RUUDD	UUDUU	DDUUD	**Bizet** symphony/1 in C 2m 1t
*RUUDD	UUUDD	UUUUU	**Schumann** Album for the young: The strange man
*RUUDD	UUURD		**Beethoven** Grosse Fuge quartet in B♭ op133 theme
*RUUDD	UUURD	UU	**Bach** St Matthew Passion/35 O Mensch, bewein
*RUUDD	UUURU	UD	**Schumann** symphony/2 in C op61 3m 2t
*RUUDD	UUURU	UDDUU	**Beethoven** symphony/2 in D 2m 2t
*RUUDR	DDDUD	RUUUR	**Berlioz** Benvenuto Cellini I: La gloire était ma seule
*RUUDR	DDURD	DURDD	**Brahms** symphony/4 in Emi op98 2m 1t [idole
*RUUDR	DDURU	UUDDD	**Alan Rawsthorne** quartet for clarinet/strings 3m
*RUUDR	DRDDU	UUUDD	**Beethoven** An die ferne geliebte (song) op98/6
*RUUDR	DRUUD	RD	**Beethoven** symphony/6 in F 'Pastoral' 2m 1t(a)
*RUUDR	DUDDD	UD	**Vaughan Williams** On Wenlock Edge: Is my team
*RUUDR	DUDUU	RRUDD	**Raff** Cavatina, violin/piano [ploughing
*RUUDR	DURUD	DDUUR	**Wagner** Der fliegende Holländer II: Versank ich jetzt
*RUUDR	DUUUD	RUDUD	**Handel** Water music 16m
*RUUDR	RURDU	R	**Mozart** Un bacio di mano K541 (song) 1t
*RUUDR	URUUD	UDUD	**Brahms** Feldeinsamkeit op86/2 (song)
*RUUDR	UUDDD	UDDUR	**Sibelius** str quartet op56 'Voces intimae' 2m 2t
*RUUDR	UURRU	DDURU	**Beethoven** violin concerto in D op61 2m
*RUUDR	UUURR		**Tchaikovsky** 1812 overture 1t
*RUUDU	DDDUD	DR	**Brahms** symphony/4 in Emi op98 1m 3t
*RUUDU	DDUDD	DUUUD	**Delibes** Coppelia ballet: thème Slave
*RUUDU	DDUDU	RDUDD	**Goossens** The hurdy-gurdy man op18/3 piano
*RUUDU	DDUDU	UUDD	**Beethoven** sonata/1 for violin/piano in D op12/1 2m
*RUUDU	DRRDD	DDUDD	**Shostakovich** cello concerto/1 in E♭ op107 2m 2t
*RUUDU	DURUU	DDDDD	**Haydn** symphony/102 in B♭ 2m
*RUUDU	DURUU	DUD	**Verdi** Il trovatore Act IV: Quel son, quelle preci
*RUUDU	RDDRU	UDDDD	**Liszt** Hungarian rhapsody/13 in Ami piano 2t
*RUUDU	RDUUU	DRDRR	**Schubert** string quintet in C 1m 1t D956
*RUUDU	RUUUD	DDUDD	**Berlioz** Les Troyens Act I: Pantomime (clarinet solo)
*RUUDU	UDDDD	DUDDU	**Handel** Alcina: gavotte from ballet
*RUUDU	UDDDU	DR	**Giordano** Andrea Chenier I: Un d all'azzuro spazio
*RUUDU	UDRUD	DDUUU	**Vivaldi** concerto for 2 violins/orch in Ami op3/8 2m
*RUUDU	UDUUR	DUUDD	**Richard Strauss** All mein Gedanken (song) op21/1
*RUUDU	UDUUU	DDUDD	**Borodin** symphony in Bmi 3m 1t
*RUUDU	URDRD	DUDDD	**Verdi** La Traviata Act I: Un d felice
*RUUDU	UUDUD	DUUDD	**Bach** Well-tempered Clavier Bk I: prelude/8 BWV853
*RUUDU	UUUDD	DDUUD	**Rachmaninov** suite/2 for 2 pianos 4 hands 1m intro
*RUUDU	UUURD	UUUUD	**Brahms** sonata for violin/piano in G op78 1m 2t
*RUUDU	UUUUU	RDDDR	**Dvořák** string quartet in A♭ op105 2m 2t
*RUURD	DDDDD	DURUU	**Mozart** piano concerto/12 in A K414 1m 1t
*RUURD	DDDRU	URDR	**Beethoven** sym/9 Dmi 'Choral' finale: Freude schöner
*RUURD	DDUDD	URRRU	**Rimsky-Korsakov** Le coq d'or suite 3m 4t
*RUURD	DDURU	UDDD	**Beethoven** An die Hoffnung (song) op32
*RUURD	DRDDU	RUURD	**Grieg** sonata for cello/piano in Ami 3m 3t
*RUURD	DRUUR	DDRUD	**Grieg** sonata for cello/piano in Ami 3m 1t
*RUURD	UDDUD	DDRUU	**Chopin** étude in Emi op25/5 1t
*RUURD	UDUUD	UDDD	**Dvořák** Wedding dance from Die Waldtaube op110 2t
*RUURD	URURR	URDDU	**Debussy** Trois chansons de France/1 Rondel
*RUURD	URUUR	DURUU	**Beethoven** piano sonata/8 Cmi op13 'Pathétique' 1m
*RUURD	UUUDU	RUUDD	**Richard Strauss** Aus Italien: Roms Ruinen 5t [intro
*RUURD	UUUUU	UDDDD	**Haydn** symphony/91 in E♭ 2m
*RUURR	DUDDU	RUURR	**Raff** La fileuse, piano
*RUURR	RRUDU	DUDD	**Leoncavallo** I Pagliacci: Poichè in iscena
*RUURR	UDDD		**Debussy** Images: Iberia 2m 6t
*RUURR	UDDDD	DDUUD	**Berlioz** La damnation de Faust pt 3: Autrefois un roi

*RUURR	UDDDU	DDURU	**Offenbach** Gaieté Parisienne: Marziale
*RUURR	URDDU	DUURU	**John Bull** Pavan - St Thomas Wake
*RUURR	UUUDU	DDDD	**Lehar** Das Land des Lächelns Act I: Von Apfelblüten
*RUURU	DDDUR	URURD	**Puccini** La fanciulla del West: Ch'ella mi creda
*RUURU	DDRUD	DDRUD	**Borodin** Prince Igor: Polovtsian dances 2t
*RUURU	DDUDU	DUDD	**Brahms** Von ewiger Liebe (song) op43/1
*RUURU	DRDUR	DUURD	**Beethoven** piano sonata/29 in B♭ op106 Hammer-
*RUURU	DRDUR	UDRUR	**Massenet** Scènes Alsaciennes/2 3t [klavier 3m 2t
*RUURU	DRUDD	DURDR	**Weinberger** Schwanda the bagpiper: polka
*RUURU	DRUUU	DRUDD	**Debussy** Valse romantique, piano
*RUURU	RDURU	RDUDD	**Richard Strauss** Der Bürger als Edelmann: Lully 2t
*RUURU	UDDDU	DUDUU	**Richard Strauss** Der Bürger als Edlemann: Dinner 2t
*RUURU	UDDUU	DDD	**Stravinsky** Pulcinella: Pupillette
*RUURU	UDRUD	DUUDU	**Hummel** concerto for piano/vln/orch G op17 1m 2t
*RUURU	UDUDU	DUUDU	**Ferrabosco** Dovehouse pavan
*RUURU	UDUUD	DDDDD	**Beethoven** Serenade for violin/viola/cello op8 4m 1t
*RUURU	UDUUD	UUDUD	**Haydn** symphony/85 in B♭ 'La Reine' 3m menuetto
*RUURU	URRRD	DD	**Berlioz** Les Francs-Juges: overture intro(b)
*RUURU	URUUR	DDRDU	**Schumann** symphony/1 in B♭ op38 'Spring' 4m 2t
*RUURU	URUUU		**Bizet** Jeux d'enfants: Marche
*RUURU	UUDDU	DDDUD	**Anselm Bayly** Long, long ago (song)
*RUURU	UUUDU	UDUUD	**Fauré** Nell (song) op18/1
*RUUUD	DDDDR	DUDUD	**Sullivan** The Mikado Act I: Behold the Lord High
*RUUUD	DDDDR	UUU	**Gibbons** The silver swan (madrigal) [Executioner
*RUUUD	DDDDU	DUDDU	**Verdi** Requiem: Sanctus, sanctus
*RUUUD	DDDRD	RDRRD	**Mozart** Idomeneo Act II: Se il tuo duol'
*RUUUD	DDDUD	DDURU	**Eugen d'Albert** Tiefland: Die Sterne gingen zur Ruhe
*RUUUD	DDDUR	UUUUD	**Vaughan Williams** Concerto accademico 1m 3t
*RUUUD	DDDUU	DDUUD	**de Falla** El amor brujo: Fire dance 1t
*RUUUD	DDDUU	RUU	**Dvořák** Scherzo capriccioso, orch 1t
*RUUUD	DDRRD	DUDUU	**Haydn** string quartet/82 in F op77/2 2m 2t
*RUUUD	DDRUU	UUDDU	**Vaughan Williams** On Wenlock Edge: In summertime
*RUUUD	DDRUU	UUUDD	**Dvořák** symphony/7 in Dmi op70 3m 2t [on Bredon
*RUUUD	DDUDD	DRUUU	**Wagner** Der fliegende Holländer Act II: Mein Herz
*RUUUD	DDUDD	UUUUR	**J Strauss Jr** Die Fledermaus Act II: Im Feuerstrom
*RUUUD	DDURD	RDUDD	**Granados** Goyescas/4 Maiden & the nightingale, pft
*RUUUD	DDUUR	DUU	**Sullivan** Iolanthe Act I: Loudly let the trumpet bray
*RUUUD	DRUDD	UDD	**Heinrich Isaac** Innsbruck, ich muss dich lassen
*RUUUD	DRURU	UUDRU	**John Ireland** The Holy Boy, piano
*RUUUD	DRUUU	DDUUD	**Schubert** Sei mir gegrüsst! (song) D741
*RUUUD	DRUUU	DRRUU	**Mozart** string quartet/19 in C K465 'Dissonance' 1m
*RUUUD	DRUUU	DUDDD	**Beethoven** piano sonata/19 in Gmi op49/1 2m 1t
*RUUUD	DUDDD	DRUUU	**Mendelssohn** trio/1 piano/vln/cello Dmi op49 1m 1t(b)
*RUUUD	DUDDU	RUDDU	**Ivanovici** Donau-Wellen/1 (Waves of the Danube)
*RUUUD	DUDDU	UD	**Berlioz** Fantastic symphony 4m 2t
*RUUUD	DUDUD	DUDUU	**Rossini** Boutique fantasque 4m Danse Cosaque 1t
*RUUUD	DUDUR	UUDUD	**Verdi** Un ballo in maschera Act III: Ma se m'è forza
*RUUUD	DURRR	DRUUU	**Schubert** Die junge Nonne (song) D828
*RUUUD	DUUDR		**Tchaikovsky** 1812 overture 2t
*RUUUD	RDDD		**Schubert** piano sonata/8 in B 1m 2t D575
*RUUUD	RDDRU	DUD	**Mendelssohn** string quartet/1 in E♭ op12 3m
*RUUUD	RRUUU	DRDUD	**Gavin Gordon** The rake's progress, ballet 4m 1t
*RUUUD	RUUUD	RUUUU	**Beethoven** symphony/8 in F 1m 3t
*RUUUD	UDDDU	RD	**Berlioz** Fantastic symphony 3m 1t
*RUUUD	UDDRD	RDUDR	**Grieg** Norwegian melodies, string orch op63 2m 1t
*RUUUD	UDDUU	DRUDD	**Poulenc** concert champêtre, piano 1t
*RUUUD	UDUDD	RRUDU	**Massenet** Manon Act IV: A nous les amours

```
*RUUUD  UDURR  DRURR   J Strauss Jr  Der Zigeunerbaron II: Ha seht es winkt
*RUUUD  UDURR  DRURR   J Strauss Jr  Treasure waltzes/2 (same melody)
*RUUUD  UDURU  UUDUD   Mozart  Die Zauberflöte Act I: Du feines Täubchen
*RUUUD  URDRD  RUUUU   John Bull  Galliard, St Thomas Wake
*RUUUD  URUUD          Granados  El mirar de la Maja (tonadilla)
*RUUUD  UUDRU  UUDUU   Handel  Water music 1m overture
*RUUUD  UUDUD  DDDDD   Schubert  Die Winterreise/14 Der greise Kopf
*RUUUD  UUUDU  UUDUU   Chopin  étude op10/1
*RUUUR  DDDRU  UUUD    Liszt  Consolation/2 piano (Grove 172)
*RUUUR  DDDUR  UDDUU   Schubert  symphony/5 in Bb 4m 1t D485
*RUUUR  DUDDD  DDRD    Bach  Willst du dein Herz mir schenken (aria) BWV518
*RUUUR  DUUDD  UUDDU   Brahms  Hungarian dances/4 in Fmi piano 4 hands 2t
*RUUUR  RRDDD  UDDUD   Haydn  symphony/100 in G 'Military' 4m
*RUUUR  RRRUD  RUUUR   Debussy  La soirée dans Grenade, piano 2t
*RUUUR  RUDDD  DUDUD   Poulenc  concert champêtre, piano 2m
*RUUUR  UDDRD  RURRD   Arrigo Boito  Mefistofele: L'altra notte
*RUUUR  UDDRU  UURRU   Wagner  Die Meistersinger III: Geschmückt mit König
*RUUUR  UDUUD  DDUUU   Khachaturian  piano concerto 1m 2t      [David's Bild
*RUUUR  URUUU  UDRDD   Chausson  symphony in Bb op20 1m 3t
*RUUUR  UUURU  DDDDR   Fauré  sonata for violin/piano in A op13 3m 1t(a)
*RUUUU  DDDDR  UUDDD   Berlioz  La damnation de Faust/2 Bientôt (Faust's
*RUUUU  DDDDU  DDD     Brahms  sonata cello/piano in F op99 2m 1t [dream]
*RUUUU  DDDRR  UDRUD   Schubert  Allegretto in Cmi, piano D915
*RUUUU  DDDUD  DDUDD   Ivanovici  Donau-Wellen/3 (Waves of the Danube)
*RUUUU  DDDUR  RDD     Moszkowski  Spanish dances op12/1 2t
*RUUUU  DDDUU  RDUUR   J Strauss Jr  Blue Danube/4 1t
*RUUUU  DDDUU  UUDDD   Offenbach  Tales of Hoffmann Act II: entr'acte
*RUUUU  DDUDR  RUU     Richard Strauss  Sehnsucht (song) op32/2
*RUUUU  DDUDU  DDDUD   Richard Strauss  Der Bürger als Edelmann: Cleonte 2t
*RUUUU  DDUDU  UDU     Scarlatti  harpsichord sonata in Fmi Kp69
*RUUUU  DDURU  UUUUD   Schubert  Die Winterreise/8 Rückblick
*RUUUU  DRUUU  UUUDD   Elgar  Pomp & Circumstance march/4 2t
*RUUUU  DUDDR  UDRRD   Thomas Linley  Still the lark finds repose (song) arr
*RUUUU  DUDRD  RRDUR   Richard Strauss  Morgen (song) op27/4 [Ella Ivimey
*RUUUU  DUUDD  DUDUU   Khachaturian  piano concerto 2m
*RUUUU  DUUDU  U       Schumann  symphony/1 in Bb op38 'Spring' 1m 4t
*RUUUU  RDUDD  RDDD    Sullivan  The Gondoliers Act I: List and learn
*RUUUU  RDUUU  UURDR   Schubert  Die Winterreise/7 Auf dem Flusse
*RUUUU  RRD            Beethoven  Missa solemnis: Gloria in excelsis
*RUUUU  RRDUU  DRUUU   Ibert  Divertissement, chamber orchestra 5m 2t
*RUUUU  RRURR  DUDDD   Poldini  Poupée valsante
*RUUUU  UDDDD  UDDUD   Bach  English suite/2 in Ami courante BWV807
*RUUUU  UDDDD  UDUDU   Mahler  Um schlimmer Kinder artig zu machen (song)
*RUUUU  UDDDD  URUUR   Prokofiev  piano concerto/5 in Gmi op55 5m 2t
*RUUUU  UDDDU  RDDRD   Berlioz  La damnation de Faust pt 4: Remonte au ciel
*RUUUU  UDDRR  RURRD   Schubert  Der Wanderer (song) D493
*RUUUU  UDUDD  UDDDU   Bach  Partita/2 in Dmi solo violin: allemande BWV1004
*RUUUU  UDUUD  UUUDD   Mendelssohn  Songs without words/10 in Bmi op30/4
*RUUUU  URDDD  D       Beethoven  sonata/2 for cello/piano in Gmi op5/2 1m
*RUUUU  URDRR  UUUUU   Mendelssohn  Der Blumenstrauss (song)
*RUUUU  URUDD  RRRUD   Bellini  I Puritani Act II: Vien, diletto
*RUUUU  URUUR  DDRDD   Bach  sonata for violin/Clavier in E 3m BWV1016
*RUUUU  URUUU  UURUU   Schumann  symphony/1 in Bb op38 'Spring' 3m 4t
*RUUUU  UUDDD  DDDUD   Brahms  trio for vln/horn/piano in Eb op40 4m 2t
*RUUUU  UUDDU  DDDD    Chopin  piano concerto/2 in Fmi op21 3m 1t
*RUUUU  UUDUD  DUDDD   George Butterworth  A Shropshire lad: The lads in
                           their hundreds (song)
```

*RUUUU UUDUU DUDDD **Mozart** concerto/7 3 pianos/orch in F K242 3m
*RUUUU UUUUU UDDUR **Chopin** mazurka/5 op7/1
*RUUUU UUUUU UUUUU **Schumann** symphony/1 in B♭ op38 'Spring' 1m 3t

*UDDDD DDDDD DDDDD **Chopin** étude/8 in F op10 1t
*UDDDD DDDDD UD **Mozart** piano concerto/19 in F K459 3m contra-
*UDDDD DDDDD UUDDD **Beethoven** Egmont overture 2t [puntal theme
*UDDDD DDDDU DDUUD **Richard Strauss** Tod und Verklärung 2t
*UDDDD DDDDU UDDUU **Richard Strauss** horn concerto/2 in E♭, theme at fig 7
*UDDDD DDDDU UDDUU **Suppé** Poet and Peasant overture 2t(b)
*UDDDD DDDRU U **Scarlatti** harpsichord sonata Kp162
*UDDDD DDDRU UU **Rossini** La Cenerentola: Signor, una parola
*UDDDD DDDUD D **Elgar** symphony/2 op63 1m 2t(b)
*UDDDD DDDUD DUDDD **John Field** piano sonata/1 op1/1 rondo
*UDDDD DDDUD DUDDR **Tartini** The Devil's trill, violin/piano 2m
*UDDDD DDDUD UUUDU **Kreisler** (Praeludium and) allegro (style of Pugnani)
*UDDDD DDDUU DDDDU **Haydn** symphony/34 in Dmi 1m   [violin/piano
*UDDDD DDDUU UDDUU **Berlioz** Benvenuto Cellini Act I: Ah! qui pourrait
*UDDDD DDDUU UDDUU **Bliss** A colour symphony 4m 2t
*UDDDD DDDUU UUDDU **Debussy** Suite Bergamasque: Passepied 1t
*UDDDD DDDUU UUUDD **Brahms** Intermezzo in E♭ piano op117/1
*UDDDD DDRDU UD **Wagner** Tannhäuser Act III: O du mein holder
*UDDDD DDRUD DDDDD **Mozart** Die Zauberflöte Act I: Dies Bildnis
*UDDDD DDRUD UUUDD **Brahms** string sextet in G op36 2m 1t
*UDDDD DDUDD DDDD **Mozart** sonata/25 for violin/piano in F K377 1m
*UDDDD DDUDD DDDDU **Erik Satie** Sarabande/3 piano
*UDDDD DDUDD DDDUU **Tchaikovsky** symphony/2 in Cmi op17 1m 3t(b)
*UDDDD DDUDD DDUUU **Bach** English suite/3 in Gmi: gigue BWV808
*UDDDD DDUDD DUD **Puccini** La Rondine: Ore dolci
*UDDDD DDUDD UDDUD **Dvořák** Slavonic dances/11 op72 3t
*UDDDD DDUDR UDUUR **Mozart** string quartet/2O in D K499 2m 2t
*UDDDD DDUDU DDDDD **Beethoven** symphony/1 in C 2m 3t
*UDDDD DDUDU UDDDD **Dvořák** string quartet in F op96 'American' 4m 1t
*UDDDD DDURU UDUDD **Hummel** concerto piano/vln/orch in G op17 3m 2t
*UDDDD DDUUD DUDUU **Bach** harpsichord concerto/7 in Gmi 3m BWV1058
*UDDDD DDUUD RDDUD **Weber** Abu Hassan overture 2t
*UDDDD DDUUD UDURU **Mendelssohn** trio/2 piano/vln/cello Cmi op66 4m 1t
*UDDDD DDUUD UR **Bach** concerto flute/violin/piano/str Ami 3m BWV1044
*UDDDD DDUUU DDDDD **Rachmaninov** piano concerto/1 in F♯mi 1m 1t
*UDDDD DDUUU DDUUD **D'Indy** symphony on French mountain theme op25 1m
*UDDDD DDUUU DUD **Beethoven** violin concerto in D op61 1m 1t   [2t
*UDDDD DDUUU UDDDD **Liszt** Les funérailles, piano 1t
*UDDDD DDUUU UUDDD **Beethoven** piano sonata/11 in B♭ op22 4m
*UDDDD DDUUU UUDDD **Beethoven** symphony/6 in F 'Pastoral' 4m 1t(a)
*UDDDD DRDDU DDDDD **Dvořák** Bagatelles, piano/strings op47 2t
*UDDDD DRDRR RUDUD **Mozart** string quartet/22 in B♭ K589 3m
*UDDDD DRDUU DDUD **Donizetti** Lucia di Lammermoor Act III: O sole più
*UDDDD DRDUU DDUUD **Britten** Peter Grimes, interlude/4 storm 3t
*UDDDD DRDUU UUUDD **Mozart** Cosi fan tutte Act II: Volgi a me pietoso
*UDDDD DRRRU U **Richard Strauss** Ariadne auf Naxos Act I: Gross-
*UDDDD DRUDD DUDRU **Meyerbeer** Les patineurs 1t [mächtige Prinzessin
*UDDDD DRUDU UD **Chopin** waltz in Fmi op70
*UDDDD DRUUR DDUDD **Wagner** Lohengrin II: Durch dich musst' ich verlieren
*UDDDD DRUUR UUU **Mozart** Serenade in Cmi K388 wind 3m

```
*UDDDD DRUUU UU      Beethoven string quartet/5 in A op18/5 3m
*UDDDD DUDDD D       Dvořák string sextet op48 4m
*UDDDD DUDDD DDDUD   Mendelssohn symphony/3 in Ami 'Scotch' op56 4m 1t
*UDDDD DUDDD DUUDD   Glazunov violin concerto in Ami 1t
*UDDDD DUDDD UD      Schubert sonatina/3 violin/piano Gmi 4m 1t D408
*UDDDD DUDDD UDD     Dvořák Slavonic dances/2 op46 1t
*UDDDD DUDDD UDUDD   Rimsky-Korsakov Tsar's Bride overture 2t
*UDDDD DUDDD URD     Butterworth Oh fair enough are sky and plain (sóng)
*UDDDD DUDDU DDDUU   MacDowell An old garden op62/1 piano
*UDDDD DUDDU DDUDD   Bach English suite/5 in Emi: gigue BWV810
*UDDDD DUDDU UUUDU   Handel sonata for flute/fig bass in C op1/7 3m
*UDDDD DUDDU UUUDU   Mahler symphony/5 in Cmi 5m theme at fig 4
*UDDDD DUDDU UUUUD   Dvořák Slavonic dances/7 op46 3t
*UDDDD DUDRU UUUUU   Schubert Seligkeit (song) D433
*UDDDD DUDUD DDDU    Rimsky-Korsakov Le coq d'or suite 1m 2t
*UDDDD DUDUD DUDDD   Handel Semele: Oh sleep, why dost thou leave me?
*UDDDD DUDUD UDDDU   Massenet Manon Act III: Epouse quelque brave fille
*UDDDD DUDUR RDUDU   Sullivan The Mikado Act II: If that is so
*UDDDD DUDUU DDDDD   Schubert symphony/9 in C 'Great' 3m 3t D944
*UDDDD DUDUU DDDDD   Vaughan Williams London symphony 3m 2t
*UDDDD DUDUU DDRDD   Meyerbeer Robert le Diable: Robert! toi que j'aime
*UDDDD DUDUU DUDUD   Haydn symphony/49 in Fmi 3m menuet
*UDDDD DUDUU U       Debussy Nocturnes, orch, Fêtes 3t
*UDDDD DUDUU UUDUD   Charles Ives Robert Browning overture: march theme
*UDDDD DUDUU UUUDU   Bizet Carmen, prelude 2t
*UDDDD DURDU DR      J Strauss Jr Blue Danube/2 2t
*UDDDD DURDU R       Sousa The Thunderer, march 1t
*UDDDD DURDU UDDDD   Bach English suite/1 in A: gigue BWV806
*UDDDD DURRR DDUDD   Mozart piano concerto/24 in Cmi K491 1m solo entry
*UDDDD DURRR UUDDU   Richard Strauss Der Bürger als Edelmann: Dinner 4t
*UDDDD DUUDD DDDUD   Humperdinck Hansel & Gretel: Brüderchen komm
*UDDDD DUUDD DDDUU   Schumann piano concerto in Ami op54 1m 2t(a)
*UDDDD DUUDD DU      Brahms Steig auf, geliebter Schatten (song) op94/2
*UDDDD DUUDD RUDDD   Dvořák Slavonic dances/1 op46 2t
*UDDDD DUUDD UUDDU   Massenet Les Erinnyes: invocation
*UDDDD DUUDR DDUDD   Berlioz Les Troyens Act I: Reviens à toi
*UDDDD DUUDU RUUDD   Riccardo Drigo Valse Bluette
*UDDDD DUUDU UDDDD   Haydn string quartet/82 in F op77/2 1m 1t
*UDDDD DUUDU UURRD   Thomas Arne Now Phoebus sinketh in the west
*UDDDD DUUUD DDDUU   Mozart string quartet/16 in Eb K428 2m
*UDDDD DUUUD DDRUD   Prokofiev Lieutenant Kije, Romance for orch 2m 1t
*UDDDD DUUUD DUDDU   Litolff piano 'concerto symphonique' op102 scherzo
*UDDDD DUUUD UDDDD   Bruckner symphony/5 in Bb 1m 1t
*UDDDD DUUUD UDUDU   Ponchielli Dance of the hours 3t
*UDDDD DUUUD UURUU   Waldteufel Pomona waltz 5t
*UDDDD DUUUR UDUDU   Scarlatti harpsichord sonata in Emi Kp198
*UDDDD DUUUU DDD     Granados El majo timido
*UDDDD DUUUU DDUUU   Albinoni oboe concerto op7/6 2m
*UDDDD DUUUU DUDDD   Wagner Rienzi: overture 1t (without ornament)
*UDDDD DUUUU UDDDR   Franck sonata for violin/piano in A 4m
*UDDDD DUUUU UDRDD   Franz Drdla Serenade
*UDDDD DUUUU UDUUD   Haydn string quartet/39 in C op33 'The bird' 3m
*UDDDD DUUUU UUURR   Schubert sonata for violin/piano in A 4m 3t D574
*UDDDD RDDRR URUUD   Hugo Wolf In der Frühe (song)
*UDDDD RDRRR DUU     Beethoven piano concerto/5 in Eb 'Emperor' 3m 2t
*UDDDD RDUDD UDD     Rachmaninov prelude op23/7 piano
*UDDDD RDUUU DUDDU   Rossini Boutique fantasque 2m tarantelle
```

*UDDDD	RRRUU	DDDDR	**Mozart** symphony/38 in D K504 'Prague' 1m 3t
*UDDDD	RRRUU	UD	**Chopin** nocturne in F♯ op15/2
*UDDDD	RRUUD	DDDRR	**Vivaldi** concerto for 2 mandolines/strings G 2m P133
*UDDDD	RRUUU	DDDDR	**Dvořák** cello concerto in Bmi op104 2m 2t
*UDDDD	RUDDD	DDUUU	**Beethoven** Bagatelle in Gmi op119/1 piano
*UDDDD	RUDDU	UUDDU	**Schubert** string quartet/15 in G 2m D956
*UDDDD	RURDD	DUU	**Sullivan** Yeomen of the Guard Act I: 'Tis done! I am a
*UDDDD	RUUDD	DRRRR	**Verdi** Il trovatore Act I: Tacea la notte [bride
*UDDDD	RUUDD	URUDD	**Schubert** Rosamunde: overture intro D797
*UDDDD	RUUDD	UUDDU	**Mozart** quartet/1 for piano/strings in Gmi K478 1m 2t
*UDDDD	RUUDU	UD	**Britten** Peter Grimes: interlude/4 storm 4t
*UDDDD	RUL'UD	DUUDD	**Haydn** string quartet/77 in C op76/3 'Emperor' 3m 2t
*UDDDD	RUUUD	RUUUU	**Haydn** Nelson Mass: Qui tollis
*UDDDD	RUUUD	UDUD	**Bach** Fantasia in Cmi, organ BWV562
*UDDDD	RUUUU	D	**Ibert** Escales (Ports of call) orch 2m Tunis - Nefta
*UDDDD	RUUUU	UDDUD	**Sibelius** symphony/3 in C op52 1m 2t
*UDDDD	UDDDD	DDDUD	**Chopin** waltz in A♭ op42 3t
*UDDDD	UDDDD	RRRRR	**Mozart** Serenade in D K250 'Haffner' 1m 1t
*UDDDD	UDDDD	UDDDD	**J Strauss Jr** Artist's life/2 2t
*UDDDD	UDDDD	UDDDD	**Massenet** Werther Act I: O nature
*UDDDD	UDDDD	UDDDD	**Schumann** Kinderszenen/1 op15 piano
*UDDDD	UDDDD	UDDDD	**Wagner** Die Walküre: Magic fire music 2t
*UDDDD	UDDDD	UDDDR	**Granados** La maja dolorosa/1
*UDDDD	UDDDD	UUDDU	**Brahms** piano concerto/1 in Dmi op15 1m 2t
*UDDDD	UDDDD	UUDUU	**Erik Satie** Heures séculaires et instantanées/1 piano
*UDDDD	UDDDD	UUDUU	**Schumann** quintet for piano/strings in E♭ op44 4m 2t
*UDDDD	UDDDD	UUUUD	**Haydn** symphony/94 in G 1m
*UDDDD	UDDDU	DDDUD	**Bach** 'Air on the G string' from suite/3 in D BWV1068
*UDDDD	UDDDU	DDUDU	**Haydn** symphony/97 in C 3m menuetto
*UDDDD	UDDDU	UDUUU	**Spontini** La Vestale Act II: Tu che invoco
*UDDDD	UDDDU	UUDDD	**Prokofiev** violin concerto/2 in Gmi op63 3m 3t
*UDDDD	UDDDU	UUUUU	**J Strauss Jr** Der Zigeunerbaron I: Als flotter Geist
*UDDDD	UDDRU	UUUUU	**Saint-Saëns** violin concerto/3 in Bmi op61 2m 1t
*UDDDD	UDDUD		**Vaughan Williams** symphony/9 in Emi 3m 3t
*UDDDD	UDDUD	DDDU	**Wagner** A Faust overture 4t
*UDDDD	UDDUD	DDDDU	**Chopin** piano sonata in B♭mi op35 2m
*UDDDD	UDDUD	DDDUD	**Handel** concerto grosso in Cmi op6/8 1m
*UDDDD	UDDUD	DDDUD	**Elgar** Falstaff, symphonic study 7t
*UDDDD	UDDUD	DUDUU	**J Strauss Jr** Nacht in Venedig, overture 4t
*UDDDD	UDDUD	UDDUD	**Brahms** Intermezzo in Bmi op119/1 piano
*UDDDD	UDDUD	UUDUD	**Schubert** string trio in B♭ 1m D581
*UDDDD	UDDUU	DUDDU	**Prokofiev** violin concerto/2 in Gmi op63 2m 2t
*UDDDD	UDDUU	UUUDR	**Chopin** piano sonata in Bmi op58 1m 2t
*UDDDD	UDRUD	DDDU	**Sullivan** Pirates of Penzance I: How beautifully blue
*UDDDD	UDRUD	DDDUR	**Vivaldi** violin concerto in Fmi 'Winter'
*UDDDD	UDRUU	DDUU	**Brahms** quartet for piano/strings in A op26 3m 2t
*UDDDD	UDRUU	RRUR	**Mahler** Kindertotenlieder/1 Nun will die Sonn'
*UDDDD	UDUDD	DDUDD	**Schumann** Kinderszenen/4 The entreating child
*UDDDD	UDUDU	UDDD	**Dvořák** quintet for piano/strings in A op81 1m 1t
*UDDDD	UDUDU	UDDDU	**Brahms** Tragic overture op81 2t
*UDDDD	UDUDU	UDRDD	**Mozart** quartet for flute/strings in D K285 3m
*UDDDD	UDUDU	UUUUU	**Grieg** Norwegian dances/2 piano or string orch 2t
*UDDDD	UDUUD	DDDU	**Brahms** Intermezzo in Ami op76/7 piano
*UDDDD	UDUUD	RDRDD	**Mendelssohn** string quartet/3 in D op44/1 3m 2t
*UDDDD	UDUUD	RUDD	**Rossini** L'Italiana in Algeri I: Languir per una bella
*UDDDD	UDUUD	RUDDD	**Hubert Parry** England (song)
*UDDDD	UDUUD	UDDDD	**Haydn** symphony/31 in D 3m trio

*UDDDD	UDUUD	UUDUD	**Gerald Finzi** Dies Natalis/4 Wonder
*UDDDD	UDUUU	DDDUD	**Bach** Brandenburg concerto/1 in F 2m BWV1046
*UDDDD	UDUUU	DDDUD	**Haydn** symphony/100 in G 'Military' 1m intro
*UDDDD	URDDD	U	**Bach** sonata/5 violin/Clavier in Fmi 1m BWV1018
*UDDDD	URRRR	RDDUD	**Beethoven** piano sonata/15 in D 'Pastoral' op28 2m 1t
*UDDDD	URRRR	UDDD	**Mozart** Figaro: overture 5t
*UDDDD	URRUD	RUDDD	**Handel** concerto grosso in Dmi op6/10 4m
*UDDDD	URUDD	DDU	**Dvořák** Serenade for strings in E op22 2m 2t
*UDDDD	URURD	DDUDD	**Mahler** symphony/4 in G 1m 2t
*UDDDD	URURU	RUDD	**Mozart** string quartet/17 in B♭ 'Hunt' K458 4m
*UDDDD	UUDDD	DDUDD	**Schumann** Slumber song op124/16 piano
*UDDDD	UUDDD	DUUDD	**Mozart** piano sonata/3 in B♭ K281 3m rondo
*UDDDD	UUDDD	UDDDD	**Vivaldi** concerto bassoon/str/cembalo in Emi 1m
*UDDDD	UUDDD	UDDDD	**Beethoven** Coriolan overture 2t [P137
*UDDDD	UUDDD	UDDDU	**Chopin** mazurka/25 op33/4
*UDDDD	UUDDD	UDUUU	**Berlioz** Te Deum/2 Tibi omnes (accompaniment)
*UDDDD	UUDDD	URDUU	**Glinka** The lark, piano (arranged by Balakirev)
*UDDDD	UUDDD	UUDDD	**Brahms** Intermezzo in A op118/2 piano 2m
*UDDDD	UUDDD	UUUDD	**Elgar** Wand of youth suite/2: The tame bear
*UDDDD	UUDDU	DDDDU	**Haydn** symphony/47 in G 4m
*UDDDD	UUDDU	DDDDU	**Walton** Portsmouth Point overture 1t(b)
*UDDDD	UUDDU	DDUUD	**Beethoven** string quartet/3 in D op18/3 1m
*UDDDD	UUDDU	DUDDD	**Malipiero** Impressioni dal vero: Il capinero 1t
*UDDDD	UUDDU	DUDU	**Verdi** Un ballo in maschera Act I: Di, tu se fedele
*UDDDD	UUDDU	UDDD	**Erik Satie** Gymnopédies/1 piano
*UDDDD	UUDDU	UDUDD	**Brahms** sonata for cello/piano in F op99 1m 2t
*UDDDD	UUDRU	UUUUU	**MacDowell** piano concerto/1 1m 2t
*UDDDD	UUDUD	DDDUU	**Chopin** nocturne/1 in Fmi op55
*UDDDD	UUDUD	UDDUU	**Berlioz** Romeo & Juliette pt 2 Romeo alone
*UDDDD	UUDUU	UDDDD	**Brahms** Serenade in D op11 6m 2t
*UDDDD	UURUD	DDRUU	**Franck** sonata for violin/piano in A 1m 1t
*UDDDD	UURUU	DUUD	**Mozart** Deutsche Tänze/4 orch K600
*UDDDD	UUUDD	DDUU	**Mozart** trio for piano/vln/cello in C K548 2m
*UDDDD	UUUDD	DDUUD	**Berlioz** Te Deum/3 Dignare, domine
*UDDDD	UUUDD	DU	**Scarlatti** harpsichord sonata in C♯mi Kp247
*UDDDD	UUUDD	DURDD	**Bach** cantata/140 Wachet auf/3 Wann kommst du
*UDDDD	UUUDD	UDDRR	**Schubert** piano sonata in G 4m D894
*UDDDD	UUUDD	UDDUU	**Bach** Brandenburg concerto/1 in F 4m 1t BWV1046
*UDDDD	UUUDD	UDDUU	**Vaughan Williams** symphony/8 3m 1t
*UDDDD	UUUDD	UUUUD	**Vaughan Williams** Sea symph 1m: But do you reserve
*UDDDD	UUUDU	DDDDU	**Tchaikovsky** symphony/1 in Gmi op13 1m 2t
*UDDDD	UUUDU	UDUUU	**MacDowell** piano concerto/2 2m 1t
*UDDDD	UUURD	DUD	**Bach** St Matthew Passion/21 Erkenne mich, based on melody by H L Hassler ('O sacred head')
*UDDDD	UUUUD	DDD	**Delius** violin concerto 6t
*UDDDD	UUUUD	DDUD	**Brahms** violin concerto in D op77 1m 1t
*UDDDD	UUUUD	DDUDD	**Mendelssohn** trio/1 piano/vln/cello Dmi op49 4m 2t
*UDDDD	UUUUD	DUD	**Mozart** Minuet in D K355 piano
*UDDDD	UUUUD	DURDD	**Liszt** Two legends: St François de Paule, piano
*UDDDD	UUUUD	DUUUU	**Verdi** Aida Act III: Su, dunque
*UDDDD	UUUUU	DDDUU	**Richard Strauss** Alpine symphony 10t
*UDDDD	UUUUU	DDUUU	**Mozart** string quartet/17 in B♭ K458 3m
*UDDDD	UUUUU	UUUUU	**Beethoven** piano sonata/13 in E♭ op27 4m
*UDDDR	DDDRU	DDUUD	**Paganini** caprice for violin op1/11
*UDDDR	DDDUD	DUD	**Liszt** Grandes études de Paganini/1 piano (based on
*UDDDR	DDUDR	DUUDD	**Schumann** Fantasy C op17 piano 1m 2t [caprice op1/6)
*UDDDR	DDUUD	DUUDU	**Paganini** violin concerto/2 in Bmi 1m 2t

*UDDDR	DDUUD	UUUUD	**Schubert**	piano sonata in D 4m 1t D850
*UDDDR	DRUUU	UUDUD	**Berlioz**	Les Troyens Act II: Complices de sa gloire
*UDDDR	DUDDD	RUDDD	**Handel**	Messiah: Behold the Lamb of God
*UDDDR	DUDDD	UUDUD	**Sibelius**	symphony/2 in D op43 4m 3t
*UDDDR	DUDUD	D	**Handel**	concerto grosso in Dmi op6/10 3m 1t
*UDDDR	DUUD		**Beethoven**	string quartet/2 in G op18/2 2m 1t
*UDDDR	DUUUU	UDDDU	**Haydn**	string quartet/68 in D op64/5 'The lark' 2m
*UDDDR	RRDDU	DUUUU	**Boccherini**	cello concerto in B♭ 1m 2t
*UDDDR	RRDUU	RUDD	**Elgar**	symphony/2 in E♭ op63 2m 1t
*UDDDR	RRRRD	UDDD	**Schubert**	piano sonata in A 1m 3t D959
*UDDDR	RRUDD	RRR	**Mozart**	symphony/25 in Gmi K183 1m 2t
*UDDDR	RUDDD	DRRUD	**Mozart**	piano concerto/24 in Cmi k491 1m 2t
*UDDDR	RUDRR	RDRUD	**Schubert**	quintet piano/strings in A 'Trout' 5m D667
*UDDDR	RUUDD	DD	**Mozart**	Divertimento in B♭ K287 1m
*UDDDR	RUUUU	UURRD	**Debussy**	sonata for cello/piano in Dmi: sérénade
*UDDDR	UDDDD	RUUDD	**Saint-Saëns**	Samson & Dalila: Bacchanale
*UDDDR	UDDDU	UUDDD	**Chopin**	prelude/20 op28
*UDDDR	UDDDU	UUUUD	**Mendelssohn**	Elijah: If with all your hearts
*UDDDR	UDDRU	D	**Brahms**	Auf dem Kirchhofe (song) op105/4
*UDDDR	UDDUD	DDUUD	**Bach**	cantata/82 Ich habe genug/3 Schlummert ein
*UDDDR	UDDUU	U	**Mendelssohn**	Elijah: I, I am he
*UDDDR	UDUUD	DDRUD	**Franck**	string quartet in D 4m 1t
*UDDDR	URDUR	DDDRR	**Mozart**	piano concerto/8 in C K246 2m
*UDDDR	URDUR	DRUDU	**Mendelssohn**	Midsummer night's dream: intermezzo 4t
*UDDDR	URDUU	D	**Mendelssohn**	octet in E♭ op20 1m 1t
*UDDDR	URDUU	UUU	**Massenet**	Scènes Alsaciennes IV/3
*UDDDR	URURD	RD	**Schubert**	piano sonata in A 3m 2t D959
*UDDDR	UUDDU	R	**Erik Satie**	Gnossiennes/1 piano
*UDDDR	UUDRU	UDRUU	**Beethoven**	sonata/9 violin/piano A op47 'Kreutzer' 1m
*UDDDR	UUDUR		**Bach**	choral prelude, organ, Herzlich tut BWV727
*UDDDR	UUDUU	UUUDU	**Verdi**	Otello Act III: Vieni, l'aula è deserta
*UDDDR	UUUDD	RDR	**Grieg**	waltz op12/2 piano 2t
*UDDDU	DDDDD	DDUR	**Dvořák**	symphony/7 in Dmi op70 4m 3t
*UDDDU	DDDDD	RUUDD	**Mahler**	symphony/3 in Dmi 5m 1t
*UDDDU	DDDDD	UDDUD	**Shostakovich**	symphony/5 in Dmi op47 1m 1t(a)
*UDDDU	DDDDD	UDUUD	**Bach**	St Matthew Passion/70 Sehet
*UDDDU	DDDDD	UUDDU	**Mendelssohn**	Midsummer night's dream: overture 1t
*UDDDU	DDDDD	UUUUD	**Mahler**	symphony/8/II Bei der Liebe
*UDDDU	DDDDU	UDDUD	**Chopin**	piano concerto/2 in Fmi 1m 2t
*UDDDU	DDDDU	UURDD	**Mendelssohn**	string quartet/1 in E♭ op12 1m 3t
*UDDDU	DDDDU	UUUDD	**Haydn**	string quartet/1 in B♭ op1/1 5m
*UDDDU	DDDRR	UDDD	**Schubert**	Die schöne Müllerin/7 Ungeduld
*UDDDU	DDDRU	DDD	**Bloch**	Schelomo (Hebrew rhapsody) cello/orch 4t
*UDDDU	DDDRU	DUUDD	**Grieg**	Peer Gynt suite/2 2m 3t
*UDDDU	DDDRU	UDDRU	**Stravinsky**	Petrushka: Tableau 3t
*UDDDU	DDDRU	UUUDD	**Dvořák**	Gypsy songs op55/1 Mein Lied ertönt
*UDDDU	DDDUD	DDD	**Elgar**	Dream of Gerontius pt 2: orchestral theme
*UDDDU	DDDUD	DDDDU	**Mozart**	Adagio (and fugue) in Cmi for strings K546
*UDDDU	DDDUD	DDDUU	**J Strauss Jr**	Die Fledermaus: Du und du waltzes/2 1t
*UDDDU	DDDUD	DDUDD	**Beeethoven**	symphony/1 in C 1m 3t
*UDDDU	DDDUD	DDUDD	**Delibes**	Le Roi l'a dit: overture 3t
*UDDDU	DDDUD	DDUDU	**Beethoven**	piano sonata/17 in Dmi op31/2 3m 1t
*UDDDU	DDDUD	DDUUU	**Puccini**	La Rondine Act I: Chi il bel sogno
*UDDDU	DDDUD	DUD	**Saint-Saëns**	piano concerto/2 in Gmi op22 3m 2t
*UDDDU	DDDUD	RUDD	**Mozart**	Fantasia in Dmi K397 2t
*UDDDU	DDDUD	UDDUU	**Bach**	fugue in A, organ BWV536
*UDDDU	DDDUD	UDUDD	**Haydn**	symphony/31 in D 4m pt 2 presto

*UDDDU DDDUD UDUDU **Bach** fugue in Gmi, organ BWV578
*UDDDU DDDUD UU **Chopin** nocturne in F♯mi op48/2
*UDDDU DDDUU DDDRR **Berlioz** Fantstic symphony 1m intro(b)
*UDDDU DDDUU DDDUD **Mahler** symphony/8/II Mater gloriosa theme
*UDDDU DDDUU DDDUU **Dvořák** Slavonic dances/2 op46 2t
*UDDDU DDDUU DRUDR **Beethoven** piano concerto/1 in C op15 2m 1t
*UDDDU DDDUU DUDDD **Donizetti** Lucia di Lammermoor III: Spargi d'amaro
*UDDDU DDDUU UD **Ravel** (Introduction &) allegro for harp/str quartet 2t
*UDDDU DDDUU UDUUU **Brahms** sonata in Fmi for clar or viola op120/1 3m
*UDDDU DDDUU UUDDD **Beethoven** Andante favori in F (Grove 170)
*UDDDU DDRUD UDUDU **Handel** Messiah: All we like sheep
*UDDDU DDRUU UDDDU **Verdi** Un ballo in maschera: overture 1t
*UDDDU DDUDD DDDDU **Haydn** symphony/96 in D 'Miracle' 3m trio
*UDDDU DDUDD DDDUU **Haydn** cello concerto in C 3m
*UDDDU DDUDD DDUUU **Bach** concerto for 4 harpsichords Ami 3m BWV1065
*UDDDU DDUDD DUDDD **Richard Strauss** Don Juan 6t
*UDDDU DDUDD DUUUD **Vivaldi** concerto in Bmi op3/10 3m
*UDDDU DDUDD UDDUD **Beethoven** piano sonata/7 in D op10/3 3m
*UDDDU DDUDD UDUD **Brahms** sonata in Fmi for clar or viola op120/1 1m
*UDDDU DDUDD UUUUU **Walton** Crown Imperial, Coronation march 4t
*UDDDU DDUDR URUUD **Handel** Messiah: I know that my redeemer liveth
*UDDDU DDUDU DRDUD **Schumann** violin concerto in Dmi 3m 2t
*UDDDU DDUDU UDDDU **Mozart** trio for piano/vln/cello in E K452 3m
*UDDDU DDUUD DDDDU **Beethoven** string quartet/11 in Fmi op95 4m intro
*UDDDU DDUUD DDDUD **Handel** organ concerto in Gmi op7/5 2m 1t
*UDDDU DDUUD DDUDD **Borodin** string quartet/2 in D 4m 1t
*UDDDU DDUUD DDUDD **de Falla** El amor brujo: Terror 1t
*UDDDU DDUUD DDUDD **Schumann** quintet for piano/strings in E♭ op44 3m 3t
*UDDDU DDUUU UDUUU **Brahms** sonata in E♭ for clar or viola op120/2 3m
*UDDDU DRDDD DUDUU **Chopin** piano sonata in Cmi op4 2m minuet
*UDDDU DRDDU DDDUD **Elgar** cello concerto in Emi 1m intro
*UDDDU DRDDU DRUDD **Dvořák** string quartet in G op77 4m 1t
*UDDDU DRDUD **Mozart** Serenade in E♭ K375 4m 2t
*UDDDU DRRRU RRUUD **B Fliess** Wiegenlied (cradle song) formerly attrib-
uted to Mozart K Anh284f
*UDDDU DRUDD UUDUD **Haydn** symphony/48 in C 3m trio
*UDDDU DRUDD UURUD **Haydn** symphony/86 in D 3m menuet
*UDDDU DRUUD DDUDR **Karl Zeller** Der Obersteiger: Wo sie war die Müllerin
*UDDDU DRUUU UDD **Sir Julius Benedict** Carnival of Venice
*UDDDU DUDDD RRUDD **Beethoven** symphony/8 in F 2m 3t
*UDDDU DUDDD UD **Mozart** sonata/21 for violin/piano in Emi K304 2m 1t
*UDDDU DUDDD UDRDU **Bach** sonata for violin/Clavier in Gmi 1m BWV1020
*UDDDU DUDDD UDUDD **Josef Strauss** Sphärenklange waltzes/1 1t
*UDDDU DUDDD UDUDD **Vivaldi** violin concerto in Fmi 'Winter': walking
*UDDDU DUDDD UDUDD **Paganini** Le Streghe, violin/piano   [on ice
*UDDDU DUDDD UDUUD **Bach** Partita/5 in G, Clavier BWV829
*UDDDU DUDDU DUDUD **Handel** organ concerto in B♭ op4/6 3m
*UDDDU DUDDU UDDUU **Beethoven** symphony/8 in F 3m 1t
*UDDDU DUDDU UUUDD **Moszkowski** Spanish dances op12/5 1t
*UDDDU DUDUD DDUDD **Rachmaninov** piano concerto/2 in Cmi 3m 2t
*UDDDU DUDUD DUUUU **Borodin** string quartet/2 in D 1m 1t
*UDDDU DUDUD UDDDD **Bach** Christmas oratorio/15 Frohe Hirten BWV248
*UDDDU DUDUU DUDUD **Saint-Saëns** Le bonheur est chose legère (song)
*UDDDU DUDUU UDDDU **Tchaikovsky** symphony/3 in D op29 'Polish' 2m 1t
*UDDDU DURDU UDUDD **Bach** Prelude (fantasia) for organ in Gmi BWV542
*UDDDU DURUD DDUDU **Bach** St Matthew Passion/61 Können Thränen
*UDDDU DURUD UDUUD **Handel** sonata for violin/fig bass in A op1/14 1m

*UDDDU	DURUU	UUUUD	Mozart symphony/36 in C K425 'Linz' 4m 1t
*UDDDU	DUUDD	DUDDU	Liadov Russian folk dances, orch op58: village dance
*UDDDU	DUUDD	RD	Franck Prelude, aria & finale, piano: aria
*UDDDU	DUUDR	UDDDD	Ravel piano concerto in G 2m
*UDDDU	DUUDU	UUDRU	Haydn symphony/49 in Fmi 3m trio
*UDDDU	DUUDU	UUUUD	Schubert Fantaisie in Fmi for piano 4 hands 3m D940
*UDDDU	DUURU	DDUDD	Orlando de Lassus Bon jour, bon jour
*UDDDU	DUUUD	DDDUD	Bach French suite/6 in E gigue BWV817
*UDDDU	DUUUD	DDUDU	Brahms quartet for piano/strings in Gmi op25 4m 2t
*UDDDU	DUUUD	DUUUD	Ambroise Thomas Mignon: Entr'acte-gavotte
*UDDDU	DUUUD	UDDUD	Fauré quartet for piano/strings in Cmi op15 2m 1t
*UDDDU	DUUUR	DUDDD	Bach sonata viola da gamba/Clavier G 1m BWV1027
*UDDDU	RDDDD	UDDUU	Berlioz Romeo & Juliette pt 2: Andante malinconico
*UDDDU	RDDRD	DUDDD	Beethoven Die Ehre Gottes (Gellert song)
*UDDDU	RDRDU	DDU	Bach St Matthew Passion/48 Erbarme dich
*UDDDU	RDUDD	DUURD	Berlioz L'Enfance du Christ pt 3 Allez dormir
			(choral version)
*UDDDU	RDUUU	UDD	Bach Cantata/55 Ich armer Mensch/3 Erbarme dich
*UDDDU	RRRDD	URDD	Mozart Serenade in D K320 7m
*UDDDU	RRUDD	DUR˙	Bach sonata/4 violin/Clav Cmi Siciliana BWV1017
*UDDDU	RRUUU	DDDDD	Verdi Il trovatore III: Soldiers' chorus: Or co' dadi
*UDDDU	RUDDD	DDRUU	Berlioz L'Enfance du Christ pt 1: O misère des rois
*UDDDU	RURRD	UDDDU	Mozart Exsultate K165 Tu virginum
*UDDDU	RUUDU	UDDDU	Giordano Fedora Act II: Amor ti vieta
*UDDDU	RUUDU	UDUDU	Handel organ concerto in Gmi op7/5 2m 2t
*UDDDU	UDDDD	DDUUU	Shostakovich symphony/7 op60 2m 1t
*UDDDU	UDDDD	UDDDD	Bach French suite/2 in Cmi minuet BWV813
*UDDDU	UDDDD	UDDDU	Grieg sonata for violin/piano in Gmi op13/2 1m 3t
*UDDDU	UDDDR	UDDDU	Dvořák string quartet/7 in A♭ op105 4m 2t
*UDDDU	UDDDR	UDUDU	Waldteufel Pomona waltz 1t
*UDDDU	UDDDR	UDUUD	Tosti Good-bye for ever (song)
*UDDDU	UDDDU	DDDDD	Brahms string quartet in Ami op51/2 4m 2t
*UDDDU	UDDDU	DDRRD	R Strauss Der Rosenkavalier I Italian serenade
*UDDDU	UDDDU	DDUDD	Bach St Matthew Passion/10 Buss und Reu
*UDDDU	UDDDU	RRDUD	Mozart Divertimento in C K188 3m
*UDDDU	UDDDU	RRRRR	Schubert Fantaisie in C 'Wanderer', piano 3t D760
*UDDDU	UDDDU	UDDDD	Kurt Weill Die Dreigroschenoper: Kanonen-song
*UDDDU	UDDDU	UDDDU	Haydn string quartet/67 in D op64 'The lark' 1m 1t
*UDDDU	UDDDU	UDDDU	Rachmaninov suite/2 op17 2m 2t
*UDDDU	UDDDU	UDDUD	Sullivan Yeomen of the Guard II: Strange adventure
*UDDDU	UDDDU	UDDUD	Wagner Parsifal Act I: Der Glaube lebt
*UDDDU	UDDDU	UDUUU	Schubert sonata for violin/piano in A 1m D574
*UDDDU	UDDDU	UUDD	Dvořák symphonic variations op78 theme
*UDDDU	UDDDU	UUDUU	Henry VIII If love now reigned (arr Keating for TV)
*UDDDU	UDDRU	DDDRU	Tchaikovsky symphony/1 in Gmi op13 1m 1t(a)
*UDDDU	UDDUD	DDDUU	Brahms sonata/3 for violin/piano in Dmi op108 4m 3t
*UDDDU	UDDUD	DDUUU	Brahms quartet for piano/strings in Gmi op25 4m 1t
*UDDDU	UDDUU	DDURD	Dvořák symphony/7 in Dmi op70 4m 1t
*UDDDU	UDDUU	DUDUD	Beethoven piano sonata/5 in Cmi op10/1 2m
*UDDDU	UDDUU	UU	Britten Serenade, tenor/horn/strings op31: nocturne
*UDDDU	UDRDR	D	Tchaikovsky Nutcracker suite: Waltz of flowers 4t
*UDDDU	UDRRD	DUU	Grieg sonata for violin/piano in Cmi op45 1m 2t
*UDDDU	UDRUD	DUUU	Chausson Poème, violin/orch 3t
*UDDDU	UDUDD	DUU	Wagner Parsifal: prelude 3t
*UDDDU	UDUDD	UDDUD	Bach suite/2 flute/strings in Bmi: polonaise BWV1067
*UDDDU	UDUDD	UDUUD	Handel organ concerto in B♭ op4/2 3m
*UDDDU	UDUDU	DDDDD	Mendelssohn (Prelude and) fugue in Emi op35/1

*UDDDU	UDUDU	DRDDD	**Scarlatti** harpsichord sonata Kp281
*UDDDU	UDUDU	DUDUD	**Thomas Arne** gavotte in B♭
*UDDDU	UDUDU	UDDUU	**Field** nocturne/9 piano
*UDDDU	UDUDU	UDUDD	**Beethoven** string quartet/11 in Fmi op95 2m 2t
*UDDDU	UDUDU	URDUU	**Beethoven** str quartet/7 F op59/1 'Rasoumovsky' 3m
*UDDDU	UDUDU	URRDD	**Rachmaninov** piano concerto/3 in Dmi op30 1m 1t
*UDDDU	UDUDU	UURRU	**Mahler** symphony/8/II Bei dem hochgeweihten
*UDDDU	UDURU	DDDDU	**Bach** suite/4 orch: gavotte BWV1069
*UDDDU	UDUUD	DDUU	**Vaughan Williams** London symphony 1m 2t
*UDDDU	UDUUD	DDUUD	**Erik Satie** Gymnopédies/2 piano
*UDDDU	UDUUD	DDUUD	**Beethoven** piano sonata/23 Fmi op57 'Appassionata'
*UDDDU	UDUUD	DDUUD	**Tchaikovsky** symphony/2 Cmi op17 2m 2t [3m 2t
*UDDDU	UDUUD	DUUUD	**Beethoven** symphony/6 in F 'Pastoral' 3m 3t
*UDDDU	UDUUD	UUDDU	**Bach** sonata/3 for solo violin in C: fugue BWV1005
*UDDDU	UDUUR	DUUDU	**Bach** organ fantasia 'Komm, heiliger Geist' BWV652
*UDDDU	UDUUU	DDDDU	**Schumann** Album for the young: Italian sailors' song
*UDDDU	UDUUU	DDUDD	**Brahms** Tragic overture op81 3t
*UDDDU	UDUUU	RUDDU	**Bach** Motet/2 Der Geist hilft/3 Du heilige Brunst
*UDDDU	URDDD	URDDU	**Hugo Wolf** Abschied (song) Der gleichen hab' ich
*UDDDU	URDDR		**Liszt** Oh! quand je dors (song)
*UDDDU	URDRR	DUDUD	**Mozart** Die Entführung Act I: O wie ängstlich
*UDDDU	URDRU	UDDDU	**Ravel** Pavane for a dead Infanta, piano/orch
*UDDDU	URDUD	DDUDR	**Beethoven** sonata/10 for violin/piano in G op96 4m
*UDDDU	URRUD	DDUUR	**Verdi** Requiem: Oro supplex et acclinis
*UDDDU	URRUD	RRUDR	**Haydn** symphony/82 in C 'L'Ours' 3m menuet
*UDDDU	URUDD	DUURU	**Schumann** quartet for piano/strings in E♭ op47 4m 2t
*UDDDU	URUDD	DUUUD	**Grieg** Peer Gynt suite/2 4m Solveig's song 2t
*UDDDU	URURD	DDUUU	**Mahler** symphony/5 Cmi 5m theme at fig 2
*UDDDU	UUDDD	DD	**Schumann** symphony/2 in C op61 2m 4t
*UDDDU	UUDDD	RUDDR	**Grieg** Holberg suite 5m Rigaudon
*UDDDU	UUDDD	UDUDU	**Joaquin Rodrigo** Concierto de Aranjuez, guitar, theme at bar 18
*UDDDU	UUDDD	URUDD	**Schumann** Kinderszenen op15 piano: At the hearth
*UDDDU	UUDDD	UUUDD	**de Falla** Three-cornered hat: Mayor 2t
*UDDDU	UUDDD	UUUDD	**Chausson** quartet for piano/strings op30 2m 2t
*UDDDU	UUDDD	UUUDD	**Schubert** Die Winterreise/2 Die Wetterfahne
*UDDDU	UUDDD	UUUDD	**Handel** sonata for flute/fig bass in F op1/11 4m
*UDDDU	UUDDD	UUUDD	**Wagner** Tristan & Isolde Act III: prelude 2t
*UDDDU	UUDRU	UUDUD	**Debussy** Petite suite for 2 pianos: Cortège 1t
*UDDDU	UUDUD	DDUUD	**Beethoven** sonata/4 for violin/piano in A op23 3m
*UDDDU	UUDUD	DDUUU	**Beethoven** Missa solemnis: Gloria 5t
*UDDDU	UUDUD	DDUUU	**Haydn** symphony/22 in E♭ 2m
*UDDDU	UUDUD	DUUUD	**Byrd** Tu es Petrus
*UDDDU	UUDUU	DDDDU	**Purcell** Dido & Aeneas: Our next motion
*UDDDU	UUDUU	DUDDD	**Purcell** Dido & Aeneas: Fear no danger
*UDDDU	UUDUU	DUUD	**Handel** organ concerto in Gmi op7/5 4m
*UDDDU	UUDUU	URRUU	**Schumann** Frühlingsfahrt (song) op45/2
*UDDDU	UUDUU	URUDU	**Byrd** Lord Willoby's welcome home, virginals
*UDDDU	UURDD	DDDUU	**Vaughan Williams** London symphony 1m 3t
*UDDDU	UUUDD	DDD	**Schubert** symphony/8 in Bmi 'Unfinished' 2m 1t D759
*UDDDU	UUUDD	DUDUD	**Debussy** string quartet in Gmi 3m 2t(a)
*UDDDU	UUUDD	DUU	**Bach** Art of fugue: theme BWV1080
*UDDDU	UUUDD	UDUDD	**Beethoven** string quartet/6 in B♭ op18/6 4m
*UDDDU	UUUDD	URUUD	**Vaughan Williams** Songs of travel/3 The roadside fire
*UDDDU	UUUDU	DDRUD	**Lortzing** Zar und Zimmermann: Lebe wohl
*UDDDU	UUUDU	DRUDU	**Debussy** Images: Homage à Rameau 1t
*UDDDU	UUUDU	UUDUU	**Walton** Façade suite/1 valse 2t

*UDDDU	UUUDU	UUUUU	**Mozart** piano concerto/19 in F K459 2m	
*UDDDU	UUURD	UUUUD	**Kreisler** Caprice Viennois op2 violin/piano	
*UDDDU	UUUUD	DDUUU	**Schumann** Fantasy in C op17 piano 2m 2t	
*UDDDU	UUUUD	RDUUU	**Mahler** symphony/3 in Dmi 6m 1t	
*UDDDU	UUUUD	UD	**Wagner** Tannhäuser: overture 7t	
*UDDDU	UUUUD	UDDDU	**Fauré** sonata for violin/piano in A op13 1m 1t	
*UDDDU	UUUUU	RDRUR	**Mozart** Idomeneo Act III: Torna la pace	
*UDDDU	UUUUU	RRUD	**Max Bruch** violin concerto/1 in Gmi 2m 1t(b)	
*UDDDU	UUUUU	UDDDD	**Ilyinsky** berceuse, piano	
*UDDDU	UUUUU	URU	**Bruckner** symphony/9 in Dmi 3m 1t	
*UDDDU	UUUUU	UUUDD	**Beethoven** piano sonata/16 in G op31/1 2m	
*UDDRD	DDRDD	UUDDD	**Beethoven** symphony/5 in Cmi 1m 3t	
*UDDRD	DDUDD	RDDDU	**Mendelssohn** string quartet/3 in D op44/1 4m 2t	
*UDDRD	DDUUU	U	**Thomas Weelkes** O Care, thou wilt despatch me	
*UDDRD	DRDDR	DUUDD	**Mendelssohn** string quartet/3 in D op44/1 4m 1t	
*UDDRD	DUDDU	D	**Saint-Saëns** Samson et Dalila: Printemps	
*UDDRD	DUUUR	DDUDU	**Haydn** symphony/53 in D 4m (Version A)	
*UDDRD	RDUDU	UUDRD	**Richard Strauss** Sinfonia domestica 1m 2t(b)	
*UDDRD	RDURD	RDRDU	**Haydn** symphony/22 in E♭ 3m trio	
*UDDRD	RRUUU	UURUU	**Mozart** Idomeneo Act II: Idol mio seritroso	
*UDDRD	RUDUU	DDUUD	**Gounod** Faust Act III: Il était un Roi de Thulé	
*UDDRD	RUURU	RDDDU	**Beethoven** Rondino in E♭ for wind op146 posth 2t	
*UDDRD	UDDDR	UDDUU	**Bach** Cantata/82 Ich habe genug BWV82	
*UDDRD	UDDUU	DDUDD	**Berlioz** Les Troyens Act II: O digne soeur d'Hector!	
*UDDRD	UDUDR	UDDDU	**Schumann** cello concerto in Ami op129 1m 2t	
*UDDRD	UDUUD	DRDUD	**Verdi** Aida Act IV: Morir! si pura e bella	
*UDDRD	URDRR	RDU	**Bach** Cantata/189 Meine Seele rühmt/2 Denn seh' ich	
*UDDRD	URDUU		**Haydn** string quartet/67 in D op64 'The lark' 1m 2t	
*UDDRD	URUDD	UDDRD	**John Dowland** I saw my lady weep (song)	
*UDDRD	URUUU	DRRR	**Mussorgsky** Boris Godunov Act IV: Pimen's mono-	
*UDDRD	UUDDR		**Tchaikovsky** Jeanne d'Arc: Adieu, forêts [logue	
*UDDRD	UUDRR	DDDUU	**Mozart** Exsultate, jubilate K165	
*UDDRD	UUDUD	DRDUU	**Beethoven** Ich liebe dich (song) (Grove 235)	
*UDDRR	DDUUD	DD	**Berlioz** Requiem/9a Sanctus	
*UDDRR	DRURD	RRUDD	**Sullivan** Ruddigore Act I: Welcome gentry	
*UDDRR	DUDUU	UDDDU	**Stravinsky** Pulcinella, ballet: larghetto	
*UDDRR	DUUDD	RRD	**Mozart** piano sonata/4 in E♭ K282 2m 1t	
*UDDRR	DUUDU	DUDDD	**Bizet** Carmen Act II: Toreador's song 2t	
*UDDRR	DUUDU	UUDDU	**Handel** sonata flute/violin/fig bass in Cmi op2/1 1m	
*UDDRR	DUUUU	DDUDU	**Bach** Magnificat in D/7 Fecit potentiam	
*UDDRR	DUUUU	DDUDU	**Stravinsky** Pulcinella, ballet: Mentre l'erbetta	
*UDDRR	RDDDU	UD	**Beethoven** sonata/9 violin/piano A op47 'Kreutzer'	
*UDDRR	RRDUD	DRRRR	**Delibes** Sylvia: Marche de Bacchus 1t [3m 2t	
*UDDRR	RURRU	UDDUU	**Erik Satie** 3 petites pièces: Marche de Cockaigne	
*UDDRR	UDDRD	UUDDD	**Mozart** quartet/2 for piano/strings in E♭ K493 3m	
*UDDRR	UDDRR	DDD	**Handel** organ concerto in Gmi op7/5 1m 2t	
*UDDRR	UDDRR	UDDRR	**Mozart** violin concerto/1 in B♭ K207 3m 1t	
*UDDRU	DDDDD	UUURU	**Chopin** waltz in A♭ op42 1t	
*UDDRU	DDDUD	DDUUU	**Eugen d'Albert** Tiefland: Und wir werden	
*UDDRU	DDDUU	DDURD	**Berlioz** La damnation de Faust pt 2: Jam nox stellata	
*UDDRU	DDRUD	DRUDD	**Schubert** impromptu/4 in A♭ piano 1t D899	
*UDDRU	DDRUD	DUUUR	**Flotow** Martha: overture 2t	
*UDDRU	DDRUD	DUUUU	**Schumann** sonata violin/piano Ami op105 2m 1t(a)	
*UDDRU	DDRUU	UDUUU	**Weber** Oberon: overture 1t	
*UDDRU	DDURD	RDDUD	**John Bull** The Duchess of Brunswick's toye	
*UDDRU	DRDRR	RUDDU	**Beethoven** Minuet in E♭ piano (Kinsky index WoO82)	
*UDDRU	DUDDU	UDDUD	**Schumann** Papillons, piano op2/2	

*UDDRU	DUDRU	RUDDD	**William Byrd** The leaves are green
*UDDRU	DURUD	DRUDU	**Beethoven** string quartet/14 in C♯mi op131 4m
*UDDRU	DUUDD	U	**Handel** sonata for flute/fig bass in Bmi op1/9 1m
*UDDRU	DUUUD	UUU	**Brahms** sonata for cello/piano in F op99 2m 2t
*UDDRU	RDURD	DUUDD	**Verdi** La Traviata Act II: Se consultan le stelle
*UDDRU	RURRD	DDRUD	**Bach** Cantata/106 Gottes Zeit/1c Es ist der alte
*UDDRU	RURRU	UUDDU	**Berlioz** Benvenuto Cellini Act I: Quand j'aurai
*UDDRU	RURUU	UDUDD	**Fauré** string quartet in Emi op121 2m
*UDDRU	UDDDR	U	**Handel** concerto grosso in Emi op6/3 1m
*UDDRU	UDDRU	UDDRR	**Handel** concerto grosso in Bmi op6/12 4m
*UDDRU	UDDUD	DDDDU	**Clementi** sonatina in C, piano 1m 1t
*UDDRU	UDURR	RDU	**Sullivan** Pirates of Penzance Act I: Oh! false one
*UDDRU	URUDR	DUUDD	**Wagner** Tannhäuser: overture 1t(a)
*UDDRU	URUDR	DUUDD	**Wagner** Tannhäuser Act II: Pilgrim's chorus
*UDDRU	UUDDD	DUUDU	**Delibes** Coppelia, ballet: prelude 1t
*UDDRU	UUDUD	RUDDD	**Schubert** piano sonata in Cmi 4m 4t D958
*UDDRU	UUUDU	UDDUU	**Donizetti** Don Pasquale: overture 1t
*UDDRU	UUURU	DDRUU	**Mozart** symphony/29 in A K201 4m 1t
*UDDRU	UUUUR	UDD	**Beethoven** 32 variations in Cmi piano
*UDDUD	DDDDD	DDUUD	**Haydn** symphony/91 in E♭ 4m
*UDDUD	DDDDD	RRUDR	**Shostakovich** concerto piano/trpt/orch 2m 1t or 4t
*UDDUD	DDDDD	RUUUD	**Walton** theme from Orb and Sceptre march
*UDDUD	DDDDD	UUD	**Shostakovich** symphony/5 in Dmi op47 1m 2t(b)
*UDDUD	DDDDR	UDDDR	**Handel** Samson: Return O God of hosts
*UDDUD	DDDDU	DDDDD	**Beethoven** piano sonata/2 in A op2/3 3m 2t
*UDDUD	DDDDU	DDDUU	**Mendelssohn** violin concerto in Emi op64 2m 1t
*UDDUD	DDDDU	DR	**Reger** clarinet quintet in A op146 3m
*UDDUD	DDDDU	RD	**Schumann** symphony/1 in B♭ op38 'Spring' 3m 2t
*UDDUD	DDDRR	UUDDD	**Puccini** La Bohème Act I: Talor dal mio forziere
*UDDUD	DDDRU	DDRUU	**Mozart** sonata/25 for violin/piano in F K377 3m
*UDDUD	DDDRU	DRDDD	**Chopin** sonata for cello/piano in Gmi op65 3m
*UDDUD	DDDRU	DUUDU	**Kodály** Háry János: Nagya bonyban
*UDDUD	DDDU		**Rachmaninov** études/tableaux op33/1 piano
*UDDUD	DDDUD	DDD	**Schumann** symphony/2 in C op61 1m 3t
*UDDUD	DDDUD	DDUDD	**Schubert** Grand duo in C piano 4 hands 3m trio D812
*UDDUD	DDDUD	DUDD	**Bach** Partita/1 in Bmi solo violin: sarabande BWV
*UDDUD	DDDUD	DUDD	**Weber** Peter Schmoll overture 2t [1002
*UDDUD	DDDUD	UUDUD	**Mozart** symphony/34 in C K338 2m 2t
*UDDUD	DDDUR	DRUUD	**Bach** Brandenburg concerto/2 in F 2m BWV1047
*UDDUD	DDDUU	DDDDU	**Haydn** symphony/94 in G 1m intro
*UDDUD	DDDUU	DDUDD	**Gershwin** An American in Paris: blues theme
*UDDUD	DDDUU	DUUDU	**Brahms** sonata for cello/piano in F op99 1m 1t
*UDDUD	DDDUU	UUDDU	**Brahms** Waltz op39/8 piano
*UDDUD	DDRDU	U	**Beethoven** string quartet/12 in E♭ op127 1m 1t
*UDDUD	DDRRR	UDDUU	**Mendelssohn** Songs without words/14 op38/2 piano
*UDDUD	DDUDD	D	**Haydn** string quartet/78 in B♭ op76 3m 2t
*UDDUD	DDUDD	D	**Schumann** cello concerto in Ami op129 3m 2t
*UDDUD	DDUDD	DD	**Rachmaninov** Elégie, piano 2t
*UDDUD	DDUDD	DUDDD	**Bach** Well-tempered Clavier Bk I: prelude/14 BWV859
*UDDUD	DDUDD	DUDUU	**Haydn** symphony/98 in B♭ 3m menuet
*UDDUD	DDUDD	UDDDU	**Schumann** symphony/4 in Dmi op120 4m 2t
*UDDUD	DDUDD	UDDRU	**Adam** Giselle II/13
*UDDUD	DDUDR	UDU	**Weber** Oberon Act II: Arabien mein Heimatland
*UDDUD	DDUDU	UDUDU	**Mozart** symphony/29 in A K201 2m 1t
*UDDUD	DDURD		**Schumann** symphonic études in C♯mi op13, piano
*UDDUD	DDURD	DUU	**Schumann** Sonntags am Rhein a op36/1 [finale 2t
*UDDUD	DDURR	RDRR	**Grieg** Dance caprice, piano op28/3 1t

*UDDUD	DDUUD	DDUDD	**Franck** symphony in Dmi 3m 1t
*UDDUD	DDUUD	DUDDD	**Corelli** concerto grosso in B♭ op6/11 4m
*UDDUD	DDUUD	DUUD	**Stravinsky** symphony in C 1m 2t
*UDDUD	DDUUD	DUUDD	**Chopin** piano concerto/2 in Fmi op21 2m
*UDDUD	DDUUD	DUUDD	**Beethoven** symphony/2 in D 2m 4t
*UDDUD	DDUUU	UDDDU	**Tchaikovsky** piano concerto/2 in G op44 1m 2t(b)
*UDDUD	DDUUU	UUDDU	**Haydn** symphony/103 in E♭ 'Drum roll' 3m trio
*UDDUD	DDUUU	UUUDU	**Schubert** symphony/5 in B♭ 3m 2t D485
*UDDUD	DRDUD	DD	**Berlioz** The Corsair overture 2t
*UDDUD	DRDUR	DU	**Haydn** string quartet/81 in G op77/1 1m 1t
*UDDUD	DRDUU	DUDDR	**Bach** Well-tempered Clavier Bk II: fugue/7 BWV876
*UDDUD	DRRRD	UDU	**Mozart** symphony/35 in D K385 'Haffner' 1m 1t
*UDDUD	DRUDD	DUUUR	**Humperdinck** Königskinder: prelude to Act II 1t
*UDDUD	DRUDU	UDD	**Mozart** variations for piano (Theme of Duport) K573
*UDDUD	DUDDD		**Smetana** The bartered bride Act III: Come and we will show you
*UDDUD	DUDDD	DDDU	**Beethoven** sonata/6 violin/piano in A op30/1 1m 2t
*UDDUD	DUDDD	DDRUD	**Rossini** La gazza ladra: overture 2t
*UDDUD	DUDDD	DDUDD	**Leopold Mozart** Toy symphony (not by Haydn) 1m 1t
*UDDUD	DUDDD	DU	**Kodály** Háry János: Fairy tale begins
*UDDUD	DUDDD	DUUDD	**J Strauss Jr** Frühlingsstimmen 4t
*UDDUD	DUDDD	UD	**Tchaikovsky** Nutcracker suite: overture 1t
*UDDUD	DUDDD	UUDUD	**Bach** suite/2 for flute/str in Bmi: Badinerie
*UDDUD	DUDDD	UURUD	**Delius** Hassan: serenade [BWV1067
*UDDUD	DUDDD	UUURD	**Haydn** symphony/7 in C 3m trio
*UDDUD	DUDDR	DR	**Handel** concerto grosso in D op6/5 4m
*UDDUD	DUDDR	DRUUD	**Beethoven** symphony/8 in F 2m 1t
*UDDUD	DUDDR	RRRRD	**Mozart** Cassation/1 in G K63 2m
*UDDUD	DUDDR	URURU	**Stravinsky** violin concerto in D 1m 2t(a)
*UDDUD	DUDDU		**Schubert** impromptu/4 in A♭ piano 2t D899
*UDDUD	DUDDU	DDDUU	**Dvořák** string quintet in G op77 4m 2t
*UDDUD	DUDDU	DDUDD	**Schumann** symphony/4 in Dmi op120 2m 2t or 3m 2t
*UDDUD	DUDDU	DDUDD	**Brahms** quintet for piano/strings in Fmi op34 2m 1t
*UDDUD	DUDDU	DDUDD	**Bach** sonata/1 solo violin in Gmi: finale BWV1001
*UDDUD	DUDDU	DDUDD	**Ippolitov-Ivanov** Caucasian sketches 4m 2t
*UDDUD	DUDDU	DDUUD	**Brahms** sonata/3 for violin/piano in Dmi op108 1m 1t
*UDDUD	DUDDU	DDUUD	**Rimsky-Korsakov** Russian Easter Festival ov op36 3t
*UDDUD	DUDDU	DDUUD	**Elgar** Pomp & Circumstance march/3 3t(b)
*UDDUD	DUDDU	DUD	**Brahms** symphony/2 in D op73 4m 3t
*UDDUD	DUDDU	DUUDD	**Villa-Lobos** Bachianas Brasileiras/5 1t
*UDDUD	DUDDU	DUUDD	**Herold** Zampa overture 2t
*UDDUD	DUDRD	DURUU	**Saint-Saëns** cello concerto/1 in Ami op33 3m 1t
*UDDUD	DUDRD	DUURU	**Mozart** Cosi fan tutte Act II: Tradito, schernito
*UDDUD	DUDUD	DDDUD	**Richard Strauss** Wiegenlied (song) op41(a)
*UDDUD	DUDUD	DDUDD	**Mendelssohn** Midsummer night's dream: scherzo 1t
*UDDUD	DUDUD	DUDDU	**Debussy** Suite Bergamasque: Clair de lune 1t
*UDDUD	DUDUD	DUDUU	**Elgar** cello concerto in Emi op85 4m
*UDDUD	DUDUD	DUUUU	**Dvořák** quintet for piano/strings in A op81 2m 1t(b)
*UDDUD	DUDUD	RDDUD	**Schumann** string quartet in A op41/3 3m 2t
*UDDUD	DUDUD	UD	**Charles Ives** symphony/2 1m 1t
*UDDUD	DUDUD	UDUDD	**Nielsen** Commotio: theme in 12/8 time, organ
*UDDUD	DUDUD	URDUU	**Mozart** Die Entführung Act II: Ich gehe, doch rathe
*UDDUD	DUDUD	UURDU	**Saint-Saëns** piano concerto/4 in Cmi op44 1m 2t(b)
*UDDUD	DUDUR	DUUDU	**Ravel** La Valse, orch 7t
*UDDUD	DUDUR	DUUUU	**Sibelius** str quartet op56 'Voces intimae' 1m 1t(a)
*UDDUD	DUDUU	D	**Sibelius** symphony/5 in E♭ op82 3m 2t

'UDDUD DUDUU RRRUD **Khachaturian** piano concerto 1m 1t
'UDDUD DUDUU UDDD **Bach** Christmas oratorio/31 Schliesse mein Herze
'UDDUD DUDUU UUDRD **Grieg** piano concerto in Ami op16 3m 2t
'UDDUD DUDUU UUUU **Mozart** symphony/38 in D K504 'Prague' 2m 1t
'UDDUD DURRD RDDUU **Handel** Messiah: overture 1t
'UDDUD DURRU URUDR **Beethoven** sonata/5 violin/piano F op24 'Spring' 2m
'UDDUD DURUD DDUDD **Beethoven** piano sonata/16 in G op31/1 1m 2t
'UDDUD DUUDD DUD **Bach** St Matthew Passion/33b Sind Blitze
'UDDUD DUUDD DUU **Schubert** string quartet/14 in Dmi 3m 2t D810
'UDDUD DUUDD UDDDD **Chopin** waltz in A♭ op34/1
'UDDUD DUUDD UDDDU **Bruckner** symphony/5 in B♭ 4m 2t
'UDDUD DUUDD UDDUU **Chopin** waltz in Bmi op69 1t
'UDDUD DUUDD UUDDD **Liszt** Faust symphony 3m 2t
'UDDUD DUUDU DDUDU **Handel** sonata vln/oboe/fig bass op1/15 4m
'UDDUD DUUDU DDUUD **Bach** suite/2 flute/strings Bmi: overture 2t BWV1067
'UDDUD DUUDU DUDRU **Wallace** Maritana overture 4t
'UDDUD DUUDU UDDUD **Chopin** mazurka/21 op30/4
'UDDUD DUUDU UDUDD **Mozart** Der Zauberer (song) K472
'UDDUD DUUUD DURDU **Wagner** Die Meistersinger Act II: Dem Vogel
'UDDUD DUUUD RUUUD **Mozart** Serenade in B♭, 13 wind instr K361 4m
'UDDUD DUUUD UUDDD **Poulenc** Toccata for piano 1t
'UDDUD DUUUR DUUUD **Sibelius** King Christian II suite: serenade 2t
'UDDUD DUUUU RRUDD **J Strauss Jr** Die Fledermaus: Du und du waltzes/3 2t
'UDDUD DUUUU UUDDD **Beethoven** sonata/10 for violin/piano op96 1m 1t
'UDDUD DUUUU UUDUU **Beethoven** symphony/6 in F 'Pastoral' 4m 1t(b)
'UDDUD DUUUU UURD **Howells** Puck's minuet op20/1 orch 1t
'UDDUD RRRDU DURUD **Thomas** Mignon: overture 2t and Je suis Titania
'UDDUD RRUDD D **Mendelssohn** Hymn of Praise: Die Striche des Todes
'UDDUD RRUDU UU **Delibes** Sylvia, ballet: Les chasseresses
'UDDUD RUDDR D **Elgar** King Olaf: As torrents in summer op30
'UDDUD RUDDU DDDDD **Meyerbeer** L'Etoile du Nord: La, la, la, air chéri
'UDDUD RUDDU DRUDD **Verdi** La forza del Destino Act II: Al suon de tamburo
'UDDUD RUDRU DDD **Schumann** symphony/1 in B♭ op38 'Spring' 3m 1t
'UDDUD RURDD D **Beethoven** septet in E♭ op20 6m
'UDDUD RUUUD DUUUD **Gossec** Tambourin, violin/piano
'UDDUD UDDDD DDUDD **Haydn** symphony/99 in E♭ 1m intro
'UDDUD UDDDD UUUUU **Smetana** The bartered bride: Dance of comedians 2t
'UDDUD UDDDU DDDDD **Bruckner** symphony/5 in B♭ 3m 2t
'UDDUD UDDUD DUDDU **Schumann** string quartet in Ami op41/1 2m 2t
'UDDUD UDDUD DUDUD **de Falla** La vida breve: dance/2 2t
'UDDUD UDDUD DURUU **Prokofiev** piano concerto/3 in C op26 3m 1t
'UDDUD UDDUD DUUDD **Bliss** A colour symphony 4m 1t
'UDDUD UDDUD UDDDD **Stravinsky** Petrushka: Danse Russe 3t
'UDDUD UDDUD UDDUD **Brahms** piano sonata in Fmi op5 1m 1t
'UDDUD UDDUD UDDUD **Haydn** symphony/39 in Gmi 4m
'UDDUD UDDUD UDRDD **Rossini** L'Italiana in Algeri: overture 2t
'UDDUD UDDUU DD **Bach** Motet/5 Komm Jesu komm/2 Drauf schliess' ich
'UDDUD UDDUU RDUDD **Viotti** violin concerto/22 in Ami 3m   [BWV229
'UDDUD UDDUU UDDDD **Beethoven** string quartet/12 in E♭ op127 4m 1t
'UDDUD UDDUU UUDUR **Beethoven** symphony/8 in F 2m 2t
'UDDUD UDDUU UUDUU **Bach** Well-tempered Clavier Bk I: fugue/17 BWV862
'UDDUD UDRDU UDDUD **Dvořák** sonatina violin/piano in G op100 2m 2t
'UDDUD UDRUD DUDUD **Schumann** Die Soldatenbraut (song) op64/1
'UDDUD UDUDD UDDUD **J Strauss Jr** Treasure waltzes/3
'UDDUD UDUDU DDUDU **Suppé** Pique Dame overture 3t
'UDDUD UDUDU DUDRU **Holst** The Planets: Mars 1t
'UDDUD UDUDU DUDUD **Josef Strauss** Sphärenklange waltzes/4

*UDDUD	UDUDU	DURUD	**Schumann** sonata for violin/piano in Ami op105 1m 2t
*UDDUD	UDUDU	DUUDD	**Bach** Cantata/211 Schweigt stille/4 Ei! wie schmeckt
*UDDUD	UDUDU	DUUDU	**Handel** harpsichord suite/2 in F 2m
*UDDUD	UDUDU	RDDUD	**Chopin** waltz in C♯mi op64/2 1t
*UDDUD	UDUDU	U	**Beethoven** string quartet/15 in Ami op132 2m 2t
*UDDUD	UDURD	DUUDU	**J Strauss Jr** Nacht in Venedig overture 3t
*UDDUD	UDUUD	DUDUD	**Beethoven** King Stephan overture op117 2t
*UDDUD	UDUUD	DUDUD	**Bruckner** symphony/3 in Dmi 4m 3t
*UDDUD	UDUUR	DDDDD	**Thomas Arne** Come away, Death (song)
*UDDUD	UDUUU	RDUUD	**Rachmaninov** suite/1 (Fantasy) 1m barcarolle 1t
*UDDUD	UDUUU	UUUUD	**Schumann** Fantasy in C op1 piano 2m 1t
*UDDUD	URDU		**Debussy** Children's corner suite: Golliwog's cake
*UDDUD	URDUD	UUUDU	**Albeniz** Iberia IV piano: Jerez [walk 3t
*UDDUD	URRUD	DUD	**Mozart** Figaro Act III sextet: Riconosci in questo
*UDDUD	URURR	RRUDR	**Stravinsky** The rake's progress I: Dear Father Trulove
*UDDUD	UUDDD		**Chopin** nocturne in B op32/1
*UDDUD	UUDDU	DUUDD	**Beethoven** string quartet/1 in F op18/1 1m 1t
*UDDUD	UUDDU	DUUUU	**Adam** Giselle: Scène d'amour
*UDDUD	UUDDU	UDDDU	**Bach** Motet/1/1a Singet dem Herrn BWV225
*UDDUD	UUDDU	UDDUU	**Bach** French suite/2 in C: sarabande BWV813
*UDDUD	UUDUD	DUDRR	**Tosti** My dreams (song)
*UDDUD	UUDUD	DUUDD	**Bach** Fugue in Ami, Clavier BWV944
*UDDUD	UUDUD	DUUDD	**Copland** Rodeo: Hoe-down
*UDDUD	UUDUD	DUUUU	**Gluck** Orfeo ed Euridice: dance of the Furies
*UDDUD	UUDUU	DDUUU	**William Schuman** New England triptych 1m Be glad
*UDDUD	UURDD	RDD	**Bizet** L'Arlésienne suite/1: Carillon 2t
*UDDUD	UUUD		**Mascagni** Cavalleria rusticana: prelude 2t
*UDDUD	UUUDD	D	**Bach** Prelude in Dmi, organ BWV539
*UDDUD	UUUDD	UDDUD	**Haydn** symphony/82 in C 'The bear' 4m
*UDDUD	UUUDD	UU	**Mussorgsky** Pictures from an exhibition: Bydlo
*UDDUD	UUUDR	D	**Flotow** Martha: overture 3t
*UDDUD	UUUDR	RUDDD	**Tchaikovsky** symphony/3 in D op29 3m 1t
*UDDUD	UUUDU	DUUDU	**Scriabin** Poème d'extase 1t
*UDDUD	UUURD	DRRDR	**Haydn** symphony/95 in Cmi 4m
*UDDUD	UUURU	DDUDU	**Leopold Mozart** Toy symphony (not by Haydn) 1m 4t
*UDDUD	UUUUU		**Chopin** nocturne in F op15/1
*UDDUD	UUUUU	DDDUD	**Bach** Well-tempered Clavier Bk I: fugue/11 BWV856
*UDDUD	UUUUU	DDUD	**Bach** choral prelude, organ: Schmücke dich BWV654
*UDDUR	DDUDD	URD	**Mozart** piano concerto/22 in E♭ K482 1m 2t
*UDDUR	DDUDD	URDRD	**Dvořák** Serenade in Dmi op44 2m
*UDDUR	DDUDD	UUUDU	**Chopin** mazurka/6 op7/2
*UDDUR	DDUDU	DUDUU	**Lehar** Gold and silver waltz 3t
*UDDUR	DDUDU	DUDUU	**Ravel** string quartet in F 2m 2t
*UDDUR	DUDDU	RDUDD	**J Strauss Jr** Wine, women & song/2 1t
*UDDUR	DUDDU	RDUDD	**Liszt** piano concerto/1 in E♭ 3t
*UDDUR	DUDUU	RDUUU	**Mozart** Bastien et Bastienne intro
*UDDUR	DUUDD	UUUDU	**Bach** Well-tempered Clavier Bk I: prelude/10 BWV855
*UDDUR	DUUDU	UUDDU	**Brahms** sonata for violin/piano in G op78 2m 1t
*UDDUR	DUUUD	DURDU	**Handel** harpsichord suite/2 in F 1m
*UDDUR	RRDDU	UDUUD	**Mozart** Mass/18 in Cmi K427 Et vitam
*UDDUR	RRDUD	DURR	**Verdi** Aida Act IV: Già i sacerdoti adunansi
*UDDUR	RRRUD	UDRUD	**Mozart** piano concerto/26 in D K537 1m 1t
*UDDUR	RUDDD	R	**Schubert** waltz for piano D779/13
*UDDUR	UDDUR	UDDDU	**Dvořák** Slavonic dances/12 op72 1t
*UDDUR	UDUDD	DRUDD	**Handel** Messiah: If God be for us
*UDDUR	UDURR	URDDU	**Schubert** Erlkönig (song) D328

*UDDUR	URRDD	UDDU	**Mozart** piano sonata/4 in E♭ K282 2m 2t
*UDDUR	URUUU	RRUU	**Elgar** Dream of Gerontius pt 2 Demon's chorus 1t
*UDDUR	UUDDD	UUDDD	**Haydn** The seasons: Sei nun gnädig [Low born clods
*UDDUR	UUDDU	RUUDD	**Mozart** Don Giovanni Act I: Or sai, chi l'onore
*UDDUR	UUDRU	DDDD	**Chabrier** Marche joyeuse 3t
*UDDUU	DDDDD	DDDDU	**Weber** Invitation to the dance 3t
*UDDUU	DDDDD	DUUDD	**Haydn** string quartet/8 op2 3m
*UDDUU	DDDDD	RUURU	**Bach** Well-tempered Clavier Bk I: fugue/12 BWV857
*UDDUU	DDDDD	URUDD	**Dvořák** Slavonic dances/10 op72 1t
*UDDUU	DDDDD	UUUUD	**Wagner** Rienzi overture 1t (with ornament)
*UDDUU	DDDDU	DDUUD	**Berlioz** L'Enfance du Christ pt1: nocturnal march 1t
*UDDUU	DDDDU	DDUUD	**Walton** Façade suite/2: Popular song
*UDDUU	DDDDU	DUUDR	**Bach** St Matthew Passion/29 Gerne will ich
*UDDUU	DDDDU	UDUDD	**Delius** violin concerto 4t
*UDDUU	DDDDU	UDUDD	**Rossini** La Cenerentola Act II: Nacqui all'affano
*UDDUU	DDDDU	UDUDU	**Bach** Well-tempered Clavier Bk I: fugue/3 BWV848
*UDDUU	DDDDU	UUUUU	**Schubert** symphony/5 in B♭ 4m 2t D485
*UDDUU	DDDRD	D	**Wagner** Tristan & Isolde Act III: Liebestod 2t
*UDDUU	DDDRD	UDDRU	**Bellini** Norma: Casta diva
*UDDUU	DDDRU	DDUUD	**Dvořák** violin concerto in Ami op53 2m 2t
*UDDUU	DDDRU	DUUUD	**Haydn** symphony/45 in F♯mi 'Farewell' 2m
*UDDUU	DDDRU	U	**Beethoven** septet in E♭ op20 2m
*UDDUU	DDDUD	DDUDD	**Bellini** concerto (concertino) oboe/str in E♭ 2m
*UDDUU	DDDUD	DUDDU	**Liszt** Funeral triumph of Tasso, symph poem 3t
*UDDUU	DDDUD	DUDUU	**Bach** sonata for viola da gamba/Clavier in Gmi 2m
*UDDUU	DDDUD	DUUDD	**Schumann** Carnaval, piano op9: Florestan[BWV1029
*UDDUU	DDDUD	DUUDD	**Schumann** quintet for piano/strings E♭ op44 4m 3t
*UDDUU	DDDUD	UDUUU	**Spohr** clarinet concerto op26 2m 1t
*UDDUU	DDDUD	UDUUD	**Franck** organ chorale/3 2t
*UDDUU	DDDUD	UUDDU	**Gossec** Gavotte
*UDDUU	DDDUR	DRRDU	**Mozart** trio for clarinet/piano/viola K498 1m
*UDDUU	DDDUU	DRDDU	**Holst** The Planets: Venus 2t
*UDDUU	DDDUU	DURUD	**Mozart** piano sonata/17 in D K576 2m
*UDDUU	DDDUU	DUUDD	**Beethoven** piano sonata/19 in Gmi op49/1 1m 1t
*UDDUU	DDDUU	DUUDU	**Mozart** piano concerto/19 in F K459 3m 2t
*UDDUU	DDDUU	DUUUU	**Chopin** étude/10 in Bmi op25 2t
*UDDUU	DDDUU	UDDUU	**Grieg** symphonic dances/2 1t(b)
*UDDUU	DDRDR	DDUDD	**Mozart** Mass/18 in Cmi K427 Laudamus te
*UDDUU	DDRRR	RDDUU	**Lortzing** Zar und Zimmermann: overture 2t
*UDDUU	DDRRR	RU	**Tchaikovsky** Eugene Onegin Act I: Lenski's aria
*UDDUU	DDRUU	DDUUD	**Handel** Water music 18m 2t
*UDDUU	DDRUU	UDDDD	**Chopin** scherzo in Bmi op20 2t
*UDDUU	DDUDD	DUDDU	**Berlioz** Les Troyens Act V: Vallon sonore
*UDDUU	DDUDD	UDDUU	**Schubert** piano sonata in Ami 3m 2t D784
*UDDUU	DDUDD	UUDDD	**Brahms** violin concerto in D op77 1m 3t
*UDDUU	DDUDD	UUUDU	**Verdi** La forza del Destino: overture 2t
*UDDUU	DDUDU	DU	**Schumann** symphony/3 in E♭ op97 'Rhenish' 5m 2t
*UDDUU	DDUDU	UDDUD	**Prokofiev** Lieutenant Kije op60 orch: Troika
*UDDUU	DDUDU	UDDUU	**Bach** overture in D 1t BWV1068
*UDDUU	DDUDU	URR	**Dvořák** quartet for piano/strings in E♭ op87 1m 1t
*UDDUU	DDURD	URDU	**Gruber** Silent night
*UDDUU	DDURR	DURRD	**Schubert** Nachtviolen (song) D752
*UDDUU	DDURR	DUUDD	**Mozart** Mass/19 in Dmi (Requiem) K626 Benedictus
*UDDUU	DDURU	DRDUD	**Beethoven** symphony/7 in A 1m intro(b)
*UDDUU	DDUUD	DDDD	**Brahms** symphony/3 in F op90 3m 3t
*UDDUU	DDUUD	DDDDU	**Mozart** piano sonata/15 in C K545 2m
*UDDUU	DDUUD	DDDRR	**Liadov** Kikimora op63 orch 3t

*UDDUU	DDUUD	DDDUD	**Richard Strauss** Aus Italien op16: Sorrento 2t
*UDDUU	DDUUD	DDUUU	**Malipiero** Impressioni dal vero: Il picchio 2t
*UDDUU	DDUUD	DUDDD	**Bach** concerto flute/violin/piano/str 2m BWV1044
*UDDUU	DDUUD	DURRR	**Brahms** string quintet in G op111 2m
*UDDUU	DDUUD	DUUDD	**Corelli** concerto grosso in Gmi 'Christmas' 2m
*UDDUU	DDUUD	DUUDD	**Fauré** Requiem: Sanctus
*UDDUU	DDUUD	DUUDD	**Debussy** Arabesque/2 in G, piano 1t
*UDDUU	DDUUD	RDDUU	**Bizet** L'Arlésienne suite/1: adagietto
*UDDUU	DDUUD	UDDDD	**Dvořák** quintet for piano/strings D op23 3m 2t
*UDDUU	DDUUD	UDDDD	**Richard Strauss** Salome: Dance of the 7 veils 5t
*UDDUU	DDUUD	UDDDU	**Verdi** La Traviata Act III: Parigi o cara
*UDDUU	DDUUD	UDU	**Schumann** symphony/3 in E♭ op97 'Rhenish' 5m 4t
*UDDUU	DDUUD	UUDRD	**Ravel** string quartet in F 3m 2t
*UDDUU	DDUUR	DUUUU	**Liszt** Hungarian rhapsody/1 in E, piano 1t
*UDDUU	DDUUR	RDUDD	**Beethoven** symphony/3 in E♭ 'Eroica' 4m 2t
*UDDUU	DDUUR	RRRR	**Vivaldi** flute concerto in F 1m
*UDDUU	DDUUR	UDDUU	**Chopin** mazurka/1 op6/1
*UDDUU	DDUUR	UUUDD	**Mozart** piano sonata/9 in D K311 1m 1t
*UDDUU	DDUUR	UUURU	**Shostakovich** symphony/7 op60 3m 3t
*UDDUU	DDUUU		**Wagner** Tristan & Isolde Act I: Westwärts schweift
*UDDUU	DDUUU	DRRUD	**Chopin** nocturne in Cmi op48/1 1t
*UDDUU	DDUUU	DUUDU	**Handel** organ concerto in F op4/4 1m
*UDDUU	DDUUU	RDUDD	**Ravel** Daphnis & Chloë suite/2 3t (omitting run-up)
*UDDUU	DDUUU	UUUDD	**Bach** concerto vln/oboe or 2 Claviers Cmi BWV1060
*UDDUU	DRDDU	UUDDD	**Stravinsky** Rake's progress I: The woods are green
*UDDUU	DRDUU	DRUDR	**John Ireland** A London overture 1t
*UDDUU	DRRRU	DDDDD	**Mozart** piano sonata/16 in B♭ K570 1m 2t
*UDDUU	DRUD		**Shostakovich** symphony/1 in Fmi op10 1m intro
*UDDUU	DRUDU	DUDUD	**Stravinsky** Pulcinella, ballet: gavotte
*UDDUU	DRURU	UURRU	**Vaughan Williams** The wasps 1m (overture) 3t
*UDDUU	DUDDD	DUD	**Schumann** Meine Rose (song) op90/2
*UDDUU	DUDDD	DUUDD	**de Falla** El amor brujo: morning bells
*UDDUU	DUDDD	UDUDD	**Bach** cantata/78 Jesu, der du/6 Nun, du wirst BWV 78
*UDDUU	DUDDD	UUDUD	**Brahms** quintet for clarinet/strings Bmi op115 1m 1t
*UDDUU	DUDDR	UUDDU	**Bach** French suite/5 in G: sarabande BWV816
*UDDUU	DUDDU	DDUDU	**Dvořák** string quartet in F op96 'American' 3m 1t
*UDDUU	DUDDU	DUUDU	**Viotti** violin concerto/22 in Ami 2m 2t
*UDDUU	DUDDU	UD	**Chopin** étude/11 in E♭ op10
*UDDUU	DUDDU	UDDDD	**Bruckner** symphony/3 in Dmi 3m 1t
*UDDUU	DUDDU	UDDDR	**Mozart** concerto 2 pianos/orch E♭ K365 2m (str)
*UDDUU	DUDDU	UUDDU	**Chopin** mazurka/9 op7/5
*UDDUU	DUDDU	UURDR	**Rossini** La gazza ladra overture 3t
*UDDUU	DUDDU	UUUDD	**Gluck** Orfeo ed Euridice: overture
*UDDUU	DUDRD	UDDDU	**Mozart** piano concerto/27 in B♭ K595 3m 2t
*UDDUU	DUDUD	RUUDD	**Verdi** Aida Act III: Rivedrai le foreste
*UDDUU	DUDUU	UDDUU	**Janáček** sinfonietta 3m
*UDDUU	DUDUU	UUDDD	**Grieg** Melancholy, piano op65/3
*UDDUU	DUDUU	UUDUU	**Bach** organ fughetta on 'Allein Gott' BWV677
*UDDUU	DUUDD	DDUDU	**Mozart** Don Giovanni Act I: Nella bionda
*UDDUU	DUUDD	DUDRR	**John Dunstable** Veni sancte Spiritus (motet)
*UDDUU	DUUDD	UUDDU	**Schumann** Carnaval op9 piano: Eusebius
*UDDUU	DUURD	RDUUD	**Stravinsky** The rake's progress III: I shall go back
*UDDUU	DUUUD	DDDUD	**Mozart** piano concerto/27 in B♭ K595 2m
*UDDUU	DUUUD	DDUUD	**Shostakovich** quintet for piano/strings op57 1m 2t
*UDDUU	DUUUD	RUDDU	**Ibert** concerto for alto saxophone/small orch 3m 2t
*UDDUU	DUUUU	DDUDD	**Bach** Mass in B minor/11 Credo/1
*UDDUU	DUUUU	UUDDU	**Handel** concerto grosso in Emi op6/3 3m

```
*UDDUU  RDDDU  UDUDD   Bach sonata/1 for violin/Clavier in Bmi 2m BWV1014
*UDDUU  RDDUU  U       Mozart Deutsche Tänze/3 K605 2t
*UDDUU  RDDUU  UDDUU   Sibelius symphony/6 in Dmi op104 2m 2t
*UDDUU  RDUDD  DUDDU   Brahms waltz for piano op39/4
*UDDUU  RDUDD  DUUD    Delibes Coppelia, ballet: Valse des heures 1t
*UDDUU  RDUUD  RDD     Grieg Sigurd Jorsalfar 3m 2t
*UDDUU  RDUUR          Beethoven trio for piano/vln/cello Cmi op1/3 1m 1t(a)
*UDDUU  RRDDU  DDUUR   Verdi Requiem: Lux aeternam: et lux perpetua
*UDDUU  RRRUD  UDUUD   Sullivan The Mikado Act II: Braid the raven hair
*UDDUU  RRUDD  RDUD    Thomas Weelkes Hosanna to the son of David
*UDDUU  RRUDD  UURRU   Mozart string quartet/14 in G K387 3m
*UDDUU  RRURR  D       Menotti The medium: Where, oh where
*UDDUU  RUDDU  DUDUU   Mozart Figaro Act III: Dove sono
*UDDUU  RUDRD  DDURD   Handel Messiah: Their sound is gone out
*UDDUU  RUDUU  URUUD   Brahms waltzes for piano op39/7
*UDDUU  RURUR  URUUD   Bruckner symphony/7 in E 2m 2t(b)
*UDDUU  UDDD           Beethoven symphony/3 in Eb 'Eroica' 1m 1t
*UDDUU  UDDDD  DUUUD   Ferde Grofé Grand Canyon suite: on the trail 2t
*UDDUU  UDDDD  RD      Haydn The mermaid's song
*UDDUU  UDDDD  UDDUU   Berlioz L'Enfance du Christ pt3 trio 2 flutes/harp
*UDDUU  UDDDD  UDUDD   Mozart piano sonata/9 in D K311 2m
*UDDUU  UDDDR  U       Beethoven piano concerto/5 in Eb 'Emperor' 1m 1t
*UDDUU  UDDDU  DDDDD   Bach suite for cello solo in G 4m BWV1007
*UDDUU  UDDDU  UDDDR   Mahler Serenade aus Don Juan (song)
*UDDUU  UDDDU  UDDDU   Verdi Un ballo in maschera Act II: Oh qual soave
*UDDUU  UDDDU  URRRD   Grieg Wedding day at Troldhaugen, piano op85/6
*UDDUU  UDDRD  UDDUU   Wagner Götterdämmerung: Siegfried's Rhine journey
*UDDUU  UDDRU  DDUUR   Bizet Carmen Act II: Carmen's dance          [3t
*UDDUU  UDDUD  DUDDR   Wagner Götterdämmerung: Siegfried's funeral 6t
*UDDUU  UDDUD  DUUU    Chopin fantaisie-impromptu op66 1t
*UDDUU  UDDUD  DUUUD   Chopin waltz in Bmi op69 2t
*UDDUU  UDDUD  DUUUD   Schumann quintet for piano/strings in Eb op44 2m 3t
*UDDUU  UDDUU  DDDUD   Bach Well-tempered Clavier Bk I: fugue/15 BWV860
*UDDUU  UDDUU  DUDDD   Debussy mazurka, piano
*UDDUU  UDDUU  DUUDD   Scarlatti harpsichord sonata Kp460
*UDDUU  UDDUU  RUUUR   Mozart Mass/16 in C 'Coronation' K317: Agnus Dei
*UDDUU  UDDUU  UDDUU   Sousa Manhattan Beach, march 3t
*UDDUU  UDDUU  UDUUD   Franck (Prélude) fugue (& variation) op18 organ
*UDDUU  UDDUU  UUUD    Beethoven trio piano/vln/cello in Cmi op1/3 4m 2t
*UDDUU  UDRDU  UUUUR   Bach chor prel, organ: Komm, Gott Schöpfer BWV667
*UDDUU  UDRUU  UUUDU   Sullivan Pirates of Penzance Act I: Oh! is there not
*UDDUU  UDUDD  DDUUD   Brahms trio clar or viola/cello/piano Ami op114 4m
*UDDUU  UDUDD  DDUUD   Scarlatti Good humoured ladies, ballet 4m Kp430 [3t
*UDDUU  UDUDD  DDUUU   Paganini Moto perpetuo, violin op11
*UDDUU  UDUDD  DUD     Tchaikovsky trio for piano/vln/cello in Ami op50 2m
*UDDUU  UDUDD  RD      Leoncavallo I Pagliacci: Sperai tanto
*UDDUU  UDUDD  UDRRU   Richard Strauss Der Rosenkavalier Act III trio: Hab'
*UDDUU  UDUDD  UUURU   Haydn symphony/44 in Emi 4m          [mir's gelobt
*UDDUU  UDUDD  UUUUU   Beethoven string quartet/13 in Bb op130 3m
*UDDUU  UDUDU          Sibelius Pohjola's daughter op49 5t
*UDDUU  UDUDU  DUUDU   Adolphe Adam Giselle II Andante
*UDDUU  UDUDU  DUURD   Joaquin Rodrigo Fandango, guitar
*UDDUU  UDUDU  UDUUR   Prokofiev symphony/5 in Bb 2m 3t
*UDDUU  UDUUU  D       J Strauss Jr Roses from the South/2
*UDDUU  UDUUU  UDDDU   Alessandro Scarlatti: Son tutta duolo (song)
*UDDUU  UDUUU  UUUDD   Waldteufel España waltzes/2 1t
*UDDUU  URDDD  DDUUU   Mendelssohn Ruy Blas overture 3t
```

131

*UDDUU URDDD DUDUD **Mozart** Die Entführung Act II: Durch Zärtlichkeit
*UDDUU URDDU DDUDD **Schubert** sonatina/3 violin/piano in Gmi 3m 2t D408
*UDDUU URRUD DUUUR **Mozart** piano sonata/17 in D K576 3m
*UDDUU URUDD UDUDD **Thomas** Hamlet Act II: O vin dissipe
*UDDUU URUDD UUURU **Schumann** Carnaval, piano op9: Arlequin
*UDDUU URUDU DUD **Viotti** violin concerto/22 in Ami 1m 1t
*UDDUU UUDDD DD **Mendelssohn** Hymn of Praise: I waited for the Lord
*UDDUU UUDDD UDUUR **Prokofiev** piano concerto/5 in G op55 2m t at fig 36
*UDDUU UUDDD UUDDD **Smetana** The bartered bride Act II: Drinking chorus
*UDDUU UUDDD UUDDU **Chopin** mazurka/30 op50/1
*UDDUU UUDDD UURU **Schubert** Die schöne Müllerin/17 Die böse Farbe
*UDDUU UUDDD UUUUR **Beethoven** symphony/1 in C 1m intro(b)
*UDDUU UUDDD UUUUR **Beethoven** symphony/6 in F 'Pastoral' 3m 4t
*UDDUU UUDDR DDDRD **Schubert** string trio in B♭ (one movement) D471
*UDDUU UUDDU DDDDU **Bach** Cantata/211 Schweigt stille/10 Die Katze
*UDDUU UUDDU DDDDU **Schumann** Papillons op2/10 piano
*UDDUU UUDDU DDUDD **Bliss** A colour symphony 2m 1t
*UDDUU UUDDU DUDDU **Bach** Well-tempered Clavier Bk I: fugue/16 BWV861
*UDDUU UUDDU U **Brahms** Serenade in A, strings op16 4m
*UDDUU UUDDU UDDDR **Liszt** Faust symphony 2m 1t
*UDDUU UUDDU UUDUU **Elgar** symphony/1 in A♭ 3m 2t(a)
*UDDUU UUDDU UUUDD **Brahms** sonata for violin/piano in Dmi op 108 1m 2t
*UDDUU UUDRD UDDRD **Haydn** The Creation pt 2: Vollendet ist
*UDDUU UUDRU UDD **Tchaikovsky** Eugene Onegin Act I: Did'st thou not
*UDDUU UUDRU UDUUU **Mozart** La clemenza di Tito Act II: Non più di fiori
*UDDUU UUDUD DDDDR **Schubert** symphony/9 in C 3m 2t D944
*UDDUU UUDUD DDDDU **Brahms** Wir wandelten (song) op96/2
*UDDUU UUDUD DDDUD **Sibelius** symphony/5 in E♭ op82 2m 2t
*UDDUU UUDUD DDUDU **Bruckner** symphony/4 in E♭ 4m 2t
*UDDUU UUDUD DDUUD **Copland** Appalachian Spring, ballet 4t(a)
*UDDUU UUDUD DUUUU **Schumann** cello concerto in Ami op129 3m 1t
*UDDUU UURDD UUDDD **Haydn** cello concerto in C 1m
*UDDUU UURDU URUUD **Grieg** Two melodies/1 Norwegian, string orch
*UDDUU UURRR UDUDD **Haydn** symphony/104 in D 'London' 1m 1t
*UDDUU UUUDU RDUDU **Reissiger** Die Felsenmühle: overture 3t
*UDDUU UUURD DDUD **Mendelssohn** Die Nachtigall (song) op59/4
*UDDUU UUURD DUDUR **Verdi** I vespri Siciliani Act V: Merce, dilette
*UDDUU UUUUD RDUUR **Clementi** piano sonata in B♭ op47/2 2m [amiche
*UDDUU UUUUD UD **Berlioz** Harold in Italy 1m 2t
*UDDUU UUUUD UUU **Richard Strauss** sonata violin/piano in E♭ 3m 1t
*UDDUU UUUUU DDUDD **Richard Strauss** Sinfonia Domestica 1m 1t(a)
*UDDUU UUUUU UUUDU **Shostakovich** symphony/9 in E♭ op70 5m 1t
*UDRDD DDDDU UUUDU **Prokofiev** Classical symphony 4m 2t
*UDRDD DDDUU UUD **Wagner** Die Walküre Act III: Leb' wohl
*UDRDD DUDRD R **Schumann** symphony/1 in B♭ op38 'Spring' 1m 5t
*UDRDD DUDUD D **Mendelssohn** piano concerto/1 in Gmi op25 2m
*UDRDD DUUUD DUU **Brahms** Serenade in A, strings op16 3m
*UDRDD DUUUR UDDDD **Schumann** string quartet in Ami op41/1 1m intro
*UDRDD RDDDU D **Rachmaninov** études-tableaux/2 piano
*UDRDD RDDDU UDUUU **Suppé** Morning, noon & night in Vienna, overture 1t
*UDRDD RDDDU UUUDU **Chopin** Andante spianato & Polonaise 2t
*UDRDD RDDRD RRDUR **Donizetti** Lucia di Lammermoor Act I: Regnava
*UDRDD RR **Debussy** La Mer 1m 1t
*UDRDD RUDRD DDUUD **Dvořák** string quartet in Dmi op34 2m alla polka
*UDRDD UDDRU RRRRU **Beethoven** piano concerto/3 in Cmi op37 2m
*UDRDD UDRDD UDRDD **J Strauss Jr** Artist's life/3
*UDRDD UDRDD UUU **Mozart** Mass/19 in Dmi (Requiem): Lacrimosa

*UDRDD	UDRUD	DUD	**Puccini** Tosca Act II: A te quest'inno
*UDRDD	UDUDU	DRUUD	**Sullivan** HMS Pinafore: Refrain, audacious tar
*UDRDD	UDUUU	DRDDU	**Bach** Sinfonia from Easter oratorio BWV249
*UDRDD	URRRD	DDDUU	**Elgar** Dream of Gerontius pt 2: O loving wisdom
*UDRDD	UUDDD	UUUUD	**Sibelius** symphony/1 in Emi op39 4m 2t
*UDRDD	UUDRD	DUUDR	**J Strauss Jr** Blue Danube/3 2t
*UDRDD	UURUD	RDDUU	**Liszt** Les Funérailles, piano 2t
*UDRDR	DDRDR	DUDDD	**Dvořák** Humoresque, piano op101/7 2t
*UDRDR	DRDUD	DDD	**Mozart** string quintet in D K593 2m
*UDRDR	DRDUR	UDRDR	**Rimsky-Korsakov** Sadko: Song of India
*UDRDR	DRRDD	UÚUUU	**Humperdinck** Hansel & Gretel Act III: gingerbread
*UDRDR	DRUDU	DRDRD	**Delibes** Naila valse, pas des fleurs 1t [waltz
*UDRDR	DRUUD	RDRDR	**Delibes** alternative encoding of above theme
*UDRDR	DUDUD		**Stravinsky** Capriccio, piano/orch 3m 2t
*UDRDR	DUUDD	UDRDR	**Sullivan** The Mikado: We do not heed
*UDRDR	DUUDU	UDRDR	**Offenbach** Apache dance
*UDRDR	RRDUU	UUDDU	**Mozart** piano concerto/26 in D K537 3m 2t
*UDRDR	RRUDD	DDUUD	**Mozart** symphony/25 in Gmi K183 3m 2t
*UDRDR	RRURR	DRRDR	**Schubert** waltz for piano D969/9
*UDRDR	RUUDD	RRRUU	**Wagner** Siegfried Act II: Du holdes Vöglein
*UDRDR	RUUUR	UDDDR	**Monteverdi** Lamento d'Ariana
*UDRDR	RUUUU	DU	**Mozart** Idomeneo Act III: Zeffiretti
*UDRDR	UDDDU	UDRU	**Schumann** sonata violin/piano in Dmi op121 1m 2t
*UDRDR	UDRUD	DDDRR	**Mozart** Die Zauberflöte II: O Isis und Osiris(chorus)
*UDRDR	UUDRD	RDDUR	**Brahms** string quartet in Cmi op51 2m
*UDRDR	UUURD	DUD	**Schumann** Abendlied (song) op85/12
*UDRDR	UUUUD		**Donizetti** Don Pasquale Act III: Comè gentil
*UDRDU	DDRRR	DDUDR	**John Goss** The wilderness
*UDRDU	DRDDD	DUDUD	**Franck** Les Eolides, symphonic poem 3t
*UDRDU	DRDRR	RUDDD	**Schumann** sonata violin/piano in Ami op105 1m 1t
*UDRDU	DRDUD	D	**Gounod** Faust Act IV: Si le bonheur
*UDRDU	DRUUD	R	**Schumann** sonata violin/piano in Ami op105 3m 3t
*UDRDU	DUDRU	DDUD	**Tchaikovsky** piano concerto/1 in B♭mi 3m 2t
*UDRDU	DUDUU	DRDUD	**Offenbach** Gaité Parisienne: theme in 6/8 time
*UDRDU	DUUDU	DUUUU	**Mozart** Die Entführung Act II: Traurigkeit
*UDRDU	RDDUR	RDUUD	**Telemann** concerto for trumpet/strings in D 1m
*UDRDU	RUDRD	URDDD	**Franck** symphony in Dmi 1m 3t
*UDRDU	RUDRD	URUDR	**Schumann** Dichterliebe op48/3 Die Rose, die Lilie
*UDRDU	UDUD		**Beethoven** string quartet/10 in E♭ op74 'Harp' 2m
*UDRDU	UDURU	DURDD	**Beethoven** symphony/2 in D 4m 1t
*UDRDU	URDUU	DR	**Mendelssohn** string quartet/1 in E♭ op12 1m intro
*UDRDU	UUDUD	DRDU	**Beethoven** string quartet/14 in C♯mi 2m
*UDRDU	UURD		**Schumann** Abendlied, piano 4 hands op85/12
*UDRDU	UUUDD	UDDUR	**Schubert** Schwanengesang/7 Abschied D957
*UDRRD	DRDUD	DDDUU	**Schubert** Lachen und weinen (song) D777
*UDRRD	UDUDR	RDUDU	**Albeniz** Suite española, piano: Seguidillas 1t
*UDRRD	UUDRR	RURDD	**Wagner** Tannhäuser Act II: O Himmel
*UDRRR	DRUDR	DDDUU	**Mozart** horn concerto in E♭ K495 2m 2t
*UDRRR	RUD		**Mendelssohn** symphony/4 in A op90 'Italian' 2m
*UDRRR	UUDUD	UUUDU	**Handel** concerto grosso in F op6/9 3m [intro
*UDRRR	UUUUU	UDDDU	**Bach** Cantata/67 Hält' im Gedächtnis/2 Mein Jesus
*UDRRU	DDDDD	UDDUU	**Wagner** Tristan & Isolde Act I: Herr Morold zog
*UDRRU	DDDUU	DUUDD	**Stravinsky** The rake's progress I: The sun is bright
*UDRRU	DDRRD	UUDRD	**Stephen Adams** The Holy City: Jerusalem, Jerusalem
*UDRRU	DDRRU	DUUUU	**Mozart** string quintet/3 in C K515 4m
*UDRRU	DDUUD	RRUDD	**Beethoven** concerto in C vln/cello/piano/orch 3m
*UDRRU	DRDRR	RUDRU	**Schubert** Ständchen (Hark, hark, the lark) [bar 203

*UDRRU	DRDUR	DDDD	**Bach** Cantata/212 'Peasant'/18 Gieb, schöne
*UDRRU	DRRUD	DDRRD	**Vivaldi** concerto vln/str/organ 'Autumn' The hunt
*UDRRU	DRRUU	UUUUR	**Sullivan** Pirates of Penzance Act II: A paradox
*UDRRU	DRUDR	RUDRU	**Handel** sonata for flute/fig bass in F op1/11 2m
*UDRRU	DRURR	RURUD	**Schubert** Der Tod und das Mädchen (song) D531
*UDRRU	DUUDR	UUUDU	**Vivaldi** concerto flute/str op 10/3 'Goldfinch' 2m
*UDRRU	RDRUR	DDURD	**Orff** Carmina Burana 22m: Oh, oh, oh, totus floreo
*UDRRU	RRUDU	DURUD	**Gerald Finzi** Dies Natalis/3 The rapture
*UDRRU	UDDUU	RURD	**Beethoven** piano concerto/3 in Cmi op37 3m
*UDRUD	DDUUU	DDDUU	**Massenet** Scènes pittoresques IV 2t
*UDRUD	DDUUU	DUDUD	**Haydn** St Antoni chorale quoted by Brahms op56a
*UDRUD	DRUDD	RUDDU	**Dvořák** Serenade for strings in E op22 5m
*UDRUD	DRUDD	U	**Britten** Serenade for tenor/horn/str op31/4 Dirge
*UDRUD	DRUDR	UDDDD	**Bach** sonata/2 flute/harps'd in E♭ : Siciliana BWV1031
*UDRUD	DRUUD	DUDRR	**Berlioz** Benvenuto Cellini Act II: Sainte Vierge
*UDRUD	DUDRU	DDUDD	**Dvořák** Slavonic dances/7 op46 2t
*UDRUD	DUUDD	DRUDU	**Schubert** octet in F 2m 2t D803
*UDRUD	DUUDD	DRUDU	**Wolf-Ferrari** Jewels of the Madonna Act II inter-
*UDRUD	DUUDU	DDUUD	**Schubert** Rondo in A for vln/str 2t D438 [mezzo
*UDRUD	RDUDD	DUDDU	**Pergolesi** Se tu m'ami (song)
*UDRUD	RDUUD	UDRU	**Bartok** string quartet/2 op17 3m 2t
*UDRUD	RRRUD	RUDUU	**Bruckner** Te Deum: te ergo quaesumus
*UDRUD	RUDDD	DDDDU	**Bach** Cantata/5 Wo soll ich/5 Verstumme BWV5
*UDRUD	RUDDD	DDDUU	**Mendelssohn** symphony/4 in A op90 'Italian' 1m 1t
*UDRUD	RUDDD	DDUUR	**Beethoven** symphony/1 in C 4m 2t
*UDRUD	RUDDD	RDUDU	**Debussy** string quartet in Gmi 3m 1t
*UDRUD	RUDDR	UD	**Schumann** Fantasy in C op17 piano 3m 3t
*UDRUD	RUDDU	UDRUD	**Schumann** symphony/2 in C op61 4m 1t
*UDRUD	RUDRU	DRUUU	**Mendelssohn** Songs without words/45 in C
*UDRUD	RUDRU	DRUUU	**Prokofiev** Love of three oranges: scherzo
*UDRUD	RUDRU	UUDRU	**J Strauss Jr** Annen polka
*UDRUD	RUDUD	UDRUD	**Rachmaninov** suite/1 (Fantasy) op5 4m 1t
*UDRUD	RURDR	DD	**Wagner** Lohengrin Act II: Gesegnet soll sie
*UDRUD	RURDR	DRDRU	**Schubert** Auf dem Wasser zu singen (song) D774
*UDRUD	RUUDD	D	**Mozart** piano concerto/9 in E♭ K271 1m 2t
*UDRUD	RUUDR	RDRRU	**Beethoven** symphony/7 in A 1m 4t
*UDRUD	RUUDR	UDRD	**Ravel** Chanson Madécasse/1 Nahandove
*UDRUD	RUUUD	DDDUU	**Nielsen** sinfonia espansiva 3m 1t
*UDRUD	RUUUU	UDUUD	**Beethoven** piano sonata/11 in B♭ op22 1m 1t
*UDRUD	UDDRR	UUU	**Sullivan** The Mikado Act II: Alone, and yet alive
*UDRUD	UDDUR	UDUUU	**Handel** concerto grosso in Gmi op6/6 1m
*UDRUD	UDDUU	DDDUU	**Sibelius** violin concerto in Dmi op47 1m 1t
*UDRUD	UDRDD	UDUUU	**Erik Satie** 3 Morceaux en forme de poire: Redite
*UDRUD	UDRUD	URRUD	**Wagner** Siegfried Act I: Da hast du die Stücken
*UDRUD	UDUDD	UDD	**Dvořák** violin concerto in Ami op53 1m 2t
*UDRUD	UDURD	UUDD	**Wagner** Die Walküre Act I: Ein Schwert verhiess
*UDRUD	UDUUD	DU	**Mahler** symphony/1 in D 1m 3t
*UDRUD	UUDUU	DUUDU	**Rossini** William Tell, Soldiers' ballet 2t
*UDRUD	UUUDD	DD	**Bach** 3-part inventions/9 in Fmi, Clavier BWV795
*UDRUD	UUUDD	DUDRU	**Dvořák** string sextet op48 1m 2t
*UDRUD	UUUDD	DURUD	**Wieniawski** Legend for violin/orch op17 2t
*UDRUD	UUUUD	DUDDD	**Richard Strauss** horn concerto/2 in E♭, t at fig 13
*UDRUR	DDDDD	DUUDD	**Mozart** piano sonata/2 in F K280 2m
*UDRUR	RDDDR	UDRUD	**Mozart** piano sonata/4 in E♭ K282 1m
*UDRUR	UDDUD	RURUD	**Vivaldi** concerto in E vln/str/org 'Spring' Danza
*UDRUR	UUUUD	RDDRU	**Wagner** Parsifal Act III: Nur eine Waffe [pastorale
*UDRUU	DDDDR	RUUU	**Beethoven** Fidelio Act II: Heil! Heil!

*UDRUU	DDRUD	RUUDD	**Handel**	Fireworks music 3m
*UDRUU	DRDRU	DUDRD	**Wagner**	Tannhäuser Act II: Auch ich darf mich
*UDRUU	DRDUD	DRU	**Mozart**	Minuet in F, piano K2
*UDRUU	DRUDU	DUDDU	**Schubert**	sonatina/3 violin/piano in Gmi 2m D408
*UDRUU	DRUUD	RRR	**Haydn**	string quartet/38 in E♭ op33 'The joke' 2m
*UDRUU	DRUUD	UDDDU	**Brahms**	quintet piano/strings in Fmi op34 2m 2t
*UDRUU	DRUUU	UDDU	**Sullivan**	Iolanthe Act II: When Britain really ruled
*UDRUU	DUDRU	UUDDR	**Haydn**	symphony/86 in D 1m
*UDRUU	DUUDR	RDRDR	**Mozart**	Don Giovanni Act I: Ho capito
*UDRUU	DUUDU	U	**Ravel**	3 poèmes de Mallarmé/2 Placet futile (song)
*UDRUU	RDUDD	UDUDD	**Mozart**	piano concerto/23 in A K488 2m 1t
*UDRUU	UDDDD	UDDDD	**Mahler**	symphony/8/I Accende lumen sensibus
*UDRUU	UDDDD	UDDDU	**Bach**	Cantata/208/9 Schafe können sicher weiden
				(Sheep may safely graze)
*UDRUU	UDDRU	UUUDD	**Mozart**	horn concerto in E♭ K447 2m
*UDRUU	UDRDD	UUUDD	**Bach**	Cantata/212 'Peasant'/10 Das ist galant
*UDRUU	URDUR	U	**Kreutzer**	Das Nachtlager in Granada: Schon die
*UDRUU	URUUR	UUD	**Mozsrt**	symphony/34 in.C K338 3m 2t [Abend
*UDRUU	URUUU	DDDDU	**Haydn**	symphony/77 in B♭ 3m trio
*UDRUU	UUDDD	DUUDU	**Mozart**	Die Zauberflöte Act II: March of priests
*UDRUU	UUDUU	DDDRU	**Richard Strauss**	Der Bürger als Edelmann: Dinner 1t
*UDRUU	UURUD	DDD	**Delius**	Paris: Nocturne 3t
*UDUDD	DDDDD	DDDDD	**Spohr**	violin concerto/8 in Ami 3m 1t
*UDUDD	DDDDD	DDDDD	**Paganini**	violin caprice op1/13
*UDUDD	DDDDD	UDUDU	**J Strauss Jr**	Tritsch-tratsch polka 1t op214
*UDUDD	DDDDD	UUDDR	**Wagner**	Die Meistersinger Act II: Als Eva
*UDUDD	DDDDD	UUUUD	**Telemann**	concerto for viola/strings in G 4m
*UDUDD	DDDDR	RRRDU	**Mozart**	symphony/36 in C K425 'Linz' 2m 1t
*UDUDD	DDDDR	UUDDU	**Schubert**	piano sonata in Ami 1m D784
*UDUDD	DDDDU	DUDDD	**Weber**	Der Freischütz: Overture, intro
*UDUDD	DDDUD	UDUDD	**Wagner**	Siegfried Act III: O Heil der Mutter
*UDUDD	DDDUR	UDUDD	**Verdi**	Requiem: Libera animas
*UDUDD	DDDUU	DDDDD	**Beethoven**	piano sonata/25 in G op79 1m
*UDUDD	DDDUU	UDDDD	**Schubert**	Geheimes (song) Uber meines Liebchens
*UDUDD	DDDUU	UUDDD	**Mozart**	string quartet/1 in G K80 3m 1t
*UDUDD	DDDUU	UUDUU	**Berlioz**	L'Enfance du Christ pt2: Il s'en va
*UDUDD	DDDUU	UUUUD	**Bizet**	Jeux d'enfants, 2 pianos
*UDUDD	DDRRD	DUDUD	**Chopin**	mazurka/15 op24/2
*UDUDD	DDRUU	DDUDD	**Borodin**	Prince Igor: Polovtsian dances 4t
*UDUDD	DDUDD	DUDDD	**Berlioz**	Benvenuto Cellini Act I: Ah! Ah! maître
*UDUDD	DDUDD	UDDUD	**Mozart**	symphony/38 in D K504 'Prague' 3m 1t [drôle
*UDUDD	DDUDR	R	**Liszt**	Les Préludes, symphonic poem 1t
*UDUDD	DDUDR	UUUUU	**Beethoven**	string quartet/2 in G op18/2 1m 2t
*UDUDD	DDUDU	UUUDD	**Bach**	French suite/1 in Dmi: gigue BWV812
*UDUDD	DDURD	UDDRD	**Mozart**	Serenade/6 (Serenata notturna) in D K239
*UDUDD	DDURR	DRUDD	**Liadov**	Baba yaga, orch op56 [3m 1t
*UDUDD	DDURU	UDRUU	**Schumann**	piano sonata in F♯mi op11 1m
*UDUDD	DDUUD	DDDUD	**Bach**	Well-tempered Clavier Bk I: fugue/13 BWV858
*UDUDD	DDUUD	DRDDU	**Haydn**	symphony/8 in G 2m
*UDUDD	DDUUD	DUDUD	**Ravel**	Rapsodie espagnole 2m intro
*UDUDD	DDUUD	UD	**Bach**	Well-tempered Clavier Bk II: fugue/3 BWV872
*UDUDD	DDUUD	UDDDD	**Franck**	string quartet in D 4m 2t
*UDUDD	DDUUD	UU	**Beethoven**	string quartet/5 in A op18/5 2m
*UDUDD	DDUUD	UUUDU	**Nielsen**	wind quintet op43 3m theme of variations
*UDUDD	DDUUU	D	**Bizet**	L'Arlésienne suite/2 intermezzo 2t
*UDUDD	DDUUU	DDRDU	**Franck**	symphonic variations, piano/orch 2t
*UDUDD	DRDRU	RUUDD	**Mozart**	Figaro Act III: Mi sento dal contento

*UDUDD	DRDUU	DUDDD	**Ravel** Jeux d'eau, piano 2t
*UDUDD	DRRRR	UDD	**Mozart** quartet/1 piano/strings in Gmi K478 3m 2t
*UDUDD	DRUDD	UDDDR	**Richard Strauss** sonata for violin/piano in E♭ 2m
*UDUDD	DRUDD	UUDDD	**Dvořák** Serenade in Dmi op44 3m
*UDUDD	DRUDD	UUDDD	**Wagner** Albumblatt, piano
*UDUDD	DRUUU	DUUD	**Bach** Cantata/182 Himmelskönig/5 Jesu, laßs
*UDUDD	DRUUU	RRRUD	**Verdi** Aida Act I: Possente, possente
*UDUDD	DRUUU	UDDDD	**Weber** bassoon concerto in F 2m (Jahns index 127)
*UDUDD	DUDDD	DDDUU	**Hindemith** organ sonata/1 2m 1t
*UDUDD	DUDDD	DDDUU	**Schumann** string quartet in F op41 3m 2t
*UDUDD	DUDDD	DDUUR	**Prokofiev** violin concerto/1 op19 1m
*UDUDD	DUDDD	RDUUU	**Mendelssohn** string quartet/1 in E♭ op12 1m 1t
*UDUDD	DUDDD	UDDDU	**Schumann** string quartet in A op41/3 2m 2t
*UDUDD	DUDDD	UDDUU	**Haydn** symphony/6 in D 3m menuet
*UDUDD	DUDDR		**Haydn** str quartet/38 in E♭ op33 'The joke' 3m
*UDUDD	DUDDR	UUDUU	**Beethoven** Romance/2 in F, violin/orch op50
*UDUDD	DUDDU	DR	**Elgar** Serenade, strings 1m 2t
*UDUDD	DUDDU	DRUUU	**Bach** flute sonata/1 in Bmi 3m BWV1030
*UDUDD	DUDDU	UDDDD	**Bach** French suite/4 in E♭ : gigue BWV815
*UDUDD	DUDDU	UDDUD	**Berlioz** Harold in Italy 2m
*UDUDD	DUDDU	UUUUD	**Donizetti** Lucia di Lammermoor Act I: Verranno a te
*UDUDD	DUDRD	UDDDU	**Chopin** mazurka/44 op67/3
*UDUDD	DUDRU	UUDDU	**Mozart** horn concerto/3 in E♭ K447 1m 1t
*UDUDD	DUDUD	DDDRR	**Mozart** horn concerto/2 in E♭ K417 andante
*UDUDD	DUDUD	UDDDU	**Chopin** nocturne/2 in E♭ op69
*UDUDD	DUDUD	UDDDU	**Liadov** Kikimora op63 orch 1t(a)
*UDUDD	DUDUD	UDRUU	**Bach** sonata for violin/Clavier in Gmi 3m BWV1020
*UDUDD	DUDUU	UDUDD	**Rachmaninov** piano concerto/2 in Cmi 1m 1t
*UDUDD	DURUD	DRUDD	**Haydn** sinfonia concertante in B♭ op84 1m
*UDUDD	DURUD	UDDDD	**Schumann** symphony/1 in B♭ op38 'Spring' 1m 2t
*UDUDD	DURUU	RUUR	**Brahms** trio for piano/vln/cello C op87 1m 1t
*UDUDD	DUUDD	DDUDD	**Handel** harpsichord suite/4 in Emi 5m gigue
*UDUDD	DUUDD	DDUUD	**Beethoven** piano sonata/22 in F op54 1m 2t
*UDUDD	DUUDD	DDUUD	**Haydn** symphony/46 in B 2m
*UDUDD	DUUDD	DRUDU	**Beethoven** Fidelio Act II: Es schlägt der Rache
*UDUDD	DUUDD	DUDUU	**Nicolai** Merry wives of Windsor ov. intro
*UDUDD	DUUDD	DUUUD	**Borodin** string quartet/2 in D 1m 2t
*UDUDD	DUUDD	UUUUU	**Bach** Brandenburg concerto/5 in D 3m BWV1050
*UDUDD	DUUDR	RUDD	**Schumann** Faschingsschwank aus Wien op26 piano
*UDUDD	DUUDU	DDD	**Corelli** concerto grosso in B♭ 1m 1t [4m
*UDUDD	DUUDU	DDUDD	**Handel** Harps'd suite/5 4m 'Harmonious blacksmith'
*UDUDD	DUUDU	DUDDD	**Brahms** piano concerto/2 in B♭ op83 2m 2t
*UDUDD	DUURD	DUUUR	**Stravinsky** Le baiser de la fée, ballet 1m 1t
*UDUDD	DUUUD	DU	**Saint-Saëns** violin concerto in Bmi op61 3m 3t
*UDUDD	DUUUD	UDDDU	**Brahms** waltz op39/16 piano
*UDUDD	DUUUR	UDUDU	**Ravel** Rapsodie espagnole 2m 2t
*UDUDD	DUUUU	DDURR	**Verdi** I vespri Siciliani Act V: La brezza leggia
*UDUDD	DUUUU	DRRUR	**Tchaikovsky** Capriccio Italien 2t op45
*UDUDD	DUUUU	DUDUU	**Schumann** Carnaval op9 piano: Reconnaisance
*UDUDD	DUUUU	UUU	**Schubert** octet in F 6m D803
*UDUDD	DUUUU	UUUU	**Chopin** piano concerto/1 in Emi op11 3m 1t
*UDUDD	RDDDR	UDUUD	**Richard Strauss** Muttertandelei (song) op43/2
*UDUDD	RDDDU	DDUDU	**Schumann** Papillons, piano op2/5
*UDUDD	RDDUU	UDUDD	**Lehar** Frederika: O Mädchen, mein Mädchen
*UDUDD	RDDUU	UDUUD	**Mozart** Mass/18 in Cmi K427 Cum sancto
*UDUDD	RDUDD	DRU	**Vaughan Williams** Orpheus with his lute (song)
*UDUDD	RRRDD	DD	**Bach** Motet/3 Jesu, meine Freude/2 Es ist nun

*UDUDD	RRUDU	DDRRU	**Britten** Peter Grimes Act I: Old Joe has gone
*UDUDD	RUDDD	DUU	**Sullivan** The Mikado Act I: A wandering minstrel I
*UDUDD	RUDDR	DRDRU	**Mozart** Ave verum corpus K618
*UDUDD	RUDDU	DDRUU	**Brahms** sonata for cello/piano in F op99 4m
*UDUDD	RUDUD	DDUDD	**Richard Strauss** Alpine symphony 6t
*UDUDD	RUDUD	DUDDD	**Massenet** Werther Act III: Pourquoi me reveiller
*UDUDD	RUDUD	UDUDU	**Bloch** Schelomo, Hebrew rhapsody, cello/orch 1t
*UDUDD	RURRD	UDURD	**J Strauss Jr** Die Fledermaus Act I: Mein Herr
*UDUDD	RUUDU	DDRUU	**Grieg** Little bird, piano op43/4
*UDUDD	RUUDU	DUUDD	**Bach** Cantata/182 Himmelskönig/3 Starkes Lieben
*UDUDD	UDDDD	DUDRU	**Schumann** symphony/2 in C op61 3m 1t
*UDUDD	UDDDD	UDDDD	**Chopin** prelude/10 op28
*UDUDD	UDDDD	UDUUD	**Brahms** string quartet/3 in B♭ op87 3m 1t
*UDUDD	UDDDD	UUDDU	**Walton** viola concerto 1m 1t
*UDUDD	UDDDD	UUUUD	**Fauré** sonata for violin/piano in A op13 4m 1t
*UDUDD	UDDDU	DDDD	**Brahms** quartet for piano/strings in Gmi op25 1m 1t
*UDUDD	UDDDU	DDDUD	**Richard Strauss** Salome: Dance of the 7 veils 2t
*UDUDD	UDDDU	DUDDU	**Handel** concerto grosso in Dmi op6/10 3m 2t
*UDUDD	UDDUD	DDUDD	**Bach** English suite/3 in Gmi: gavotte BWV808
*UDUDD	UDDUD	DUDUU	**Nielsen** symph 'Det uudslukkelige' (inextinguishable)
*UDUDD	UDDUD	DUUUD	**Debussy** Ballade, piano 1t [3m solo vln theme
*UDUDD	UDDUD	RDUUU	**Shostakovich** symphony/6 in Bmi op54 1m 1t
*UDUDD	UDDUD	UDDUU	**Paganini** violin caprice op1/20
*UDUDD	UDDUD	UDUDU	**Warlock** Serenade for string orch 2t
*UDUDD	UDDUD	UUDUD	**Lalo** symphony espagnole 5m intro
*UDUDD	UDDUD	UUDUD	**J Strauss Jr** Der Zigeunerbaron Act I: Flieh'
*UDUDD	UDDUU	D	**Ravel** Intro (& allegro) harp/str quartet 1t(a)
*UDUDD	UDDUU	DUDDU	**Mozart** piano sonata/6 in D K284 2m
*UDUDD	UDRUD	UDDUD	**Mendelssohn** Zugvögel (duet)
*UDUDD	UDUDD	DDUDD	**Beethoven** symphony/5 in Cmi 4m 5t(b)
*UDUDD	UDUDD	DDUU	**Chausson** quartet for piano/strings A op30 3m 2t
*UDUDD	UDUDD	DUDDD	**Elgar** symphony/1 in A♭ 4m 2t
*UDUDD	UDUDD	DUDDU	**Bach** Well-tempered Clavier Bk I: fugue/21 BWV866
*UDUDD	UDUDD	RDDRD	**Schumann** string quartet in A op41/3 2m 1t
*UDUDD	UDUDD	UDDD	**Beethoven** septet in E♭ op20 7m
*UDUDD	UDUDD	UDDUD	**Franck** string quartet in D 2m 1t
*UDUDD	UDUDD	UDUDU	**Chopin** waltz in Ami op34 2t
*UDUDD	UDUDD	UDUDU	**Debussy** Le petit nègre, piano
*UDUDD	UDUDD	UDUR	**Rachmaninov** Prelude for piano op32/10
*UDUDD	UDUDD	URRRD	**Mozart** sonata for violin/piano in E♭ K380 2m
*UDUDD	UDUDR	DUDDU	**Sibelius** Lemminkäinen's return op22/4 orch 1t
*UDUDD	UDUDU	DDURU	**Beethoven** symphony/5 in Cmi 4m 5t(a)
*UDUDD	UDUDU	DRDDU	**Schubert** Schwanengesang/4 Ständchen D957
*UDUDD	UDUDU	DUDDU	**Liadov** Russian folk dances op58 orch: cradle song
*UDUDD	UDUDU	DURUU	**Offenbach** Orpheus in Hades: overture 1t
*UDUDD	UDUDU	UUUUU	**Verdi** La Traviata Act II: No, non udrai
*UDUDD	UDURR	UDDDD	**Beethoven** piano concerto/4 in G 2m
*UDUDD	UDURU	RUDDU	**Bach** English suite/4 in F sarabande BWV809
*UDUDD	UDUUD	UDDUD	**Brahms** quartet for piano/strings in Gmi op25 2m 2t
*UDUDD	UDUUD	UDDUD	**J Strauss Jr** Emperor waltzes/1 1t
*UDUDD	UDUUU	R	**Leoncavallo** I Pagliacci: Un grande spettacolo
*UDUDD	UDUUU	UDDUD	**Chopin** nocturne/3 in B op9
*UDUDD	UDUUU	UDUUD	**Haydn** symphony/82 in C 'The bear' 3m trio
*UDUDD	URRRR	DUUDR	**Schubert** piano sonata in G 2m 2t D894
*UDUDD	UUDDD	DUD	**Bach** Brandenburg concerto/4 in G 2m BWV1049
*UDUDD	UUDDD	DUUDD	**Handel** sonata for oboe/fig bass in Gmi op1/6 1m
*UDUDD	UUDDR	RDUDU	**Holst** Two songs without words/1 Country song 2t

*UDUDD	UUDDU	UDUDD	**Grieg** Norwegian dances/4 1t
*UDUDD	UUDDU	UDUDU	**Schumann** quintet piano/strings in E♭ op44 1m 1t
*UDUDD	UUDDU	UUUUU	**Beethoven** trio for piano/vln/cello Cmi op1/3 2m
*UDUDD	UUDUD	DDUUU	**Gershwin** An American in Paris, orch 2t
*UDUDD	UUDUD	DUDDU	**Chopin** étude/3 in F op25
*UDUDD	UUDUD	DUUDU	**Brahms** string quartet in Cmi op51/1 3m 2t
*UDUDD	UUDUD	DUUDU	**Kurt Weill** Die Dreigroschenoper: Barbarasong
*UDUDD	UUDUD	DUUDU	**Bach** Cantata/82 Ich habe genug/5 Ich freue mich
*UDUDD	UUDUD	URRRR	**Handel** Water music 5m
*UDUDD	UUDUR		**Leoncavallo** I Pagliacci: Vanno laggiù
*UDUDD	UUDUU	DUDUD	**Brahms** Intermezzo in Emi, piano op119/2 2t
*UDUDD	UUDUU	UUDUD	**Franck** symphony in Dmi 2m 3t
*UDUDD	UUUDD	UDD	**Dvořák** quintet piano/strings op81 2m 1t(a)
*UDUDD	UUUDR	DDUUU	**Saint-Saëns** piano concerto/2 in Gmi op22 1m 2t
*UDUDD	UUUDU	DDUDU	**Meyerbeer** L'Africaine: Fille des Rois
*UDUDD	UUUDU	DDUUD	**Ravel** trio for piano/vln/cello 4m
*UDUDD	UUUDU	DUDD	**Mussorgsky** Pictures from an exhibition: S Golden-
*UDUDD	UUUDU	DUR	**Brahms** symphony/1 in Cmi 4m 1t [berg etc 1t
*UDUDD	UUURD	RUDUD	**Delibes** La source: scherzo-polka
*UDUDD	UUURD	UUDDU	**Wagner** Lohengrin Act II: Entweihte Götter
*UDUDD	UUUUD	UDUUD	**Richard Strauss** Der Rosenkavalier Act II: Hat einen
			starken Geruch (from silver rose scene)
*UDUDD	UUUUU	DDUD	**Beethoven** trio piano/vln/cello op97 'Archduke' 1m 1t
*UDUDD	UUUUU	UDUDD	**Schumann** string quartet in F op41/2 2m
*UDUDD	UUUUU	UUDUD	**Weber** Euryanthe overture 1t(b)
*UDUDR	DDRRU	DD	**Berlioz** Les Francs-Juges overture 2t
*UDUDR	DDURR	DURDD	**Mozart** Cassation/1 in G K63 5m
*UDUDR	DRDRU	UDDDR	**R Strauss** Der Bürger als Edelmann: Courante 1t(a)
*UDUDR	DURDU	DRUUD	**Shostakovich** quintet piano/strings op57 5m 3t
*UDUDR	DUUDU	DRDUD	**Handel** sonata for flute/fig bass in F op1/11 3m
*UDUDR	DUUUD	UUDUD	**Beethoven** piano sonata/1 in Fmi op2/1 3m 1t
*UDUDR	RUDDD	DR	**Mozart** piano concerto/20 in Dmi K466 1m 3t
*UDUDR	RUDUU	DDU	**Sullivan** The Gondoliers Act I: There was a time
*UDUDR	RURRR	RDUDU	**Beethoven** piano sonata/23 Fmi op57 'Appassionata'
*UDUDR	RUUU		**Richard Strauss** Als mir dein Lied (song) op68/4 [2m
*UDUDR	UDDDD	DU	**Handel** sonata for violin/fig bass in A op1/4 4m
*UDUDR	UDDDD	DUDDD	**Schumann** Davidsbündler, op6/9 piano
*UDUDR	UDDUD	UUUDD	**Grieg** Ein Schwann (song)
*UDUDR	UDUDD	URD	**Sullivan** Pirates of Penzance Act I: What ought
*UDUDR	UDUDR	UDUDR	**Vivaldi** concerto for piccolo/strings in C 3m P79
*UDUDR	UDUDR	UDUDU	**Mozart** piano concerto/6 in B♭ K238 3m
*UDUDR	UDUDR	URDDU	**Vivaldi** concerto grosso in D op3/9 2m
*UDUDR	UDUDU	DUDUD	**Buxtehude** Prelude (fugue & chaconne) in C, organ
*UDUDR	UDUDU	DUDUD	**Walton** Façade suite/1: tango-pasodoble 2t
*UDUDR	UDUDU	UUUDU	**Prokofiev** piano concerto/5 in G 5m 1t
*UDUDR	UDURU	DDDUR	**Orff** Carmina Burana 21m In trutina mentis
*UDUDR	UDUUU	DUDUD	**Handel** concerto grosso in Ami op6/4 4m 2t
*UDUDR	UUUDU	UDR	**Dvořák** Gypsy songs op55/2 Ei, wie mein Triangel
*UDUDR	UUUUU	UUDUD	**Richard Strauss** Burleske, piano/orch 2t
*UDUDU	DDDDD	DUDU	**Scriabin** Poème d'extase 3t
*UDUDU	DDDDD	RDDUU	**Berlioz** Les Troyens Act IV: De quel revers
*UDUDU	DDDDR	UDUDU	**Mozart** Serenade in D K250 'Haffner' 2m
*UDUDU	DDDDU	DDUDD	**Puccini** Madam Butterfly Act I: Dovunque al mondo
*UDUDU	DDDDU	DDUUD	**Beethoven** piano sonata/18 in E♭ op31/3 3m 2t
*UDUDU	DDDDU	DDUUD	**Saint-Saëns** variations on above for piano duo op35
*UDUDU	DDDDU	UDUDU	**Schumann** Three romances, oboe/piano op94/2
*UDUDU	DDDDU	UUDRU	**Manuel Infante** Pochades Andalouses/2 danse gitane

*UDUDU	DDDDU	UUUDD	**Bloch** Schelomo (Hebrew rhapsody) cello/orch 3t
*UDUDU	DDDDU	UUUDU	**Beethoven** string quartet/5 in A op18/5 4m 2t
*UDUDU	DDDDU	UUURD	**R Strauss** Der Rosenkavalier Act I: Die Zeit
*UDUDU	DDDDU	UUUUU	**Beethoven** trio for piano/vln/cello in E op70/2 1m 2t
*UDUDU	DDDRU	RUDUU	**Haydn** symphony/82 in C 'The bear' 2m
*UDUDU	DDDUD	D	**Mozart** Divertimento in F K247 3m
*UDUDU	DDDUD	DDUDD	**Bach** Two-part inventions/8 in F, Clavier BWV779
*UDUDU	DDDUD	DUD	**Brahms** string quartet in B♭ op87 2m 2t
*UDUDU	DDDUD	DUUUU	**Bach** English suite/1 in A: bourrée 1t BWV806
*UDUDU	DDDUD	DUUUU	**Chopin** scherzo in E op54 1t
*UDUDU	DDDUD	UD	**Respighi** Notturno, piano
*UDUDU	DDDUD	UDDDU	**Grieg** sonata for violin/piano in G op13/2 2m
*UDUDU	DDDUD	UDUDD	**Bruckner** symphony/5 in B♭ 3m 3t
*UDUDU	DDDUD	UDUDD	**Tchaikovsky** Romeo & Juliet overture 4t
*UDUDU	DDDUD	UDUUD	**Mascagni** Cavalleria rusticana: intermezzo 2t
*UDUDU	DDDUR	DR	**Wagner** Götterdämmerung: Prol'g: Zu neuen Thaten
*UDUDU	DDDUU	DUDUD	**Beethoven** piano sonata/31 in A♭ op110 3m fugue
*UDUDU	DDDUU	DUDUD	**Sullivan** Yeomen of the Guard Act II: Rapture!
*UDUDU	DDDUU	RUDUD	**Bruckner** symphony/8 in Cmi 1m 1t
*UDUDU	DDDUU	UDRDR	**Wagner** Die Meistersinger Act III: Steh' auf Gesell
*UDUDU	DDDUU	UUDUD	**Brahms** string sextet in B♭ op18 4m
*UDUDU	DDRUD	UDUDD	**Brahms** Hungarian dances/4 in Fmi piano 4 hands 1t
*UDUDU	DDRUD	UDUDD	**Sullivan** Princess Ida: The world is but a broken
*UDUDU	DDRUD	UDUDD	**Leopold Mozart** Toy symphony (not by Haydn) 1m 3t
*UDUDU	DDUD		**Elgar** symphony/2 op63 4m 2t
*UDUDU	DDUDD	DDDU	**Mozart** sinfonia concertante in E♭ K364 1m 2t
*UDUDU	DDUDD	DUDD	**Mozart** piano concerto/14 in E♭ K449 3m
*UDUDU	DDUDD	DUDDR	**Bach** Clavier concerto in Gmi 1m BWV1058
*UDUDU	DDUDD	DUUUU	**Mahler** symphony/9 in D 1m 2t
*UDUDU	DDUDD	RDDU	**Schumann** sonata violin/piano in Dmi op121 4m 2t
*UDUDU	DDUDD	UDDUD	**Liszt** Mephisto waltz, piano 3t
*UDUDU	DDUDD	UDUDU	**Vivaldi** concerto flute/strings in Cmi 3m P440
*UDUDU	DDUDD	UUUDD	**Handel** Fireworks music 2m
*UDUDU	DDUDD	UUUUD	**Stravinsky** capriccio for piano/orch 3m 1t
*UDUDU	DDUDU		**Schumann** symphony/3 in E♭ op97 'Rhenish' 4m
*UDUDU	DDUDU	DDRD	**Verdi** Otello Act II The dream: Era la notte
*UDUDU	DDUDU	DUDDU	**Franck** organ chorale/3 1t
*UDUDU	DDUDU	DUDUD	**Sibelius** The Oceanides, orch op73 1t
*UDUDU	DDUDU	DUDUR	**Mozart** Serenade (Serenata notturna) D K239 2m 1t
*UDUDU	DDUDU	UUDUU	**Brahms** Serenade in A, strings op16 1m
*UDUDU	DDUDU	UUR	**Puccini** Turandot Act III: Tanto amore
*UDUDU	DDURR	UUD	**Offenbach** Tales of Hoffmann Act V: Elle a fui
*UDUDU	DDUUD	DDUDD	**Ibert** Concerto for alto saxophone/small orch 2m
*UDUDU	DDUUD	DUDDU	**Tchaikovsky** symphony/1 in Gmi op13 3m 1t
*UDUDU	DDUUD	DURUD	**Stravinsky** The rake's progress III: Prepare
*UDUDU	DDUUD	RUDU	**Schubert** Moments musicaux/2 in A♭ 1t D780
*UDUDU	DDUUD	UDDDU	**Bach** Brandenburg concerto/1 in F 4m trio 2t
*UDUDU	DDUUD	UDUDD	**Bach** Prelude in Fmi, organ BWV534
*UDUDU	DDUUD	UDUDD	**Bach** Prelude (fantasia) in Cmi, organ BWV537
*UDUDU	DDUUD	UDUUD	**Sibelius** str quartet op56 'Voces intimae' 2m 1t
*UDUDU	DDUUD	UUDUU	**Shostakovich** symphony/7 op60 4m 1t
*UDUDU	DDUUU	DDD	**Mendelssohn** octet in E♭ op20 4m 2t
*UDUDU	DDUUU	DUDUD	**Hindemith** Kleine Kammermusik op24/2 2m waltz 1t
*UDUDU	DRDUD	UDUD	**Verdi** Aida Act II: A tutti barbara
*UDUDU	DRDUU	UD	**Mendelssohn** symphony/3 in Ami op56 'Scotch' 3m 1t
*UDUDU	DRRDD	UUUD	**Beethoven** string quartet/15 in Ami op132 3m

139

*UDUDU	DRRUR	UUDUD	**Leoncavallo** I Pagliacci: Guardo, amor mio
*UDUDU	DRUDU	DUD	**Sullivan** HMS Pinafore Act I: Things are seldom
*UDUDU	DRUDU	DUDDD	**Wagner** Götterdämmerung Act III: Wie Sonne lauter
*UDUDU	DRUUD	DUDDD	**Vaughan Williams** London symphony 2m 2t
*UDUDU	DRUUD	UU	**Brahms** Serenade in D op11 orch 3m 1t
*UDUDU	DUDDD	DDDDU	**Handel** concerto grosso in Emi op6/3 5m
*UDUDU	DUDDD	DRDRR	**Mozart** Divertimento vln/vla/cello K563 5m trio/2
*UDUDU	DUDDD	DRU	**Mozart** Divertimento in B♭ K186 4m
*UDUDU	DUDDD	DUUUU	**Beethoven** symphony/4 in B♭ 3m 1t
*UDUDU	DUDDD	RUDUD	**Dvořák** trio piano/vln/cello Emi op90 'Dumky' 5m
*UDUDU	DUDDD	RURUD	**Brahms** symphony/3 in F op90 2m 1t
*UDUDU	DUDDD	UDRRR	**Moszkowski** Spanish dances op12/5 2t
*UDUDU	DUDDD	UDUDD	**Schubert** symphony/8 in Bmi 'Unfinished' 2m 2t
*UDUDU	DUDDD	UDUDU	**Elgar** Intro & allegro for str quartet/orch: intro
*UDUDU	DUDDD	UUD	**J Strauss Jr** Die Fledermaus Act I: Mein schönes
*UDUDU	DUDDD	UUDDD	**Berlioz** L'Enfance du Christ pt1: nocturnal march 2t
*UDUDU	DUDDD	UUUDU	**Handel** harpsichord suite/8 in Fmi 4m courante
*UDUDU	DUDDU	DRUDD	**Beethoven** symphony/9 in Dmi 'Choral' 1m 3t
*UDUDU	DUDDU	DUDDU	**Bartok** piano concerto/2 3m 1t
*UDUDU	DUDDU	DUDDU	**Mussorgsky** Pictures from an exhibition: The gnome
*UDUDU	DUDDU	DUDUD	**Britten** Peter Grimes: 4th interlude, Storm 1t [3t
*UDUDU	DUDDU	DUUD	**Handel** concerto grosso in Gmi op6/4 4m
*UDUDU	DUDRD	DUUDU	**Dvořák** Slavonic rhapsody op45/3 orch 1t
*UDUDU	DUDRD	DUUUR	**Brahms** Ein deutsches Requiem op45/6 Denn wir
*UDUDU	DUDRD	U	**Milhaud** Création du monde 2m [haben
*UDUDU	DUDRR	UDDDR	**Mendelssohn** Songs without words/28 in G op62/4
*UDUDU	DUDRU	UDDDR	**Sullivan** The Gondoliers Act II: There lived a king
*UDUDU	DUDUD	DDDDU	**Handel** sonata violin/fig bass in D op1/13 3m
*UDUDU	DUDUD	DDDDU	**Weber** Peter Schmoll overture 1t
*UDUDU	DUDUD	DDDUU	**Bach** Partita/6 in Emi, Clavier: gigue BWV830
*UDUDU	DUDUD	DDUDD	**Schubert** symphony/6 in C 1m 2t D859
*UDUDU	DUDUD	DDUUU	**Grieg** Peer Gynt suite/2 1m 1t
*UDUDU	DUDUD	DDUUU	**Sullivan** The Gondoliers Act I: Kind sir, you
*UDUDU	DUDUD	DRDUU	**Stravinsky** Fire bird: berceuse
*UDUDU	DUDUD	DRUDD	**Stravinsky** The rake's progress Act II Wretched me
*UDUDU	DUDUD	DRUDU	**Borodin** string quartet/2 in D 2m 2t
*UDUDU	DUDUD	DUDD	**Schumann** symphony/2 in C op61 1m 1t
*UDUDU	DUDUD	DUDDU	**Brahms** symphony/2 in D op73 2m 2t
*UDUDU	DUDUD	DUUDU	**Mozart** violin concerto in A K219 'Turkish' 3m 2t
*UDUDU	DUDUD	DUUUD	**Fauré** Ballade, piano/orch op19 4t
*UDUDU	DUDUD	R	**Fauré** Ballade, piano/orch op19 3t
*UDUDU	DUDUD	U	**Delius** Appalachia intro
*UDUDU	DUDUD	U	**J Strauss Jr** Treasure waltzes/4 1t
*UDUDU	DUDUD	UDDDD	**Beethoven** concerto in C vln/piano/cello/orch op56
*UDUDU	DUDUD	UDDDD	**Berlioz** Benvenuto Cellini overture 1t [1m 3t
*UDUDU	DUDUD	UDDDD	**Brahms** symphony/1 in Cmi op68 1m intro(b)
*UDUDU	DUDUD	UDDDD	**Rimsky-Korsakov** Capriccio espagnol: intro &
*UDUDU	DUDUD	UDDDR	**Sibelius** symphony/6 in Dmi 1m 4t [Alborada
*UDUDU	DUDUD	UDDDU	**Bach** suite/3 in D orch: gavotte 1t
*UDUDU	DUDUD	UDDDU	**Debussy** Arabesque/1· in E, piano 1t(b)
*UDUDU	DUDUD	UDDDU	**de Falla** concerto harps'd/chamber orch D 3m 2t
*UDUDU	DUDUD	UDDRU	**Handel** organ concerto in F op4/4 3m
*UDUDU	DUDUD	UDDUU	**Wagner** Tannhäuser: Venusberg music 1t (ov 3t)
*UDUDU	DUDUD	UDDUU	**Glazunov** violin concerto in Ami 5t
*UDUDU	DUDUD	UDRRR	**Beethoven** piano sonata/12 in A♭ op26 2m 2t
*UDUDU	DUDUD	UDU	**Schumann** piano concerto in Ami op54 1m 3t
*UDUDU	DUDUD	UDUD	**Mozart** violin concerto in A K219 'Turkish' 3m 3t

```
*UDUDU DUDUD UDUDD   Bach  organ sonata in E♭ 3m BWV525
*UDUDU DUDUD UDUDD   Meyerbeer  Les patineurs 3t
*UDUDU DUDUD UDUDU   Bach  Prelude (& fugue) in Ami BWV543
*UDUDU DUDUD UDUDU   Brahms  piano concerto/2 in B♭ op83 4m 4t
*UDUDU DUDUD UDUDU   Bach  Well-tempered Clavier Bk II: prelude/15 BWV884
*UDUDU DUDUD UDUDU   Chopin  étude in G♭ 'Black key' op10/5
*UDUDU DUDUD UDUDU   Beethoven  string quartet/6 in B♭ op18/6 1m 1t
*UDUDU DUDUD UDUDU   Chopin  prelude/14 op28
*UDUDU DUDUD UDUDU   Handel  concerto grosso in F op6/2 3m 1t
*UDUDU DUDUD UDUDU   Beethoven  piano sonata/10 in G op14/2 1m
*UDUDU DUDUD UDUDU   Liszt  Hungarian rhapsody/2 in C♯mi piano 4t
*UDUDU DUDUD UDUDU   Daquin  Le coucou, harpsichord 1t
*UDUDU DUDUD UDUDU   Mussorgsky  Boris Godunov: coronation scene 1t
*UDUDU DUDUD UDUDU   Mendelssohn  scherzo for piano op16/2 2t
*UDUDU DUDUD UDUDU   Mozart  piano concerto/6 in B♭ K238 1m 2t
*UDUDU DUDUD UDUDU   Erik Satie  Gnossiennes/2, piano
*UDUDU DUDUD UDUDU   Scarlatti  Good-humoured ladies 5m (sonata Kp445)
*UDUDU DUDUD UDUDU   Scarlatti  harpsichord sonata in A Kp533
*UDUDU DUDUD UDUDU   Shostakovich  symphony/5 Dmi op47 2m 2t
*UDUDU DUDUD UDUDU   Sullivan  The Mikado Act II: My object all sub-
*UDUDU DUDUD UDUDU   Chopin  étude/6 in G♯mi op25          [lime
*UDUDU DUDUD UDUDU   Delibes  Coppelia, ballet: Valse de la poupée
*UDUDU DUDUD UDUDU   Delibes  Coppelia, ballet: musique des Automates
*UDUDU DUDUD UDUDU   de Falla  Noches en los jardines de España,
                        piano/orch: En el Generalife
*UDUDU DUDUD UDUDU   Mendelssohn  octet in E♭ op20 3m 1t
*UDUDU DUDUD UDUDU   Vivaldi  concerto for flute/str 'Goldfinch' op10/3
*UDUDU DUDUD UDUDU   Waldteufel  Skaters waltz/1 2t    [1m flute entry
*UDUDU DUDUD UDUUD   Beethoven  Andenken (song) (Grove 240)
*UDUDU DUDUD UDUUD   Beethoven  sonata/2 violin/piano in A op12/2 1m 1t
*UDUDU DUDUD UDUUD   Handel  minuet from Samson
*UDUDU DUDUD UDUUU   Kodály  Háry János: Viennese musical clock (mis-
*UDUDU DUDUD UU      Ravel  piano sonatine 3m 1t          [quoted]
*UDUDU DUDUD UUDDD   Prokofiev  violin concerto/1 in D op19 2m 2t
*UDUDU DUDUD UUDDU   Beethoven  string quartet/16 in F op135 1m 2t
*UDUDU DUDUD UUDDU   Handel  concerto grosso in B♭ op6/7 1m
*UDUDU DUDUD UUDDU   Elgar  symphony/1 in A♭ 2m 3t
*UDUDU DUDUD UUDUR   Mozart  symphony/31 in D K297 'Paris' 3m 2t
*UDUDU DUDUD UUUDU   Bach  sonata/3 in C for solo violin: adagio BWV1005
*UDUDU DUDUD UUUUD   Beethoven  symphony/4 in B♭ 1m intro
*UDUDU DUDUD UUUUD   Handel  Giulio Cesare: V'adoro, pupille
*UDUDU DUDUR DDDDD   Bach  Well-tempered Clavier Bk II: prelude/8 BWV877
*UDUDU DUDUR DDDUD   Bach  Cantata/189 Meine Seele rühmt/5 Deine Güte
*UDUDU DUDUR DRURU   Mozart  symphony/36 in C K425 'Linz' 4m 2t
*UDUDU DUDUR RUUUU   J Strauss Jr  Artist's life/4 2t
*UDUDU DUDUU DDD     Schumann  symphony/2 in C op61 4m 2t
*UDUDU DUDUU DDUDD   D'Indy  sonata for violin/piano in C op59 1m 3t
*UDUDU DUDUU DDUDU   Mahler  symphony/2 in Cmi 1m 1t(b)
*UDUDU DUDUU DDUUD   Schumann  sonata violin/piano in Ami op105 3m 1t
*UDUDU DUDUU DUDD    Donizetti  Don Pasquale: overture 2t
*UDUDU DUDUU RDDUD   Bach  Partita/3 in E solo violin: Loure BWV1006
*UDUDU DUDUU UDDRD   Ravel  Rapsodie espagnole 3m 2t
*UDUDU DUDUU UDU     Vaughan Williams  sym/7 'Sinfonia Antartica' 2m
*UDUDU DUDUU UDUDU   de Falla  harpsichord concerto 3m 1t(a)
*UDUDU DUDUU UDUDU   Hindemith  Mathis der Maler, symphony 1m 4t
*UDUDU DUDUU UDUDU   Verdi  Un ballo in maschera Act I: E scherzo
*UDUDU DUDUU UUDDD   Hummel  piano concerto in Ami op85 1m 1t
```

141

*UDUDU DUDUU UUDUD **Debussy** Images: Iberia 3m 3t
*UDUDU DUDUU UUUUU **Schumann** violin sonata in Dmi op121 4m 1t
*UDUDU DUDUU UUUUU **Nicolai** Merry wives of Windsor: overture 3t
*UDUDU DURDU DUDUD **Bach** fugue from toccata in C, organ BWV564
*UDUDU DURUD UDUDR **Franck** sonata for violin/piano 3m 2t(b)
*UDUDU DURUD UDUDR **Verdi** Il trovatore Act IV: Vivra! Contende!
*UDUDU DURUD UUDDD **Moszkowski** valse op34/1 piano 2t
*UDUDU DURUR URURU **Schumann** Arabeske op18 piano 1t
*UDUDU DURUU D   **Mozart** Serenade in D K250 'Haffner' 5m
*UDUDU DUUDD DDDDU **Rossini** Semiramide Act I: Bel raggio
*UDUDU DUUDD DUUUD **Haydn** symphony/46 in B 3m trio
*UDUDU DUUDD URUUD **Elgar** Pomp & Circumstance march/2 2t
*UDUDU DUUDR RDD   **Sullivan** The Gondoliers Act II: With ducal pomp
*UDUDU DUUDU DUDUD **Ferde Grofé** Grand Canyon suite: On the trail 1t
*UDUDU DUUDU DUDUD **Haydn** symphony/34 in Dmi 2m
*UDUDU DUUDU DUUDU **Bach** (Prelude &) fugue in Ami BWV543
*UDUDU DUURD UDUU   **Haydn** trumpet concerto in E♭ 3m
*UDUDU DUURR UURUD **Gershwin** An American in Paris, orch 4t
*UDUDU DUURU UDD   **Mozart** Figaro Act IV: Aprite un po'
*UDUDU DUUUD D   **Chopin** étude/8 in D♭ op25
*UDUDU DUUUD DDD   **Stravinsky** Petrushka: Tableau 1t
*UDUDU DUUUD DDDUR **Mendelssohn** violin concerto in Emi op64 1m 2t
*UDUDU DUUUD RDDUD **Wagner** Der fliegende Holländer Act II: Wie aus der
*UDUDU DUUUD UDDDU **Ferde Grofé** Grand Canyon suite: Sunrise [Ferne
*UDUDU DUUUD UDUDU **Haydn** symphony/8 in G 4m
*UDUDU DUUUD UDUDU **Wagner** Siegfried: Forest murmurs 1t
*UDUDU DUUUD UUUDU **Schumann** Carnaval op9 piano: Préambule
*UDUDU DUUUR UDDD   **Ravel** piano concerto for left hand 1t(a)
*UDUDU DUUUU DRUUD **Handel** Messiah: Rejoice greatly
*UDUDU DUUUU RDDUD **Haydn** symphony/104 in D 'London' 2m
*UDUDU DUUUU UDDDR **Mozart** sinfonia concertante in E♭ K364 3m 2t
*UDUDU RDDDD DUDU   **Mozart** Serenade in B♭ K361 13 wind instr 5m 2t
*UDUDU RDDDU UUDDD **Schubert** piano sonata/16 in Ami 2m D845
*UDUDU RDDUD DDDUD **Bach** Partita/1 in Bmi solo violin: bourrée BWV
*UDUDU RDDUD URD   **Sullivan** Iolanthe Act I: When darkly   [1002
*UDUDU RDDUD URRUU **Bartok** Rumanian folk dances, piano 6m 3t
*UDUDU RDUUD DURUD **Karl Zeller** Der Vogelhändler: Jekus, Jekus
*UDUDU RDUUD UDDDU **Ravel** Ma Mère l'Oye: The enchanted garden
*UDUDU RRDUU RRDUR **Debussy** Petite suite, 2 pianos: ballet 1t
*UDUDU RRRDU DDDDU **Sullivan** The Gondoliers Act II: I am a courtier
*UDUDU RRRDU DUDUR **J Strauss Jr** Kiss waltz 4t
*UDUDU RRRRU DUDUR **Verdi** Un ballo in maschera Act I: Re dell'abisso
*UDUDU RRUDU DURRU **Handel** Acis & Galatea: O ruddier than the cherry
*UDUDU RRURD DRRUR **Liszt** Hungarian rhapsody/12 in C♯mi piano 5t
*UDUDU RUDDD UUUDD **Wagner** Götterdämmerung Act III: Oh ihr, der Eide
*UDUDU RUDUD UDUDU **Prokofiev** Peter and the wolf: the wolf
*UDUDU RUDUD URUDU **Brahms** Serenade in D op11 orch 4m minuet/1
*UDUDU RUDUD URUUR **Fauré** Impromptu for harp op86 1t
*UDUDU RUDUD UUDUU **Mozart** violin concerto/2 in D K211 2m
*UDUDU RUDUD UUUDU **Schubert** symphony/4 in Cmi 'Tragic' 4m 1t D417
*UDUDU RUDUR DRRR   **John Dunstable** Quam pulchra es
*UDUDU RUURU RRURU **Massenet** Scènes Alsaciennes II 2t
*UDUDU RUUUD DUDUD **Beethoven** piano sonata/9 in E op14/1 1m 1t
*UDUDU UDDDU DUUUD **Wagner** Die Meistersinger Act I: Das schöne Fest
*UDUDU UDDDU UDDDU **Walton** symphony/1 in B♭mi 3m 3t
*UDUDU UDDDU UDDUD **Mozart** Die Zauberflöte Act II: O Isis und Osiris (aria)
*UDUDU UDDRU UUURD **Beethoven** string quartet/5 in A op18/5 1m 2t

*UDUDU	UDDUD	DUDUU	**Liszt** Sposalizio, piano 1t
*UDUDU	UDDUD	DUUUU	**Handel** Messiah: He was despised
*UDUDU	UDDUD	UDUUD	**Weber** Euryanthe overture 2t
*UDUDU	UDDUD	UUDDD	**Sullivan** HMS Pinafore Act I: A maiden fair
*UDUDU	UDDUD	UUDDU	**Cornelius** Weihnachtslieder op8/1 Christbaum
*UDUDU	UDDUR	DURRU	**Walton** Belshazzar's Feast: Bring ye the cornet
*UDUDU	UDDUR	UUUUD	**Wagner** Parsifal Act II: Komm! Komm! Holder Knabe
*UDUDU	UDDUU	DDU	**Dvořák** symphony/6 in D op60 3m 1t(a)
*UDUDU	UDDUU	DDUDR	**Waldteufel** Sirenenzauber waltzes/3 2t
*UDUDU	UDDUU	DDUUU	**Ravel** piano sonatine 1m 2t
*UDUDU	UDDUU	UDUDR	**Donizetti** Linda di Chamonix Act I: O luce
*UDUDU	UDRDD	UDUDU	**Chopin** prelude/18 op28
*UDUDU	UDRRD	DUU	**Mozart** Figaro Act IV: Il capro e la capretta
*UDUDU	UDRUU	D	**Puccini** Turandot Act I trio: Fermo! che fai
*UDUDU	UDUDD	RRRUU	**Wagner** Parsifal Act I: Durch Mitleid wissend
*UDUDU	UDUDU	DDDDD	**Handel** organ concerto in Dmi op7/4 3m
*UDUDU	UDUDU	DDUDD	**Dvořák** string quartet in G op106 1m 1t
*UDUDU	UDUDU	DDUUD	**Handel** Water music 7m
*UDUDU	UDUDU	RRURD	**Bach** Cantata/51 Jauchzet Gott/2 Wir beten
*UDUDU	UDUDU	UDUD	**Liadov** The enchanted lake op62 orch 2t
*UDUDU	UDUDU	UDUDU	**Fauré** sonata for violin/piano op13 2m 1t(a)
*UDUDU	UDUDU	UUDD	**Scarlatti** Good-humoured ladies 3m (Sonata Kp87)
*UDUDU	UDURD	UDUDU	**Haydn** string quartet/78 in B♭ op76/4 3m 1t
*UDUDU	UDURU	UDDU	**Wagner** Tristan & Isolde Act II: Wohin nun Tristan
*UDUDU	UDUUD	UDDUU	**Holst** The Planets: Jupiter 1t
*UDUDU	UDUUD	UDUDU	**Haydn** symphony/87 in A 2m
*UDUDU	UDUUU	UUUDU	**Erik Satie** Sarabande/2, piano
*UDUDU	URDRD	RDUDR	**J Strauss Jr** Tales of the Vienna Woods/1 1t
*UDUDU	URDUD	UDUUR	**Delibes** Sylvia, ballet: valse lente
*UDUDU	URDUD	UUUDU	**Bach** Brandenburg concerto/6 in B♭ 3m BWV1051
*UDUDU	URDUU	RDUUR	**Elgar** Dream of Gerontius: prelude 2t
*UDUDU	URUUD	RDDUU	**Schubert** Grand Duo in C, piano 4 hands 2m D812
*UDUDU	UUDDD	DDDUU	**Haydn** string quartet/77 in C op76/3 'Emperor' 4m
*UDUDU	UUDDD	UDDDD	**Mozart** piano concerto/13 in C K415 2m
*UDUDU	UUDDD	URDD	**Purcell** King Arthur: How blest are shepherds
*UDUDU	UUDDD	URRDD	**Mozart** piano concerto/22 in E♭ K482 3m 2t
*UDUDU	UUDDR	UUUDD	**Sullivan** Yeomen of the Guard Act I: Is life a boon?
*UDUDU	UUDDU	DDDUD	**Handel** Water music 19m
*UDUDU	UUDDU	DUUUU	**Vaughan Williams** London symphony 3m 1t
*UDUDU	UUDDU	UDUDU	**Handel** Semele: Hence, Iris, hence away
*UDUDU	UUDRD	D	**Chausson** symphony in B♭ op20 2m 2t
*UDUDU	UUDRD	UUUUU	**Arensky** suite/1 for 2 pianos op15 valse 1t
*UDUDU	UUDRU	DRR	**Schubert** sonata cello/piano in Ami 3m 2t(b) D821
*UDUDU	UUDRU	UDR	**Beethoven** sonata/8 violin/piano in C op30/3 2m
*UDUDU	UUDUD	DDUDD	**Kreisler** La précieuse, vln/piano (Style of Cou-
*UDUDU	UUDUD	DDUDU	**Handel** Messiah: The people that walked [perin) 2t
*UDUDU	UUDUD	DR	**Wagner** Tannhäuser Act II: Dich, teure Halle
*UDUDU	UUDUD	UDDUD	**Schubert** March for piano 1t D886/2
*UDUDU	UUDUD	UDURR	**Beethoven** piano sonatina in F: rondo 1t
*UDUDU	UUDUD	URR	**Leoncavallo** I Pagliacci: Hai tempo
*UDUDU	UUDUD	UUUDU	**Beethoven** piano sonata/1 in Fmi op2/1 3m 2t
*UDUDU	UUDUD	UUUDU	**Mendelssohn** string quartet/3 in D op44/1 4m 1t
*UDUDU	UUDUR	UDRD	**Ivanovici** Donauwellen/4 (Waves of the Danube)
*UDUDU	UUDUU	DDUDU	**Poulenc** piano concerto 2m
*UDUDU	UURRR	UDDUD	**Rossini** Tancredi overture 2t
*UDUDU	UURRU	UUDRR	**Schubert** trio piano/vln/cello in B♭ 4m 2t D898
*UDUDU	UUUDD	DDD	**Bizet** Carmen Act I: Ma mère je la vois

143

*UDUDU UUUDD DDUDD **Shostakovich** symphony/7 op60 2m 2t
*UDUDU UUUDD DDURU **Haydn** Nelson Mass: Osanna
*UDUDU UUUDD DUDUU **Vaughan Williams** concerto accademico in Dmi 1m 1t
*UDUDU UUUDU UDUDU **Delibes** Sylvia, ballet: pizzicato
*UDUDU UUUDU UUUUD **Brahms** Academic Festival overture op80 2t(b)
*UDUDU UUUUD DDDDD **Haydn** symphony/104 in D 'London' 3m trio
*UDUDU UUUUD UDDDU **Haydn** symphony/73 in D 'La chasse' 3m trio
*UDUDU UUUUD UDUDU **Beethoven** trio piano/vln/cello in E op70/2 finale
*UDUDU UUUUD UDUUU **Scarlatti** harpsichord sonata in Gmi 'Sarabande'
*UDUDU UUUUR UDDD **Mahler** symphony/5 in Cmi theme from 5m [Kp8
*UDUDU UUUUU DUDDD **Wagner** Der fliegende Holländer Act II spinning
*UDUDU UUUUU UUD **Dvořák** Slavonic dances/9 op72/1 2t   [chorus
*UDURD DDRRU DDRRD **Haydn** symphony/88 in G 3m menuetto
*UDURD DDUDU DURDD **Handel** concerto grosso in B♭ op6/7 3m
*UDURD DDUDU RDDDU **Gabriel Pierné** Serenade (song)
*UDURD DDURR DUDDU **Mozart** Divertimento/14 in B♭ K270 2m
*UDURD DDUUU DUDUD **Berlioz** Fantastic symphony 1m 2t
*UDURD DUDDD UDUDD **Prokofiev** violin concerto/1 3m 2t
*UDURD DUDUU RDDUD **Mendelssohn** string quartet/3 in D op44/1 1m 3t
*UDURD DURDD DRUDU **Stravinsky** Apollon Musagète: birth of Apollo 1t(b)
*UDURD DURDD UUUUU **Haydn** symphony/87 in A 3m trio
*UDURD DUUUR RDRDU **Gesualdo** In Monte Oliveti
*UDURD RDDRU UDURU **Brahms** quartet piano/strings in Gmi op25 4m 3t
*UDURD RDRDR DRDRD **Rossini** La scala di seta: overture 2t
*UDURD RDUDU UDDRD **Bach** Mass in B minor/2 Christe eleison
*UDURD UDDRU UDURU **Shostakovich** symphony/7 op60 1m 3t
*UDURD UDDUD URDUD **Chopin** prelude/8 op28
*UDURD UDUDU DUDDD **Purcell** Lilliburlero: Ho! broder Teague
*UDURD UDURD RURUU **Mozart** piano sonata/11 in A K331 1m
*UDURD URDUU DD **Verdi** La Traviata Act I: Libiamo, libiamo
*UDURD URRRU UUDDD **Dvořák** symphony/6 in D op60 1m 1t
*UDURD URUDD DUUUU **Bach** suite for cello solo in G: gigue BWV1007
*UDURD UUDUD RUDUR **Handel** sonata violin/fig bass in F op1/12 4m
*UDURD UUDUU UUDUD **Bach** Brandenburg concerto/2 in F 1m 2t BWV1047
*UDURD UUUDD DUDU **Massenet** Le Cid: Andalouse
*UDURD UUUDU DU **Beethoven** symphony/3 in E♭ 'Eroica' 4m 1t
*UDURR DDDUD UUUDU **Mahler** symphony/4 in G 4m 1t
*UDURR DDRDU UDRUR **Richard Strauss** Aus Italien: Campagna 1t
*UDURR DDRUD DRRRU **Berlioz** Te Deum/5 Te ergo quaesumus
*UDURR DDUUD DDURD **Mahler** Des Knaben Wunderhorn: Rheinlegendchen
*UDURR DUDDD DDDDD **Mozart** Serenade in Cmi K388 2m
*UDURR DUDUR R **Bach** Magnificat in D/7 Fecit potentiam
*UDURR DUDUR RDUDU **Brahms** rhapsody in Gmi, piano op79/2 2t
*UDURR DUURD U **Rachmaninov** Oh stay my love (song) op4/1
*UDURR RDDDU DURUD **Prokofiev** piano concerto/5 in G 4m 1t
*UDURR RDDUU RRD **Sullivan** Iolanthe Act II: My lord, a suppliant
*UDURR RDRRR UDUDR **Rachmaninov** suite/1 (Fantasy) 4m 2t
*UDURR RRDRU RUR **Puccini** Madam Butterfly Act II: Tutti fior
*UDURR RUUDR RRUDD **Rimsky-Korsakov** Russian Easter Festival overture
*UDURR UDURR RRUUD **Dvořák** string quartet in G op106 3m 3t   [5t
*UDURR URUUD DUDDU **Stravinsky** Capriccio, piano/orch 2m 1t(a)
*UDURU DDRUD DD **Dvořák** cello concerto in Bmi op104 2m 1t
*UDURU DDUUD DDUUD **Hindemith** organ sonata/2 2m
*UDURU DRDDD DU **Wagner** Lohengrin Act III: Mein lieber Schwänn!
*UDURU DRDDR DURDU **Brahms** trio for piano/vln/cello in E♭ op40 1m 1t
*UDURU DUDDU DU **Massenet** Le Cid Act III: O souverain
*UDURU DUDDU DU **Vaughan Williams** symphony/8 1m 1t

*UDURU DUDUU D   **Puccini** La fanciulla del West Act II: Oh, se sapete
*UDURU DUUUD UUDUD   **Beethoven** trio piano/vln/cello E♭ op97 'Archduke'
*UDURU DUUUU DDDU   **R Strauss** Ständchen (song) op17/2   [2m 2t
*UDURU RUDUU UUDU   **Debussy** string quartet in Gmi 4m
*UDURU UDUDD DUUDD   **Scriabin** Poème op32/1 piano
*UDURU UDURD DUUDU   **Bach** Brandenburg concerto/6 in B♭ 2m BWV1051
*UDURU UDURU UDUUD   **Vivaldi** flute concerto in F 3m
*UDURU URDDU UDDDD   **Wagner** Lohengrin Act I: Mein Herr und Gott
*UDURU URRRR RUUD   **Richard Strauss** Ruhe, meine Seele (song) op27/1
*UDURU UUDDD RRRUU   **Brahms** Ein deutsches Requiem: Denn es wird
*UDURU UUUU   **Schubert** string quartet in Dmi 4m 2t D810
*UDUUD DDDDU UDDDD   **Haydn** symphony/6 in D 3m trio
*UDUUD DDDDU UUDDD   **Liszt** piano sonata in Bmi 2t
*UDUUD DDDDU UUDDD   **Berlioz** Les Troyens Act III: Sur cette horde
*UDUUD DDDUD DDUDU   **Elgar** cello concerto in Emi 1m 1t
*UDUUD DDDUD DUUUD   **Bach** French suite/2 in Cmi courante BWV813
*UDUUD DDDUD UUDDD   **Schumann** Arabesque op18 piano 2t
*UDUUD DDDUD UUDDD   **Tchaikovsky** symphony/5 in Emi op64 3m 2t
*UDUUD DDDUD UUDDD   **Mozart** Sinfonia concertante in E♭ K364 2m
*UDUUD DDDUD UUDDD   **Stanford** Songs of the sea: The Old Superb (verse)
*UDUUD DDDUD UUDDU   **Beethoven** piano concerto/1 in C 3m 2t
*UDUUD DDDUU RURUD   **Haydn** symphony/7 in C 3m menuetto
*UDUUD DDDUU UDUUD   **Ravel** string quartet in F 1m 2t
*UDUUD DDDUU UUUDD   **Beethoven** piano sonata/24 in F♯ op78 2m
*UDUUD DDRDD DRUUU   **Schumann** Carnaval op9: March of the Davidsbündler
*UDUUD DDRRD UDD   **Beethoven** septet in E♭ op20 1m 2t
*UDUUD DDRRU DUUDD   **Beethoven** string quartet/4 in Cmi op18/4 2m 2t
*UDUUD DDUDD DUD   **Brahms** symphony/4 in Emi op98 3m 2t
*UDUUD DDUDD DUDDD   **Brahms** trio clar or vla/cello/piano Ami op114 4m 1t
*UDUUD DDUDD UDDDD   **Stanford** The Revenge: And the night went down
*UDUUD DDUDD URUDU   **Lortzing** Der Waffenschmied: Auch ich war ein
*UDUUD DDUDR DRDDD   **Mozart** Das Veilchen (song) K476   [Jüngling
*UDUUD DDUDR RUUDU   **Joseph Strauss** Sphärenklange waltzes/5
*UDUUD DDUDR UD   **Stravinsky** Sacre du Printemps: Adolescents 2t
*UDUUD DDUDR UDUUD   **Schubert** string quartet/15 in G 3m 2t D887
*UDUUD DDUDU DUDUD   **Bach** choral prel, organ: Jesus Christus BWV666
*UDUUD DDUDU DUUDR   **Sullivan** The Gondoliers Act II: Here is a case
*UDUUD DDUDU UDDDU   **Ibert** Entre-acte for flute/harp (guitar) 2t
*UDUUD DDUDU UDDDU   **Schubert** string quartet/8 in B♭ 1m D112
*UDUUD DDUDU UU   **Sibelius** The swan of Tuonela 2t
*UDUUD DDUUD DDUUD   **Haydn** string quartet/67 in D op64 'The lark' 1m 3t
*UDUUD DDUUD DUUDD   **Shostakovich** symphony/1 in Fmi op10 1m 2t
*UDUUD DDUUD UDUDD   **Shostakovich** concerto piano/trpt/orch op35 2m 5t
*UDUUD DDUUD URRRR   **Mozart** string quartet/15 in Dmi K421 4m
*UDUUD DDUUD UUDUU   **Mahler** symphony/8/II orchestral theme at fig 21
*UDUUD DDUUU DDRDU   **Bizet** 'Roma' symphony: theme from 4m
*UDUUD DDUUU UDUUD   **Mozart** Die Zauberflöte Act I: Zum Ziele führt
*UDUUD DRDDU DUDUU   **Verdi** I vespri Siciliani Act II: O tu Palermo
*UDUUD DRDDU UUDDR   **Beethoven** string quartet/5 in A op18/5 4m 1t
*UDUUD DRUDU DUDD   **Mozart** quartet for flute/strings in D K285 2m
*UDUUD DUDDD DRUDU   **Richard Strauss** Burleske, piano/orch 3t
*UDUUD DUDDD UUDUD   **Beethoven** piano sonata/18 in E♭ op31/3 1m 2t
*UDUUD DUDDU DDRUD   **Beethoven** wind octet in E♭ op103 finale
*UDUUD DUDDU URUDU   **Brahms** sonata violin/piano in A op100 2m 1t
*UDUUD DUDDU URUDU   **Lehar** Der Zarewitsch Act III: Warum hat jeder
*UDUUD DUDRD DUD   **Mozart** piano concerto/14 in E♭ K449 2m
*UDUUD DUDRR UUUU   **Schubert** Jägers Abendlied: Im Felde

*UDUUD DUDUD DUDUD **Chopin** ballade/4 op52
*UDUUD DUDUD UDUDU **Bach** Brandenburg concerto/4 in G 3m BWV1049
*UDUUD DUDUD UDUUD **Beethoven** piano sonata/25 in G op79 3m
*UDUUD DUDUD UDUUD **Tchaikovsky** Romeo and Juliet overture 3t
*UDUUD DUDUD UUDUD **Telemann** suite for flute and strings 6m
*UDUUD DUDUU DDDDD **Beethoven** Serenade in D op25 allegro vivace
*UDUUD DUDUU DDDDU **Mendelssohn** symphony/4 in A op90 'Italian' 4m 3t
*UDUUD DUDUU DDRD   **Thomas Morley** O mistress mine (song)
*UDUUD DUDUU DDUUD **Bloch** Schelomo (Hebrew rhapsody) cello/orch 2t
*UDUUD DUDUU DUU   **Hindemith** Mathis der Maler, symphony 3m 2t
*UDUUD DUDUU DUUDD **Haydn** symphony/7 in C 1m
*UDUUD DUDUU UUUDU **Delius** violin concerto 2t
*UDUUD DURUD DU   **Chopin** mazurka/41 op63/3
*UDUUD DUUDD   **Schubert** octet in F 3m 2t D803
*UDUUD DUUDD UDDDD **Ibert** Escales (Ports of call) 3m Valencia 2t
*UDUUD DUUDD UDDUU **Bach** suite/1 in C orch: minuet BWV1066
*UDUUD DUUDD UDUUU **Handel** sonata oboe/fig bass in Gmi op1/6 2m
*UDUUD DUUDD UUDDU **Schubert** sonata cello/piano in Ami 2t(a) D821
*UDUUD DUUDD UUDU   **Dvořák** Slavonic dances/11 op72 1t
*UDUUD DUUDD UUUUR **Brahms** sonata cello/piano in Emi op38 1m 2t
*UDUUD DUUDU DUDDR **Shostakovich** symphony/7 op60 3m 1t
*UDUUD DUUDU UDDDU **Ravel** string quartet in F 2m intro
*UDUUD DUUDU UDUDD **Smetana** The bartered bride: Dance of comedians 3t
*UDUUD DUUR   **Ravel** La valse, orch 1t
*UDUUD DUURR DUDRD **Haydn** symphony/48 in C 2m
*UDUUD DUUUD DDUUD **Handel** harpsichord suite/1 in B♭: air and vars
*UDUUD DUUUD DDUUD **Brahms** Variations on a theme by Handel op24 theme
*UDUUD DUUUD DUDDU **Mahler** symphony/8/I Imple superna gratia
*UDUUD DUUUD UDUDU **Lalo** symphonie espagnole 2m 1t
*UDUUD DUUUD UUDDU **Tchaikovsky** Francesca da Rimini 2t
*UDUUD DUUUU D   **Respighi** Pines of Rome: Pines of Appian Way 2t
*UDUUD DUUUU DDDRR **Mendelssohn** string quartet/4 in Emi op44/2 3m 1t
*UDUUD DUUUU DUDDU **John Blow** The self banished
*UDUUD DUUUU UDDD   **Bruckner** symphony/3 in Dmi 2m 1t
*UDUUD DUUUU UDDDD **Schubert** sonata violin/piano in A 4m 2t D574
*UDUUD RDDDU UDUUD **Schubert** Wiegenlied (cradle song) D498
*UDUUD RDDUD DURUU **Mozart** piano concerto/6 in B♭ K238 1m 1t
*UDUUD RDRUD UU   **Beethoven** symphony/5 in Cmi 1m 2t
*UDUUD RDUDD DUDUR **Schumann** symphony/2 in C op61 1m intro(b)
*UDUUD RDUDU UDRDU **Delibes** Naila valse: Pas des fleurs 3t
*UDUUD RRDDR RR   **Delius** A Mass of Life: Herauf! nun
*UDUUD RRDUU   **Mendelssohn** trio/1 piano/vln/cello Dmi op49 1m 1t(a)
*UDUUD RUDDD   **Saint-Saëns** symphony/3 in Cmi op78 1m 2t
*UDUUD RUDDD UUDDU **Franck** sonata for violin/piano 3m 1t
*UDUUD RUDDU DR   **Brahms** Hungarian dances/3 in F, piano 4 hands
*UDUUD RUDRR RUDRU **Donizetti** L'Elisir d'amore Act I: Udite! Udite!
*UDUUD RUDUD DRDUR **Ravel** Chansons Madécasse/2 2t Du temps
*UDUUD RUDUD UUDRU **Adolphe Adam** Giselle: valse
*UDUUD RUDUU DDUDU **Dvořák** symphony/6 in D op60 3m 1t(b)
*UDUUD RUDUU DRUUD **Sullivan** Patience Act II: You hold yourself
*UDUUD RUUDD U   **Spohr** violin concerto/8 in Ami 3m 2t
*UDUUD RUUDD UDUUD **Beethoven** symphony/4 in B♭ 3m 2t
*UDUUD RUUDR   **Puccini** La fanciulla del West: Laggiù nel soledad
*UDUUD RUURD DDRDU **Byrd** Sing joyfully
*UDUUD RUUUD UDD   **Schumann** symphony/3 in E♭ op97 'Rhenish' 2m 2t
*UDUUD UDDDD DDD   **Meyerbeer** Les Huguenots Act I: Piff, paff
*UDUUD UDDDD URUDU **Schubert** piano sonata in Cmi 2m 2t D958

```
*UDUUD UDDDD UUUDU   Bach  Partita/3 in Ami Clavier: fantasia BWV827
*UDUUD UDDDU DDDDU   Schumann  Kinderszenen op15 piano: Curiose Ge-
*UDUUD UDDDU DDDUD   Kuhlau  menuett for flute/piano         [schichte
*UDUUD UDDDU DUD     Mozart  piano concerto/27 in Bb K595 3m 2t
*UDUUD UDDDU UDUD    Borodin  In the Steppes of Central Asia 2t
*UDUUD UDDDU UUDDD   Scarlatti  harpsichord sonata Kp245
*UDUUD UDDDU UUDDU   Bach  Motet/2/1 Der Geist hilft
*UDUUD UDDRD UDRDU   Mozart  symphony/36 in C K425 'Linz' 4m 3t
*UDUUD UDDRU DUUDU   Mozart  symphony/36 in C K425 'Linz' 3m 2t
*UDUUD UDDUD DUDDU   Richard Strauss  Don Quixote 3t
*UDUUD UDDUD UD      Richard Strauss  Der Bürger als Edelmann: Lully 1t
*UDUUD UDDUD UDDUU   Tchaikovsky  Hamlet fantasy overture 3t
*UDUUD UDDUU DUDDU   Bach  Well-tempered Clavier Bk II: prelude/19
*UDUUD UDDUU DUDUD   Kreisler  Schön Rosmarin, vln/piano 2t [BWV888
*UDUUD UDRDR DUDRD   Liszt  Rakoczy march 2t (Hung rhaps/15 Ami piano)
*UDUUD UDRUD DDDUU   Arne  When icicles hang by the wall (song)
*UDUUD UDRUU UDUUU   Widor  organ symphony/6 1m allegro
*UDUUD UDUDU RUDUU   Saint-Saëns  Danse macabre op40 1t
*UDUUD UDUDU DUUDU   Waldteufel  Sirenenzauber waltzes/1 2t
*UDUUD UDUDU RUDDU   Haydn  symphony/52 in Cmi 1m
*UDUUD UDUDU UUUDU   Haydn  symphony/6 in D 1m intro
*UDUUD UDUUD DUDDU   Brahms  Der Schmied (song) op19/4
*UDUUD UDUUD R       Chopin  scherzo in C#mi op39 1t
*UDUUD UDUUD UDUUD   Delibes  Coppelia: Marche de la cloche 1t
*UDUUD UDUUD UDUUD   Wagner  Die Walküre: Ride of the Valkyries 1t
*UDUUD UDUUD UDUUR   Saint-Saëns  Carnaval des animaux: Fossiles
*UDUUD UDUUD UDUUU   Brahms  string quintet in G op111 4m 1t
*UDUUD UDUUD URDRU   Dvořák  Slavonic dances/11 op72 2t
*UDUUD UDUUD UUUD    Stravinsky  symphony in C 3m
*UDUUD UDUUU UDDDU   Mozart  Divertimento in Bb K186 2m
*UDUUD UDUUU UDUDU   Debussy  Children's corner suite: Doll serenade
*UDUUD UDUUU UDUUR   Beethoven  trio/6 piano/vln/cello Bb 'Archduke' op97
*UDUUD URDUD DUD     Handel  concerto grosso in Cmi op6/6 5m    [4m
*UDUUD URUDD DDUDD   Hummel  piano concerto in Ami op85 3m 1t
*UDUUD URUDD DRUR    Schubert  Die schöne Müllerin/6 Der Neugierige
*UDUUD URUDD UUDUR   Haydn  symphony/100 in G 'Military' 2m
*UDUUD UUDDD DD      Debussy  Images: Reflets dans l'eau 1t
*UDUUD UUDDD RUUDU   Purcell  King Arthur: Fairest isle
*UDUUD UUDDD UD      Brahms  quartet piano/strings in Gmi op25 3m 1t
*UDUUD UUDDD UUDUU   J Strauss Jr  O schöner Mai/1
*UDUUD UUDDU         Franck  Grande pièce symph op17 organ 5t
*UDUUD UUDDU DDDUU   Bach  French suite/1 in Dmi: sarabande BWV812
*UDUUD UUDDU UDDUU   Brahms  quartet piano/strings in A op26 3m 1t
*UDUUD UUDRU UDDDU   Bach  Cantata/212 'Peasant'/16 Es nehme
*UDUUD UUDUD DDUDD   Bach  English suite/4 in F: gigue BWV809
*UDUUD UUDUD DDUDU   Schumann  Album for young: The wild horseman
*UDUUD UUDUD RUDRR   Smetana  The bartered bride Act II: Furiant
*UDUUD UUDUD UDDDU   Mozart  Die Zauberflöte Act II: Alles fühlt
*UDUUD UUDUD UUDUD   C S Lang  Tuba tune in D for organ
*UDUUD UUDUD UUDUU   Bach  Well-tempered Clavier Bk I: prel/23
*UDUUD UUDUR R       Stravinsky  Symphony of psalms: laudate
*UDUUD UUDUU DDR     Mozart  Deutsche tänze/2 orch K509
*UDUUD UUDUU DDUDD   Rossini  Il barbiere di Siviglia Act I: Largo al factotum
*UDUUD UUDUU DDUDD   Verdi  Il trovatore Act II: E deggio
*UDUUD UUDUU DDUU    Brahms  Serenade in D op11 2m 1t
*UDUUD UUDUU DDUUD   Stravinsky  Firebird: Dance of Kastchei
*UDUUD UUDUU DUDDU   Hindemith  Mathis der Maler, symphony 3m 3t
```

*UDUUD UUDUU DUDUD **Bach** Pastorale in F, organ BWV590
*UDUUD UUDUU DUDUD **Ravel** Valses nobles et sentimentales/5
*UDUUD UUDUU DUDUU **Verdi** Il trovatore Act IV: D'amor sull'ali
*UDUUD UUDUU DUUDD **Chopin** polonaise/1 in C♯mi op26
*UDUUD UUDUU DUUUD **Rossini** William Tell overture 1t
*UDUUD UUDUU DUUUD **Tchaikovsky** symphony/2 in Cmi op17 3m 1t(a)
*UDUUD UUDUU DUUUU **Mozart** piano concerto/9 in E♭ K271 3m 1t
*UDUUD UURDD RDDRD **Beethoven** symphony/7 in A 3m 1t
*UDUUD UURRU DDDUR **Verdi** La Traviata Act II: O mio rimorso!
*UDUUD UURRU DUUUD **Mozart** piano sonata/17 in D K576 1m
*UDUUD UURUD UDDUD **Mozart** concerto for 2 pianos in E♭ K365 3m
*UDUUD UUUDD DDDDD **Haydn** symphony/91 in E♭ 3m menuet
*UDUUD UUUDD DDUD **Mozart** piano concerto/27 in B♭ K595 2m
*UDUUD UUUDD UDDRD **Bach** Mass in B minor/3 Kyrie
*UDUUD UUUUR RRRDU **Stanford** The Revenge: At Flores in the Azores
*UDUUD UUUUU D **Berg** Wozzeck: Soldaten, Soldaten
*UDUUD UUUUU RDUUR **Schubert** quintet piano/strings A 'Trout' 2m D667
*UDUUD UUUUU UDRRD **Beethoven** Missa solemnis: Sanctus 3t
*UDUUD UUUUU UUUR **Beethoven** trio/4 piano/vln/cello d op70/1 3m
*UDUUR DDDDD UUDUU **Vaughan Williams** symphony/3 'Pastoral' 3m 2t
*UDUUR DDDUD DUD **Elgar** cello concerto in Emi 1m 2t
*UDUUR DDRRD DUUUU **Humperdinck** Hansel & Gretel: gingerbread
     waltz, vocal version
*UDUUR DDU **Schumann** quartet piano/strings E♭ op47 1m intro
*UDUUR DRRUD UURDR **Schubert** piano sonata in B 4m 2t D575
*UDUUR DUDUD UDRDU **Handel** harpsichord suite/7 in Gmi 6m
*UDUUR DUURD UURDU **Bach** Mass in B minor/5 Laudamus te
*UDUUR RRRRR RDUDR **Beethoven** Missa solemnis: Sanctus 1t
*UDUUR RUUUD DDDUD **Beethoven** symphony/1 in C 1m intro(a)
*UDUUR UDDDR UDDD **Brahms** symphony/4 in Emi op98 4m 5t
*UDUUR UDRDD DUDUU **Mozart** piano sonata/5 in G K283 3m 1t
*UDUUU DDDDU RUDUU **Handel** concerto grosso in Emi op6/3 4m
*UDUUU DDDDU UD **D'Indy** Istar, symphonic variations 2t or 6t
*UDUUU DDDUD DDDDD **Haydn** symphony/98 in B♭ 2m
*UDUUU DDDUU DDUDR **Jeremiah Clarke** Prince of Denmark's march
     trumpet voluntary, once attrib'd to Purcell
*UDUUU DDDUU DUDUU **Handel** Alcina: ballet, gavotte/2
*UDUUU DDDUU DUUUD **de Falla** Noches en los jardines de España:
     Danza lejana, piano/orch
*UDUUU DDDUU UDDDU **Scarlatti** harpsichord sonata in A Kp327
*UDUUU DDDUU UUUDD **Brahms** symphony/2 in D op73 1m 1t
*UDUUU DDDUU UUUDD **Bach** sonata violin/Clavier in G 4m BWV1019
*UDUUU DDRDD RUDDD **Mendelssohn** trio/2 piano/vln/cello in Cmi op66 4m 2t
*UDUUU DDRUD DDDDU **Haydn** The Seasons: Seht auf die Breiten
*UDUUU DDRUR DUDUU **Boieldieu** Le Calife de Bagdad: overture 1t
*UDUUU DDUDD DU **Bach** concerto/1 3 harps'ds in Dmi 3m BWV1063
*UDUUU DDUDD UDDUD **Mozart** sonata violin/piano G K301 1m 2t
*UDUUU DDUDD UDUDD **Haydn** symphony/47 in G 3m trio
*UDUUU DDUDD UDUDU **Mozart** Die Entführung Act I: Hier soll ich
*UDUUU DDUDD UDUUD **Schubert** sonatina/3 violin/piano in Gmi 3m 1t D408
*UDUUU DDUDU DU **Tchaikovsky** symphony/3 in D op29 4m 2t
*UDUUU DDUDU DUUDD **Saint-Saëns** violin concerto/3 in Bmi op61 1m 1t
*UDUUU DDUDU UDUDD **Mendelssohn** trio/1 piano/vln/cello Dmi op49 3m
*UDUUU DDUDU UUDDD **Debussy** Tarantelle Styrienne, piano 1t
*UDUUU DDUDU UUDUU **Max Reger** organ pieces op59/2 pastorale
*UDUUU DDUUD DUURD **Glinka** Capriccio brilliant on Jota Aragonesa 2t
*UDUUU DDUUD UDDDD **Elgar** symphony/1 in A♭ 4m 1t

*UDUUU	DDUUU	DUDDU	**Bach** Cantata/95 Christus, der ist/4 Ach, schlage
*UDUUU	DDUUU	UDDUD	**Mahler** symphony/9 in D 3m 1t
*UDUUU	DDUUU	UDDUD	**Rachmaninov** To the children (song)
*UDUUU	DRDRD	RDDUR	**Tartini** The devil's trill, violin/piano 1m
*UDUUU	DRRRR	UUUDD	**Bach** Mass in B minor/10 Cum sancto Spiritu
*UDUUU	DRRUD	UDUDR	**Dvořák** Slavonic dances/5 op46 1t
*UDUUU	DRRUR	UDDD	**Monteverdi** Amor (Lamento della Ninfa)
*UDUUU	DRURD	UUUDU	**Grieg** sonata cello/piano in Ami op36 1m 1t
*UDUUU	DRUUD	DUD	**J Strauss Jr** Die Fledermaus Act I: Trinke
*UDUUU	DUDDD	D	**Rimsky-Korsakov** Tsar's Bride overture 3t
*UDUUU	DUDDD	DDRRD	**John Dowland** In darkness let me dwell (song)
*UDUUU	DUDDD	UUUDU	**Sibelius** Vilse (song)
*UDUUU	DUDDR	UUDD	**Tchaikovsky** E Onegin Act I: Come, ye maidens
*UDUUU	DUDDU	DUD	**Mozart** Die Entführung: overture 2t
*UDUUU	DUDDU	DUDUD	**Grieg** Norwegian dances/2 1t op35
*UDUUU	DUDRR	UDD	**Mozart** Figaro Act III: Crudel! perchè
*UDUUU	DUDUD	RUDUD	**Bach** French suite/3 in Bmi: Allemande BWV814
*UDUUU	DUDUD	UDUD	**Bach** Passacaglia in Cmi, organ BWV582
*UDUUU	DUDUD	UUDUD	**Ravel** piano sonatine 2m
*UDUUU	DUDUU	DDUUD	**Bach** Well-tempered Clavier II: prelude/24 BWV893
*UDUUU	DUDUU	DUDUD	**Haydn** symphony/49 in Fmi 1m
*UDUUU	DUDUU	URRUD	**Wagner** Die Meistersinger Act III: Die Zeugen
*UDUUU	DUDUU	UUU	**Chopin** impromptu op29 3t
*UDUUU	DURDD	DDDDU	**Bach** French suite/3 in Bmi: Anglaise BWV814
*UDUUU	DURDU	DDDUU	**Brahms** Variations (& fugue) on theme of Handel
*UDUUU	DUUDD	DDUDU	**Grieg** Peer Gynt suite/2 2m 1t
*UDUUU	DUUDD	DDUDU	**Schumann** Ich wand're nicht (song) op51/3
*UDUUU	DUUDD	DRDUD	**Bach** St Matthew Passion/12 Blute nur
*UDUUU	DUUDD	UDDUD	**Mozart** string quartet/16 in E♭ K428 1m
*UDUUU	DUUDU	DUURU	**Chopin** mazurka/42 op67/1
*UDUUU	DUUDU	UDDDU	**Ibert** Divertissement, chamber orch 3m nocturne
*UDUUU	DUUDU	UDURD	**Mozart** string quartet/14 in G K387 2m 2t
*UDUUU	DUUDU	UDUUD	**Haydn** trumpet concerto in E♭ 1m 2t
*UDUUU	DUUDU	UUDDR	**Kodály** Háry János suite: Piros Alma
*UDUUU	DUUDU	UUDUU	**Handel** sonata in E♭ 2 vlns or 2 oboes 4m
*UDUUU	DUUUD	DDDD	**Sibelius** symphony/4 in Ami 4m 4t
*UDUUU	DUUUD	DRUDU	**Bach** sonata/4 violin/Clavier Cmi 3m BWV1017
*UDUUU	DUUUD	DUR	**Schumann** symphony/1 in B♭ op38 'Spring' 2m 1t
*UDUUU	DUUUD	DUUDU	**D'Indy** Le Camp de Wallenstein op12 orch 4t
*UDUUU	DUUUD	UDUDU	**Elgar** symphony/2 in E♭ op63 3m 2t
*UDUUU	DUUUD	UDUUU	**Ibert** Escales (Ports of call) 3m Valencia 1t
*UDUUU	DUUUD	UUDDU	**Dvořák** symphony/6 in D op60 3m 2t
*UDUUU	DUUUD	UUDR	**Sullivan** The Gondoliers I: I stole the Prince
*UDUUU	DUUUU	UDDDD	**Berlioz** Benvenuto Cellini overture 4t
*UDUUU	DUUUU	UDDDU	**Bach** Well-tempered Clavier I: fugue/9 BWV854
*UDUUU	DUUUU	UDUD	**Schubert** Die schöne Müllerin/15 Eifersucht und
*UDUUU	DUUUU	UUUDU	**Elgar** Falstaff, symphonic study 6t [Stolz
*UDUUU	RDRD		**Waldteufel** Sirenenzauber waltzes/2 2t
*UDUUU	RDUDD	DDUDU	**Bach** St John Passion/21 Wir haben ein Gesetz
*UDUUU	RDUDU	DUDDD	**Auber** Fra Diavolo Act I: Voyez sur cette roche
*UDUUU	RDUUR	DUDDD	**Chopin** étude/3 in E op10
*UDUUU	RRDDU	R	**Verdi** Otello Act III: Prega per chi adorando
*UDUUU	RRUDU	UDRD	**Chopin** piano concerto/1 in Emi op11 1m 1t
*UDUUU	UDDDD	DD	**Stravinsky** Apollon Musagète: Terpsichore
*UDUUU	UDDDD	RDRUU	**Mendelssohn** Songs without words/22 piano op53/4
*UDUUU	UDDDD	UDDDU	**Elgar** Cockaigne overture 2t
*UDUUU	UDDDU	DDDDD	**Mendelssohn** piano concerto/2 in Dmi op40 2m

*UDUUU UDDDU DDUDD **Richard Strauss** Ein Heldenleben 2t(a)
*UDUUU UDDDU DDUDD **Verdi** Aida Act II: Ma tu Re tu signore
*UDUUU UDDDU DDUUD **Chopin** Fantasie-impromptu op66 2t
*UDUUU UDDDU DUDDD **Beethoven** Serenade in D fl/vln/vla op25 menuetto
*UDUUU UDDDU DUDUD **Richard Strauss** Capriccio op85: Kein Andres
*UDUUU UDDDU UUDDU **Nielsen** Sinfonia espansiva 4m 1t
*UDUUU UDDDU UUUUU **Brahms** waltzes, piano op39/10
*UDUUU UDDRU UDU **Mozart** string quintet/5 in D K593 1m 1t
*UDUUU UDDUD DUDD **Mozart** clarinet concerto in A K622 3m 2t
*UDUUU UDDUD DUUUU **Stravinsky** Pulcinella, ballet: finale
*UDUUU UDDUD UUDDU **Shostakovich** quintet piano/strings op57 2m fugue
*UDUUU UDDUD UUDUU **Bach** English suite/3 in Gmi: musette BWV808
*UDUUU UDRRD D **Franck** Les Eolides 1t
*UDUUU UDRRD DDUDU **Franck** Cantabile for organ
*UDUUU UDRRU DUUDD **Beethoven** string quartet/11 in Fmi op95 2m 1t
*UDUUU UDRU **Richard Strauss** Tod und Verklärung 4t
*UDUUU UDRUU U **Leoncavallo** I Pagliacci: Non mi tentar!
*UDUUU UDUDD DDRUD **Mendelssohn** Songs without words/18 op38/6 piano
*UDUUU UDUDD DDUUU **Bruckner** symphony/9 in Dmi 3m 2t
*UDUUU UDUDD DUUDU **Dukas** L'Apprenti sorcier 1t
*UDUUU UDUDD UUDUU **Sullivan** Yeomen of the Guard Act II: Free from
*UDUUU UDUDR DUUUU **Weber** Oberon I: Von Jugend auf in dem Kampfgefild
*UDUUU UDUDU DDUDD **Dvořák** Humoresque, piano 1t op101
*UDUUU UDUDU UUUDU **Wagner** Siegfried idyll 1t(b)
*UDUUU UDUDU UUUDU **Wagner** Tristan & Isolde: prelude 1t
*UDUUU UDURR UURDD **Beethoven** piano sonata/10 in G op14/2 2m
*UDUUU UDUUD UDUD **Tchaikovsky** Serenade in C op48 4m 2t
*UDUUU UDUUR DUDUU **Bach** Partita/3 E, solo violin: Bourrée BWV1006
*UDUUU UDUUU DDDDD **Haydn** symphony/102 in B♭ 3m trio
*UDUUU UDUUU DDDUD **Haydn** horn concerto in D (1762) 3m
*UDUUU UDUUU DDUDD **Wagner** Die Meistersinger Act III: Wach auf!
*UDUUU UDUUU UDDDD **Beethoven** string quartet/14 in C♯mi op131 3m
*UDUUU URDDD DDRUD **Schubert** piano sonata in D 2m 1t D850
*UDUUU URDDD UDUUU **Schumann** Kinderszenen op15 piano: Träumerei
*UDUUU URDUU UUDUD **Mahler** symphony/9 in D 1m 3t
*UDUUU URRUD DDDUD **Suppé** Pique Dame overture 2t
*UDUUU URUUD UUDRR **Wagner** Götterdämmerung Act III: In Leid
*UDUUU UUDDD DDUDD **Brahms** string quintet in F op88 1m
*UDUUU UUDDD DDUDD **Byrd** Haec dies
*UDUUU UUDDD DDUDD **Mahler** symphony/6 in Ami 4m intro
*UDUUU UUDDD DUDUD **Schumann** Arabesque op18 piano 3t
*UDUUU UUDDD DUUUU **Haydn** The Creation: Nun beut die Flur
*UDUUU UUDDD UDD **Schumann** Fantasiestücke op12/4 piano: Grillen
*UDUUU UUDDU DDDUU **Brahms** piano concerto/2 in B♭ op83 2m 1t
*UDUUU UUDRD D **Mozart** piano concerto/23 in A K488 3m 2t
*UDUUU UUDRU DRRUU **Weber** Der Freischütz Act III: Einst träumte
*UDUUU UUDUD DDUDD **Walton** Crown Imperial, Coronation march 3t
*UDUUU UUDUD DUDUU **Sibelius** Pohjola's daughter 2t
*UDUUU UUDUD RRDDR **Haydn** symphony/93 in D 1m
*UDUUU UUDUD UUUUU **Sibelius** Nightride and sunrise 1t
*UDUUU UUDUU UDUDD **Bizet** Jeux d'enfants op22: galop
*UDUUU UURUD DRUDD **Waldteufel** Dolores waltzes/4 1t
*UDUUU UUUDD DDDDU **Scarlatti** harpsichord sonata in Cmi Kp11
*UDUUU UUUDD DDDU **Glazunov** The Seasons, ballet: Bacchanal
*UDUUU UUUDD DUDDD **Grieg** Peer Gynt suite/1: Anitra's dance 1t
*UDUUU UUUDD DUDUU **Fauré** Pelleas et Mélisande: Fileuse
*UDUUU UUUDD UDUUD **Handel** Acis & Galatea: Galatea, dry thy tears

*UDUUU	UUUDD	UDUUU	**Smetana** The bartered bride III: Think it over
*UDUUU	UUURD	DUDD	**Elgar** Falstaff, symphonic study 4t
*UDUUU	UUURD	RUDU	**Delibes** Coppelia: Valse des heures 2t
*UDUUU	UUUUD	DDU	**Wagner** Die Meistersinger Act I: Ein Meistersinger
*UDUUU	UUUUD	RUDU	**Schumann** 3 romances, oboe/piano op94/3 2t
*UDUUU	UUUUR	DUURD	**Liszt** Hungarian rhapsody/1 in E piano 3t
*UDUUU	UUUUU	DDRDR	**Wagner** Der fliegende Holländer Act II: Wohl hub
*UDUUU	UUUUU	UDDD	**Schumann** Carnaval op9 piano: valse noble
*UDUUU	UUUUU	UUUDU	**Beethoven** piano sonata/3 in C op2/3 4m
*UDUUU	UUUUU	UUUUU	**Richard Strauss** Don Juan 1t
*URDDD	DDDDD	DDRUU	**Richard Strauss** Also sprach Zarathustra 3t(b)
*URDDD	DDDDD	UDUU	**Debussy** 'La plus que lente' waltz 2t
*URDDD	DDU		**Chopin** waltz in C♯mi op64 3t
*URDDD	DRDUU	UDU	**Sullivan** Pirates of Penzance Act II: Oh dry
*URDDD	DRUUU	UUDUR	**Wagner** Parsifal Act I: Zum letzten Liebes
*URDDD	DUDUU	UUUUD	**Vaughan Williams** The wasps 1m (overture) 2t
*URDDD	DURUR	DDDDU	**Kodály** Galanta dances 5m 1t
*URDDD	DUURU	RD	**Vaughan Williams** Sea symphony: O vast rondure
*URDDD	DUURU	UDUUU	**Wagner** Die Meistersinger Act II: Am Jordan
*URDDD	RDRDU	UDDUU	**Verdi** Don Carlos Act IV: Per me giunto
*URDDD	RRRUR	UURDD	**Mozart** Exsultate K165: Alleluja
*URDDD	UDDDU	DURDR	**Tchaikovsky** Marche slave 4t
*URDDD	UDUDD	DUDRD	**Lalo** symphonie espagnole, violin/orch 4m intro
*URDDD	UDUDD	DUUUU	**Richard Strauss** Aus Italien: Campagna 3t
*URDDD	UUDDR	D	**Waldteufel** Frühlingskinder waltz 4t
*URDDD	UUDRD		**Waldteufel** Mein Traum waltzes/1
*URDDD	UUDUD	D	**Schubert** piano sonata in A 3m 2t trio D959
*URDDD	UUDUD	UUUUU	**Puccini** Tosca Act II: Sale ascende
*URDDD	UUDUU	RDDDU	**Prokofiev** Alexander Nevsky/4 Arise Russian people
*URDDD	UURDD	DDDD	**Tchaikovsky** Marche slave 2t
*URDDD	UUUDD	UURDD	**Dvořák** symphony/9 Emi 'New World' 2m 1t
*URDDD	UUURD	DDRUR	**Butterworth** (trad) When I was one-and-twenty
*URDDD	UUUUD	DUDDD	**Grieg** Lyric pieces, piano op43/6 To spring
*URDDR	DDDDR	RR	**Beethoven** piano/wind quintet in E♭ op16 1m
*URDDR	DDDUU	D	**Liszt** Grandes études de Paganini/3 1t
*URDDR	DDDUU	DRUDD	**Paganini** violin concerto/2 3m 1t(a)
*URDDR	DDDUU	DUURD	**Shostakovich** concerto piano/trpt/orch op35 1m 4t
*URDDR	DDRDD	RDURD	**J Strauss Jr** Tales of the Vienna Woods/4 2t
*URDDR	DDRDD	RUDRU	**Brahms** concerto vln/cello/orch in Ami op102
*URDDR	DDRUU	U	**Froberger** Toccata/XI [3m 1t
*URDDR	DRRDD	DU	**Mozart** bassoon concerto in B♭ K191 2m
*URDDR	DUDUR	DDRDU	**Bach** suite for lute in Emi 2m BWV996
*URDDR	DURDD	RDURD	**Wagner** Tannhäuser: overture 1t(b)
*URDDR	DURUU	RUURD	**Lecuona** suite Andalucia, piano: Gitanerias 2t
*URDDR	RUURD	DRRUU	**J Strauss Jr** Roses from the South/3 2t
*URDDR	URDDD	DD	**Chopin** étude/5 in Emi op25 2t
*URDDR	URDDR	URRDD	**Rimsky-Korsakov** Kitezh: Battle of Kershenetz 1t
*URDDR	UUDUR	DDRUU	**Mussorgsky** Sorochintsi Fair: gopak
*URDDR	UURDD	RDDRU	**Mozart** piano concerto/21 in C K467 3m 2t
*URDDU	DDUUR	DUURD	**Schubert** octet in F 5m 1t D803
*URDDU	DDUUU	DDDUD	**Mahler** symphony/2 in Dmi 5m 4t
*URDDU	DUDUU	DUD	**Bach** Mass in B minor/18 Confiteor
*URDDU	DUUDD	DDUDU	**Walton** viola concerto 1m 1t
*URDDU	DUUDU	UUDUD	**Purcell** The Fairy Queen: Hark! Hark!
*URDDU	DUUUD	DRD	**Mascagni** Cavalleria rusticana: No, no, Turiddu
*URDDU	RDDDD	DUDDD	**Milhaud** Création du Monde: prelude
*URDDU	RDDUD	DDR	**Brahms** symphony/3 in F op90 4m 4t

*URDDU	RDDUD	UDDUU	**Chopin** étude/4 in Ami op25
*URDDU	RDDUR	DRURU	**Beethoven** piano s'ta/29 B♭ op106 Hammerklavier 2m
*URDDU	RDDUR	DUURD	**Beethoven** piano sonata/30 in E op109 1m
*URDDU	RDDUR	UURU	**Schumann** Davidsbündler op6/1 piano
*URDDU	RDUDD	DDUDD	**Sullivan** Y of the Guard Act I: This the autumn
*URDDU	RDUDU	DUDUD	**Stravinsky** Apollon Musagète: Var of Polymnie
*URDDU	RDUDU	UDDDD	**Handel** concerto grosso in Dmi op6/10 6m
*URDDU	RDURD	UURDD	**Josef Strauss** Mein Lebenslauf ist Lieb und Lust/5
*URDDU	RDUUD	DDDUU	**Leoncavallo** I Pagliacci: Un nido di memorie
*URDDU	RUDDD	DDURD	**Bach** Well-tempered Clavier II: prelude/9 BWV878
*URDDU	UDDDR	DUDU	**Mendelssohn** Minnelied (song) op47
*URDDU	UDDDR	UUUDD	**Lully** gavotte
*URDDU	UDDUR	DUUDD	**Sibelius** Tapiola 2t
*URDDU	UDRRD	UUDDU	**Ravel** 2 Mélodies Hébraiques/1 Kaddisch
*URDDU	UDRUU	UDDDU	**George Butterworth** With rue my heart is laden
*URDDU	UDRUU	UDDUU	**Mendelssohn** symphony/4 in A op90 'Italian' 2m 1t
*URDDU	UDUUR	DDRDR	**Mozart** serenade in B♭ 13 wind instr K361 1m
*URDDU	UDUUR	DDUUD	**Wagner** Tristan & Isolde Act III: Mild und leise
*URDDU	URDUD	DRUUD	**Dvořák** symphony/9 Emi 'New World' 1m 2t
*URDDU	URUDR	DDU	**Mozart** Figaro Act II: Porgi amor
*URDDU	URUDU	DDUUU	**Bach** Partita/3 in E solo vln: gavotte en rondeau
*URDRD	DDRU		**Mendelssohn** piano concerto/1 in Gmi op25 1m 2t
*URDRD	DRURU		**Ravel** Le cygne (song)
*URDRD	RDDDU	DUUDR	**Berlioz** Requiem/5 Quaerens me
*URDRD	RDRDR	DRURD	**Suppé** Morning, noon & night in Vienna overture 2t
*URDRD	RDRDR	URDRD	**Dvořák** Slavonic dances/12 op72/4 2t
*URDRD	RDRDR	URDUD	**Suppé** Light Cavalry overture 4t
*URDRD	RDRDR	URURU	**Sibelius** symphony/6 in Dmi op104 3m 1t
*URDRD	RDRDU	UDDDU	**Saint-Saëns** Danse macabre 2t
*URDRD	RDRRR	UDUDD	**Schubert** string quartet/13 in Ami 4m 2t D804
*URDRD	RDRUU	UDDDU	**Haydn** string quartet in B♭ op1/1 'La chasse' 2m
*URDRD	RDUDD	UDRDR	**Liszt** Hungarian rhapsody/12 in C♯mi, piano 3t
*URDRD	RRDRD	RRDRD	**Beethoven** Fidelio: overture 3t
*URDRD	RRUDD	DDD	**Brahms** piano sonata in Fmi op5 2m 2t
*URDRD	RRURD	RDR	**Verdi** La Traviata Act II: Di Provenza il mar
*URDRD	RURDR	DR	**Bach** sonata/1 violin/Clavier in Bmi 1m BWV1014
*URDRD	RURDR	DRURD	**Schubert** piano sonata in Cmi 4m 1t D958
*URDRD	RUUDU	DDUDD	**Liszt** Hungarian rhapsody/14 in Fmi, piano 4t
*URDRD	UDDUR	DDDUD	**Elgar** Pomp & Circumstance march/4 1t
*URDRD	UDRDR	UDUUD	**Smetana** The bartered bride: overture 2t
*URDRD	URDRD	URDRR	**Offenbach** Tales of Hoffmann: Barcarolle
*URDRD	UUDUU	DUUDD	**Liszt** Missa choralis: Kyrie
*URDRD	UURDR	DUURD	**Kurt Weill** Die Dreigroschenoper: Der Mensch
*URDRD	UURDR	DUUU	**Mozart** rondo in F K494 piano
*URDRD	UURDR	DUUUU	**Tchaikovsky** string quartet in D op11 1m
*URDRR	DRDRU	DUUUU	**Wagner** Siegfried Act I: Zu Spreunen schuf ich
*URDRR	RDRRR	DRRUU	**Mozart** symphony/38 in D K504 'Prague' 3m 2t
*URDRR	UDURU	DUD	**Cornelius** Weihnachtslieder op8/3 Drei Könige
*URDRU	DDDDU	DDDUD	**Bach** Cantata/161 Komm, du süsse/3 Mein Verlangen
*URDRU	DUDUD	DDDU	**Schubert** Die schöne Müllerin/16 Die liebe Farbe
*URDRU	RDDDD	DDD	**Brahms** Dein blaues Auge (song) op59/8
*URDRU	RDDRU	RDRUR	**D'Indy** Le Camp de Wallenstein op12 orch 2t
*URDRU	RDDUU	UUDRD	**Waldteufel** Dolores waltzes/2
*URDRU	RDRRU	DUDDD	**Tchaikovsky** Serenade in C op48 1m 2t
*URDRU	RDRUR	DRURD	**Schubert** octet in F 1m 2t D803
*URDRU	RDRUR	DUDD	**Stravinsky** Symphony of Psalms: Exaudi
*URDRU	RDRUU	UDDDD	**Franck** string quartet in D 2m 2t

*URDRU	RDURD	RURDU	**Beethoven** Coriolanus overture 1t
*URDRU	RDUUD	UDDUR	**Wagner** Die Meistersinger Act II: Johannistag!
*URDRU	RDUUR	DUURD	**Smetana** The bartered bride: Polka 2t
*URDRU	RRDUU	RDRUR	**J Strauss Jr** Emperor waltz/1 2t
*URDRU	RRRDR	RDRDU	**Wagner** Die Meistersinger Act III: Sankt Krispin
*URDRU	RUDDD	DDUUR	**Gounod** Faust Act V: ballet 4t
*URDRU	RURUD	DR	**Fauré** Prison (Verlaine song)
*URDRU	RUUDR	DDU	**Sibelius** Pohjola's daughter 1t(a)
*URDRU	RUUUU	DRDDU	**Berlioz** L'Enfance du Christ epilogue: O mon âme
*URDRU	UUDDU	UUUUD	**Thomas Weelkes** As Vesta was descending
*URDUD	DDDDD	DRUD	**Handel** concerto grosso in Cmi op6/8 4m
*URDUD	DDDDD	DRDUD	**Tchaikovsky** string quartet in D op11 2m 1t
*URDUD	DDDUR	DUDUR	**Haydn** symphony/101 in D 'Clock' 3m menuet
*URDUD	DDUDD	DDDUD	**Mahler** symphony/6 in Ami 1m 1t
*URDUD	DUDDD	URDUD	**J Strauss Jr** Nacht in Venedig overture 2t
*URDUD	DUDUD	UDDDD	**Tchaikovsky** symphony/6 in Bmi 'Pathétique' 3m 2t
*URDUD	DURDD	UDURD	**Franck** Les Djinns 3t
*URDUD	DURDU	DRDUU	**Beethoven** piano sonata/6 in F op10/2 1m
*URDUD	DURDU	RDUDD	**Purcell** Dido & Aeneas: Cupid only throws
*URDUD	DURDU	RRDRD	**Chopin** Ballade/1 op23 2t
*URDUD	RDUDR	DUDRD	**Bliss** Checkmate, ballet: Red Knight's mazurka 1t
*URDUD	RRDUD	RRDUD	**Donizetti** Lucrezia Borgia prologue: Com'è bello
*URDUD	RUDDR	UDRD	**Delius** In a summer garden 1t(b)
*URDUD	RUDDU	UDUUR	**Schubert** An die Musik (song) D547
*URDUD	UDDDD	DUUUD	**Handel** concerto grosso in Cmi op6/8 6m
*URDUD	UDDUU	UUDUU	**Inghelbrecht** Four fanfares/4 Dèdicatoire, brass
*URDUD	URDUD	DDD	**Ravel** Mélodies grecques: Là bas vers l'église
*URDUD	URDUD	URDUD	**Mozart** symphony/33 in B♭ K319 1m 2t(b)
*URDUD	URDUD	UUDUU	**Mozart** Serenade in D K250 'Haffner' 3m 2t
*URDUD	URUDD	RURDU	**de Falla** Three cornered hat: Jota 1t
*URDUD	UURDD	UDUUU	**Bach** organ fugue 'Jesus Christus unser Heiland'
*URDUD	UUUUU	UUDRD	**Gesualdo** Dolcissima mia vita (madrigal) [BWV689
*URDUD	UUUUU	UUUDU	**Mozart** oboe concerto in C K314 1m oboe entry
*URDUR	DDDUD	DD	**Handel** Giulio Cesare: Piangerò
*URDUR	DDRDU	DDRUD	**Berlioz** Les Troyens Act I: Quitte-nous
*URDUR	DDUUU	DUUUD	**de Falla** Noches en los jardines de España: Danza
*URDUR	DRRDU	UDD	**Fauré** Requiem: Libera me [Lejana 1t
*URDUR	DRUDD	UUDUU	**Schubert** An die Musik (song) D547
*URDUR	DRURD	DUDDR	**Wagner** Lohengrin: prelude 1t
*URDUR	DUDUD	DURDU	**Bizet** Carmen: intermezzo/1 1t
.*URDUR	DUDUD	R	**Ravel** Soupir (Mallarmé song)
*URDUR	DURDU	DUDUD	**Bach** sonata/6 violin/Clavier in G 5m BWV1019
*URDUR	DURDU	RDURD	**Richard Strauss** waltz from Der Rosenkavalier
*URDUR	DURDU	RDURD	**Haydn** str quartet/74 Gmi op74/3 'Horseman' 1m 1t
*URDUR	DURDU	RDURU	**Haydn** string quartet/75 in G op76 3m 1t
*URDUR	DURDU	RUUUU	**Shostakovich** symphony/6 in Bmi op54 3m 3t
*URDUR	DURUD	D	**Mozart** Serenade in E♭ for wind K375 4m 1t
*URDUR	DUUUD	DDUR	**MacDowell** To a wild rose
*URDUR	DUUUU	DDRUD	**Nielsen** clarinet concerto 1t
*URDUR	RRRUD	RRRRR	**S Wesley** In exitu Israel
*URDUR	RRUUU	DUURD	**Leoncavallo** I Pagliacci: E voi piuttosto
*URDUR	UDDUD	UDDD	**Schumann** sonata violin/piano in Dmi op121 2m 3t
*URDUR	UDRDD	R	**Brahms** symphony/3 in F op90 3m 2t
*URDUR	UDRRU	R	**Wagner** Der fliegende Holländer: overture 1t
*URDUR	UDUUD	DUU	**Wagner** Der fliegende Holländer: Senta's ballad
*URDUR	URDUD	UUUDU	**J Strauss Jr** Der Zigeunerbaron: overture 3t
*URDUR	URDUD	UUUDU	**J Strauss Jr** Treasure waltzes/1

*URDUR	UUDDU	UDUUD	**Schubert** piano sonata in B 1m 3t D575
*URDUR	UURDU	RURUD	**Humperdinck** Hansel & Gretel II: witch's ride
*URDUR	UUUUR	RDDUU	**J Strauss Sr** Radetsky march 2t
*URDUU	DDDDD	DUDUD	**Bach** suite/4 orch: Menuet/1 BWV1069
*URDUU	DDDDR	DUUDD	**Beethoven** Serenade for vln/vla/cello op8 5m
*URDUU	DDDDU	UDUDU	**Mozart** Divertimento in D K334 1m
*URDUU	DDDRU	DUDRD	**Bruckner** Te Deum: In te, Domine, speravi
*URDUU	DDUDD	DURDU	**Wieniawski** Legende, violin/piano
*URDUU	DDUDD	UDUUU	**Mahler** symphony/5 in Cmi 1m funeral march
*URDUU	DDUDU	DDUDD	**Vaughan Williams** symphony/4 in Fmi 1m 4t
*URDUU	DDURD	RDUUU	**Bach** suite/2 flute/str Bmi: overture 1t BWV1067
*URDUU	DDUUD	DUUDU	**Bach** Brandenburg concerto/2 in F 3m
*URDUU	DRDUD	DDDUU	**Eugen d'Albert** Tiefland: Hüll in die Mantilla
*URDUU	DRDUR	DUUDR	**Dvořák** quartet piano/strings in D op23 1m 1t
*URDUU	DRDUU	DUDDD	**Bach** sonata/1 flute/harpsichord Emi 1m BWV1030
*URDUU	DRDUU	DUUDU	**Dvořák** trio/4 piano/vln/cello Emi op90 Dumky 1m 3t
*URDUU	DUDUU	URDUU	**Bach** Partita/3 in Ami, Clavier: Burlesca BWV827
*URDUU	DURDU	UDURD	**Verdi** La Traviata Act III: Addio del passato
*URDUU	DURDU	UUURD	**Dvořák** string quartet in A♭ op105 2m 1t
*URDUU	DUURD	UUD	**Handel** sonata for flute/fig bass in C op1/7 5m
*URDUU	RDDUD	UURDD	**Brahms** string sextet in B♭ op18 1m 2t
*URDUU	RDDUU	UDDUD	**Bizet** Carmen: intermezzo/1 2t
*URDUU	RDRUD	DRDDU	**Josquin des Prés** Coeurs desoles
*URDUU	RDUDU	DDUDU	**Bach** concerto/2 in C, 2 harpsichords 1m BWV1061
*URDUU	RDUUD	DUUD	**Debussy** Trois chansons de France/3 Rondel
*URDUU	RDUUU	DDD	**Franck** quintet piano/strings in Fmi 1m 3t
*URDUU	RURDU	UUURD	**Rimsky-Korsakov** Scheherezade op35 1m 2t
*URDUU	UDDDD	DDDUU	**Haydn** oboe concerto in C (doubtful) theme from 1m
*URDUU	UDDDD	URUUD	**de Falla** 7 Spanish popular songs/1: El paño moruno
*URDUU	UDDDU	DDD	**Granados** El trálálá y el Punteado
*URDUU	UDDUU	UDDUU	**Chopin** piano sonata/3 in Bmi op58 3m
*URDUU	UDRUR	RUDD	**Weber** Der Freischütz Act III: Was gleicht wohl
*URDUU	UDURD	URURR	**Beethoven** symphony/2 in D 2m 1t(b) [auf
*URDUU	URUDD	DUUUD	**Copland** El salon Mexico 3t
*URDUU	UUDUR	RRRUU	**Prokofiev** Peter and the wolf: the grandfather
*URDUU	UUUDU	UUD	**Bach** English suite/4 in F: minuet/1 BWV809
*URDUU	UUUUD		**Handel** harpsichord suite/3 in Dmi 3m
*URDUU	UUUUU	DDD	**Handel** harpsichord suite/4 in Emi 4m
*URRDD	DDRDU	UD	**Granados** La Maja dolorosa/2 Ay majo de mi vida
*URRDD	DRDRU	RRD	**Wagner** Tannhäuser Act III: Allmächt'ge Jungfrau
*URRDD	DRRDD	URRDD	**J Strauss Jr** Wiener-Blut/3 2t
*URRDD	DRURR	DDUDD	**de Falla** Three-cornered hat: The miller
*URRDD	DRUUU	UDDDU	**Verdi** Ernani Act I: Come rugiada al cospite
*URRDD	DUUD		**Mahler** Kindertotenlieder/4 Oft denk ich (song)
*URRDD	UDDDD	RRDD	**Haydn** string quartet/17 in F op3 3m 2t
*URRDD	UDDDD	RRR	**Sullivan** Pirates of Penzance II: With cat-like
*URRDD	UDDRU	UUUDR	**Schubert** Schwanengesang/10 Das Fischermädchen
*URRDD	UDDUR	DDUUR	**Rimsky-Korsakov** Le coq d'or suite 1m 3t
*URRDD	UDRDD	UDURR	**Berlioz** L'Enfance du Christ ptI: Herod's dream (accompaniment)
*URRDD	UDRDU	DDDUU	**Wagner** Die Meistersinger Act I: Schumacherei
*URRDD	UDUDU	UUDUD	**Bach** Motet/2 Der Geist hilft/2 Der aber
*URRDD	URDDR	RDDUR	**Vivaldi** concerto vln/str/organ op8 1m 1t 'Spring'
*URRDD	URDDU	DUDUU	**Mozart** Cosi fan tutte Act I: In uomini
*URRDD	URRDD	DDURR	**Wagner** Tannhäuser: Venusberg music 4t
*URRDD	URRDU	RRDDU	**Sullivan** Patience Act II: A magnet hung
*URRDD	URRUD	UURRD	**Fauré** Dolly suite: Le pas espagnol 2t

*URRDD	UUDUD	UDDUD	**Richard Strauss** Till Eulenspiegel 5t
*URRDD	UUDUU	DDUDD	**Debussy** Petite suite for 2 pianos: menuet 1t
*URRDD	UURUD	UUU	**Sullivan** Iolanthe Act II: When all night long
*URRDR	DDUUU		**Sibelius** symphony/1 in Emi op39 3m 2t
*URRDR	DURRD	R	**Beethoven** trio clar/cello/piano in B♭ op11 2m
*URRDR	RDDUR	DRRUR	**Gounod** Faust Act V: ballet 6t
*URRDR	RDRRD	DUDUD	**Schubert** Der Jüngling und der Tod (song) D545
*URRDR	RRDRD	RURRR	**Wagner** Tannhäuser Act III: Nach Rom gelangt'
*URRDR	RRDUU	DR	**Mozart** Un bacio di mano (song) K541 2t [ich
*URRDR	RRRUD	DDURR	**Haydn** The Seasons: Dann bricht der grosse
*URRDR	RURRD		**Brahms** Kein Haus, keine Heimat (song) op94/5
*URRDU	DDDDU	UUUUU	**Lalo** symphonie espagnole, violin/orch 4m
*URRDU	DDDRD	URURR	**Dvořák** Serenade in Dmi op44 4m
*URRDU	DDDRU	RRDUD	**de Falla** El amor brujo: Love 2t
*URRDU	DDRRU	DDDDD	**Saint-Saëns** Samson et Dalila: Arrêtez ô mes
*URRDU	DDUDD	URRDU	**Liszt** Hungarian rhapsody/14 in Fmi 2t [frères
*URRDU	DDUUD	DUURR	**Rimsky-Korsakov** Le coq d'or suite 3m 3t
*URRDU	DUDDU	URRDU	**de Falla** Montanesa 1t
*URRDU	DUDUR	DUUR	**Sibelius** En saga op9 2t
*URRDU	DUDUU	RDDD	**Wagner** Lohengrin Act III bridal chorus: Treulich
*URRDU	RRDUU	DDDUR	**J Strauss Jr** Artist's life/4 1t [geführt
*URRDU	RRDUR	RDD	**Haydn** str quartet/74 Gmi op74/3 'Horseman' 1m 2t
*URRDU	RRDUR	RDRDR	**Beethoven** Grosse Fuge B♭ op133 countersubject
*URRDU	RRDUR	RDURR	**Vivaldi** mandoline concerto G 1m P134
*URRDU	RRDUR	RUDDD	**Beethoven** piano sonsta/6 in F op10/2 3m
*URRDU	RRDUU	DURRD	**Leopold Mozart** Toy symphony 2m 2t (not by Haydn)
*URRDU	RRUDU	DU	**Massenet** Scènes Alsaciennes IV 2t
*URRDU	RRUUR	RRUDD	**Mozart** symphony/35 in D K385 'Haffner' 1m 2t
*URRDU	UDDDR	RDDDD	**Haydn** symphony/31 in D 3m menuet
*URRDU	UDDDU	DURRD	**Bartok** Hungarian sketches/1 1m 2t
*URRDU	UDDDU	UUDDD	**Thomas Arne** harpsichord sonata/1 in F andante
*URRDU	UDDUD	DUDD	**Tchaikovsky** Romeo & Juliet overture 2t
*URRDU	UDRUR	RDUU	**Lalo** symphonie espagnole, vln/orch 2m 2t
*URRDU	UDUDU	DRUUD	**J Strauss Jr** Roses from the South waltzes/1 2t
*URRDU	URUDU	DU	**J Strauss Jr** Der Zigeunerbaron Act III: Hurrah
*URRDU	UUUUD	UUDDD	**Mozart** sonata/28 in E♭ K380 3m
*URRDU	UUUUU	UUUUD	**Beethoven** piano concerto/1 in C op15 1m 1t
*URRRD	DDDDU	RRRDD	**Waldteufel** Estudiantina waltzes/4 2t
*URRRD	DDDUU	DUDUU	**Liszt** Hungarian rhapsody/14 in Fmi 3t, piano
*URRRD	DDRRU	URRDD	**Dvořák** Serenade in Dmi op44 1m
*URRRD	DDUDD	DUUDR	**Grieg** Symphonic dances/4 1t
*URRRD	DRURR	RDD	**Mozart** Figaro Act II: Aprite, presto, aprite
*URRRD	DUDDD	DUDDU	**Shostakovich** symphony/5 in Dmi op47 2m 3t
*URRRD	DUDUR	UUR	**Schubert** symphony/2 in B♭ 3m 2t D125
*URRRD	RRDRU	DDRRR	**Stephen Adams** The Holy City (verse)
*URRRD	RRRDU	UDDRR	**Mozart** symphony/41 in C K551 'Jupiter' 1m 3t
*URRRD	RRRRR	URUDU	**Beethoven** Serenade, string trio op8 4m 2t
*URRRD	RRUDR	UU	**Berlioz** Harold in Italy 1m intro
*URRRD	RURRD	UDR	**Puccini** Tosca Act I: Recondita armonia
*URRRD	RUUDD	UDRRD	**Haydn** string quartet/1 B♭ op1/1 'La chasse' 4m
*URRRD	UDDDU	DUUDD	**Handel** concerto grosso in F op6/9 2m
*URRRD	UDUDU	RRRDU	**Khachaturian** Gayaneh ballet: Ayshe's dance
*URRRD	UDURR	RDU	**Mussorgsky** Pictures from an exhibition: Hut of
*URRRD	UDURU	RD	**Verdi** Don Carlos Act II: Non pianger [Baba Yaga
*URRRD	UDUUD	UUDDD	**Haydn** symphony/77 in B♭ 4m
*URRRD	URRRU		**Beethoven** Egmont: Clärchen's song

*URRRD	URUDD	DDDUU	**Haydn** The wanderer (song)
*URRRD	UUDDR	UDDUD	**Mozart** Divertimento in F K247 1m 2t
*URRRD	UUDRR	DUDDU	**Khachaturian** Gayaneh ballet: Rose Maidens' dance
*URRRD	UUDRU	RRRDU	**Sullivan** The Sorcerer: My name is John W Wells
*URRRD	UURRR	RRUD	**Bruckner** Te Deum 1t
*URRRD	UUURD	UUUDU	**Haydn** oboe concerto in C (doubtful) 1m intro
*URRRR	DDUUR		**Mascagni** Cavalleria rusticana: O Lola
*URRRR	DDUUU	DDURR	**Hugo Wolf** Epiphanias (song)
*URRRR	DRRRD	RRD	**Sullivan** HMS Pinafore Act I: When I was a lad
*URRRR	DRRUR	RRRD	**Schubert** piano sonata in G 3m 1t D894
*URRRR	DUDUR	RRRDU	**Vivaldi** concerto Gmi vln/str/org 'Summer' The
*URRRR	DUDUR	RRRUD	**Verdi** Falstaff Act III: Sul fil [cuckoo
*URRRR	DURRR	RDUDU	**Shostakovich** The golden age, ballet 3t
*URRRR	DURRR	RDURR	**Mozart** symphony/40 in Gmi K550 2m 1t
*URRRR	DURRU	UDDUR	**Ibert** Divertissement, chamber orch 5m Parade 1t
*URRRR	DUUDR	DUUUU	**Bizet** L'Arlésienne suite/1 minuetto 1t
*URRRR	DUUUU		**Chopin** waltz in A♭ op34 3t
*URRRR	DUUUU	RRRRD	**Mozart** symphony/28 in C K200 2m 1t
*URRRR	DUUUU	UDUDD	**Mendelssohn** symphony/3 in Ami op56 'Scotch' 4m 2t
*URRRR	RDDRR	URR	**Sullivan** Yeomen of the Guard I: The screw may
*URRRR	RRDUD	DUD	**Bizet** Les pêcheurs de perles: De mon amie
*URRRR	RRDUR	RRRRR	**Brahms** Hung. dances/2 in Dmi piano 4 hands 2t
*URRRR	RRDUU	UDD	**Massenet** Le Cid 6m Madrilène 1t
*URRRR	RRRRD	DUUUU	**Beethoven** symphony/1 in C 3m 2t
*URRRR	RRRRD	UUDUU	**Richard Strauss** Till Eulenspiegel 4t
*URRRR	RRRUD	DRRRR	**Mahler** Zu Strassburg auf der Schwanz (song)
*URRRR	RRUUD	URRRR	**Mozart** horn concerto in E♭ K447 3m
*URRRR	RUDDU	DDUDD	**Moszkowski** Spanish dances op12/2 2t
*URRRR	RUDRD		**Liszt** Liebestraum/3 piano
*URRRR	RUDUU	RRRRR	**Leopold Mozart** trumpet concerto 2m
*URRRR	RUUDD	UDUDD	**Haydn** str quartet/74 Gmi op74/3 'Horseman' 3m 2t
*URRRR	UDDDD	DUDDD	**Saint-Saëns** Intro & rondo capriccioso op28 3t
*URRRR	UDDDU	UUUUD	**Scarlatti** Qual farfaletta amante (song)
*URRRR	UDDRR	UUURR	**Vivaldi** flute concerto in F 2m
*URRRR	UDDUD	DDUUD	**Mozart** Serenade in E♭ for wind K375 5m
*URRRR	UDDUD	DUDDD	**Vivaldi** conc'to grosso Ami (l'Estro armonico) 1m
*URRRR	UDDUU	DURRR	**Mozart** piano concerto/22 in E♭ K482 3m 1t
*URRRR	UDRRU	DDDDU	**Shostakovich** quintet piano/strings op57 3m 2t
*URRRR	UDUDD		**Beethoven** string quartet/6 in B♭ op18/6 1m 2t
*URRRR	UDURR	RRUDU	**Mozart** piano concerto/22 in E♭ K482 3m 1t
*URRRR	URDDU	DURRD	**Beethoven** Die Liebe des Nächsten (song) op 48/2
*URRRR	UUDDR	UURRR	**Handel** Fireworks music 4m
*URRRR	UUDUU	DRRRR	**Chopin** piano sonata in B♭mi op35 2m 1t
*URRRU	DDUDD	DUDDD	**Wolf-Ferrari** Susanna's secret: overture 3t
*URRRU	DDUDU	DDDDU	**Bach** organ fugue in Cmi BWV537
*URRRU	DDUUD	D	**Beethoven** piano/wind quintet in E♭ op16 3m
*URRRU	DDUUD	UUDDU	**Mascagni** Cavalleria rusticana: In mezzo
*URRRU	DDUUD	UUUUU	**Schumann** Nachtstück op23/4 piano
*URRRU	DRDDD	UUDD	**Dvořák** string sextet op48 1m 1t
*URRRU	DUDUD	DRUDU	**Mahler** symphony/4 in G 1m 3t
*URRRU	DUUDR	UDUUD	**Haydn** The Seasons: Ein Mädchen
*URRRU	RDRRR	UDU	**Thomas Weelkes** Say dear, when will our frowning
*URRRU	RDUUR	URRRU	**Beethoven** piano sonata/8 Cmi 'Pathétique' op13
*URRRU	RRRDR	DRDRD	**Beethoven** str quartet/6 in B♭ op18/6 2m [3m 3t
*URRRU	RRRUR	RRDDU	**Waldteufel** España waltzes/3 2t
*URRRU	RRRUR	RRURR	**Handel** sonata in G 2 fl or 2 vlns op2/2 1m
*URRRU	RRRUR	RRURR	**Vivaldi** concerto grosso in Dmi op3/11 3m

*URRRU	RRUUU	DU	**Warlock** Captain Stratton's fancy (song)
*URRRU	RUDUU		**Schubert** Liebhaber in allen Gestalten (song)
*URRRU	RURRR	RUDDU	**Vaughan Williams** Fantasia on Tallis theme [D558
*URRRU	UDDDR	RUUDU	**Walton** Belshazzar's Feast: In Babylon
*URRRU	URDDU	DUDDR	**Haydn** symphony/48 in C 3m menuet
*URRRU	URDRR		**Schumann** Papillons op2/12 piano: finale
*URRRU	URRRU	UDRDR	**Boccherini** cello concerto in G 3m
*URRRU	UUDRR	DURRR	**Haydn** oboe concerto in C (doubtful) 3m rondo
*URRUD	DDDUD	DDRRR	**Bizet** symphony in C 4m 2t
*URRUD	DDDUU	RDDRR	**Chopin** nocturne/1 in C♯mi op27
*URRUD	DDRRR	DDUUD	**Berlioz** Te Deum/1 Te deum laudamus
*URRUD	DDRRR	UDUU	**Schumann** Dichterliebe/12 Am leuchtenden
*URRUD	DUDDD	UUUD	**Saint-Saëns** Carnaval des animaux: Lion
*URRUD	DUDUR	RUDUU	**Saint-Saëns** Carnaval des animaux: l'éléphant
*URRUD	DUUDD	RURRD	**Handel** Water music 11m
*URRUD	DUUDU	DDDUR	**Schubert** symphony/3 in D 2m 2t D200
*URRUD	DUUDU	DDDUU	**Catalani** La Wally: Ne mai dunque
*URRUD	DUUUU	DDRRU	**Haydn** symphony/99 in E♭ 4m
*URRUD	RDURR	UDRRD	**Mozart** Serenade in E♭ for wind K375 3m
*URRUD	RDURR	UDRRU	**Mozart** Idomeneo Act III: D'Oreste, d'Ajace
*URRUD	RDUUD	DDRDR	**Schubert** Schwanengesang/8 Der Atlas D957
*URRUD	RUUUD	DRD	**Puccini** Madam Butterfly Act II: Lo so che
*URRUD	UDUDU	DDRUR	**Waldteufel** España waltzes/4 1t
*URRUD	UDUDU	DUDUU	**Bach** Mass in B minor/20 Osanna
*URRUD	UUDDU	DDURR	**Inghelbrecht** Nurseries/3/5 Où est la Marguerite?
*URRUR	DDDDR	RUDDD	**Berlioz** La Damnation de Faust: Easter·hymn
*URRUR	DRUDU	DRDRU	**Brahms** sonata clar or viola/piano E♭ op120 1m 2t
*URRUR	RDRRU	R	**Schumann** string quartet in A op41/3 2m 3t
*URRUR	RRRDD	U	**Schumann** Fantasy in C op17 1m 3t
*URRUR	RUDDU	DDDUU	**Haydn** The Creation: Die Himmel erzählen
*URRUR	RURDD	DDRRU	**Beethoven** symphony/1 in C 2m 1t
*URRUR	RURRD	DRDUR	**Mozart** Die Zauberflöte Act I: Es lebe Sarastro
*URRUR	RURRU	RUUDU	**Waldteufel** España waltzes/3 1t
*URRUR	RUUUU	DURRD	**Josef Strauss** Sphärenklange waltzes/2
*URRUR	URDDR	DDUUR	**S S Wesley** Ascribe unto the Lord
*URRUU	DDDDD	DRRUU	**Beethoven** piano sonata/15 in D 'Pastoral' op28
*URRUU	DDRRU	DDURU	**Dvořák** Slavonic dances/13 op72/5 1t [2m 2t
*URRUU	DDRUD	DRURR	**Dvořák** string trio in Fmi op65 2m
*URRUU	DDRUU	DRDDU	**Brahms** string quartet in B♭ op67 4m
*URRUU	DDRUU	DUUDU	**Bach** suite/1 in C: forlane BWV1066
*URRUU	DDUDU	DDUUD	**Bach** English suite/2 in Ami: gigue BWV807
*URRUU	DRRUU	DRUDU	**Haydn** symphony/43 in E♭ 3m menuetto
*URRUU	RDDDR	DDU	**Rachmaninov** Moment musical, piano op16/2
*URRUU	RDDUR	RUUDU	**Mendelssohn** Auf Flügeln des Gesanges op34/2
			(On wings of song)
*URRUU	RDRRR	URRUU	**Mozart** piano concerto/15 in B♭ K450 3m
*URRUU	RRDUR	RDUDU	**Mozart** violin concerto/3 in G K216 3m 3t
*URRUU	RRUUR	UDRRU	**Schubert** string quartet/14 in Dmi 4m 1t D810
*URRUU	RUDRD		**Mendelssohn** Die Liebende schreibt (song) op86/3
*URRUU	UDDDD	URRDR	**Tchaikovsky** symphony/5 in Emi op64 1m 1t
*URRUU	UDUDD	DDDDD	**Sibelius** In memoriam, (funeral march) orch op59
*URRUU	UDUDR	RUUUD	**Brahms** Serenade in D op11 6m 1t
*URRUU	UUD		**Beethoven** symphony/4 in B♭ 2m 3t
*URRUU	UURRU	DDDRR	**Glazunov** violin concerto in Ami 4t
*URUDD	DDDRU	RUDDD	**John Dowland** My Lady Hunsdon's puffe
*URUDD	DDUUD	UUDRU	**Mozart** concerto 2 pianos/orch E♭ K365 3m
*URUDD	DRDRD	DDUDD	**Haydn** symphony/31 in D 4m pt 1

157

*URUDD	DRRRU	RUDDD	**J Strauss Jr** The Blue Danube/3 1t
*URUDD	DRUDU	RUDDD	**Chausson** quartet piano/strings op30 3m 1t
*URUDD	DUDDU	UUDUU	**Ravel** Daphnis & Chloë suite/2 1t(b)
*URUDD	DUDRD	DDRRR	**Poulenc** piano concerto 1m 2t
*URUDD	DUDUU	DDDUD	**Bizet** The fair maid of Perth: A la voix
*URUDD	DURUD	DDDRD	**Schumann** Andante & variations for 2 pianos op46
*URUDD	DURUD	DDURU	**Boieldieu** Le Calife de Bagdad overture 2t
*URUDD	DUUDD	UDDDU	**Saint-Saëns** piano concerto/2 in Gmi op22 2m 2t
*URUDD	DUUDU	UUDDU	**Ravel** piano concerto in G 1m 1t
*URUDD	DUUUD	RUUDD	**Haydn** string quartet/38 in E♭ op33 'The joke' 1m
*URUDD	DUUUR	UDDDU	**Dvořák** symphony/9 in Emi 'New World' 3m 2t
*URUDD	DUUUU	DDUD	**Richard Strauss** Don Juan 3t
*URUDD	DUUUU	UDDDU	**Debussy** Trois chansons de France/2 La grotte
*URUDD	RDDUU	UUUDR	**Richard Strauss** Also sprach Zarathustra 1t
*URUDD	RDUUD	D	**Alexander Hume** Flow gently sweet Afton (song)
*URUDD	RUDDU		**Mozart** Divertimento in C K188 4m
*URUDD	RUDDU	UDDD	**Holbrooke** Bronwen overture 1t
*URUDD	RUURU	URDDR	**Anton Rubinstein** Berceuse
*URUDD	RUUUU	DRDRU	**Offenbach** Gaieté Parisienne: allegro 1t
			also galop from Orpheus in Hades 1t
*URUDD	UDDDU	DRDRD	**Berlioz** Carnaval Romain overture 2t, or
			Benvenuto Cellini Act I: Venez, venez
*URUDD	UDRUR	UDDDU	**Haydn** The Creation: Mit Würd' und Hoheit
*URUDD	URDUU		**Schubert** impromptu/2 in A♭ piano D935
*URUDD	URUDD	DDDUU	**Haydn** string quartet/8 op2 4m
*URUDD	UUDDD		**Mahler** symphony/9 in D 4m intro
*URUDD	UUDDR	UDDUU	**Puccini** Manon Lescaut Act III: Guardate
*URUDD	UUDDU	UUDDU	**Haydn** symphony/95 in Cmi 2m
*URUDD	UUDRU	DDDU	**Chopin** piano concerto/1 in Emi op11 2m 2t
*URUDD	UURDD	UDDUD	**Hubert Parry** Dear Lord and Father of Mankind
*URUDD	UUURD	DUUUD	**Adam** Giselle II: Grand pas de deux [(hymn)
*URUDD	UUUUR	DDU	**Puccini** Madam Butterfly Act II: Addio, fiorito
*URUDD	UUUUR	DUDDU	**Bach** Magnificat in D/11 Sicut locutus est BWV243
*URUDR	DDDDU	DDURR	**Berlioz** Requiem/1b Te decet hymnus
*URUDR	DDDUR	UD	**Berlioz** King Lear overture 2t
*URUDR	DDUUD	DDUUD	**Erik Satie** Sarabande/1, piano
*URUDR	DRRRU	DURDR	**Schubert** Die Winterreise/21 Das Wirtshaus
*URUDR	DRU		**Beethoven** string quartet/4 in Cmi op18/4 1m 1t
*URUDR	DURRU	RUDRD	**Stravinsky** Symphony in 3 movements 3m 3t
*URUDR	DUUUU	UDDRU	**Beethoven** piano sonata/18 in E♭ op31/3 3m 1t
*URUDR	RURUD	DUD	**Charles E Horn** Cherry ripe (song)
*URUDR	UDRDD	URUDR	**Schubert** Scwanengesang/1 Liebesbotschaft
*URUDR	UDRUD		**Mozart** Serenade in D K250 'Haffner' 3m 1t
*URUDR	UDRUD	RDURD	**Beethoven** Ecossaises in E♭ (1823) piano
*URUDR	UDUDR	UDDUD	**Orff** Carmina Burana 9m 1t
*URUDR	UDUDU	RUDDD	**Sullivan** The Mikado Act II: The criminal cried
*URUDR	URRDU		**Thomas Tomkins** When David heard (madrigal)
*URUDR	UUDDD	DDUDR	**Mahler** symphony/3 in Dmi 2m 1t
*URUDU	DDRUD	DUUD	**Spohr** As pants the hart
*URUDU	DDRUD	UDDUD	**Beethoven** piano/wind quintet in E♭ op16 1m intro
*URUDU	DRDUD	DRU	**Sullivan** Yeomen of the Guard I: Were I thy bride
*URUDU	DRRUR	UDUDU	**Mozart** Don Giovanni II: O statua gentilissima
*URUDU	DUDDD	UDDDD	**D'Indy** Suite en parties op91 2m Air désuet
*URUDU	DUDDD	UDUDU	**Chopin** prelude/4 op28
*URUDU	DUURU	D	**Schumann** symphonic études in C♯mi op13/2 piano
*URUDU	RRRDD	DUDUD	**Schubert** Rondo in Bmi vln/piano 1t D895
*URUDU	RU		**Stainer** Crucifixion: Fling wide the gates

*URUDU	RUDDU	UDURU	**Brahms** violin concerto in D op77 3m 1t
*URUDU	RUDUD	UDR	**Bartok** Rhapsody/1 violin/orch 2m 2t
*URUDU	RUDUR	URURU	**Grieg** string quartet in Gmi op27 1m 1t
*URUDU	RURDD	UUUDD	**Purcell** Ode on St Cecilia's day: 'Tis Nature's
*URUDU	RURUD	U	**Bizet** Les pêcheurs de perles I: Au fond [voice
*URUDU	UDDDU	DD	**Mozart** sonata/33 violin/piano in E♭ K481 3m
*URUDU	UDDUU	DDUUD	**Saint-Saëns** violin concerto/3 in Bmi op61 3m 1t
*URUDU	UDDUU	DUUDD	**Schubert** Grand Duo in C piano 4 hands 4m D812
*URUDU	UDDUU	DUUUD	**Richard Strauss** Meinem Kinde (song) op37/3
*URUDU	UDUDD	UUUUD	**Schubert** string quartet/10 in E♭ 3m D87
*URUDU	UDUUR	DUDRU	**Schumann** string quartet in A op41/3 4m 3t
*URUDU	UDUUU	UDUDU	**Bach/Gounod** Ave Maria
*URUDU	UUUDD	DDUUU	**Handel** march from Scipio: Toll for the brave
*URUDU	UUUDR	UDUUU	**Haydn** string quartet/76 in D op76 4m 1t
*URUDU	UUUUD	D	**Mendelssohn** symph/3 in Ami op56 'Scotch' 4m 4t
*URUDU	UUUUD	DDDUD	**Milhaud** Création du Monde 4m 1t
*URURD	DDDRR	RUUDD	**Mozart** Die Zauberflöte: overture intro
*URURD	DDDUR	UDDUR	**Brahms** string quartet/1 in Cmi op51/1 4m 1t
*URURD	DRRRU	DDDD	**Schubert** Die Forelle (song) D550
*URURD	DRRUD	DDD	**Schubert** quintet piano/strings A 'Trout' 4m D667
*URURD	DUUDU	DDUUD	**Beethoven** Serenade, vln/viola/cello op8 3m
*URURD	DUUDU	UDDUU	**Schubert** Lied der Mignon: Nur wer die Sehnsucht
*URURD	RDRUR	RDDUU	**Delibes** Le Roi s'amuse: Passepied [D481
*URURD	RRDUU	RRUDD	**Hugo Wolf** Der Rattenfänger (song)
*URURD	RUDDR	UDDRR	**Karl Zeller** Der Vogelhändler: Als geblüht
*URURD	RUDRU	DDUUU	**Brahms** string quartet/1 in Cmi op51/1 4m 4t
*URURD	RURDR	URDRU	**Saint-Saëns** piano concerto/2 Gmi op22 3m 1t
*URURD	RURDU	DUUUU	**Schubert** symphony/3 in D 4m 1t D200
*URURD	UDDDD	DRURU	**Respighi** Pines of Rome: Pines of Villa Borghese
*URURD	UDDDU	DD	**Mozart** Serenade in D K250 'Haffner' 6m [1t
*URURD	UDUDU	URDUD	**Grieg** piano concerto op16 3m 1t
*URURD	UDURR	DRRRR	**Handel** Acis & Galatea: I rage, I melt
*URURD	UUURD	DDUUD	**Brahms** piano sonata/3 in Fmi op5 finale 1t
*URURD	UUURD	DUDD	**Mozart** sonata/24 violin/piano in F K376 3m
*URURR	DURUD	URURR	**Debussy** Images: Iberia 3m 2t
*URURR	RUDUD		**Ravel** Le paon (song)
*URURU	DDURU	URRUD	**Bizet** 'Roma' symphony 1m 1t
*URURU	DRRRR	URRRR	**Ravel** Asie (song from Shéhérazade)
*URURU	DRUUD	DRRDU	**Cyril Scott** Prelude, piano
*URURU	DUDDU	UDUDU	**Purcell** Ode on St Cecilia's Day/11: The fife
*URURU	DUDUD	UUUUD	**Wagner** Tristan & Isolde Act II: O sink'
*URURU	RDDDU	DUUDD	**Grieg** Holberg suite 3m 1t gavotte
*URURU	RDDDU	UUURD	**Dvořák** Serenade for strings in E op22 1m 2t
*URURU	RDDUR	URURD	**Ponchielli** Dance of the hours 1t
*URURU	RDDUR	URUUD	**Vaughan Williams** A piper in the streets (song)
*URURU	RDDUU	DUUDD	**Georges Enesco** Rumanian rhapsody
*URURU	RDRDR	URDRD	**Ippolitov-Ivanov** Caucasian sketches 2m In the
*URURU	RDRUD	URURU	**Sullivan** Ruddigore I: The battle's [village
*URURU	RDRUR	URDUD	**Grieg** Peer Gynt suite/2 3m
*URURU	RURDD	RUUUD	**Verdi** Il trovatore Act IV: Mira, di acerbe
*URURU	RURDR	DRDRD	**Khachaturian** Gayaneh ballet: Dance of Kurds
*URURU	RURDR	DRDUU	**Schumann** symphony/4 in Dmi op120 3m 1t
*URURU	RURUD	DUUUD	**Tchaikovsky** Hamlet, fantasy overture 2t [1t
*URURU	RURUR	DRDDD	**Gershwin** piano concerto in F 1m 1t
*URURU	RURUR	URD	**Mozart** string quartet/15 in Dmi K421 3m 2t
*URURU	RURUR	URURU	**Dvořák** Bagatelles, piano/strings op47 2m
*URURU	RURUR	URURU	**Chopin** prelude/12 op28

*URURU	RURUU	RDUD	**Sullivan** Princess Ida Act II: Mighty maiden
*URURU	RUUUR	DDUDD	**Lalo** symphonie espagnole 5m 1t
*URURU	RUUUR	DRDRD	**Borodin** Prince Igor: Polovtsian dances 3t
*URURU	UDDDR	URDDU	**Mozart** Die Zauberflöte Act II: Ein Màdchen
*URURU	UDDDU	RURUU	**Schubert** symphony/1 in D 1m intro D82
*URURU	UDRDR	URDUD	**Franck** Les Djinns 1t
*URURU	UDUDD	UDUDD	**Beethoven** rondo in G op129 'Rage over the lost penny'
*URURU	UDUDD	UDUU	**Haydn** The Seasons: Ihr Schönen aus der Stadt
*URURU	UDUDU	RDU	**Beethoven** Leonore/1 overture 2t
*URURU	URDDD	DU	**Berlioz** Harold in Italy 4m 1t
*URURU	URDUD	UUDDU	**Bach** French suite/6 in E gavotte BWV817
*URURU	URUDU	DURUR	**Delibes** Sylvia ballet: Marche de Bacchus 2t
*URURU	UUDDD	DUDDD	**Josef Suk** Serenade for strings E♭ op6 2m 2t
*URURU	UUUDD	UURUU	**Boito** Mefistofele, prologue: Ave Signor
*URUUD	DDDRD	UUUUU	**Shostakovich** symphony/9 in E♭ op70 3m 2t
*URUUD	DDUDD	UDD	**Bach** Partita/5 in G, Clavier: Passepied BWV829
*URUUD	DDUDU	RDRUD	**Handel** Messiah: O Death! Where is thy sting?
*URUUD	DDURU	DDRDD	**Mozart** quartet for flute/strings in A K298 1m
*URUUD	DDUUR	URUDU	**Daquin** Noel/6, organ
*URUUD	DDUUU	UDDUD	**Bach** Christmas Oratorio/47 Erleucht' auch
*URUUD	DRDRU	UDDDU	**Beethoven** string quartet/13 in B♭ op130 4m
*URUUD	DRUUD	DRRRD	**Beethoven** symphony/1 in C 2m 2t
*URUUD	DUDUD	DD	**Schubert** Rosamunde, ballet/1 1t D797
*URUUD	RDRUU	UURRU	**Handel** Messiah: The trumpet shall sound
*URUUD	RUDRD	RDDU	**Humperdinck** Hansel & Gretel: Evening prayer
*URUUD	RUDUD	DUU	**Offenbach** Tales of Hoffmann Act III Scintille
*URUUD	UDDDU	UDUD	**Sibelius** King Christian II suite: ballade 1t
*URUUD	UDRDD	DDUUU	**Haydn** symphony/97 in C 1m intro
*URUUD	UDRUU	UDDUD	**Lalo** cello concerto in Dmi 1m 2t
*URUUD	URUUD	URUUR	**R Strauss** Bürger als Edelmann: Fencing master
*URUUD	UUURD	DDDUR	**Copland** Appalachian Spring 5t Shaker [2t
*URUUR	RDDRD	DRRUR	**Schubert** piano sonata in D 2m 2t D850
*URUUR	RDRDU	DDRDD	**Schumann** Die beiden Grenadiere (song) op49/1
*URUUR	UDRDD	RDDRU	**Brahms** trio piano/vln/cello in E♭ op40 4m 1t
*URUUR	UUDDU	UDUUU	**Wagner** Parsifal Act I: Nehmet hin meinen Leib
*URUUR	UURDD	RUDRD	**Sibelius** symphony/4 in Ami 2m 4t
*URUUU	DDDUU	UURRR	**Gavin Gordon** The Rake's Progress, ballet 1m 1t
*URUUU	DDRDU	UDDDD	**Grieg** Holberg suite 2m sarabande
*URUUU	DR		**Mozart** Serenade (Serenata notturna) D K239 2m 2t
*URUUU	DRDDR	DUUDR	**Richard Strauss** Don Juan op20 5t
*URUUU	DRURD	RURDD	**Berlioz** Les Troyens Act IV: O blonde Cérès
*URUUU	DUUDD	UURUD	**Mendelssohn** Songs without words/27 piano op62/3
*URUUU	RUDDR	DU	**Bach** St John Passion/28 In meinem Herzens
*URUUU	UUUDU	DDDRD	**Beethoven** piano sonata/8 Cmi op13 'Pathétique'
*URUUU	UUUUU	DDU	**Schumann** Novelette op21/1 piano 1t [3m 2t
*UUDDD	DDDDD	DDUUU	**Liszt** Grandes études de Paganini/2 in E♭ piano
*UUDDD	DDDDD	DUUUD	**Brahms** symphony/1 in Cmi op68 1m 1t
*UUDDD	DDDDD	U	**Liszt** Hungarian rhapsody/2 in C♯mi piano 6t
*UUDDD	DDDDU	DRD	**Verdi** La Traviata Act I: Sempre libera
*UUDDD	DDDDU	UUUUU	**Handel** sonata for flute/fig bass in Bmi op1/9 3m
*UUDDD	DDDRR	RUUUD	**Mozart** Deutsche Tänze/4, orch K571
*UUDDD	DDDRU	UDDDU	**Beethoven** piano sonata/26 in E♭ op81a 1m 1t(b)
*UUDDD	DDDUD	UDDD	**Bach** Partita/2 in Cmi, Clavier: capriccio BWV826
*UUDDD	DDDUD	UUDDD	**Haydn** symphony/94 in G 3m trio
*UUDDD	DDDUR	DUDDD	**Glinka** Kamarinskaya, orch 1t
*UUDDD	DDDUR	UUDDD	**Dvořák** trio piano/vln/cello Emi op90 'Dumky' 1m 1t(b)
*UUDDD	DDDUU	DDDDD	**Franck** Grande pièce symphonique 1t

```
*UUDDD DDDUU DDRRR   Walton  Façade suite/1: tango-pasodoble 1t
*UUDDD DDDUU DDUUU   Debussy  Préludes Bk I/11: La danse de Puck
*UUDDD DDDUU DUUUR   Haydn  symphony/89 in F 1m
*UUDDD DDDUU RDRDR   Bach  St Matthew Passion/78 Wir setzen uns
*UUDDD DDDUU UUUDD   Rossini  Stabat mater: Pro peccatis
*UUDDD DDDUU UUUUD   Boccherini  cello concerto in B♭ 2m
*UUDDD DDDUU UUUUD   Mozart  violin concerto in D K218 3m 2t
*UUDDD DDRD          Beethoven  symphony/3 in E♭ 'Eroica' 2m 3t
*UUDDD DDRRR RRRR    Dvořák  string quartet/6 in F op96 4m intro
*UUDDD DDRUD UDDR    Mendelssohn  trio piano/vln/cello Cmi op66 1m 3t
*UUDDD DDRUU         Ravel  Gaspard de la nuit/3 Scarbo, piano
*UUDDD DDUDD UDDDU   Bach  organ prelude in Emi BWV533
*UUDDD DDUDR RRUR    Brahms  Ein deutsches Requiem: Ich will euch
*UUDDD DDUDR UDRDR   Mozart  violin concerto in A K219 1m intro
*UUDDD DDUDU DUD     Dvořák  Serenade for strings in E op22 2m 1t
*UUDDD DDUDU DUDDU   Gershwin  piano concerto in F 3m 2t
*UUDDD DDUDU ϽUDUD   Tchaikovsky  symphony/5 in Emi op64 2m 3t
*UUDDD DDUDU UDURR   Bruckner  symphony/3 in Dmi 3m 2t(b)
*UUDDD DDUDU UUUDD   Beethoven  piano concerto/3 in Cmi 1m 1t
*UUDDD DDUDU UUUUD   Bach  Well-tempered Clavier Bk II: fugue/9 BWV878
*UUDDD DDUDU UUUUU   Hindemith  Mathis der Maler, symphony 2m 2t
*UUDDD DDURD UDDUD   Brahms  trio in Ami clar or vla/cello/piano op114 3m
*UUDDD DDUUD DDDUD   Beethoven  symphony/1 in C 1m 2t
*UUDDD DDUUD DU      Stravinsky  Apollon Musagète, ballet: Apollo
*UUDDD DDUUD UDDDD   Bach  Magnificat in D/3 Quia respexit
*UUDDD DDUUD UUDRU   J Strauss Jr  Thousand and one nights/1 3t
*UUDDD DDUUU         Beethoven  string quartet/11 in Fmi op95 1m
*UUDDD DDUUU DUUDD   Mozart  piano concerto/5 in D K175 1m 2t
*UUDDD DDUUU UDD     Beethoven  symphony/6 in F 'Pastoral' 1m 1t
*UUDDD DRDRR UUDDD   Meyerbeer  Les patineurs 2m
*UUDDD DRRRU UDDDD   J Strauss Jr  Die Fledermaus Act III: Spiel' ich
*UUDDD DRRUD RDUUU   Brahms  symphony/1 in Cmi op68 2m 1t
*UUDDD DRUUU DDURD   Clementi  piano sonata in B♭ op47/2 3m 2t
*UUDDD DUDDD RUUDD   Brahms  sonata for violin/piano in G op78 3m 2t
*UUDDD DUDDD UDDRD   Bach  Well-tempered Clavier Bk II: prel/11 BWV880
*UUDDD DUDDU DDUDU   Prokofiev  gavotte op32/3 piano
*UUDDD DUDDU DUUUU   Stravinsky  Firebird: Ronde des Princesses 1t
*UUDDD DUDDU UDDDD   Reger  quintet clarinet/strings in A op146 2m 2t
*UUDDD DUDDU UDUUU   Bach  concerto for 2 Claviers in C 2m BWV1061
*UUDDD DUDDU URUDU   Rimsky-Korsakov  Antar symphony 1m intro 2t
*UUDDD DUDRD URUUD   Richard Stevens  Sigh no more, ladies (song)
*UUDDD DUDRR URRUD   Beethoven  symphony/5 in Cmi 4m 1t
*UUDDD DUDRU DUUDD   Bach  English suite/1 in A: sarabande BWV806
*UUDDD DUDUD UDUD    Brahms  Ballade in Gmi op118/3 1t
*UUDDD DUDUD UUDDD   Richard Strauss  Aus Italien: Roms Ruinen 2t
*UUDDD DUDUR DRDRD   Bach  French suite/6 in E: polonaise BWV817
*UUDDD DUDUU DDDDU   Bach  Well-tempered Clavier Bk I: prel/7 BWV852
*UUDDD DUDUU UDDDD   Mozart  symphony/39 in E♭ K543 4m
*UUDDD DUDUU UDDDU   Beethoven  str qtet/7 in F op59/1 'Rasoumovsky' 2m
*UUDDD DUDUU UDUDD   Granados  El Majo discreto
*UUDDD DURDD DDUUD   Dvořák  symphony/6 in D op60 1m 2t
*UUDDD DURDD RD      Bach  sonata/1 solo vln Gmi: siciliana BWV1001
*UUDDD DURDR DRDRD   Berlioz  King Lear overture 3t
*UUDDD DURUD UUDRD   Holst  Two songs without words/2 op22/2 3t
*UUDDD DURUU UDDUU   John Ireland  Concertino pastorale 1m 1t
*UUDDD DURUU UUUUD   Elgar  violin concerto in Bmi 1m 1t(a)
*UUDDD DUUDD DDUUD   Bach  Two-part inventions/12 A Clavier BWV783
```

*UUDDD	DUUDD	DDUUD	**Brahms** trio piano/vln/cello in C op87 1m 2t
*UUDDD	DUUDD	DDUUD	**Chopin** waltz in C♯mi op64/2 2t
*UUDDD	DUUDD	DDUUD	**Liszt** Gnomenreigen étude, piano 2t
*UUDDD	DUUDD	DDUUU	**Hindemith** Kleine Kammermusik op24/2 5m 2t
*UUDDD	DUUDD	DR	**Britten** Simple symph 3m sentimental sarabande 1t
*UUDDD	DUUDD	DR	**Offenbach** Tales of Hoffmann Act III: O Dieu
*UUDDD	DUUDD	DUDDR	**Bach** Brandenburg concerto/4 in G 1m BWV1049
*UUDDD	DUUDD	DUDDU	**Massenet** The last dream of the Virgin
*UUDDD	DUUDD	DUUDD	**Mozart** Deutsche Tänze/1 orch K605
*UUDDD	DUUDD	UDUUD	**Fauré** impromptu/2 1t op34 piano
*UUDDD	DUUDD	UUUUD	**Wagner** Die Meistersinger I: Das Blumenkränzlein
*UUDDD	DUUDU	DRDUD	**Ravel** Intro & Allegro, harp/str quartet: intro 2t
*UUDDD	DUUDU	UDUDD	**Schubert** Der Hirt auf dem Felsen (song) D965
*UUDDD	DUUDU	UUDUD	**Herold** overture to Zampa 1t
*UUDDD	DUURD	RUUDD	**Hugo Wolf** Ich hab' in Penna einen Liebsten (song)
*UUDDD	DUURD	UUUDU	**Saint-Saëns** violin concerto/3 in Bmi op61 1m 2t
*UUDDD	DUUUD	DDDRR	**Richard Strauss** waltz from Der Rosenkavalier
*UUDDD	DUUUD	DDUDD	**Beethoven** str qtet/8 Emi op59/2 'Rasoumovsky' 4m
*UUDDD	DUUUD	DUUUD	**Mozart** horn concerto in E♭ K495 1m
*UUDDD	DUUUD	UD	**Vaughan Williams** symphony/3 'Pastoral' 2m 1t
*UUDDD	DUUUU	DD	**Debussy** Images: Reflets dans l'eau 2t
*UUDDD	DUUUU	DDDDU	**Mozart** symphony/35 in D K385 'Haffner' 3m 2t
*UUDDD	DUUUU	DDDDU	**Vaughan Williams** The wasps 1m (overture) 1t
*UUDDD	DUUUU	DDUUU	**Haydn** symphony/101 in D 'Clock' 4m
*UUDDD	DUUUU	URDDU	**Mendelssohn** string quartet/4 in Emi op42/2 1m 2t
*UUDDD	DUUUU	UU	**Holst** The planets: Uranus 1t
*UUDDD	RDDUD	D	**Handel** sonata for flute/fig bass in G op1/5 1m
*UUDDD	RDRUU	DDDRD	**Wagner** Wesendonck songs/5 Träume
*UUDDD	RDUUD	DR	**Debussy** La cathédrale engloutie 2t, piano
*UUDDD	RRDDD	DDUUD	**Haydn** symphony/102 in B♭ 1m intro
*UUDDD	RRRUD	D	**Handel** concerto grosso in A op6/11 4m
*UUDDD	RRUUR	UDDD	**Mascagni** Cavalleria rusticana: Fior di giaggiolo
*UUDDD	RUDUR	UUUDD	**Mozart** (Adagio &) Rondo for glass harmonica/ flute/oboe/viola/cello in Cmi K617
*UUDDD	RUDUU		**Waldteufel** Ganz allerliebst waltz 1t
*UUDDD	RURUU	UUDU	**Mahler** symphony/2 in Cmi 3m 2t
*UUDDD	RUUDD	DUUU	**Mozart** quintet clarinet/strings in A K581 2m 1t
*UUDDD	RUUDD	R	**Kodály** Háry János: Sej! verd meg Isten
*UUDDD	RUUUU	DDD	**Brahms** Vier ernste gesänge/1 Denn es gehet
*UUDDD	RUUUU	DRR	**Schubert** Die schöne Müllerin/4 Denksagung an den
*UUDDD	RUUUU	DU	**Bizet** symphony in C 4m 3t [Bach
*UUDDD	UDDDD	DU	**Vaughan Williams** London symphony 2m 4t
*UUDDD	UDDDD	UDDDD	**Tchaikovsky** piano concerto/1 in B♭mi 3m 1t
*UUDDD	UDDDD	UURDR	**Wagner** A Faust overture 3t
*UUDDD	UDDDR	DRRRR	**Haydn** symphony/102 in B♭ 1m
*UUDDD	UDDDU	DDDDR	**Mozart** Divertimento, string trio in E♭ K563 3m
*UUDDD	UDDDU	DDUD	**Verdi** La forza del Destino: overture 4t
*UUDDD	UDDDU	DDURR	**Mozart** symphony/39 in E♭ K543 1m 2t
*UUDDD	UDDDU	DUDUD	**Mendelssohn** Neue Liebe (song)
*UUDDD	UDDDU	U	**Beethoven** string quartet/14 in C♯mi op131 1m
*UUDDD	UDDDU	UDDDU	**Bach** French suite/1 in Dmi: minuet/1 BWV812
*UUDDD	UDDDU	UDDUU	**Schumann** Adagio (& allegro) piano/horn op70
*UUDDD	UDDRD	UDDDD	**Handel** Messiah: But thou didst not leave
*UUDDD	UDDRU	UDDDR	**Franck** organ chorale/2 2t
*UUDDD	UDDU		**Schubert** symphony/8 in Bmi 'Unfinished' 1m intro
*UUDDD	UDDUD	D	**Beethoven** str qtet/8 Emi op59/2 'Rasoumovsky' 2m
*UUDDD	UDDUD	DUDUD	**de Falla** concerto harps'd/chamber orch D 2m 2t [2t

```
*UUDDD  UDDUD  DUUDD   MacDowell  suite/2 II 2t
*UUDDD  UDDUU  D       Bartok  string quartet/2 op17 1m
*UUDDD  UDDUU  DDDUD   Brahms  sonata violin/piano in G op78 2m 2t
*UUDDD  UDDUU  DDUU    Prokofiev  Lieutenant Kije, orch 1t
*UUDDD  UDDUU  U       Brahms  string sextet in G op36 1m 2t
*UUDDD  UDDUU  UDDDU   Mozart  symphony/40 in Gmi K550 3m 1t
*UUDDD  UDDUU  UUDDU   Gounod  Faust: ballet music from Act V 3t
*UUDDD  UDDUU  UUDDU   Grieg  sonata/2 violin/piano Gmi op13 1m 1t
*UUDDD  UDRDD  DDUUU   Liszt  Hungarian rhapsody/5 in Emi piano 2t
*UUDDD  UDRDR  DRRUD   Mozart  string quartet in D K575 2m
*UUDDD  UDRDU  DRUUU   Brahms  quartet piano/strings in A op26 2m
*UUDDD  UDUD           Chausson  quartet piano/strings op30 1m 2t
*UUDDD  UDUDD  DUDDU   Bach  sonata/5 violin/Clavier Fmi 2m BWV1018
*UUDDD  UDUDD  DUDDU   Berlioz  L'Enfance du Christ pt2 overture
*UUDDD  UDUDD  RDUUD   Beethoven  piano sonata Cmi op13 'Pathétique' 2m
*UUDDD  UDUDD  UUDDD   Stravinsky  Les Noces: J'étais loin          [2t
*UUDDD  UDUDU  DDDUD   Mascagni  Cavalleria rusticana: intermezzo 1t
*UUDDD  UDUDU  UUDDD   Brahms  trio for horn/vln/piano in E♭ op40 2m 2t
*UUDDD  UDUUD  DDRD    Handel  Tolomes: Non lo dirò (Silent worship)
*UUDDD  UDUUD  DDU     Brahms  sonata clar or vla/piano E♭ op120 2m 1t
*UUDDD  UDUUD  DDUDU   Brahms  trio/3 piano/vln/cello Cmi op101 presto
*UUDDD  UDUUD  DDUUD   Stravinsky  Petrushka: Dance of the maskers
*UUDDD  UDUUD  DUUDD   Moszkowski  Spanish dances op12/2 1t
*UUDDD  UDUUD  RUUUU   Schubert  symphony/1 in D 2m 1t D82
*UUDDD  UDUUD  UDDUD   Handel  sonata for flute/fig bass in Emi op1/9 7m
*UUDDD  UDUUU          Debussy  Nocturnes, orch: Nuages 3t
*UUDDD  UDUUU  UUUUD   Schubert  piano sonata in A 1m 1t D959
*UUDDD  URDUD  DUDDU   Mussorgsky  Pictures from an exhibition: The old
*UUDDD  URDUU  UDDDU   Debussy  Pour le piano: sarabande          [castle
*UUDDD  URRUD  UUDDU   Dvořák  string quintet in E♭ op97 1m 1t
*UUDDD  URUUD  DDDUU   Mendelssohn  string quartet/3 in D op44 1m 2t
*UUDDD  URUUD  DDURU   Saint-Saëns  Carnaval des animaux: Coucou
*UUDDD  UUDDD  DDUUD   Handel  organ concerto in Gmi op4/1 1m 2t
*UUDDD  UUDDD  RDDUU   Berlioz  Les Troyens Act III: Gloire à Didon
*UUDDD  UUDDD  RUUDD   Tosti  Dawn, in your mystic beauty (L'alba separá)
*UUDDD  UUDDD  UUDDD   Walton  viola concerto 3m 1t
*UUDDD  UUDDD  UURUD   Mozart  Divertimento in F K247 2m
*UUDDD  UUDDD  UUUDD   Rimsky-Korsakov  Antar symphony 3m 2t
*UUDDD  UUDDD  UUUUU   J Strauss Jr  Emperor waltzes/4 2t
*UUDDD  UUDDR  RUDDD   Puccini  Madam Butterfly Act II: Scuoti quella
*UUDDD  UUDDR  UUDDD   Mozart  horn concerto in D K412 1m 1t
*UUDDD  UUDDU  DDDUD   Vaughan Williams  symphony/9 in Emi 2m 1t
*UUDDD  UUDDU  DUDUD   Bach  sonata vla da gamba/harps'd in D 2m BWV1028
*UUDDD  UUDDU  UDDDU   Sibelius  Pelléas et Mélisande: Mélisande
*UUDDD  UUDRD  DDDUU   Mozart  Serenade in Cmi for wind K388 4m
*UUDDD  UUDUD  DDUUU   Bach  Well-tempered Clavier Bk I: fugue/8 BWV853
*UUDDD  UUDUD  DUDDU   Mozart  trio piano/vln/cello in G K564 3m
*UUDDD  UUDUD  RUUUD   Bizet  Carmen: intermezzo/2
*UUDDD  UUDUD  UUDD    Copland  Appalachian Spring, ballet 3t
*UUDDD  UUDUU  DDDUU   de Falla  La vida breve 2t
*UUDDD  UUDUU  DURDU   Liszt  Ballade/2 in Bmi piano 2t
*UUDDD  UUDUU  DUUDD   Holst  Perfect Fool, ballet: Spirits of Earth
*UUDDD  UUDUU  UDDDD   Bach  suite for lute in Emi: bourrée BWV996
*UUDDD  UUDUU  UUDDD   Tchaikovsky  symphony/1 in Gmi op13 2m 2t(b)
*UUDDD  UURRU  DDDUU   Haydn  Nelson Mass: Benedictus
*UUDDD  UURUD  DDUD    Franck  Prélude aria & finale: prel 1t piano
*UUDDD  UUUDD  DDUDD   Delibes  Naila valse: Pas des fleurs 4t
```

*UUDDD	UUUDD	DUDDD	**Haydn** symphony/84 in E♭ 1m intro
*UUDDD	UUUDD	DUDUU	**Daquin** L'Hirondelle, harpsichord
*UUDDD	UUUDD	DUUUD	**Prokofiev** Contes de la vielle grandmère op31/3
*UUDDD	UUUDD	DUUUD	**R Strauss** Also sprach Zarathustra 4t [piano
*UUDDD	UUUDD	DUUUD	**Stravinsky** Sacre du Printemps: Games of rival
*UUDDD	UUUDD	DUUUU	**Stravinsky** Petrushka: Ballerina [cities 2t
*UUDDD	UUUDD	RUDUU	**Lalo** symphonie espagnole, vln/orch 1m 2t
*UUDDD	UUUDD	UUUDU	**Weber** Jubel overture: intro 2t (Jahns 245)
*UUDDD	UUUDD	UUURD	**Torelli** concerto/1 for trumpet/strings: allegro
*UUDDD	UUUDU	DDDDU	**Bruckner** symphony/4 3m 3t
*UUDDD	UUUDU	DDDDU	**Bach** cantata/78 Jesu, der du/4 Mein Blut
*UUDDD	UUUDU	DUUDD	**Handel** oboe concerto/1 in B♭ 3m
*UUDDD	UUUDU	UDDDU	**Sibelius** violin concerto in Dmi op47 2m intro
*UUDDD	UUUDU	UUDDD	**Schubert** sonatina/1 violin/piano in D 1m D384
*UUDDD	UUUUD	D	**Dvořák** scherzo capriccioso, orch op66 3t
*UUDDD	UUUUD	DDU	**Bruckner** symphony/7 in E 4m 2t
*UUDDD	UUUUD	DDUU	**Prokofiev** Peter and the wolf: the cat
*UUDDD	UUUUU	DDDU	**Chopin** mazurka/24 op33/3
*UUDDD	UUUUU	DDDUU	**Shostakovich** cello concerto/1 in E♭ op107 4m 3t
*UUDDD	UUUUU	DDUUU	**Sibelius** str q'tet Dmi op56 'Voces intimae' 1m 1t(b)
*UUDDD	UUUUU	DUDUD	**Bach** cantata/212 'Peasant'/20 Dein Wachstum
*UUDDD	UUUUU	UDDDD	**Bach** suite/1 in C orch: passepied BWV1066
*UUDDD	UUUUU	UDDU	**Glazunov** violin concerto in Ami 3t
*UUDDD	UUUUU	UUDDD	**Beethoven** string quartet/2 in G op18/2 4m 1t
*UUDDD	UUUUU	UUUUD	**Smetana** The bartered bride: Comedians' dance 1t
*UUDDR	DRDRU	RDDUD	**Beethoven** Missa solemnis: Benedictus
*UUDDR	DRDRU	URDDR	**Kodály** Háry János: K zjátek 3t
*UUDDR	DUDDR	DUDDD	**Beethoven** symphony/2 in D 2m 3t
*UUDDR	DUDUR	DDR	**Elgar** violin concerto in Bmi 2m 2t
*UUDDR	DURUD	DDDU	**Ravel** Mélodies grecques: Quel gallant
*UUDDR	DUUDD	UUUDR	**Mozart** Die Zauberflöte Act I: Du, du, du
*UUDDR	DUUUU		**Chausson** symphony in B♭ op20 1m 1t
*UUDDR	RDDUU		**Dvořák** symphony/9 in Emi 'New World' 4m 1t
*UUDDR	RDUDD	URR	**Mozart** violin concerto/3 in G K216 3m 2t
*UUDDR	RRDUD	DUUDD	**Wagner** Siegfried Act II: Lustig im Leid
*UUDDR	UDDDD		**Mozart** sonata/17 for violin/piano K296 3m
*UUDDR	UDDDD	UDDUD	**Handel** Messiah: Behold and see!
*UUDDR	UDDDD	URUD	**Dvořák** str qtet in F op96 'American' 4m 2t
*UUDDR	UDRD		**Schumann** Aufschwung op12/2 piano 1t
*UUDDR	URDUD	RUURD	**Haydn** symphony/97 in C 3m trio
*UUDDR	URDUU	UDDDD	**Debussy** Danse profane, harp
*UUDDR	URUDU	UUDDR	**Grieg** piano concerto op16 1m 1t(a)
*UUDDR	URUUD		**Mendelssohn** Elijah: O rest in the Lord
*UUDDR	UUDDD	DDDD	**Bach** sonata vla da gamba/Clavier D 3m BWV1028
*UUDDR	UUDDD	RDUUD	**Mozart** symphony/40 Gmi K550 3m 2t
*UUDDR	UUDDR	RUURD	**Franck** Prélude, chorale & fugue, piano: prel 2t
*UUDDR	UUDDR	UUDDU	**J Strauss Jr** Thousand and one nights/3
*UUDDR	UUDDR	UUUDU	**Franck** symphony in Dmi 3m 2t
*UUDDR	UUDDR	UUUU	**Verdi** La Traviata Act II: Non sapete quale
*UUDDR	UUDDU	UUDUU	**Mahler** symphony/1 in D 3m 1t
*UUDDR	UUDUU	UUDRU	**Haydn** symphony/87 in A 3m menuet
*UUDDR	UUUD		**Vaughan Williams** sym/7 'Sinfonia Antartica' 3m 1t
*UUDDR	UUUDD	DUDUR	**Mozart** piano concerto/16 in D K451 1m 2t
*UUDDR	UUUDD	DUDUU	**Vaughan Williams** symphony/3 'Pastoral' 2m 2t
*UUDDR	UUUUD	DDDUD	**Mozart** Ch'io mi scordi di te (song) K505
*UUDDR	UUUUD	DDUDD	**Walton** Façade suite/2: Scotch rhapsody 2t
*UUDDU	DDDDD	DUDDD	**Dvořák** trio piano/vln/cello Emi op90 'Dumky' 1m intro

```
*UUDDU  DDDDD  DUUDU    Bach sonata/6 violin/Clavier in G 1m BWV1019
*UUDDU  DDDDD  DUUUU    Handel Water music 18m 1t
*UUDDU  DDDDR  UUUDD    Puccini Manon Lescaut Act II: L'ora, o Tirsi
*UUDDU  DDDDU  DDDUD    Reger quintet clarinet/strings in A op146 1m 1t
*UUDDU  DDDDU  UDUD     Albeniz suite española, piano: seguidillas 2t
*UUDDU  DDDUD  DDDDU    Debussy suite Bergamasque: prélude
*UUDDU  DDDUD  DDUDU    Massenet Les Erinnyes: entr'acte
*UUDDU  DDDUD  DDUUD    Liszt Mephisto waltz, piano 1t
*UUDDU  DDDUU  DDDUU    Sullivan The Gondoliers: Gay and gallant
*UUDDU  DDDUU  DDUDD    Sullivan HMS Pinafore Act I: Never mind the why
*UUDDU  DDDUU  DDUUD    Schumann Fantasy in C op17 piano 3m 1t
*UUDDU  DDDUU  UDDDD    de Falla 4 piezas españolas: Andaluza 2t
*UUDDU  DDDUU  URRUD    Weber Der Freischütz Act II: Leise, leise
*UUDDU  DDDUU  UDDDU    Brahms piano concerto/2 in Bb op83 1m 2t
*UUDDU  DDRRD  UUUUD    Brahms string quartet in Ami op51/2 1m 1t
*UUDDU  DDRUU  DDUDD    Sullivan Iolanthe Act I: Tripping hither
*UUDDU  DDUDD  DDDUD    Mozart Serenade (Serenata notturna) D K239 1m 2t
*UUDDU  DDUDD  DUDUU    Haydn string quartet/78 in Bb op76/4 4m 2t
*UUDDU  DDUDD  DUUUU    D'Indy Le Camp de Wallenstein op12 orch 3t
*UUDDU  DDUDD  UDDDU    Mozart quartet for oboe/strings in F K370 3m
*UUDDU  DDUDD  UDDUD    Richard Strauss Alpine symphony 3t
*UUDDU  DDUDD  UDDUD    Bach 2 part inventions/2 in G, Clavier BWV781
*UUDDU  DDUDD  UDDUD    Mendelssohn Songs without words/23 piano
*UUDDU  DDUDD  UDDUD    Mozart piano sonata/3 in Bb K281 1m
*UUDDU  DDUDD  UDDUU    Richard Strauss Schlagende Herzen (song) op29/2
*UUDDU  DDUDD  UDUDD    Berlioz Romeo & Juliette: Queen Mab scherzo
*UUDDU  DDUDD  UDUUD    Mozart symphony/33 in Bb K319 3m 2t
*UUDDU  DDUDD  UUD      J Strauss Jr Kiss waltz 1t
*UUDDU  DDUDD  UUDRD    Haydn symphony/44 in Emi 1m
*UUDDU  DDUDD  UUUUD    Brahms trio for vln/horn/piano in Eb op40 2m 1t
*UUDDU  DDUDR  DDDUD    Handel oboe concerto/1 in Bb 2m fugue
*UUDDU  DDUDU  DDDDD    Mozart symphony/41 in C K551 'Jupiter' 3m 2t
*UUDDU  DDUDU  DRRUD    Tchaikovsky symph/6 in Bmi 'Pathétique' 1m 1t
*UUDDU  DDUDU  DUDDU    Mozart Don Giovanni Act I: Ah! Fuggi il traditor
*UUDDU  DDUDU  DUDUD    Bach organ fugue in Cmi BWV546
*UUDDU  DDUDU  DUUDU    Vivaldi conc grosso Ami op3/6 (l'Estro armonico)
*UUDDU  DDUDU  RRDDR    Tchaikovsky Iolanthe op69: Warum kannte   [2m
*UUDDU  DDUDU  UDDUD    Thomas Mignon: overture 4t
*UUDDU  DDUDU  UDDUD    Orff Carmina Burana 2m Fortune plango
*UUDDU  DDUDU  UUUDD    Handel organ concerto in Dmi op7/4 1m
*UUDDU  DDURU  UUUDR    Holst The Planets op32: Neptune 2t
*UUDDU  DDUUD  DDUD     Schumann string quartet in F op41/2 4m 2t(b)
*UUDDU  DDUUD  DDUDU    Chopin sonata for cello/piano in Gmi op65 2m 2t
*UUDDU  DDUUD  DUDU     Liszt polonaise/1 in Cmi, piano 1t
*UUDDU  DDUUD  DUUUD    Sibelius symphony/2 in D 2m intro
*UUDDU  DDUUD  U        Brahms symphony/4 in Emi op98 1m 4t
*UUDDU  DDUUD  UDDUU    Schumann Kinderszenen/13 The poet speaks, piano
*UUDDU  DDUUU  DU       Puccini Madam Butterfly Act II: Humming chorus
*UUDDU  DRUUD  DUD      Sibelius Tapiola 3t
*UUDDU  DRUUD  DUUDR    Bach organ prelude in Emi 'The wedge' BWV548
*UUDDU  DRUUU  DDUDU    Sibelius symphony/6 in Dmi 4m 2t
*UUDDU  DUDDD  DD       Mozart string quartet/21 in D K575 4m
*UUDDU  DUDDD  UD       Handel Water music 17m
*UUDDU  DUDDD  UDUDD    Mozart piano concerto/24 in Cmi K491 1m 1t
*UUDDU  DUDDU  DDUUD    Bach Two-part inventions/14 Bb, Clavier BWV785
*UUDDU  DUDDU  DDUUU    Mozart Mass/18 Cmi K427 Et in Spiritum
*UUDDU  DUDDU  URDDD    (Haydn) str quartet/17 in F op3/5 2m,
                        'Serenade' theme, now attributed to Hofstätter
```

165

```
*UUDDU DUDDU UUDDU   Grieg string quartet in Gmi 3m 2t
*UUDDU DUDRD UUD     Rachmaninov How fair this spot (song) op21/7
*UUDDU DUDUD DUDUD   Stravinsky Pulcinella: Con queste
*UUDDU DUDUD RUDDU   Bach Well-tempered Clavier Bk II: fugue/19 BWV888
*UUDDU DUDUD UDDDU   Mussorgsky Boris Godunov: prelude
*UUDDU DUDUD UDDRU   Verdi Un ballo in maschera I: Volta la terre
*UUDDU DUDUD UDUDU   Richard Strauss Ein Heldenleben 3t
*UUDDU DUDUD UDUDU   Sullivan The Mikado Act I: Comes a train
*UUDDU DUDUD UDUUD   Bach French suite/3 in Bmi minuetto BWV814
*UUDDU DUDUD UDUUU   Sibelius str quartet op56 'Voces intimae' 4m 1t
*UUDDU DUDUD UUUDU   Erik Satie 3 morçeaux en forme de poire: En plus
*UUDDU DUDUU DDDDD   Wagner Tristan & Isolde Act III: prelude 3t
*UUDDU DUDUU UDDDU   Walton Belshazzar's Feast: Then sing, sing aloud
*UUDDU DUDUU UUDUD   Ravel Sur l'herbe (song)
*UUDDU DUDUU UURDD   Haydn symphony/44 in Emi 2m menuetto
*UUDDU DUUDD DDUUR   Ravel Ma Mère l'Oye: Petit Poucet
*UUDDU DUUDD DUUDD   Pachelbel Vom Himmel hoch (choral prelude)
*UUDDU DUUDD R       Liszt Hungarian rhapsody/12 in C♯mi piano 4t
*UUDDU DUUDD UDRDD   Bartok Rumanian folk dances, piano 5m
*UUDDU DUUDD UDUUD   Walton Façade suite/2: Fanfare
*UUDDU DUUDD UDUUD   Brahms Serenade in A op16, strings, 5m 1t
*UUDDU DUUDD UDUUD   Milhaud Scaramouche 1m
*UUDDU DUUDD UDUUD   Rossini La boutique fantasque 1m 2t
*UUDDU DUUDD UDUUD   Spohr violin concerto/8 in Ami 1m
*UUDDU DUUDD UDUUD   Schumann sonata violin/piano in Ami op105 2m 1t(b)
*UUDDU DUUDD UDUUD   Bach Brandenberg concerto/1 in F 5m BWV1046
*UUDDU DUUDD URUUD   Waldteufel Immer oder nimmer waltzes/1
*UUDDU DUUDD UUDDU   Smetana The bartered bride: overture intro
*UUDDU DUUDR DUDUU   Mozart Il re pastore K208 overture 1t
*UUDDU DUUDU DDUDU   Mozart piano/wind quintet in E♭ K452 1m intro
*UUDDU DUUDU DUUUU   Vaughan Williams symphony/8 1m 2t
*UUDDU DUUUU DDU     Chopin mazurka/43 op67/2
*UUDDU RDDDD UUUUU   Rameau Tambourin
*UUDDU RDRDR DRDRD   Meyerbeer Les patineurs 4m
*UUDDU RDRUU RUDD    Lortzing Undine act III: Vater, Mutter
*UUDDU RDUDU RRRR    Hugo Wolf Auf eine Wanderung (song)
*UUDDU RDUUD UDUDU   Bach Well-tempered Clavier BK I: prel/13 BWV858
*UUDDU RRUDU DRRUD   Offenbach Orpheus in Hades: galop 2t
*UUDDU RRUDU DRRUD   Saint-Saëns Carnaval des animaux: Tortues
*UUDDU RRUUD DU      Sibelius symphony/7 in C 3t(b)
*UUDDU RUDRU UUD     Sullivan Yeomen of the Guard II: Comes the pretty
*UUDDU UDDDD DDD     Verdi La forza del Destino: overture 3t
*UUDDU UDDDD DDDUD   Bach Well-tempered Clavier Bk II: fugue/23 BWV892
*UUDDU UDDDD DRUUD   Richard Strauss Ein Heldenleben 7t
*UUDDU UDDDD RDDDU   Mozart symphony/29 in A K201 4m 2t
*UUDDU UDDDD RUDDD   Richard Strauss Sinfonia domestica 1m 3t
*UUDDU UDDDD UDUUD   Bruckner symphony/7 in E 3m 1t
*UUDDU UDDDD UDUUD   Prokofiev Alexander Nevsky/7 A's entry into Pskov 2t
*UUDDU UDDDD UURD    Rubbra symphony/1 1m
*UUDDU UDDDD UUUUD   J Strauss Jr Morgenblätter 1t
*UUDDU UDDDR UDDDR   Dvořák string quartet in F 'American' 1m 2t
*UUDDU UDDDR UUDDU   Kodály Háry János suite: Szegény vagrok
*UUDDU UDDDU DDDUU   Vaughan Williams Flos campi 2m 2t
*UUDDU UDDDU RDDU    Saint-Saëns Samson et Dalila: Amour! Viens aider
*UUDDU UDDDU RRUUD   Verdi Aida Act IV: O terra addio
*UUDDU UDDDU UDDDU   Grieg violin sonata/2 in G op13 1m 2t
```

*UUDDU	UDDDU	UR	**MacDowell** Witches' dance op17/2 piano
*UUDDU	UDDDU	UUDUD	**Mozart** Die Zauberflöte Act I: Tamino's flute
*UUDDU	UDDRD	DUUDU	**Shostakovich** symphony/5 1m 2t(a)
*UUDDU	UDDRR	UDUUD	**Delibes** Coppelia, ballet: mazurka
*UUDDU	UDDUD	DDUUU	**MacDowell** A deserted farm op51/8 piano
*UUDDU	UDDUD	DRDUU	**Liszt** étude/2 in Fmi piano
*UUDDU	UDDUD	DUUDD	**Bach** suite/3 in C cello solo: bourrée BWV1009
*UUDDU	UDDUU	DDDDU	**Bach** sonata/6 violin/Clavier in G 3m BWV1019
*UUDDU	UDDUU	DDDDU	**Bach** Christmas oratorio/62 Nun mögt ihr
*UUDDU	UDDUU	DDDRD	**Brahms** Hungarian dances/5 F♯mi piano 4 hands 1t
*UUDDU	UDDUU	DDDU	**Weber** Oberon: overture 3t
*UUDDU	UDDUU	DDUUD	**Ferrabosco** four note pavan
*UUDDU	UDDUU	DDUUD	**Bach** Well-tempered Clavier Bk I: prel/21 BWV866
*UUDDU	UDDUU	DDUUD	**Bach** Cantata/73 Herr, wie du/4 Herr, so du
*UUDDU	UDDUU	DDUUD	**Bach** organ fugue in D BWV532
*UUDDU	UDDUU	DDUUD	**Chopin** écossaise/1 op72
*UUDDU	UDDUU	DDUUD	**J Strauss Jr** Frühlingsstimmen 1t
*UUDDU	UDDUU	DDUUU	**Brahms** Intermezzo in C op119/3 piano
*UUDDU	UDDUU	DRDDD	**Beethoven** string quartet/3 in D op18/3 2m
*UUDDU	UDDUU	DRUDD	**Grieg** Puck op71/3 piano
*UUDDU	UDDUU	DUDUD	**Rossini** Il Signor Bruschino: overture 2t
*UUDDU	UDDUU	DUDUD	**Rimsky-Korsakov** Scheherezade 4m
*UUDDU	UDDUU	DUDUR	**Stravinsky** The rake's progress I: Since it is not
*UUDDU	UDDUU	DUDUU	**Humperdinck** Königskinder: prel to Act II 2t
*UUDDU	UDDUU	DUU	**de Falla** Suite populaire espagnole: Polo
*UUDDU	UDDUU	RD	**Bartok** Rumanian folk dances, piano 3m
*UUDDU	UDDUU	RUU	**Sullivan** The Gondoliers Act II: Rising early
*UUDDU	UDDUU	UDDDD	**Haydn** string quartet/8 op2 5m
*UUDDU	UDDUU	UDDUD	**Brahms** string quintet in F op88 3m 2t
*UUDDU	UDDUU	UDUDU	**Ravel** piano concerto in G 3m 2t
*UUDDU	UDDUU	UUDDD	**Berlioz** Benvenuto Cellini Act II: Sur les monts
*UUDDU	UDRDU	UUDDD	**Mozart** sonata/23 violin/piano in D K306 1m 1t
*UUDDU	UDRDU	UUUDU	**Schubert** Moments musicaux/4 in C♯mi 2t D780
*UUDDU	UDRRU	RDUDR	**Mozart** sonata violin/piano in C K404 1m
*UUDDU	UDRUU	DDDDU	**Puccini** La Bohème Act II: Questa è Mimi
*UUDDU	UDUDD	DDDU	**Verdi** Requiem: Ingemisco
*UUDDU	UDUDD	DDDUU	**Brahms** Ballade in D op100/2 piano 1t
*UUDDU	UDUDD	UDDUD	**Bach** harpsichord concerto/1 in Dmi 2m BWV1052
*UUDDU	UDUDD	UUDDU	**Beethoven** sonata/1 violin/piano in D op12/1 3m
*UUDDU	UDUDR	DDUUD	**Stravinsky** symphony in 3 movements 3m 2t
*UUDDU	UDUDU	DDUUD	**Schumann** symphony/1 B♭ op38 'Spring' 4m 1t
*UUDDU	UDUDU	DDUUD	**Bach** Two-part inventions/13 Ami, Clavier BWV784
*UUDDU	UDUDU	DDUUD	**Schumann** Novelette op99/9 piano 1t
*UUDDU	UDUDU	DUUDD	**D'Indy** Suite en parties op91 3m 3t
*UUDDU	UDUDU	UUDDU	**Debussy** Images: Iberia 2m 5t
*UUDDU	UDURR	RDDD	**Haydn** symphony/98 in B♭ 4m
*UUDDU	UDUU		**Mozart** string quartet/18 in A K464 2m
*UUDDU	UDUUD	DDUUD	**Stravinsky** symphony in 3 movements 1m 2t
*UUDDU	UDUUD	DUDUU	**Richard Strauss** Reverie (song) op9/4
*UUDDU	UDUUD	DUU	**Saint-Saëns** symphony/3 in Cmi op78 1m 3t
*UUDDU	UDUUD	DUUDU	**Handel** Alcina: ballet, sarabande
*UUDDU	UDUUD	UDDDD	**Haydn** The Creation: Von deiner Güt'
*UUDDU	UDUUD	UUUUU	**Rimsky-Korsakov** Snow Maiden: Buffoons' dance 3t
*UUDDU	UDUUU	DDDDU	**Beethoven** piano sonata/24 in F♯ op78 1m 1t
*UUDDU	UDUUU	DDUUD	**Josef Strauss** Sphärenklange waltzes/3
			Corelli concerto grosso in Gmi 'Christmas' 1m 2t
			Handel harpsichord suite/7 in Gmi 2m

*UUDDU	UDUUU	DDUUD	**Handel** concerto grosso in Cmi op6/8 3m
*UUDDU	UDUUU	DDUUD	**Erik Satie** Descriptions automatiques/1 Sur un vaisseau, piano
*UUDDU	UDUUU	DUDDU	**Beethoven** piano sonata/14 C♯mi 'Moonlight' 2m 2t
*UUDDU	URRDU	URDRD	**Palmgren** Finnish romance, violin/piano op78/5
*UUDDU	URUDD	DUDDD	**Brahms** concerto for vln/cello/orch in Ami op102
*UUDDU	URUDD	UU	**Vaughan Williams** sym/3 'Pastoral' 1m 1t [2m 2t
*UUDDU	UUDDD	DUUDD	**Borodin** symphony/2 in Bmi 2m 3t
*UUDDU	UUDDR	UDRRU	**Schubert** Die Vögel (song) D691
*UUDDU	UUDDU	DDDUD	**Brahms** trio piano/vln/cello in B op8 3m adagio
*UUDDU	UUDDU	DDDUU	**Mozart** Cosi fan tutte: overture 3t
*UUDDU	UUDDU	DURRR	**Handel** Acis & Galatea: Happy we
*UUDDU	UUDDU	DUUDD	**Fauré** nocturne/3 op33/3 piano
*UUDDU	UUDDU	RUUDU	**Ravel** Ma Mère l'Oye: Pavane of Sleeping Beauty
*UUDDU	UUDDU	UDUDU	**Brahms** trio for piano/vln/cello in C op87 2m
*UUDDU	UUDDU	UUDDU	**Bach** Cantata/78 Jesu, der du/2 Wir eilen BWV78
*UUDDU	UUDDU	UUDDU	**Bach** 3-part inventions/3 in D Clavier BWV789
*UUDDU	UUDDU	UUDRU	**Bizet** symphony in C 3m
*UUDDU	UUDDU	UUDUU	**Rachmaninov** prelude op23/5 piano
*UUDDU	UUDDU	UURRD	**Beethoven** piano sonata/17 in Dmi op31/2 2m 1t
*UUDDU	UUDDU	UUUDD	**Holst** The planets op32: Uranus 2t
*UUDDU	UUDDU	UUUUU	**Rachmaninov** symphony/2 in Emi 1m 2t
*UUDDU	UUDRD	UDDUD	**Flotow** Martha Act III: Ach, so fromm
*UUDDU	UUDUD	DDDUU	**Ravel** L'enfant et les sortilèges: cup song
*UUDDU	UUDUD	DUUUU	**Bach** concerto/1 2 Claviers or vln/oboe Cmi 1m
*UUDDU	UUDUD	RDRDR	**Paganini** violin conc/1 E♭(D) 1m 1t(b) [BWV1060
*UUDDU	UUDUD	UDDD	**Ravel** Mélodies grecques: O joie de mon âme
*UUDDU	UUDUD	UUDDU	**Millöcker** Der Bettelstudent: Entschuld'gen Sie
*UUDDU	UUDUU	DDUUU	**Brahms** quintet piano/strings in Fmi op34 4m 1t
*UUDDU	UUDUU	DUDDD	**Shostakovich** concerto piano/trpt/orch op35 1m 2t
*UUDDU	UUDUU	DUUR	**Sullivan** The Mikado Act II: The sun, whose rays
*UUDDU	UUDUU	UDDUU	**Brahms** trio/2 piano/vln/cello in C op87 2m
*UUDDU	UUDUU	UDUDU	**Bach** Italian concerto, Clavier 3m 2t BWV971
*UUDDU	UURDU	RRUUD	**Purcell** Nymphs and shepherds (from The Libertine)
*UUDDU	UURRD	DURDU	**Beethoven** piano sonata/10 in G op14/2 3m 2t
*UUDDU	UURUU	UDUUD	**Mozart** Andante for flute/orch in C K315
*UUDDU	UUUDD	DD	**Fauré** impromptu/3 op34 piano
*UUDDU	UUUDD	DUDUD	**Bach** Cantata/212 'Peasant'/24 Und dass ihr's
*UUDDU	UUUDD	UDUDU	**Verdi** I vespri Siciliani Act III: In braccio
*UUDDU	UUUDD	UDUUD	**Bach** Cantata/212 'Peasant'/8 Unser trefflicher
*UUDDU	UUUDD	UUDDD	**Bruckner** symphony/7 in E 1m 1t(b)
*UUDDU	UUUDD	UUUUD	**Mozart** quartet oboe/strings in F K370 1m
*UUDDU	UUUDD	UUUUD	**Mozart** Deutsche Tänze/3 orch K602 2t
*UUDDU	UUUDD	UUUUU	**Dvořák** symphony/9 in Emi 'New World' 4m 2t
*UUDDU	UUUDU	DDUDD	**Haydn** The Seasons: Der munt're Hirt
*UUDDU	UUUDU	UDUUD	**Bach** harpsichord concerto/1 in Dmi 2m BWV1052
*UUDDU	UUUDU	UUURU	**Mozart** piano sonata/12 in F K332 2m
*UUDDU	UUUUD	DDDUU	**Elgar** Falstaff, symphonic study, 3t
*UUDDU	UUUUD	DDUUD	**Haydn** symphony/53 in D 1m
*UUDDU	UUUUD	DRUDU	**Rameau** Rigaudon
*UUDDU	UUUUD	R	**Stravinsky** Apollon Musagète: prologue 1t(a)
*UUDDU	UUUUD	UDDDR	**Wagner** Götterdämmerung III Rhinemaidens song:
*UUDDU	UUUUU	DR	**Schubert** octet in F 2m 1t D803 [Frau Sonne
*UUDRD	DDUUU	DRDDD	**J Strauss Jr** Die Fledermaus: overture 1t
*UUDRD	DRUDD	DUDD	**Verdi** Nabucco Act IV: Dio di Giuda
*UUDRD	DUDDU	UUUDD	**D'Indy** Suite en parties op91 1m

*UUDRD	DUDRU	UDDUD	**Richard Strauss** Alpine symphony 8t
*UUDRD	DUDUD	UDRDD	**Chopin** polonaise in Cmi op40/2
*UUDRD	DURUU	DDDDD	**Dvořák** cello concerto in Bmi op104 1m 1t
*UUDRD	DURUU	DDRUU	**Delius** Brigg Fair 1t
*UUDRD	RDDRU	UDRDR	**Rossini** Boutique Fantasque: Danse Cosaque 2t
*UUDRD	RDDUU	DRD	**Waldteufel** Frühlingskinder waltz 3t
*UUDRD	RDRDR	DDUUD	**Reissiger** Die Felsenmühle: overture 1t
*UUDRD	RUDDD	RDDDR	**Wagner** Lohengrin: prelude 2t
*UUDRD	RUDUD	UDRUU	**Bach** French suite/4 in E♭ minuet BWV815a
*UUDRD	UDDD		**Waldteufel** España waltzes/4 2t
*UUDRD	UDDDD	DUDDU	**Mozart** sextet in F 'Ein musikalischer Spass' 3m
*UUDRD	UDRDD	UUDDD	**Liadov** The Music Box op32 piano 3t [K522
*UUDRD	UUDR		**Puccini** Manon Lescaut Act II: O tentatrice!
*UUDRD	UUUDR	RRDR	**Tchaikovsky** Eugene Onegin Act II: Lenski's aria
*UUDRD	UUUDR	URRDR	**Puccini** Tosca Act III: O dolci mani
*UUDRD	UUUDU		**Bizet** symphony in C 1m 2t
*UUDRR	RRRUD	DDDDD	**Mozart** piano concerto/23 in A K488 1m 2t
*UUDRR	UDDDD	DDU	**Purcell** Dido & Aeneas: Harm's our delight
*UUDRR	UDRRU	DRRUU	**Handel** organ concerto in B♭ op4/2 2m
*UUDRR	UDUUR		**Chopin** prelude/7 op28
*UUDRR	URRDU	DUDRD	**Sibelius** The diamond in the snow (song) op36/6
*UUDRR	UUUDR	RUUUD	**Schubert** string quartet/8 in B♭ 3m 1t D112
*UUDRR	UUURU	UUUDD	**Rachmaninov** Mélodie, piano op3/3
*UUDRR	UUUUD	DDDUD	**John Ireland** April, piano
*UUDRR	UUUUD	RR	**Schubert** waltz, piano D365/1
*UUDRU	DDDDU	DDDDU	**Dvořák** quintet piano/strings in E♭ op87 4m 2t
*UUDRU	DDDDU	DUUDU	**Telemann** viola concerto in G 3m
*UUDRU	DDDUU	DRRUD	**Erik Satie** Trois mélodies: Le Chapelier (song)
*UUDRU	DDDUU	DUUUD	**Lalo** symphonie espagnole, vln/orch 3m 2t
*UUDRU	DDUUD		**Stravinsky** Les Noces: Daigne, daigne
*UUDRU	DRDDD	DUUDR	**Britten** Peter Grimes II: We planned that their
*UUDRU	DRUUU	DRUDR	**Stravinsky** Petrushka: Ballerina & Maure [lives
*UUDRU	DUUDU	UUDRR	**Beethoven** piano sonatina in G 2m 1t
*UUDRU	RDUUD	DDUUU	**Tchaikovsky** waltz from Eugene Onegin
*UUDRU	UDDUD	DRRRU	**Mozart** Die Entführung Act II: Frisch zur Kampfe
*UUDRU	UDRDD	RUDDR	**Franck** Pièce héroique 1t, organ
*UUDRU	UDRUU	DU	**Tchaikovsky** sym/6 in Bmi 'Pathétique' 1m intro
*UUDRU	UDRUU	DUUD	**Beethoven** string quartet/12 in E♭ op127 3m
*UUDRU	UDRUU	UDDUD	**Beethoven** piano sonata/29 B♭ 'Hammerklavier' 1m
*UUDRU	UDUDD	DDUDU	**Wagner** Siegfried Act I: Aus dem Wald [1t(b)
*UUDRU	UDUDU	DUDUD	**Rossini** Semiramide Act I: Ah! quel giorno
*UUDRU	UDUUU	RDDDD	**Mozart** symphony/31 in D K297 'Paris' 1m 2t
*UUDRU	UDUUU	UDUUU	**Elgar** Dream of Gerontius pt 2: Demons' chorus: Give him his price
*UUDRU	UUDRU	RDURR	**Offenbach** La belle Hélène II: Oui! c'est un
*UUDRU	UUDUD	UDDUD	**Wagner** Die Meistersinger II: Der Tag [rêve
*UUDRU	UUDUU	RUUDR	**Vaughan Williams** symphony/5 in D 2m scherzo 1t
*UUDRU	UUUUD	UUDUU	**Richard Strauss** Ein Heldenleben 9t
*UUDUD	DDDDD	D	**Brahms** symphony/2 in D op73 2m 3t
*UUDUD	DDDDU	UDUDD	**Bach** organ fugue in Fmi BWV534
*UUDUD	DDDRU	DDUUD	**Beethoven** piano sonata/7 in D op10/3 1m 2t
*UUDUD	DDDUD	DUUDD	**Chopin** prelude/3 op28
*UUDUD	DDDUU	DDUUD	**Donizetti** Lucia di Lammermoor Act I: Huntsmen's chorus: Come vinti
*UUDUD	DDDUU	DUDDD	**Grieg** piano concerto in Ami op16 2m 2t
*UUDUD	DDDUU	DUDDD	**Verdi** Il trovatore Act IV: Tu vedrai
*UUDUD	DDDUU	DUUDD	**Haydn** str quartet/74 Gmi op74/3 'Horseman' 4m 2t

```
*UUDUD DDDUU DUUDR   Haydn symphony/100 in G 'Military' 1m
*UUDUD DDDUU UD      Fauré quartet piano/strings op15 2m 2t
*UUDUD DDDUU UUUDU   Dvořák Humoresque, piano op101/7 3t
*UUDUD DDRDD DUDUD   John Dowland Earl of Essex galliard, lute/str
*UUDUD DDUDD DDDUD   Shostakovitch symphony/1 in Fmi op10 2m 1t
*UUDUD DDUDD DDUDD   Handel Water music 3m
*UUDUD DDUDD DUDD    Brahms Vergeblisches Ständchen (song) op84/4
*UUDUD DDUDD DUDUU   Bach Two-part inventions/3 in D Clavier BWV774
*UUDUD DDUDD RUD     Erik Satie 3 mélodies: La statue de bronze (song)
*UUDUD DDUDD URUDD   Albinoni oboe concerto op7/3 3m
*UUDUD DDUDD UUUUU   Schubert piano sonata in A 1m 2t D959
*UUDUD DDUDU DDUDD   Mozart Don Giovanni Act II: Ah, taci
*UUDUD DDUDU DU      Schumann toccata op7 piano: intro
*UUDUD DDUDU UUUUU   Orlando Gibbons fantazia for str quartet/1
*UUDUD DDURU UDUDD   Tchaikovsky suite/3 orch op55 1m élégie
*UUDUD DDUUD DDDUD   Haydn str quartet/77 in C 'Emperor' 2m, used for
                        German national anthem and variations by Czerny
*UUDUD DDUUD DDRUU   D'Indy Suite en parties op91 4m farandole
*UUDUD DDUUD DUDUD   Mozart Figaro Act III: Letter duet
*UUDUD DDUUD UDDDU   Brahms string quartet/2 in Ami op51/2 2m
*UUDUD DDUUR DUDDD   Dvořák Gypsy songs op55/6 Freer is the gypsy
*UUDUD DDUUR UUUDU   Haydn symphony/22 in E♭ 1m
*UUDUD DDUUU DDDDU   William Byrd The Queene's Alman FVB172
*UUDUD DDUUU DUDDD   Meyerbeer Le prophète: Coronation march 2t
*UUDUD DDUUU DUUDU   Richard Strauss Alpine symphony 7t
*UUDUD DDUUU UUUUD   Sibelius Rakastva suite op14 3m
*UUDUD DRDUU DUDRR   Dvořák string sextet op48 2m 2t
*UUDUD DRRRU DDDUD   Chopin nocturne/1 in B♭mi op9 1t
*UUDUD DRRUU UUURU   Donizetti Lucia di Lammermoor Act II: Soffriva
*UUDUD DRUUU DUUDU   Bartok Rumanian folk dances, piano 6m 2t
*UUDUD DUDDD DUDDU   Beethoven sonata/3 cello/piano in A op69 1m
*UUDUD DUDDD UDDDD   Brahms Hungarian dances/12 in Dmi, piano 4 hands
*UUDUD DUDDD UDDDD   Haydn symphony/97 in C 4m
*UUDUD DUDDD UDUDD   Mussorgsky Khovantschina: prelude 1t
*UUDUD DUDDD UUUD    Haydn symphony/94 in G 3m menuet
*UUDUD DUDDU DDUUD   Liszt piano concerto/2 in A 5t
*UUDUD DUDDU DUDDU   Paisiello harpsichord concerto in C 3m 1t
*UUDUD DUDDU DUUDU   Moszkowski Spanish dances op12/4 1t
*UUDUD DUDDU UDDDD   Rossini Il barbiere di Siviglia I: Se il mio nome
*UUDUD DUDRR UUUUD   Mahler symphony/9 in D 3m 4t
*UUDUD DUDUD UUUDU   Liszt piano concerto/2 in A 4t
*UUDUD DUDUR DUDUR   Elgar Cockaigne overture 3t
*UUDUD DUDUU DUDDU   Beeethoven symphony/7 in A 4m 3t(b)
*UUDUD DUDUU DUDDU   Kreisler Liebeslied violin/piano (old Viennese
*UUDUD DUDUU DUDUU   Bartok violin concerto 3m 1t          [song) 2t
*UUDUD DUDUU UDDDD   Brahms trio/3 piano/vln/cello in Cmi op101 3m
*UUDUD DUDUU UDUUU   Haydn The Creation, Auf starken Fittige
*UUDUD DURDD UDUDD   Grieg Lyric suite op54/2: Norwegian rustic march
*UUDUD DUUDD DD      Mussorgsky Pictures from an exhibition: Kiev
*UUDUD DUUDD DUDDU   Chopin piano concerto/1 in Emi op11 3m 2t
*UUDUD DUUDD DUUDU   Liszt Hungarian rhapsody/8 in F♯mi piano
*UUDUD DUUDD DUUUU   Schumann quintet piano/strings in E♭ op44 4m 1t
*UUDUD DUUDD UDUUU   Brahms intermezzo in C♯mi op117/3 piano
*UUDUD DUUDR UUUDU   Grieg Norwegian dances/3 op35
*UUDUD DUUDU D       Chopin posthumous étude/1 in Fmi
*UUDUD DUUDU D       Schumann Faschingsschwank aus Wien op26 piano
*UUDUD DUUDU DUUUD   Brahms symphony/4 in Emi op98 4m 3t          [3m
```

*UUDUD	DUUDU	DUUUD	**Meyerbeer** L'Africaine: Sur mes genoux
*UUDUD	DUUDU	DUUUD	**Shostakovich** cello concerto/1 E♭ op107 4m 2t
*UUDUD	DUUDU	URDDU	**Brahms** symphony/2 in D op73 1m 4t
*UUDUD	DUUUD	DDDDU	**Mozart** violin concerto in A K219 3m 1t
*UUDUD	DUUUU	UDU	**Schumann** symphony/3 in E♭ op97 'Rhenish' 3m 1t
*UUDUD	RDDDD	UD	**Schubert** string quartet/9 in Gmi 3m D173
*UUDUD	RDDDR	DUUDD	**Bellini** I Puritani Act II: Qui la voce
*UUDUD	RRDUU	DDUDU	**(Bach)** Bist du bei mir (now attributed to Stölzel)
*UUDUD	RRRUU	DUD	**Mozart** Figaro Act II: Venite inginocchiatevi
*UUDUD	RRUUU	UDDRD	**Berlioz** Requiem/7 Offertorium
*UUDUD	RUDRD	DRURR	**Mozart** Figaro Act III: Amanti constanti
*UUDUD	RUDUD	UDRDU	**Sullivan** Princess Ida Act II: This helmet
*UUDUD	UDDDD	DDDDU	**Paganini** violin concerto/1 E♭(D) 1m 1t(a)
*UUDUD	UDDDD	UDDUD	**Bach** Partita/6 in Emi Clavier: Gavotta BWV830
*UUDUD	UDDDD	UDDUD	**Bach** Christmas oratorio/4 Bereite dich
*UUDUD	UDDDD	UUDUU	**Walton** Façade suite/2: Scotch rhapsody 1t
*UUDUD	UDDDU	DUDUU	**Sullivan** Iolanthe Act I: chorus of fairies
*UUDUD	UDDDU	UUDUD	**Dvořák** Slavonic dances/6 op46 1t
*UUDUD	UDDRU	UUU	**Verdi** Ernani Act II: Lo vedremo
*UUDUD	UDDUD	UDDUD	**Rachmaninov** symphony/2 in Emi 3m 2t
*UUDUD	UDDUD	UDUUD	**Corelli** concerto grosso Gmi 'Christmas' 5m
*UUDUD	UDDUU	DUDUD	**Mendelssohn** octet in E♭ op20 4m 2t
*UUDUD	UDDUU	DUDUD	**Bach** suite for cello solo in G 1m BWV1007
*UUDUD	UDDUU	UDUDD	**Bach** concerto/2 in C 2 Claviers 3m BWV1061
*UUDUD	UDRUD	UDDUD	**R Strauss** Rosenkavalier Act I: Breakfast theme
*UUDUD	UDRUU	D	**Handel** organ concerto in Gmi op4/1 2m 2t
*UUDUD	UDUDD	DDDDD	**Bach** organ fugue in Dmi 'Dorian' BWV538
*UUDUD	UDUDD	DDUUD	**Bach** fugue in Ami, Clavier BWV904
*UUDUD	UDUDD	DUDUD	**Bach** Well-tempered Clavier Bk II: prel/1 BWV870
*UUDUD	UDUDD	DUDUD	**Walton** Façade suite/1: polka 2t
*UUDUD	UDUDD	DUDUU	**Stravinsky** The rake's progress III: Gently, little
*UUDUD	UDUDD	UDDUD	**Wagner** Meistersinger: Dance of apprentices [boat
*UUDUD	UDUDD	UUUUR	**Puccini** Manon Lescaut Act I: Tra voi, belle
*UUDUD	UDUDU	DUDUD	**Sibelius** symphony/4 in Ami 1m 1t
*UUDUD	UDUDU	DUDUD	**Chopin** étude/10 in A♭ op10
*UUDUD	UDUDU	DUDUD	**Warlock** Piggesnie (song)
*UUDUD	UDUDU	DUDUD	**Weber** Abu Hassan overture
*UUDUD	UDUDU	DUDUD	**Debussy** Arabesque/2 in G piano 2t
*UUDUD	UDUDU	DUUUU	**Beethoven** string quartet/4 in Cmi op18/4 4m 1t
*UUDUD	UDUDU	RRUDD	**Dvořák** symphony/8 in G op88 1m 2t
*UUDUD	UDUDU	UDDDU	**Bach** sonata/4 violin/Clavier in Cmi 2m BWV1017
*UUDUD	UDURD	DRU	**Sullivan** HMS Pinafore I: Then give three cheers
*UUDUD	UDURU	DUDUD	**Liszt** Years of travel: At the spring
*UUDUD	UDUUD	DUUDD	**Elgar** Wand of Youth suite/1 op1a: Minuet
*UUDUD	UDUUD	UDDDU	**Haydn** symphony/98 in B♭ 3m trio
*UUDUD	UDUUD	UDUDU	**Prokofiev** violin concerto/1 3m 1t
*UUDUD	UDUUD	UUDUD	**Beethoven** Minuet in G piano 1t
*UUDUD	UDUUR	URDU	**de Falla** 4 piezas españolas: Cubana
*UUDUD	UDUUU	DUDUD	**Grieg** piano sonata in Emi op7
*UUDUD	URDDD	UDDUD	**Rossini** Il barbiere di Siviglia I: Una voce poco fa
*UUDUD	URDUD	URDUD	**Leopold Mozart** Toy symphony 3m (not by Haydn)
*UUDUD	URUDR	RUDUD	**Mozart** Die Entführung Act II: Vivat Bacchus!
*UUDUD	URUUU	UUDRU	**Mahler** symphony/1 in D 2m 1t
*UUDUD	UUDDD	DUUUD	**Honegger** piano concertino 1m 3t
*UUDUD	UUDDD	DUUUD	**Bach** Motet/1 Singet dem Herrn/3 Alles, was Odem
*UUDUD	UUDDU	DDDDU	**Mozart** Laut verkünde (song) K623

ˈUUDUD UUDDU DUDUU **Dvořák** symphony/7 in Dmi op70 1m 1t
ˈUUDUD UUDDU UDUDU **Delibes** Lakmé : Bell song 4t
ˈUUDUD UUDDU UUDDD **Hindemith** Mathis der Maler, symphony 3m 1t
ˈUUDUD UUDUD DDDDD **Bach** Toccata (and fugue) in C organ BWV564
ˈUUDUD UUDUD DDDUU **Bach** sonata/3 violin/Clavier in E 1m BWV1016
ˈUUDUD UUDUD DUUUD **Bach** Well-tempered Clavier Bk II fugue/18 BWV887
ˈUUDUD UUDUD RUUUD **J Strauss Jr** Die Fledermaus II: Mein Herr Marquis
ˈUUDUD UUDUD URURU **Dvořák** string quartet in A♭ op105 1m 2t
ˈUUDUD UUDUD UUDDD **Hummel** Rondo brillant on Russian folk themes
ˈUUDUD UUDUD UUDDU **R Strauss** Aus Italien: Roms Ruinen 1t[orch op98
ˈUUDUD UUDUD UUUD **Bartok** string quartet/1 3m 2t
ˈUUDUD UUDUD UUUDD **J Strauss Jr** Die Fledermaus: Du und du/2 2t
ˈUUDUD UUDUU DD **Bartok** string quartet/1 2m intro
ˈUUDUD UUDUU DUDUU **Lortzing** Zar und Zimmermann: overture 3t
ˈUUDUD UUDUU DUDUU **Sullivan** The Gondoliers I: When a merry maiden
ˈUUDUD UUDUU UDDDD **Prokofiev** symphony/5 in B♭ 1m 1t
ˈUUDUD UUU **Sibelius** The bard op64 orch 1t
ˈUUDUD UUUDD DDUU **Walton** violin concerto 1m 2t
ˈUUDUD UUUDU DD **Mozart** sonata in D for 2 pianos K448 3m 2t
ˈUUDUD UUUDU DUUDU **Handel** sonata E♭ 2 vlns or 2 oboes/fig bass 3m
ˈUUDUD UUUDU UDDR **Debussy** Suite Bergamasque: Clair de lune 2t
ˈUUDUD UUURD DDDDU **Haydn** trumpet concerto in E♭ 2m
ˈUUDUD UUURR **Tippett** theme from concerto for double str orch
ˈUUDUD UUUUD UDUUU **Richard Strauss** Alpine symphony 4t
ˈUUDUD UUUUU **Copland** Appalachian Spring, ballet 1t
ˈUUDUD UUUUU D **Delius** sonata/2 for violin/piano 4t
ˈUUDUD UUUUU DDUDD **Ibert** Divertissement for chamber orch 2m 2t
ˈUUDUD UUUUU DU **Chopin** mazurka/13 op17/4
ˈUUDUR DDDDD DUUDU **Haydn** symphony/45 F♯mi 'Farewell' 4m presto
ˈUUDUR DDDDR UUURD **Mozart** string quartet/22 in B♭ K589 2m
ˈUUDUR DDDUD DDUDU **Mozart** string quartet/14 in G K387 4m
ˈUUDUR DDDUU DUUUU **Beethoven** sonata/6 violin/piano in A op30/1 3m
ˈUUDUR DRDUD UUURD **Beethoven** piano sonata/4 in E♭ op7 2m
ˈUUDUR DUDUU DUUDU **J Strauss Jr** Wiener-Blut/1 1t
ˈUUDUR RDDDD DURDR **Mozart** symphony/41 in C K551 'Jupiter' 4m 1t
ˈUUDUR RDUDD DDDRR **Berlioz** Benvenuto Cellini Act I: O Teresa,
    and Carnival Romain overture 1t
ˈUUDUR RDURU UUDDU **Bach** Well-tempered Clavier I: prel/19 BWV864
ˈUUDUR RDUUD URR **Humperdinck** Hansel & Gretel I: Mit dem Füsschen
ˈUUDUR RRDRU RRRDU **Bach** (prelude &) fugue Gmi 'Little fugue' BWV535
ˈUUDUR RRRDR **Beethoven** symphony/9 in Dmi 'Choral' 4m 3t
ˈUUDUR UDDUU UDUUD **Mozart** piano sonata/10 in C K330 3m
ˈUUDUR UUDUR UUDU **Cilea** L'Arlesiana: E la solita storia
ˈUUDUU D **Stravinsky** Symphony in 3 movements 1m 3t
ˈUUDUU DDDDD **Janáček** Sinfonietta 2m 2t
ˈUUDUU DDDDU DRUUU **Bach** Mass in B minor/9 Quoniam tu solus
ˈUUDUU DDDDU DUUUD **Bach** suite for cello solo G minuet/1 BWV1007
ˈUUDUU DDDDU UDUUD **de Falla** 7 Spanish popular songs/3 Asturiana
ˈUUDUU DDDDU UDUUU **J C Bach** piano concerto in E♭ op7/5 1m 1t
ˈUUDUU DDDDU UUDDD **Widor** Sérénade
ˈUUDUU DDDDU UUDDU **Mozart** piano sonata/11 in A K331 3m 2t
ˈUUDUU DDDRD UUDDD **Mozart** piano concerto/27 in B♭ K595 1m
ˈUUDUU DDDUD DU **J Strauss Jr** Die Fledermaus Act I: Glücklich ist
ˈUUDUU DDDUD UUDDD **Tchaikovsky** symphony/1 in Gmi op13 3m 2t
ˈUUDUU DDDUD UUDUR **Mozart** sonata/17 for violin/piano in C K296 2m
ˈUUDUU DDDUD UUDUU **Rimsky-Korsakov** Scheherazade 3m 2t
ˈUUDUU DDDUR UDUDU **Rachmaninov** sonata cello/piano in Gmi 4m 2t

```
*UUDUU  DDDUU  DDDDD   Bartok   Contrasts, trio violin/clarinet/piano
                                 1m 1t Recruiting dance
*UUDUU  DDDUU  DDUDU   Suppé   Die schöne Galathé overture 3t
*UUDUU  DDDUU  DU      Handel   concerto grosso in Ami op6/4 3m
*UUDUU  DDDUU  DUUDD   Schubert   string quintet in C 3m 1t D956
*UUDUU  DDDUU  DUUDD   Moszkowski   Spanish dances op12/3 2t
*UUDUU  DDDUU  DUUU    Schumann   Album for the young: Little romance op68
*UUDUU  DDDUU  UDDUU   Rimsky-Korsakov   Capriccio espagnol: Fandango
*UUDUU  DDDUU  UDUUD   Holst   Perfect fool: Spirits of fire        [Asturiano
*UUDUU  DDDUU  UDUUD   Meyerbeer   Le Prophète: Roi du Ciel
*UUDUU  DDRDD  UDDUU   Schubert   symphony/6 in C 1m intro D589
*UUDUU  DDRUD  UDUDD   Mozart   piano sonata/12 in F K332 1m 1t
*UUDUU  DDUDD  DDU     Sibelius   symphony/2 in D 4m 1t
*UUDUU  DDUDU          Mozart   sonata/25 violin/piano in F K377 2m
*UUDUU  DDUDU  UDDUD   Handel   concerto grosso in Gmi 3m 2t
*UUDUU  DDUUD  DUDDD   Dvořák   symphony/8 in G op88 4m 1t
*UUDUU  DDUUD  DUDU    Mozart   piano sonata/11 in A K331 2m
*UUDUU  DDUUD  UUDUD   Bartok   Contrasts, trio vln/clar/piano 3m 2t
*UUDUU  DDUUU  DDUDD   Bach   Well-tempered Clavier I: fugue/14 BWV859
*UUDUU  DDUUU  DUUDD   Mascagni   Cavalleria rusticana: Viva il vino
*UUDUU  DDUUU  DUUDD   Schumann   piano concerto in Ami op54 1m 2t(b)
*UUDUU  DRDDU  RDDDU   Grieg   Norwegian melodies op63 str orch 1m
*UUDUU  DRUUD  UUDUD   Britten   Fantasy (oboe) quartet 2t
*UUDUU  DUDDD  UDDUU   Kabalevsky   Colas Breugnon overture op24 1t
*UUDUU  DUDDD  URUDD   Brahms   Ein deutsches Requiem/1 Selig sind
*UUDUU  DUDDU  DDDUU   Haydn   string quartet/8 op2 1m
*UUDUU  DUDDU  DUUUD   Handel   harpsichord suite/4 in Dmi set/2 4m gigue
*UUDUU  DUDDU  UUUUU   Vivaldi   concerto for piccolo/str in C 2m P79
*UUDUU  DUDRD  DUDUU   Berlioz   Romeo & Juliette pt4 Queen Mab 2t
*UUDUU  DUDRD  UDRDD   Verdi   Aida Act II: S'intrecci il loto
*UUDUU  DUDUD  DDD     Brahms   Rhapsody for alto, male chorus/orch op53
*UUDUU  DUDUD  DDUD    Mozart   piano s'ta/15 C K545 1m 1t [Ach, wer heilet
*UUDUU  DUDUD  UDUD    Debussy   Préludes Bk I: Danseuses de Delphes, pft
*UUDUU  DUDUD  UDUUD   Bach   French suite/6 in E: Bourrée BWV817
*UUDUU  DUDUD  UUUDU   Verdi   Il trovatore Act IV: Si, la stanchezza
*UUDUU  DUDUU  DDDDU   Franchetti   Germania: No, non chiuder gli occhi
*UUDUU  DUDUU  DUURD   Schubert   Der Jüngling an der Quelle (song) D545
*UUDUU  DUDUU  U       Mozart   symphony/38 in D K504 'Prague' 1m 1t
*UUDUU  DUDUU  UDDDU   Ibert   concerto for alto saxophone 1m 1t
*UUDUU  DURDU  UUDUD   Erik Satie   3 morçeaux en forme de poire/3 1t
*UUDUU  DURUU  DUUDU   Mendelssohn   Midsummer night's dream: intermezzo
*UUDUU  DUUDD  DD      Richard Strauss   Sinfonia domestica 1m 5t        [1t
*UUDUU  DUUDD  DDUDU   Schubert   piano sonata in B 4m 1t D575
*UUDUU  DUUDD  RDDDU   Mozart   piano concerto/13 in C K415 1m 1t
*UUDUU  DUUDD  UUDUU   Berlioz   Benvenuto Cellini Act II: Tra la la la
*UUDUU  DUUDU  DDDDD   Verdi   Luisa Miller Act I: Il mio sangue
*UUDUU  DUUDU  DDDDU   Donizetti   Lucia di Lammermoor Act I: Le pietade
*UUDUU  DUUDU  DDDUD   Bach   Choral prelude: Wo soll ich fliehen hin BWV
*UUDUU  DUUDU  DDUDD   Brahms   symphony/4 in Emi op98 1m 7t [646 organ
*UUDUU  DUUDU  DDUUU   Bach   Well-tempered Clavier II: prel/17 BWV886
*UUDUU  DUUDU  DUDDU   Schubert   string trio in B♭ 3m D581
*UUDUU  DUUDU  UDDDD   Haydn   symphony/102 in B♭ 4m
*UUDUU  DUUDU  UDDUD   Schumann   Davidsbündler op6/13 piano
*UUDUU  DUUDU  UDDUR   Walton   violin concerto 3m 1t
*UUDUU  DUUDU  UDUDD   Bach   French suite/5 in G: gigue BWV816
*UUDUU  DUUDU  UDUDD   Bach   Cantata/26 Ach wie flüchtig/4 An irdische
*UUDUU  DUUDU  UDUUD   Beethoven   piano sonata/14 C♯mi 'Moonlight' 1m
                                                          [intro
```

*UUDUU DUUDU UDUUD **Elgar** violin concerto in Bmi 3m 1t
*UUDUU DUUDU UUDDU **Ravel** valses nobles et sentimentales/6
*UUDUU DUUDU UUUUD **Mozart** Don Giovanni Act I: Giovinette
*UUDUU DUURD RDUUD **Delius** Walk to the Paradise Garden 1t
*UUDUU DUURR DDDDD **Mahler** symphony/4 in G 2m 2t
*UUDUU DUURU DRUDD **Suppé** Morning, noon and night in Vienna 5t
*UUDUU DUUUD DDRUD **Hindemith** organ sonata/3 3m
*UUDUU DUUUD DUUDU **Elgar** symphony/2 in E♭ op63 1m 1t(b)
*UUDUU DUUUD RDDDD **Bach** harpsichord concerto/3 in D 1m BWV1054, or
    violin concerto in E 1m BWV1042
*UUDUU DUUUD RUUUU **Richard Strauss** Tod und Verklärung 3t
*UUDUU DUUUD UDDRU **Khachaturian** Spartacus theme (BBC TV Onedin Line)
*UUDUU DUUUD UDDUU **de Falla** El amor brujo: Dance of play of love 1t
*UUDUU DUUUD UDUD **Brahms** trio piano/vln/cello in E♭ op40 1m 2t
*UUDUU DUUUD UDUDU **Schubert** sonata violin/piano in A 4m 1t D574
*UUDUU DUUUD UUDUU **Charles Ives** symphony/2 5m 1t
*UUDUU DUUUD UURDU **Saint-Saëns** symphony/3 in Cmi op78 1m 4t
*UUDUU DUUUU DUDD **Brahms** Rhapsody in Bmi op79/1 piano 2t
*UUDUU DUUUU DUDDU **Kreisler** La Précieuse (style of Couperin) vln/
*UUDUU DUUUU UDDDR **Bruckner** symphony/7 in E 2m 2t(a) [piano 1t
*UUDUU DUUUU UUUUR **Haydn** string quartet/67 D op64 'The lark' 3m 1t
*UUDUU RDDDD UDUUR **Mozart** bassoon concerto in B♭ K191 1m 2t
*UUDUU RDUDD UUDDU **Bellini** Norma Act II: Mira o Norma
*UUDUU RDUDU DDDUU **Schubert** sonata cello/piano in Ami 3m 1t D821
*UUDUU RDUDU DUDUD **Beethoven** piano sonata/7 in D op10/3 4m
*UUDUU RDURR UUDDD **Handel** Messiah: Thou shalt break them
*UUDUU RDUUR UDRDD **Richard Strauss** Also sprach Zarathustra 5t(b)
*UUDUU RDUUU DUUR **Franck** string quartet in D 1m 3t
*UUDUU RRRUD UDDUU **Verdi** Aida Act II: march
*UUDUU RRUDD DUUDU **Salvator Rosa** Star vicino (song)
*UUDUU RRUUD DDRUU **Walton** Façade suite/2: Noche española 2t
*UUDUU RUDDD RUUD **Schubert** Die schöne Müllerin/20 Des Baches Wiegen-
*UUDUU RUDDD UUDDD **Charles Ives** New England holidays: [lied
    Washington's birthday (barn dance) 1t
*UUDUU RUDUU D **Mendelssohn** symphony/3 Ami op56 'Scotch' 1m 4t
*UUDUU RURUD UURDD **Mozart** Die Zauberflöte Act II: Wie? wie? wie?
*UUDUU UDDDD DDUUD **Bach** organ sonata in E♭ 1m BWV525
*UUDUU UDDDD UDUUU **Elgar** Cockaigne overture 4t
*UUDUU UDDDD URRDU **John Dunstable** Ave Maris Stella
*UUDUU UDDDR UDDD **Mendelssohn** Frühlingslied (song) op47/3
*UUDUU UDDDU DDDUD **Bach** suite/3 in D orch: gigue BWV1068
*UUDUU UDDDU DDUDU **Walton** viola concerto 2m 1t
*UUDUU UDDDU DUUUD **Bach** Well-tempered Clavier I: prel/18 BWV863
*UUDUU UDDRD DD **Beethoven** string quartet/14 in Ami op132 1m 1t
*UUDUU UDDUD **MacDowell** piano concerto/1 3m 2t
*UUDUU UDDUD DDD **Prokofiev** symphony/5 in B♭ 1m 2t
*UUDUU UDDUD UDDDU **Stravinsky** Pulcinella, ballet: overture
*UUDUU UDDUR UD **Mozart** piano concerto/22 in E♭ K482 2m
*UUDUU UDDUU DUDUU **Grieg** piano concerto in Ami op16 1m 1t(b)
*UUDUU UDDUU DUUDD **Beethoven** string quartet/14 in Ami op132 4m
*UUDUU UDDUU UDD **Grieg** Peer Gynt suite/1 2m Death of Ase
*UUDUU UDDUU UUDR **Puccini** La Bohème Act III: Addio dolce svegliare
*UUDUU UDRDU DUDUD **Franck** sonata for violin/piano in A 3m 2t(a)
*UUDUU UDRRR DUUUU **Telemann** concerto in G viola/strings 1m
*UUDUU UDRRR RDDDU **Wagner** Lohengrin Act I: Du kundest nun
*UUDUU UDUDD DDUUU **Dvořák** string quintet in E♭ op97 4m
*UUDUU UDUDD DUDDU **Walton** symphony/1 in B♭mi 2m 1t

174

*UUDUU	UDUDD	UUDUU	**de Falla**	El amor brujo: Dance of play of love 3t
*UUDUU	UDUDU	DUDUD	**Tchaikovsky**	piano concerto/1 in B♭mi 1m 3t
*UUDUU	UDUDU	DUUD	**Rimsky-Korsakov**	May night overture 1t
*UUDUU	UDURD	UUDRD	**Haydn**	symphony/86 in D 3m trio
*UUDUU	UDUUD	UDDDD	**Torelli**	concerto/2 for trumpet/strings 1t
*UUDUU	UDUUD	UDUUU	**Schubert**	symphony/9 in C 1m intro D944
*UUDUU	UDUUD	UUUDU	**Schubert**	piano sonata/14 in Ami 3m 1t D784
*UUDUU	UDUUU	DDUDD	**Sibelius**	symphony/7 in C op105 3t(a)
*UUDUU	UDUUU	DDUDU	**Fauré**	string quartet in Emi op121 3m
*UUDUU	UDUUU	DU	**Tchaikovsky**	Nutcracker suite: Waltz of flowers 3t
*UUDUU	UDUUU	DUDDD	**Elgar**	Wand of Youth suite/2: Fountain dance
*UUDUU	UDUUU	DUUUD	**Brahms**	intermezzo op116/5 piano
*UUDUU	UDUUU	UDDDD	**Rachmaninov**	Prelude op23/6 piano
*UUDUU	UDUUU	UUD	**Richard Strauss**	Barkarole (song) op17/6
*UUDUU	UDUUU	UUURD	**Beethoven**	'Little trio in B♭' piano/vln/cello 2t
*UUDUU	UDUUU	UUUUD	**Beethoven**	symphony/4 in B♭ 1m 3t
*UUDUU	URDDU	UDDUU	**Grieg**	Lyric pieces op43/3 In the homeland, piano
*UUDUU	URDUU	UDDDU	**Richard Strauss**	Waltz from Der Rosenkavalier
*UUDUU	UUDDD	DDDUU	**Handel**	Alcina: Tamburine
*UUDUU	UUDDD	UDDRD	**Liszt**	piano concerto/1 in E♭ 2t
*UUDUU	UUDDU	DDDUR	**Granados**	La Maja de Goya
*UUDUU	UUDUD	U	**Schubert**	sonata cello/piano in Ami 1m D821
*UUDUU	UUDUD	UDUDU	**Debussy**	La Mer 1m 5t
*UUDUU	UUDUD	UUDUU	**Tchaikovsky**	symphony/6 in Bmi 'Pathétique' 2m 1t
*UUDUU	UUDUR	DDDDD	**Mahler**	symphony/8/II Jene Rosen
*UUDUU	UUDUU	DUDDD	**Chopin**	impromptu op36
*UUDUU	UUDUU	DUUUD	**Handel**	concerto grosso C 'Alexander's Feast' 3m
*UUDUU	UUDUU	DUUUU	**Beethoven**	piano sonata/6 in F op10/2 2m 1t
*UUDUU	UUDUU	U	**Schubert**	string quartet/14 in Dmi 1m 1t D810
*UUDUU	UUDUU	UDDUD	**Handel**	concerto grosso in F op6/9 5m
*UUDUU	UUDUU	UU	**Stravinsky**	symphony in 3 movements 1m 4t
*UUDUU	UUDUU	UUD	**Holbrooke**	quintet clarinet/strings op27/1 2m
*UUDUU	UUDUU	UUUDD	**Moszkowski**	Valse mignonne 1t
*UUDUU	UUUDD	UUDDD	**Haydn**	string quartet/67 in D op64 'The lark' 4m
*UUDUU	UUUDU	DDUUU	**Richard Strauss**	Capriccio op85 Du Spiegelbild
*UUDUU	UUUDU	RRDUU	**Berlioz**	Romeo et Juliette pt 4: Jurez donc
*UUDUU	UUUDU	UDDUD	**Shostakovich**	symphony/7 op60 1m 2t
*UUDUU	UUUDU	UUUUD	**Bizet**	L'Arlésienne suite/2: Pastorale 1t
*UUDUU	UUUUD	UUDUU	**Franck**	Grande pièce symphonique op17 organ 4t
*UUDUU	UUUUD	UUUDD	**Brahms**	symphony/2 in D op73 1m 6t
*UUDUU	UUUUR	DDUUD	**Walton**	symphony/1 in B♭mi 4m 1t
*UUDUU	UUUUU	UDD	**Haydn**	trumpet concerto in E♭ 1m 1t
*UUDUU	UUUUU	UDDUD	**Haydn**	symphony/96 in D 'Miracle' 3m menuetto
*UUDUU	UUUUU	UDUUD	**Sibelius**	violin concerto in Dmi op47 1m 2t(b)
*UURDD	DDDUU	UDUDU	**Mozart**	string quartet/21 in D K575 1m
*UURDD	DDDUU	UUUDU	**Mozart**	Serenade in D K250 'Haffner' 8m
*UURDD	DDRRU	DDUDU	**Beethoven**	sonata/2 cello/piano in Gmi op5/2 2m
*UURDD	DDRRU	RUU	**Mozart**	symphony/35 in D K385 'Haffner' 2m 1t
*UURDD	DDRUD	RD	**Mendelssohn**	sym/5 in D op107 'Reformation' 1m 2t
*UURDD	DDUUR	DDDUU	**Beethoven**	wind octet in E♭ op103 Andante
*UURDD	DDUUR	DR	**Beethoven**	symphony/9 in Dmi 'Choral' 4m 1t
*UURDD	DRDDD	UUUUU	**Mozart**	violin concerto/4 in D K218 3m 2t
*UURDD	DRUUU	DDDDR	**Bach**	St Matthew Passion/49 Bin ich gleich
*UURDD	DRUUU	DDUUD	**Bach**	Cantata/147 Herz und Mund/10 Jesu, joy
*UURDD	DUDDU	RRR	**Mascagni**	Cavalleria rusticana: Regina coeli
*UURDD	DUDUD		**Mascagni**	Cavalleria rusticana: Intermezzo, Ave
*UURDD	DUUDU	DDD	**Schubert**	symphony/2 in B♭ 1m 2t D125 [Maria

175

*UURDD	DUUDU	DRUUD	**Mozart** string quartet/14 in G K387 1m
*UURDD	DUURD	DDUUU	**Sullivan** HMS Pinafore Act I: I am the captain
*UURDD	DUURU	UDUDD	**Beethoven** sonata/2 violin/piano in A op12/2 3m
*UURDD	DUUUD	DUDDD	**Haydn** symphony/84 in E♭ 2m andante
*UURDD	DUUUR	DDDUD	**Mozart** clarinet concerto in A K622 2m
*UURDD	DUUUU	RDDD	**Schubert** string quartet/12 in Cmi 2t
			(Quartetsatz - in one movement) D703
*UURDD	RDDUU	URDDR	**Beethoven** symphony/9 in Dmi 'Choral' 1m 2t
*UURDD	RDRDR	RUUUR	**Beethoven** 'Little trio in B♭' piano/vln/cello 1t
*UURDD	RDUDU	DDR	**Puccini** Madam Butterfly Act II: Tu? tu?
*UURDD	RDURU	URDDR	**Lehar** Giuditta: Meine Lippen
*UURDD	RUURD	DUDUD	**Mendelssohn** Midsummer night's dream overture 4t
*UURDD	RUUUD	DDUUU	**Humperdinck** Hansel & Gretel Act I: prelude 2t
*UURDD	UDDDU	UUURD	**Brahms** quartet piano/strings in A op26 4m
*UURDD	UDDUD	RUUDD	**Mozart** Adagio (& rondo) glass harmonica/qtet K617
*UURDD	UDDUU	DDURD	**Weber** clarinet concerto Fmi 2m (Jahns 114)
*UURDD	UDDUU	RDDUD	**Beethoven** symphony/5 in Cmi 2m coda
*UURDD	UDRUD	UDDUD	**Adam** Giselle II: andantino
*UURDD	UDUUU	UDDUD	**Beethoven** symphony/5 in Cmi 2m 1t
*UURDD	URDDU	RDUDU	**Liszt** Faust symphony 3m 2t
*UURDD	URUUU	DDDR	**Holst** St Paul's suite 1m jig 1t(a)
*UURDD	UUDDR	RRRRR	**Mozart** Cassation/1 in G K63 1m marcia
*UURDD	UUDDU	UDUUR	**de Falla** 7 Spanish popular songs: Polo
*UURDD	UUDUU	RDDUU	**J Strauss Jr** Kiss waltz 3t
*UURDD	UURDD	UUUUU	**Beethoven** piano sonata/5 in Cmi op10/1 1m 2t
*UURDD	UURDR	UURDD	**Mendelssohn** symph/4 in A op90 'Italian' 1m 2t
*UURDD	UURDU	DDUUD	**D'Indy** sonata for violin/piano in C op59 1m 1t
*UURDD	UUUDD		**Grieg** I love thee (song) op5/3
*UURDD	UUURD	DURDD	**Beethoven** An die ferne Geliebte (song) op98/2
*UURDR	DDUUU	RURDD	**Haydn** symphony/53 in D 2m
*UURDR	DRDRD	RUUD	**Schumann** symphony/2 in C op61 2m 2t
*UURDR	DRDRD	RUURD	**Hummel** concerto piano/vln/orch in G op17 1m 1t
*UURDR	DRDRU	RDRUR	**Verdi** string quartet in Emi 4m
*UURDR	RRDUD		**Wagner** Tannhäuser Act II: Gar viel und schön
*UURDR	RUDDD	DURDU	**Beethoven** Rondino in E♭ for wind op146 posth 3t
*UURDR	RUDUU	URDRR	**Chopin** étude/12 op10 'Revolutionary'
*UURDR	RUURD	RRU	**Sullivan** The Gondoliers Act II: To help unhappy
*UURDR	UDDUD	RUURD	**Brahms** Verzagen (song) op72/4 Ich sitz am Strande
*UURDR	UUDUD	UDUDU	**Vivaldi** concerto grosso in Dmi op3/11 1m
*UURDR	UURRU	DDDUD	**Bellini** La sonnambula: Ah! non giunge
*UURDR	UUUD		**Beethoven** symphony/8 in F 4m 2t
*UURDR	UUURR	RRRRR	**Rossini** Il barbiere di Siviglia: overture 2t
*UURDU	DDDRU	URRRR	**Mahler** Das Knaben Wunderhorn: Der Tambours-
*UURDU	DDDUD	DUUUR	**Grieg** symphonic dances/2 1t(a) [g'sell
*UURDU	DDRUR	UURDU	**Beethoven** piano sonata/31 in A♭ op110 1m 1t(b)
*UURDU	DDURU	UDDDU	**Pachelbel** chaconne in Fmi, organ
*UURDU	DDUUD	UDUU	**Khachaturian** violin concerto 3m 1t
*UURDU	DUDDD	DUDDU	**Ippolitov-Ivanov** Caucasian sketches 2m 1t
*UURDU	DURDD	UUDD	**Puccini** Madam Butterfly Act I: Io seguo il mio
*UURDU	DURDR	URUR	**Schumann** Waldesgespräch (song) op39/3
*UURDU	DUUUD	DDRUU	**Richard Strauss** Aus Italien: Sorrento 3t
*UURDU	UDDDD	UDUUD	**Purcell** Dido & Aeneas: When I am laid in earth
*UURDU	UDDUD	UURDD	**Holst** The planets op32 Saturn
*UURDU	UDRDU	DD	**Hindemith** Trauermusik (for George V of England) 2m
*UURDU	UDRDU	UDDD	**Moszkowski** Spanish dances op12/1 3t
*UURDU	UDRDU	UDUUU	**R Strauss** Der Bürger als Edelmann: Dinner 6t
*UURDU	UDRDU	URUD	**C Ives** Gen Wm Booth enters into heaven (song)

*UURDU	UDUUU	DDDUU	**Mahler** Des Knaben Wunderhorn: Wer hat dies Liedlein erdacht?
*UURDU	URDDD	DUUDR	**Mozart** sonata/24 violin/piano F K376 1m 2t
*UURDU	URDDD	URDDU	**Bach** choral prelude: O Lamm Gottes, organ BWV656
*UURDU	URDDR	DU	**Franck** Grande pièce symphonique 2t, organ
*UURDU	URDUU	DDDDD	**Tchaikovsky** Capriccio Italien op45 4t
*UURDU	URDUU	DUURD	**Franck** sonata for violin/piano in A 2m 1t
*UURDU	URDUU	RDUU	**Kurt Weill** Die Dreigroschenoper: Mack the knife
*UURDU	URUDD	UDDRD	**Waldteufel** skaters waltz/1 1t
*UURDU	URUDR	DDDDD	**Schubert** piano sonata in A 4m 1t D959
*UURDU	URUDR	DRDRD	**Haydn** symphony/84 in E♭ 3m menuet
*UURDU	UUDDD	UUUUU	**Massenet** Manon Act III: Obéissons quand leur
*UURDU	UUDDU	URDUU	**Britten** Peter Grimes 4th interlude: storm 2t
*UURDU	UUDRU	DDDDU	**Mendelssohn** Elijah: For the mountains
*UURDU	UURDD		**Liszt** Missa choralis: Benedictus
*UURDU	UURDU	UUDDD	**Mahler** symphony/5 in Cmi theme from 5m
*UURDU	UURDU	UUDUD	**Wagner** Tristan & Isolde: prelude 2t
*UURDU	UUUDD	DD	**Beethoven** sonata/3 cello/piano in A op69 2m 1t
*UURDU	UUURD	DUUUR	**Beethoven** trio piano/vln/cello in D op70/1 1m 2t
*UURRD	DDDUU	RRDDD	**Beethoven** König Stephan overture op117 3t
*UURRD	DRRDD	RRDDR	**Humperdinck** Hansel & Gretel: Witch's ride (vocal
*UURRD	DUDDR	UDUUU	**Warlock** Capriol suite: Pieds-en-l'air [line)
*UURRD	DUDDU	DRRDR	**Offenbach** Tales of Hoffmann Act I: Il était une
*UURRD	DUDRU	DDRDD	**Charles Ives** New England Holidays: Washington's
*UURRD	RRDUD	UUUDD	**Elgar** Cockaigne overture 1t [birthday 2t
*UURRD	UDDDU	UD	**Dvořák** violin concerto in Ami op53 3m 3t
*UURRD	UDDRU	DDUDR	**Perotin** Sederunt principes (chorus)
*UURRD	UDDUU	RRDUD	**Khachaturian** Gayaneh ballet: Lullaby
*UURRD	UUDDR	RDUUD	**Beethoven** Wellington's Sieg op91 2t
*UURRD	UUDDU	DDDUU	**Schubert** impromptu/1 Cmi piano D899
*UURRD	UUDRU	DD	**Hindemith** Trauermusik (for George V of England) 3m
*UURRD	UURRD	DDUUR	**Hindemith** Mathis der Maler, symphony 3m 5t
*UURRD	UURRD	UU	**Beethoven** string quartet/2 in G op18/2 3m 2t
*UURRD	UURRD	UURDD	**Mozart** symphony/35 in D K385 'Haffner' 2m 2t
*UURRD	UURRD	UURRD	**Bach** Well-tempered Clavier I: prelude/22 BWV867
*UURRD	UURRD	UURRD	**Schubert** symphony/5 in B♭ 1m 1t D485
*UURRD	UURRR	UUDDD	**Mahler** symphony/4 in G 1m 4t
*UURRR	DDUDD	URRRD	**Haydn** symphony/43 in E♭ 2m
*UURRR	DRDDR	UUUDD	**Kienzl** Der Evangeliman: Selig sind
*UURRR	DRDUU	RRRDU	**Haydn** symphony/39 in Gmi 1m
*UURRR	DRRDR	DUURD	**Haydn** symphony/89 in F 3m menuet
*UURRR	DUDUU	UUUDD	**Haydn** symphony/83 in Gmi 'La Poule' 3m trio
*UURRR	DURDR	RRDUR	**Bach** Cantata/10 Meine Seel'/2 Herr, Herr
*UURRR	DUUDD	UUURR	**Poulenc** piano concerto 1m 1t
*UURRR	DUUDU	RRRDU	**Kreisler** Liebeslied vln/piano (old Viennese
*UURRR	DUURR	RDUUR	**Suppé** Light Cavalry overture 3t(a) [song] 1t
*UURRR	DUURR	RDUUR	**Sullivan** Iolanthe II: When you're lying awake
*UURRR	DUUUR	RRDUD	**Donizetti** Don Pasquale Act I: Quel guardo
*UURRR	RDDDR	RRUUU	**Dvořák** sonatina violin/piano in G op100 2m 1t
*UURRR	RDDUD	DRR	**Schubert** Die schöne Müllerin/2 Wohin?
*UURRR	RDUDR	DUUD	**Bizet** L'Arlésienne suite/1 minuetto 2t
*UURRR	RDUUR	DUU	**Mahler** Lieder eines fahrenden Gesellen/4 Die zwei blauen Augen
*UURRR	RDUUU	DDDUR	**Schubert** Die Winterreise/20 Der Wegweiser
*UURRR	RRDUU	RRRRR	**Sullivan** Mikado I: If you want
*UURRR	RRRDU	UDDUU	**Dvořák** Slavonic dances/15 op72 3t
*UURRR	RRRRR	RRUUD	**Sullivan** The Gondoliers Act I: In enterprise

*UURRR	RRUDD	UD	**Gounod** Faust Act IV: Souviens-toi du passé
*UURRR	RRUDD	URRRR	**Haydn** str quartet/74 Gmi op74/3 'Horseman' 4m 1t
*UURRR	RRURR	RRD	**Sullivan** The Gondoliers Act I: From the sunny
*UURRR	RRUUU	DDD	**Bizet** Carmen Act II quintet: Nous avons en tête
*UURRR	RRUUU	DRDDU	**Sullivan** The Mikado II: Brightly dawns
*UURRR	RUDDD	DDD	**Mendelssohn** Songs without words/12 F♯mi op30/6
*UURRR	RUDDD	URUUD	**Haydn** symphony/45 in F♯mi 'Farewell' 3m trio
*UURRR	RUDUD	UUURR	**Haydn** symphony/22 in E♭ 3m menuetto
*UURRR	RURUD	DDD	**Schumann** Der arme Peter (song) op53/3
*UURRR	RUUDR	RUUR	**Britten** Peter Grimes interlude/2: Sunday morning
*UURRR	UDDUD	DUUUU	**Schubert** sonatina/1 violin/piano in D 2m D384
*UURRR	UDRDD	DDUUD	**Bellini** Norma: overture 3t
*UURRR	UDRRU	UD	**Haydn** string quartet/49 in D op50 'The frog' 2m
*UURRR	UDRUD	UUDDD	**Bach** Cantata/140/1 Wachet auf, ruft uns BWV140
*UURRR	UDUUR	RD	**Beethoven** string quartet/13 in B♭ op130 4m 2t
*UURRR	URDRR	RDUUR	**Walton** Façade/1: Swiss yodelling song 3t
*UURRR	UUDDD	UURUD	**Rimsky-Korsakov** Capriccio espagnole: variations
*UURRR	UUDRR	RDUUR	**Thomas** Raymond overure 2t
*UURRR	UUDUU	DUURU	**Sullivan** Ruddigore Act I: Bridesmaids' chorus
*UURRR	UUUDU	DDUDD	**Mozart** piano concerto/11 in F K413 3m
*UURRR	UUUUU	DDDU	**Schubert** trio piano/vln/cello in E♭ 3m D929
*UURRU	DDDDD		**Beethoven** sonata/5 violin/piano op24 'Spring' 3m
*UURRU	DDDDU	UURRU	**Mozart** concerto 3 pianos in F K242 1m 2t
*UURRU	DDRDD	UURRU	**Grieg** Sigurd Jorsalfar 3m 1t
*UURRU	DDRDR	DUUDR	**J Strauss Jr** Morgenblätter 5t
*UURRU	DDRRU	UDDUD	**Bach** Cantata/212 'Peasant'/2 Mer habn en neue
*UURRU	DDRUU	RUDUD	**Lalo** Namouna suite: thème varié
*UURRU	DDUDD	DD	**Janáček** sinfonietta 5m
*UURRU	DDUUD	DDUDD	**Mozart** clarinet concerto in A K622 3m 1t
*UURRU	DRDDU	UD	**Vaughan Williams** The vagabond (song)
*UURRU	DRRUR	DU	**Ravel** Le grillon (song)
*UURRU	DRRUU	UDDDD	**Schubert** Military marches/3 1t piano 4 hands
*UURRU	DRURU	RRUUD	**Mozart** piano concerto/17 in G K453 3m [D733
*UURRU	DUDDD	UURRR	**Khachaturian** violin concerto 2m
*UURRU	DUDUD	UDUDU	**Mozart** string quartet/23 in F K590 3m
*UURRU	DUDUU	UDDDD	**Purcell** Dido & Aeneas: Banish sorrow
*UURRU	DUDUU	URRUD	**Mozart** piano concerto/11 in F K413 2m
*UURRU	DUURR	UDUDR	**Haydn** symphony/53 in D 3m menuetto
*UURRU	RDDDD	UDRDR	**Beethoven** Adelaide (song)
*UURRU	RDDDU	DDDUD	**Mozart** symphony/24 in B♭ K182 2m
*UURRU	RDRUD	UDDDU	**Boieldieu** Le Calife de Baghdad overture 3t
*UURRU	RDRUD	URDDD	**Gluck** Orfeo ed Euridice III: Che farò
*UURRU	RRDRD	UURRU	**Respighi** Pines of Rome: Villa Borghese 3t
*UURRU	RUDUU	DDUUU	**Holst** 2 songs without wds op22 orch: Marching
*UURRU	UDDDR	DU	**Liszt** Hungarian rhapsody/1 E piano 2t [song 2t
*UURRU	UDRRU	DUDRD	**Reissiger** Die Felsenmühle: overture intro
*UURRU	UDURU	DURUD	**Schumann** Aufträge (song) op77/5
*UURRU	URRUD	DDUUR	**Massenet** Le Cid: Castillane
*UURRU	URUUU		**Beethoven** trio piano/vln/cello B♭ op97 'Archduke'
*UURRU	UURRR	RRRRD	**Beethoven** piano sonata/9 in E op14/1 3m [2m 1t
*UURRU	UUUUD	DDUDU	**Offenbach** Tales of Hoffmann: Les oiseaux
*UURUD	DDDDU	DDUUU	**Hindemith** organ sonata/1 2m 3t
*UURUD	DDDUU	UUDUU	**Walton** Façade suite/1: Tarantella Sevillana 1t
*UURUD	DDRUU	UURUD	**Haydn** string quartet/76 in D op76 3m
*UURUD	DDUUR	UUUDD	**Vaughan Williams** The lark ascending 3t
*UURUD	DDUUR	UUUUD	**Vaughan Williams** sym/6 Emi 1m tranquillo theme
*UURUD	DDUUU	RUDDU	**D'Indy** symph on a French mountain theme 1m 1t

*UURUD	DDUUU	UUUUU	**Humperdinck** Königskinder: prelude 1t(a)
*UURUD	DRDRD		**Sibelius** symphony/3 in C 2m
*UURUD	DRDUR	DDRD	**John Dowland** Come again! Sweet love
*UURUD	DRUUU	RUDD	**Sullivan** The Gondoliers II: In a contemplative
*UURUD	DUDDD	U	**Wagner** A Faust overture 2t
*UURUD	DUDDU	UDDUU	**Haydn** symphony/89 in F 2m
*UURUD	DUDRR	UDD	**Bizet** Les pêcheurs de perles: O Dieu Brahma
*UURUD	DUDUR	RDUUD	**de Falla** concerto harps'd/chamber orch in D 2m 1t
*UURUD	DUDUU	UDUDU	**Franck** Les Djinns 2t
*UURUD	DURUD	DRURU	**Haydn** horn concerto in D (1762) 2m 2t
*UURUD	DUURU	D	**Mahler** symphony/4 in G 2m 1t
*UURUD	DUUUU	UURUD	**Schubert** piano sonata in Cmi 3m menuetto D958
*UURUD	RDDUU	RUDRD	**Beethoven** piano sonata/29 in B♭ 'Hammerklavier'
*UURUD	RDRRU	DRDDU	**Mendelssohn** Ruy Blas overture 2t(b) [op106 1m 1t
*UURUD	RDURU	DDRDU	**Haydn** symphony/104 in D 'London' 3m menuet
*UURUD	RUDDD	RUUUU	**Kreisler** Rondino on a Beethoven theme vln/piano
*UURUD	RUDRD	RDDUU	**Ravel** Surgi de la croupe (Mallarmé song)
*UURUD	UDDDD	RUDUD	**Donizetti** Lucia di Lammermoor III: Tu che a Dio
*UURUD	UDDRU	URUUD	**Mendelssohn** Schilflied (song) op71/4
*UURUD	UDRDD	DUURU	**Dvořák** Slavonic dances/1 op46 1t
*UURUD	UDRUU	UDDDD	**Grieg** Two melodies, str orch: first meeting
*UURUD	UDUUU	D	**Massenet** Scènes Alsaciennes I 2t
*UURUD	UDUUU	DUDUD	**Mozart** Divertimento in F K138 1m
*UURUD	UUDDD	DDDUU	**Dvořák** sonatina violin/piano in G op100 1m 1t
*UURUD	UUDUD	D	**Holst** St Paul's suite 3m 2t
*UURUR	DDDDU	UDUDD	**Berlioz** Benvenuto Cellini Act I: Entre l'amour
*UURUR	DDUUR	DD	**Ravel** Mélodies grecques: Tout gai!
*UURUR	DRDDD	DDU	**Joseph Szulc** Clair de lune (song) op83/1
*UURUR	DRDRU	URURD	**J Strauss Jr** Blue Danube/1 1t
*UURUR	DRUDU	DUDRU	**Sir Henry Bishop** Home, sweet home (song)
*UURUR	DUURU	RRUDR	**Sibelius** symphony/4 in Ami 1m 2t
*UURUR	RDDUD	URRDU	**Warlock** Capriol suite: Mattachins
*UURUR	RUDRD	RRUDR	**Dvořák** Slavonic dances/16 op72 1t
*UURUR	UDDDD	DURUR	**Wagner** Tannhäuser Act II: Gepriesen sei
*UURUR	UDRDR	UUURU	**Mahler** symphony/5 in Cmi adagietto
*UURUR	UDUU		**Brahms** symphony/4 in Emi op98 4m 6t
*UURUU	DUDDD	RUDDU	**Rimsky-Korsakov** Scheherezade 2m 1t(b)
*UURUU	DUDUU	DUDUU	**Handel** harpsichord suite/8 in Fmi 2m
*UURUU	DUUDU	U	**Rachmaninov** piano concerto/2 in Cmi 2m 1t(a)
*UURUU	DUURU	UDDDD	**Beethoven** string quartet/15 in Ami op132 2m 1t
*UURUU	DUURU	URDUU	**Bach** suite/3 in D, orch 2t BWV1068
*UURUU	DUURU	URUUD	**Beethoven** symphony/5 in Cmi 2m 2t
*UURUU	RRRUD	DRRRU	**Mozart** symphony/33 in B♭ K319 4m 3t
*UURUU	RUDDD	DDDDU	**Bach** concerto 3 harpsichords/1 Dmi 1m BWV1063
*UURUU	RUDDD	UDD	**Josef Suk** Serenade for strings in E♭ op6 1m 2t
*UURUU	RURU		**Handel** concerto grosso in A op6/11
*UURUU	RUUDD	RDDRD	**Chopin** étude/12 in Cmi op25
*UURUU	RUUDR	UDR	**Schumann** Lieb' Liebchen (song) op24/4
*UURUU	RUUDU		**Donizetti** La fille du Régiment I: Il est là
*UURUU	RUURU		**Liszt** Gnomenreigen étude, piano 1t
*UURUU	RUUUD	UDUDU	**Bach** organ prelude in C BWV547
*UURUU	RUUUU	DDDRD	**Debussy** L'Isle joyeuse, piano 2t
*UURUU	UDDDD	DD	**Berlioz** Fantastic symphony 5m 3t
*UURUU	UDDDR	DDUD	**Mahler** symphony/2 in Cmi 4m 1t
*UURUU	UDUDR	RUDDD	**Mozart** piano concerto/13 in C K415 1m 2t
*UURUU	UDUUD	D	**Mozart** Divertimento in F K247 6m
*UURUU	URUDD	DDDUD	**Offenbach** Gaité Parisienne: valse lente

179

*UURUU	URUDD	DDDUU	**Offenbach** Orpheus in Hades Act I Duo
*UURUU	URUUU	UUDDU	**Prokofiev** Music for children: waltz
*UURUU	UURUU	UUR	**Wagner** Parsifal: prelude 2t
*UURUU	UUUDD	DDDDD	**Bach** sonata/2 violin/Clavier in A 2m BWV1015
*UURUU	UUUDU	DUDD	**Handel** sonata for flute/fig bass in F op1/11 1m
*UUUDD	DDDDD	DDDDU	**Smetana** The bartered bride: Dance of comedians 4t
*UUUDD	DDDDD	DDDUU	**Mozart** string quartet/23 in F K590 1m
*UUUDD	DDDDD	DDUDD	**Scarlatti** harpsichord sonata in G Kp14
*UUUDD	DDDDD	DDUUU	**Beethoven** str qtet/9 C 'Rasoumovsky' op59/3 2m
*UUUDD	DDDDD	DDUUU	**Handel** organ concerto in B♭ op7/1 2m 1t
*UUUDD	DDDDD	DDUUU	**Ravel** Daphnis & Chloë suite/1 5t
*UUUDD	DDDDD	DUUUU	**Handel** capriccio/3 in G, keyboard
*UUUDD	DDDDD	UDUDD	**Grieg** sonata violin/piano in Gmi op13 3m 2t
*UUUDD	DDDDD	UUUDD	**Dvořák** quartet piano/strings in E♭ op87 4m 1t
*UUUDD	DDDDR	UUUDR	**Puccini** Madam Butterfly Act I: Amore grillo
*UUUDD	DDDDU	UDDUD	**Schumann** symphony/2 in C op61 2m 1t
*UUUDD	DDDDU	UDUDU	**Bach** organ prelude in G BWV541
*UUUDD	DDDDU	UDUDU	**Chopin** mazurka/31 1t op50/2
*UUUDD	DDDRD	UDUDR	**Dvořák** trio piano/vln/cello in Fmi op65 1m 1t
*UUUDD	DDDRD	UUDDU	**Mahler** symphony/6 in Ami 1m 2t
*UUUDD	DDDRU	UUUD	**Beethoven** Fidelio: Leonora overtures 2 & 3 2t
*UUUDD	DDDUD	DDDUU	**Mahler** symphony/2 in Cmi 3m 3t
*UUUDD	DDDUU	D	**Bruckner** symphony/3 in Dmi 1m 2t
*UUUDD	DDDUU	DUDUD	**Bach** Well-tempered Clavier Bk I: prel/24 BWV869
*UUUDD	DDDUU	UDDDD	**Bach** sonata/2 solo violin in Ami: allegro BWV1003
*UUUDD	DDDUU	UDDDD	**Haydn** symphony/48 in C 4m
*UUUDD	DDDUU	UUDDD	**Sullivan** Pirates of Penzance I: Pour, oh pour
*UUUDD	DDDUU	UUDDD	**Mozart** piano concerto/13 in C K415 3m
*UUUDD	DDDUU	UUDDU	**Mozart** sonata/24 violin/piano in F K376 1m 1t
*UUUDD	DDDUU	UUDUD	**Schumann** Album for the young: soldiers' march
*UUUDD	DDRDR	DUUUD	**Beethoven** Ah! Perfido (aria) op65
*UUUDD	DDRUD	URDDD	**Paganini** violin concerto/1 in E♭(D) op6 3m 2t
*UUUDD	DDRUR	UUDDD	**Stravinsky** Petrushka: Danse Russe 1t
*UUUDD	DDRUU	UUDDD	**Debussy** Nocturnes, orch: Nuages 2t
*UUUDD	DDUD		**Bartok** Contrasts vln/clar/piano 2m Relaxation
*UUUDD	DDUDD	DDRUD	**Brahms** trio piano/vln/cello in Ami op114 1m 1t
*UUUDD	DDUDD	DDUDR	**Fauré** barcarolle/6 in E♭ op70
*UUUDD	DDUDD	DDUUU	**Dvořák** Bagatelles for piano/str op47 4m
*UUUDD	DDUDD	DUUU	**Weber** Euryanthe overture 3t
*UUUDD	DDUDD	URDD	**Vaughan Williams** London symphony 2m 1t
*UUUDD	DDUDD	UUUDD	**Walton** Façade suite/1: Swiss yodelling song 1t
*UUUDD	DDUDD	UUUUD	**Delius** Eventyr 1t
*UUUDD	DDUDU	DDUDD	**Brahms** symphony/4 in Emi op98 2m 3t
*UUUDD	DDUDU	DDUDU	**Mozart** piano concerto/27 in B♭ K595 3m 1t
*UUUDD	DDUDU	DUD	**Mozart** string quintet/5 in D K593 1m 2t
*UUUDD	DDUDU	UDUDD	**Schubert** Die Winterreise/6 Wasserflut
*UUUDD	DDUDU	UDUDU	**Vaughan Williams** symphony/4 in Fmi 2m
*UUUDD	DDUDU	UDUDU	**Bruckner** symphony/5 in B♭ 1m 2t
*UUUDD	DDUDU	UUUDD	**Borodin** symphony/2 in Bmi 2m 2t
*UUUDD	DDURD	UUDUU	**Handel** organ concerto in B♭ op4/2 4m
*UUUDD	DDURU	UUDUD	**Rimsky-Korsakov** Scheherazade 3m 1t
*UUUDD	DDURU	UUUDD	**Roger Quilter** Love's philosophy (song)
*UUUDD	DDUUD	DUDDD	**Shostakovich** 2 pieces for string octet/1 1t
*UUUDD	DDUUD	DUDUD	**Moszkowski** Spanish dances/4 op12 2t
*UUUDD	DDUUD	UUDUU	**Stravinsky** violin concerto in D 2m aria A
*UUUDD	DDUUD	UUUDU	**Alan Rawsthorne** quintet for clarinet/strings 1m
*UUUDD	DDUUR	RUD	**Ravel** Chanson à boire (Don Quichotte)

*UUUDD	DDUUU	DDDDD	**Ravel** Tzigane, violin/orch 2t
*UUUDD	DDUUU	DDDDU	**D'Indy** Suite en parties op91 3m sarabande 1t
*UUUDD	DDUUU	DDDU	**Sullivan** HMS Pinafore Act I: We sail the ocean
*UUUDD	DDUUU	DRDD	**Verdi** string quartet in Emi 3m 2t
*UUUDD	DDUUU	RRUDD	**Mahler** symphony/5 in Cmi 1m funeral march 2t
*UUUDD	DDUUU	UDDDD	**Respighi** Fountains of Rome: Villa Medici 2t
*UUUDD	DDUUU	UDDDD	**Verdi** Otello Act III: Dio ti giocondi
*UUUDD	DDUUU	UDDDD	**Stravinsky** Petrushka: Tour de Passe-passe
*UUUDD	DDUUU	UDUDD	**Kreisler** Liebesfreud (Viennese song) vln/piano 1t
*UUUDD	DDUUU	UDUUD	**de Falla** concerto harps'd/chamber orch D 1m 2t
*UUUDD	DDUUU	UUDDU	**Beethoven** sonata/4 violin/piano in A op23 2m
*UUUDD	DRDDU	UUDDD	**Flotow** Martha: The last rose of summer
*UUUDD	DRDRR	DURDU	**Haydn** My mother bids me bind my hair (song)
*UUUDD	DRDUU	DDD	**Meyerbeer** Les Huguenots: Nobles Seigneurs
*UUUDD	DRRDR	UUUDD	**Schumann** Kinderszenen/5 op15 piano
*UUUDD	DRRRR	UUUUD	**Schubert** symphony/5 in B♭ 3m 1t D485
*UUUDD	DRUDD	UUD	**Mozart** symphony/39 in E♭ K543 1m 1t
*UUUDD	DRUDD	UUUUR	**Schubert** piano sonata in G 2m 1t D894
*UUUDD	DRUDR	DU	**Beethoven** str qtet/8 Emi op59/2 'Rasoumovsky' 3m
*UUUDD	DRUDU	DURU	**Offenbach** Tales of Hoffmann IV: C'est une [1t
*UUUDD	DRURU	UD	**Pilkington** Rest, sweet nymphs
*UUUDD	DRUUD	DD	**Mendelssohn** string quartet/1 in E♭ op12 4m 2t
*UUUDD	DRUUD	DDDRR	**Glazunov** Valse de concert op47 1t
*UUUDD	DRUUU	DDUUU	**Beethoven** piano sonata/27 in Emi op90 2m
*UUUDD	DRUUU	UDUDD	**Dvořák** wedding dance from Die Waldtaube 1t
*UUUDD	DUDDD	DDDUU	**Handel** sonata for oboe/fig bass in Gmi op1/6 4m
*UUUDD	DUDDD	DUUDR	**Sullivan** Pirates of Penzance II: When a felon's
*UUUDD	DUDDD	DUUDU	**Bach** Christmas oratorio/57 Nur ein Wink
*UUUDD	DUDDD	RUUDU	**Pelham Humphrey** I pass all my hours (song)
*UUUDD	DUDDD	UDDDD	**Schumann** symphony/4 in Dmi op120 1m 1t
*UUUDD	DUDDD	UDDUU	**Malcolm Arnold** brass quintet 3m
*UUUDD	DUDDD	UDUUU	**Bach** suite/3 in D orch: Bourrée BWV1068
*UUUDD	DUDDD	UUUUD	**Wagner** Siegfried Act III: Siegfried, Herrlicher!
*UUUDD	DUDDD	UUUUU	**Mendelssohn** string quartet/4 in Emi op44/2 4m 1t
*UUUDD	DUDDR	UUUUD	**Dufay** Adieu m'amour
*UUUDD	DUDDU	DDDD	**Shostakovich** symphony/9 in E♭ op70 2m 1t
*UUUDD	DUDDU	DDUDD	**Schumann** string quartet in Ami op41/1 1m 2t(b)
*UUUDD	DUDDU	UDUD	**Massenet** Phèdre overture 3t
*UUUDD	DUDDU	UUDDD	**Brahms** concerto vln/cello/orch Ami op102 2m 1t
*UUUDD	DUDDU	UUDDR	**Brahms** Serenade in D op11 2m 2t
*UUUDD	DUDDU	UUUUD	**Sibelius** str quartet op56 'Voces intimae' 3m 1t(b)
*UUUDD	DUDRD	RDUUD	**Schumann** cello concerto in Ami op129 1m 1t
*UUUDD	DUDUD	DDURU	**Sibelius** valse triste op44 4t
*UUUDD	DUDUD	DDUUR	**Bach** Magnificat in D/1 Magnificat
*UUUDD	DUDUD	DUDDU	**Schubert** piano sonata in Ami 2m D784
*UUUDD	DUDUD	RUUUD	**Tchaikovsky** Theme and variations op19 piano
*UUUDD	DUDUU	DDDU	**Mahler** Das Lied von der Erde/5 Der Trunkene
*UUUDD	DUDUU	DUDDD	**Mozart** symphony/29 in A K201 2m 2t
*UUUDD	DUDUU	DURUU	**Mahler** symphony/4 in G 4m 3t
*UUUDD	DUDUU	DUUDD	**Vaughan Williams** Flos campi 2m 3t
*UUUDD	DUDUU	UUDDD	**Beethoven** symphony/9 in Dmi 'Choral' 2m 2t
*UUUDD	DUDUU	UUUUD	**Verdi** Aida Act IV: Vedi? di morte l'angelo
*UUUDD	DURDD	UDDDD	**Bach** St John Passion/34 Zerfliesse mein Herze
*UUUDD	DUUDD	DRRUU	**Mozart** sonata/26 violin/piano in B♭ K378 1m
*UUUDD	DUUDD	DUUDD	**Schumann** string quartet in F op41 1m 1t
*UUUDD	DUUDD	DUUDD	**Weber** Euryanthe overture 1t(a)
*UUUDD	DUUDD	RRDDU	**Mahler** Kindertotenlieder/2 Nun seh' ich wohl

*UUUDD	DUUDD	UDDDD	**Rimsky-Korsakov** Kitezh: Battle of Kershenetz 2t
*UUUDD	DUUDD	UDRRU	**Jeremiah Clarke** trumpet voluntary
*UUUDD	DUUDD	UUUUD	**Beethoven** piano sonata/29 B♭ 'Hammerklavier' 1m
*UUUDD	DUUDU	DDUDU	**Dvořák** quartet piano/strings in E♭ op87 2m 2t
*UUUDD	DUUDU	UUUUD	**Paganini** caprice for violin op1/15
*UUUDD	DUUDU	UUUUU	**Richard Strauss** Also sprach Zarathustra 7t(a)
*UUUDD	DUURD	UUUDD	**Copland** El salòn Mexico 4t
*UUUDD	DUUUD	DDDDD	**Sibelius** symphony/6 in Dmi op104 2m 1t
*UUUDD	DUUUD	DDRUD	**Saint-Saëns** piano concerto/4 op44 1m 1t
*UUUDD	DUUUD	DDUDD	**Handel** sonata violin/fig bass in F op1/12 2m
*UUUDD	DUUUD	DDUDU	**Tchaikovsky** piano concerto/2 in G 2m 1t(b)
*UUUDD	DUUUD	DDUUR	**J B Senaillé** (Intro &) Allegro spiritoso for
*UUUDD	DUUUD	DDUUU	**Ravel** Rapsodie espagnole 4m 1t [bassoon/piano
*UUUDD	DUUUD	DDUUU	**Schubert** symphony/1 in D 1m 2t D82
*UUUDD	DUUUD	DDUUU	**Schumann** quartet piano/strings in E♭ op47 2m 1t
*UUUDD	DUUUD	DDUUU	**Beethoven** symphony/6 in F 'Pastoral' 1m 3t(a)
*UUUDD	DUUUD	DDUUU	**Rossini** Boutique fantasque 1m 1t
*UUUDD	DUUUD	DDUUU	**Moszkowski** Spanish dances op13/3 1t
*UUUDD	DUUUD	DDUUU	**Sibelius** Romance, piano 2t op24/9
*UUUDD	DUUUD	DRUDU	**Adam** Si j'étais Roi, overture 4t
*UUUDD	DUUUD	DRUUU	**Brahms** symphony/3 in F op90 3m 1t
*UUUDD	DUUUD	DRUUU	**Mendelssohn** piano concerto/1 1m 3t
*UUUDD	DUUUD	DUDUU	**Bach** Partita/4 in D, Clavier: gigue BWV828
*UUUDD	DUUUD	UDUDD	**Elgar** symphony/1 in A♭ op55 1m 1t
*UUUDD	DUUUD	UUDD	**Shostakovich** concerto piano/trpt/orch op35 1m 3t
*UUUDD	DUUUD	UUUDD	**Bach** Well-tempered Clavier I: prel/20 BWV865
*UUUDD	DUUUD	UUUDD	**Ravel** Jeux d'eau, piano 1t
*UUUDD	DUUUD	UUUDU	**Mozart** Divertimento/14 in B♭ K270 3m
*UUUDD	DUUUU	DDDDD	**Telemann** concerto in G for viola/strings 2m
*UUUDD	DUUUU	DDDU	**Brahms** Sandmännchen (song, Little sandman)
*UUUDD	DUUUU	DUUDU	**Wagner** Parsifal Act I: Des Haines Tiere
*UUUDD	DUUUU	UDDDR	**Bach** sonata/1 for flute/Clavier Bmi 2m BWV1030
*UUUDD	DUUUU	UDDUU	**Bach** Cantata/45 Es ist dir gesagt/II/2 Wer Gott
*UUUDD	DUUUU	UDUDU	**Brahms** quartet piano/strings in Emi op25 1m 2t
*UUUDD	DUUUU	UDURD	**Massenet** Thais: Dis-moi que je suis belle
*UUUDD	DUUUU	UUDD	**Tchaikovsky** Eugene Onegin Act I: Letter scene
*UUUDD	DUUUU	UUDUU	**Bach** 3-part inventions/13 in Ami Clavier BWV799
*UUUDD	DUUUU	UUUUU	**Bach** Suite/1 in C orch: Bourrée BWV1066
*UUUDD	RDDDD	DDDUU	**Vivaldi** concerto in Ami op3/6 3m
*UUUDD	RDDUD	DRDDU	**Dvořák** symphony/8 in G op88 3m 1t
*UUUDD	RDDUD	URDUU	**Vaughan Williams** Fantasia on Tallis theme 2t
*UUUDD	RDDUD	UUUDD	**Brahms** string sextet in G op36 3m
*UUUDD	RDDUU	UDDDU	**Grieg** sonata violin/piano in Gmi op45 2m 1t
*UUUDD	RDDUU	UDDRD	**Mozart** violin concerto/1 in B♭ K207 2m
*UUUDD	RDRUU	UD	**Rossini** William Tell Act I Bridal chorus: Ciel
*UUUDD	RDUUD	DUUUU	**Mahler** Phantasie (song)
*UUUDD	RDUUD	RRUDD	**Dvořák** string quartet in Dmi op34 3m
*UUUDD	RRRDD	DDDDU	**Mascagni** Cavalleria rusticana: Turiddu, mi tolse
*UUUDD	RRUDU	DURDD	**Haydn** symphony/94 in G 4m
*UUUDD	RUDDD	RUDRU	**Mozart** symphony/41 in C K551 'Jupiter' 1m 2t
*UUUDD	RUDDD	UUDDU	**Beethoven** string quartet/15 in Ami op132 1m 2t
*UUUDD	RUDDR	UUUUU	**Smetana** The bartered bride Act I: Now's the time
*UUUDD	RUDDU	DRUDD	**Mozart** piano concerto/16 in D K451 3m
*UUUDD	RUDDU	UDDD	**Beethoven** string quartet/1 in F op18/1 2m
*UUUDD	RURDD		**Sibelius** symphony/7 in C op105 10t
*UUUDD	RUUUD	DDDDU	**Beethoven** Missa solemnis: Agnus Dei 3t
*UUUDD	RUUUD	DDRUD	**Berlioz** La damnation de Faust: Voici des roses

*UUUDD	RUUUD	UDUUU	**Thomas** Mignon: ov 1t and Connais-tu le pays
*UUUDD	UDDDD	DDUU	**Albeniz** Cordoba (nocturne) piano 2t
*UUUDD	UDDDD	URUUU	**Dvořák** cello concerto in Bmi 3m 1t
*UUUDD	UDDDD	URUUU	**Delibes** Coppelia: waltz
*UUUDD	UDDDU	DDDDU	**Brahms** string quartet in B♭ op87 2m 1t
*UUUDD	UDDDU	DDDUD	**Bach** organ prelude in A BWV536
*UUUDD	UDDDU	DDUUD	**Mahler** Selbstgefühl (song)
*UUUDD	UDDDU	DU	**Mendelssohn** string quartet/3 in D op44 2m 1t
*UUUDD	UDDDU	DUDUD	**Buxtehude** chaconne in Emi organ
*UUUDD	UDDDU	RDU	**Weber** Der Freischütz Act III: Und ob die Wolke
*UUUDD	UDDDU	UUUDD	**Wagner** Siegfried Idyll 3t
*UUUDD	UDDDU	UUUUU	**Debussy** sonata for violin/piano in Cmi 3m
*UUUDD	UDDRD	DUDR	**Debussy** string quartet in Gmi 2m 1t(b)
*UUUDD	UDDRD	UDUDD	**Fauré** Après un rêve (song) op7/1
*UUUDD	UDDRR	UDDDD	**Haydn** The Creation pt 2: In holder Anmut
*UUUDD	UDDRU	UUUUU	**Mahler** symphony/4 in G 3m 3t
*UUUDD	UDDUD	DUDDU	**Britten** Simple symphony 2m playful pizzicato 1t
*UUUDD	UDDUD	DUUUU	**Bach** Well-tempered Clavier Bk I: prel/15 BWV860
*UUUDD	UDDUD	UDDDD	**Bach** organ fugue in C BWV545
*UUUDD	UDDUD	UUDDU	**Mendelssohn** string quartet/3 in D op44/1 2m 2t
*UUUDD	UDDUD	UUUUU	**John Field** nocturne/3 piano
*UUUDD	UDDUR	UDDUD	**Ivanovici** Donauwellen/1 (Waves of the Danube)
*UUUDD	UDDUR	URDDU	**Berlioz** Requiem/3 Quid sum miser [(misquoted)
*UUUDD	UDDUU	DDUD	**Bach** English suite/1 in A bourrée 2t BWV806
*UUUDD	UDDUU	DDUDU	**Brahms** sonata for cello/piano in Emi op38 1m 1t
*UUUDD	UDDUU	DUDDU	**Bach** Motet/5/1 Komm, Jesu, komm BWV229
*UUUDD	UDDUU	DUUDU	**Rimsky-Korsakov** Snow maiden: Dance of buffoons 1t
*UUUDD	UDDUU	RUUUD	**Brahms** string sextet in G op36 4m 1t
*UUUDD	UDDUU	UDDDU	**Chopin** ballade/1 op23 1t
*UUUDD	UDDUU	UDDUD	**Brahms** piano sonata in Fmi op5 2m 3t
*UUUDD	UDDUU	UUDDD	**Handel** Judas Maccabeus: Oh lovely peace
·*UUUDD	UDDUU	UUDDU	**Beethoven** symphony/3 in E♭ 'Eroica' 2m 4t
*UUUDD	UDDUU	UUDUU	**Grieg** French serenade op62/3 piano
*UUUDD	UDDUU	UUUDD	**Saint-Saëns** Havanaise, violin/orch op83 3t
*UUUDD	UDRDR	DRU	**Debussy** Estampes, piano: Jardins sous la pluie 1t
*UUUDD	UDRDR	RRDRR	**Mozart** Don Giovanni overture 1t
*UUUDD	UDRDR	UUUDD	**Grieg** cradle song op68/5 piano
*UUUDD	UDRUU	DDUDU	**Mozart** Die Entführung Act I: Singt dem grossen
*UUUDD	UDUDD	D	**Bach** Mass in B minor/23 Dona nobis pacem
*UUUDD	UDUDD	DDDD	**Schubert** string quartet/13 in Ami 2m 1t D804
*UUUDD	UDUDD	DDDUD	**Brahms** Tragic overture op81 1t
*UUUDD	UDUDD	DDUDD	**Delibes** Le Roi s'amuse: gaillarde
*UUUDD	UDUDD	DR	**Rimsky-Korsakov** Sadko Scene IV: Song of Viking
*UUUDD	UDUDD	DUUDD	**Beethoven** sonata/7 violin/piano in Cmi op30/2 4m
*UUUDD	UDUDD	DUUUD	**de Falla** El amor brujo: Amor dolido
*UUUDD	UDUDD	UDDDD	**Handel** sonata for flute/vln/fig bass Cmi op2/1 2m
*UUUDD	UDUDD	UDDUD	**Rossini** Stabat Mater: Cujus animam
*UUUDD	UDUDD	UUUDD	**Dvořák** string sextet op48 3m
*UUUDD	UDUDR	DD	**Bach** Mass in B minor/6 Gratias agimus tibi
*UUUDD	UDUDU	DUDDD	**Beethoven** symphony/4 in B♭ 1m 1t
*UUUDD	UDUDU	DUDUD	**Tchaikovsky** symphony/5 in Emi op64 4m 3t
*UUUDD	UDUDU	DUDUR	**Mozart** symphony/39 in E♭ K543 2m 1t
*UUUDD	UDUDU	DUUDD	**Beethoven** piano sonata/23 Fmi op57 'Appassionata'
*UUUDD	UDUDU	DUUUU	**J Strauss Jr** Artist's life/5 1t [1m 2t
*UUUDD	UDUDU	UUDDU	**Schumann** symphony/4 in Dmi op120 2m 1t
*UUUDD	UDUDU	UUUDD	**Beethoven** symphony/4 in B♭ 1m 4t
*UUUDD	UDUDU	UUUDD	**Grieg** Lyric suite op54 piano: March of dwarfs 2t

*UUUDD	UDURD	DDUDD	**Bach** Well-tempered Clavier Bk I: fugue/5 BWV850
*UUUDD	UDURR	RDDUD	**Haydn** symphony/92 in G 3m menuet
*UUUDD	UDURU	UUU	**Tchaikovsky** Eugene Onegin Act I: Letter scene
*UUUDD	UDUUD	DDDUD	**Schubert** Die Winterreise/22 Mut!
*UUUDD	UDUUD	DUDUD	**Fauré** Pavane op50
*UUUDD	UDUUD	DUUDD	**Brahms** quintet for piano/strings Fmi op34 1m 1t
*UUUDD	UDUUD	UDUDU	**Bach** Partita/5 in G, Clavier: courante
*UUUDD	UDUUR	DDDUD	**Bach** St Matthew Passion/1 Kommt ihr Töchter
*UUUDD	UDUUU	DDDU	**Balakirev** Islamey, oriental fantasy, piano 2t(b)
*UUUDD	UDUUU	DDUDU	**Dvořák** symphony/8 in G op88 2m
*UUUDD	UDUUU	DDDUU	**Henri Rabaud** La procession nocturne 1t or 2t
*UUUDD	UDUUU	DRDDU	**Mendelssohn** octet in E♭ op20 1m 2t
*UUUDD	UDUUU	UDUDU	**Brahms** string quartet in B♭ op87 3m 2t
*UUUDD	UDUUU	UUDDD	**Bach** concerto flute/vln/harps'd/str Ami 1m BWV
*UUUDD	UDUUU	UUDDU	**Sibelius** symphony/4 in Ami op63 2m 2t [1044
*UUUDD	URDRD	UUDDD	**Dvořák** Slavonic dances/4 op46 1t
*UUUDD	URDUU	DUURD	**Brahms** sonata cello/piano in Emi op38 2m 1t
*UUUDD	URDUU	URUUR	**Mendelssohn** Wie kann ich froh (folk song)
*UUUDD	UUDDD	DDUUU	**Dvořák** str quartet in F 'American' 3m 2t(a)
*UUUDD·	UUDDD	UDDUD	**Brahms** trio/2 piano/vln/cello in C op87 4m 1t
*UUUDD	UUDDD	UUUD	**Mozart** Die Zauberflöte Act I: Wie stark ist
*UUUDD	UUDDU	DDRD	**Roger Quilter** Now sleeps the crimson petal
*UUUDD	UUDDU	DDUUU	**Schumann** symphonic études/3 in C♯mi op13 piano
*UUUDD	UUDDU	DUUDD	**Brahms** symphony/2 in D op73 2m 4t
*UUUDD	UUDDU	DUUUD	**Dvořák** trio piano/vln/cello Emi op90 'Dumky' 4m 1t
*UUUDD	UUDDU	RDDDU	**MacDowell** With sweet lavender (Reverie) piano
*UUUDD	UUDDU	UDUUD	**Bach** Well-tempered Clavier Bk II: prel/20 BWV889
*UUUDD	UUDDU	URDUD	**Bach** St Matthew Passion/36 Ach nun ist mein
*UUUDD	UUDDU	UUDDU	**Brahms** Capriccio in Bmi op76/2 piano
*UUUDD	UUDUD	DUUDU	**Handel** Messiah: His yoke is easy
*UUUDD	UUDUD	UUDDD	**Mahler** symphony/9 in D 4m 3t
*UUUDD	UUDUU	RRDDD	**Vaughan Williams** The lark ascending, vln/orch 2t
*UUUDD	UUDUU	UDDUU	**Brahms** quartet piano/strings in Cmi op60 2m 2t
*UUUDD	UUDUU	UDDUU	**Beethoven** symphony/5 in Cmi 1m 4t
*UUUDD	UURDD	UD	**Beethoven** Prometheus overture 1t
*UUUDD	UURDD	UUUUD	**Haydn** symphony/26 in Dmi 2m
*UUUDD	UURDU	RDUUD	**Beethoven** Missa solemnis: Agnus Dei 1t
*UUUDD	UUUDD	DDDDU	**Brahms** piano concerto/1 in Dmi op15 1m 4t
*UUUDD	UUUDD	DDDUU	**Brahms** piano concerto/2 in B♭ op83 1m 1t
*UUUDD	UUUDD	RDUUD	**Beethoven** string quartet/11 in Fmi op95 4m
*UUUDD	UUUDD	UDUUD	**Respighi** The birds: intro
*UUUDD	UUUDD	UUDDU	**Bach** Well-tempered Clavier II: fugue/10 BWV879
*UUUDD	UUUDD	UUDUR	**Mozart** string quartet/1 in G K80 3m 2t
*UUUDD	UUUDD	UUUDD	**Chopin** piano concerto/2 in Fmi op21 3m 2t
*UUUDD	UUUDD	UUUDR	**Ravel** Rapsodie espagnole 3m 3t
*UUUDD	UUUDD	UUUU	**Brahms** string sextet in B♭ op18 2m
*UUUDD	UUUDR	UUDRR	**Tchaikovsky** suite/1: Marche miniature 2t
*UUUDD	UUUDR	UUDUU	**Copland** El salón Mexico 7t
*UUUDD	UUUDU	DDDD	**Verdi** Aїda Act II duet: Amore amore! gaudio
*UUUDD	UUUDU	DRDDD	**MacDowell** piano concerto/2 1m 2t
*UUUDD	UUUDU	DUDD	**Verdi** Nabucco Act II: Il maledetto (& ov 1t)
*UUUDD	UUUDU	RDDRD	**Mahler** Kindertotenlieder/3 Wenn dein Mutterlein
*UUUDD	UUUDU	RRRDD	**Bach** Cantata/212 'Peasant'/14 Kleinzschocher
*UUUDD	UUUDU	UUDUU	**Liszt** Hungarian rhapsody/2 in C♯mi piano 2t
*UUUDD	UUURR	DUUUR	**Debussy** Préludes Bk I/12 Minstrels, piano
*UUUDD	UUUUD	DDDUU	**Brahms** quartet piano/strings in Cmi op60 4m 3t
*UUUDD	UUUUD	DDDUU	**Purcell** Ode on St Cecilia's day/9 The airy

*UUUDD	UUUUD	DDUUU	**Brahms** symphony/1 in Cmi op68 4m 3t
*UUUDD	UUUUD	DUUDD	**Bach** Well-tempered Clavier II: fugue/6 BWV875
*UUUDD	UUUUD	UUDUD	**Franck** string quartet in D 4m 3t
*UUUDD	UUUUD	UUU	**Sibelius** symphony/4 in Ami op63 3m 1t
*UUUDD	UUUUD	UUUDD	**Grieg** sonata violin/piano in Cmi op45/3 1m 1t
*UUUDD	UUUUD	UUUUR	**Richard Strauss** Also sprach Zarathustra: intro
*UUUDD	UUUUD	UUUUU	**Wagner** Parsifal Act II: Ich sah das Kind
*UUUDD	UUUUU	DDDDD	**Waldteufel** Pomona waltz 3t
*UUUDD	UUUUU	DDUUD	**Tchaikovsky** piano concerto/2 in G 2m 1t(a)
*UUUDD	UUUUU	DRUUU	**Sibelius** Spring is flying (song)
*UUUDD	UUUUU	UDDDU	**Haydn** The Creation: Nun scheint in vollem
*UUUDD	UUUUU	UDUUD	**Bruckner** symphony/7 in E 1m 2t
*UUUDR	DDDDU	UD	**Donizetti** Lucrezia Borgia Act II: Il segreto
*UUUDR	DDDUD	UUDUU	**Arne** Water parted from the sea (song)
*UUUDR	DDDUU	DDDDU	**Massenet** Les Erinnyes: Grecque 2t
*UUUDR	DDDUU	DDDRD	**MacDowell** suite/2 (Indian)/3 In war time
*UUUDR	DDRD		**Mahler** Das Lied von der Erde/1 Das Trinklied
*UUUDR	DDUUU	UDUD	**Elgar** Dream of Gerontius: Softly and gently
*UUUDR	DRDRD	RUU	**Mozart** symphony/39 in E♭ K543 1m 3t
*UUUDR	DRDUU	UDRDR	**Meyerbeer** Les patineurs 1m 3t
*UUUDR	DRUDR	DRUDD	**Schumann** symphony/4 in Dmi op120 4m 3t
*UUUDR	DRUUU	DDRDD	**Liszt** Missa choralis: Gloria
*UUUDR	DUDUD	UDDDD	**Mozart** bassoon concerto in B♭ K191 3m
*UUUDR	DUUDU	UUURU	**Debussy** Suite Bergamasque: menuet 1t
*UUUDR	DUUUD	DUD	**Tchaikovsky** Nutcracker suite: Waltz of flowers
*UUUDR	DUUUU	DDDDD	**Mozart** Rondo in C violin/orch K373 [1t
*UUUDR	DUUUU	DRDUU	**John Dowland** Melancholy galliard
*UUUDR	RDDUD	DDUDD	**Schumann** symphony/3 in E♭ op97 'Rhenish' 5m 1t
*UUUDR	RRDDU	DRRUD	**Schubert** Deutsche Tänze/6 piano D783
*UUUDR	RRDDU	RRRRR	**Mussorgsky** Boris Godunov II: Boris's monologue
*UUUDR	RRRRR	UDUDD	**Handel** organ concerto in F op4/4 4m 1t
*UUUDR	RRUUU	UDRRR	**Handel** organ concerto in B♭ op4/6 1m
*UUUDR	RUDDD	UDDDD	**Hummel** trumpet concerto in E 1m
*UUUDR	RUDRR	UDUDU	**Schubert** Gretchen am Spinnrade (song) D118
*UUUDR	RUUUD	R	**Schumann** string quartet/3 in A op41/3 1m 2t
*UUUDR	UDDUU	UUUUD	**Mahler** symphony/4 in G 1m 1t
*UUUDR	UDRUD	RUDRD	**Schubert** piano sonata in B 1m 1t D575
*UUUDR	UDRUD	UDDDU	**Bach** Cantata/147/10 Jesu Joy (accomp't) BWV147
*UUUDR	UDUUU	DUDUU	**Mozart** piano concerto/8 in C K246 1m 1t
*UUUDR	URDDU	DURUD	**Beethoven** Missa solemnis: Credo
*UUUDR	URDUU	DUDDU	**Handel** sonata for flute/fig bass in C op1/7 2m
*UUUDR	UUDDD	DUDDU	**Bach** Cantata/93 Wer nur/3 Man halte nur ein
*UUUDR	UUUDD	UUUD	**Beethoven** symphony/6 in F 'Pastoral' 3m 1t(b)
*UUUDR	UUUDR	UUUU	**Richard Strauss** Cäcilie (song) op27/2
*UUUDU	DDD		**Tchaikovsky** Capriccio italien op45
*UUUDU	DDDD		**Tchaikovsky** symphony/2 in Cmi op17 4m 1t
*UUUDU	DDDDD	DDDDD	**Bach** Musikalische Opfer BWV1079
*UUUDU	DDDDD	DDDUD	**Shostakovich** concerto for piano/trpt/orch 2m 2t
*UUUDU	DDDDD	DUU	**Bach** French suite/3 in Bmi: sarabande BWV814
*UUUDU	DDDDD	DUUUU	**Bach** 3-part inventions/7 in Emi Clavier BWV793
*UUUDU	DDDDD	DUUUU	**Saint-Saëns** symphony/3 in Cmi op78 3m 2t
*UUUDU	DDDDD	UUDDU	**Handel** Semele Act II: Where'er you walk
*UUUDU	DDDDD	UUUDD	**Haydn** cello concerto in C 2m
*UUUDU	DDDDD	UUUDU	**Bach** Brandenburg concerto/1 in F 1m BWV1046
*UUUDU	DDDDD	UUUUD	**Respighi** Fountains of Rome: Valle Giulia 1t
*UUUDU	DDDDR	UUUDU	**Brahms** Sonntag (song) op46/3
*UUUDU	DDDDU		**Hindemith** Mathis der Maler, symphony 1m 3t

185

*UUUDU	DDDDU	DDDDU	**Verdi** Il trovatore Act III: Giorni poveri
*UUUDU	DDDDU	DDDUD	**Bach** Well-tempered Clavier Bk II: prel/10 BWV879
*UUUDU	DDDDU	DR	**Beethoven** string quartet/13 in B♭ op130 5m
*UUUDU	DDDDU	RUR	**Sullivan** Yeomen of the Guard I: Alas! I waver
*UUUDU	DDDDU	UDDRD	**Bellini** Norma: Oh! rimembranza
*UUUDU	DDDDU	UUDRU	**Mozart** horn concerto in E♭ K495 3m 2t
*UUUDU	DDDDU	UUDUD	**Schubert** trio vln/vla/cello in B♭ 3m D581
*UUUDU	DDDDU	UUUDU	**John Field** nocturne/4 piano 2t
*UUUDU	DDDRD	UDDUD	**Dvořák** symphony/9 in Emi 'New World' 2m 3t
*UUUDU	DDDUD	DDDDU	**Elgar** symphony/2 in E♭ op63 3m 1t
*UUUDU	DDDUD	DDDUU	**Bach** Gieb dich zufrieden (song) BWV510
*UUUDU	DDDUD	DDUDD	**Wagner** Tannhäuser Act II: March 3t
*UUUDU	DDDUD	DRUUU	**Wagner** Lohengrin Act III: prelude 2t
*UUUDU	DDDUD	RDRDR	**Beethoven** piano sonata/8 Cmi op13 Pathétique 1m 2t
*UUUDU	DDDUD	UDDDU	**Handel** sonata for 2 fl or 2 vlns in Gmi op2/2 3m
*UUUDU	DDDUD	UDUDD	**Ravel** Le tombeau de Couperin: Forlane 1t
*UUUDU	DDDUD	UUUDU	**Elgar** Falstaff, symphonic study 9t
*UUUDU	DDDUD	UUURR	**Mahler** symphony/6 in Ami 2m 1t
*UUUDU	DDDUU	UUUUD	**Leoncavallo** Mattinata (song)
*UUUDU	DDDUU	DDUUU	**Gounod** Sérénade: Quand tu chantes
*UUUDU	DDDUU	UDDDD	**Massenet** Les Erinnyes: prélude
*UUUDU	DDDUU	UDUDD	**Scarlatti** harpsichord sonata Kp201
*UUUDU	DDDUU	UUUDD	**Puccini** La Bohème Act IV: O Mimi tu più
*UUUDU	DDDUU	UUUUD	**Bach** Magnificat in D/9 Esurientes
*UUUDU	DDDUU	UUUUD	**Mendelssohn** trio/2 piano/vln/cello in Cmi op66 1m 1t
*UUUDU	DDRDD	DD	**Schumann** Papillons op2/3 piano
*UUUDU	DDRDD	DUDDU	**MacDowell** piano concerto/1 3m 3t
*UUUDU	DDRDU	UUUDD	**Verdi** Aida Act II: Chi mai chi mai
*UUUDU	DDRUU	UDDDD	**Debussy** Images: Iberia 1m 1t
*UUUDU	DDRUU	UUUDU	**Vivaldi** concerto vla d'amore/lute/str Dmi 2m
*UUUDU	DDUDD	DDUDU	**Wagner** Tannhäuser II: Dir, hohe Liebe [P266
*UUUDU	DDUDD	DDUUU	**Brahms** Waltz op39/1 piano
*UUUDU	DDUDD	DUD	**Beethoven** str quartet F op59/1 Rasoumovsky 1m
*UUUDU	DDUDD	URDUU	**Liszt** Rakoczy march 1t (Hung'n rhaps/15 Ami piano)
*UUUDU	DDUDD	UUUDU	**Rimsky-Korsakov** Antar symphony 3m 1t
*UUUDU	DDUDD	UUUDU	**Gershwin** piano concerto in F 2m 3t
*UUUDU	DDUDU	DUDU	**Schubert** sonatina violin/piano in Gmi 1m D408
*UUUDU	DDUDU	UDUDD	**Bach** Well-tempered Clavier Bk I: prel/5 BWV850
*UUUDU	DDUDU	UDUUU	**Shostakovich** symphony/7 op60 4m 2t
*UUUDU	DDUDU	UURDD	**Haydn** string quartet/34 in D op20 2m
*UUUDU	DDUUD	UUUUU	**Beethoven** piano sonata/18 in E♭ op31/3 2m
*UUUDU	DDUUD	DUDDU	**Schubert** symphony/4 Cmi 'Tragic' 1m 2t D417
*UUUDU	DDUUD	DUDUU	**Sibelius** Pohjola's daughter 1t(b)
*UUUDU	DDUUD	DUUDU	**Bach** Well-tempered Clavier Bk I: prel/9 BWV854
*UUUDU	DDUUD	RUUUU	**Adam** Giselle II/16
*UUUDU	DDUUD	UDDDU	**Bach** Well-tempered Clavier Bk I: fugue/6 BWV851
*UUUDU	DDUUD	UUUDD	**Bach** Partita/2 in Cmi: sarabande
*UUUDU	DDUUU	DDDUU	**Debussy** Images: Iberia 2m 4t
*UUUDU	DDUUU	DUDDU	**Faurè** impromptu/3 op34 piano 1t
*UUUDU	DDUUU	DUDUU	**Schumann** cello concerto in Ami op129 1m 3t
*UUUDU	DDUUU	DUUUU	**Hubert Parry** Blest pair of Sirens: opening chorus
*UUUDU	DDUUU	UDD	**Stravinsky** Capriccio, piano/orch 2m 2t
*UUUDU	DDUUU	UUDUD	**Mozart** piano concerto/14 in E♭ K449 1m 2t
*UUUDU	DDUUU	UUUDD	**Bach** English suite/5 Emi: Passepied/1 BWV810
*UUUDU	DRDDU	UUDUU	**Liszt** ballade/2 in Bmi piano 1t
*UUUDU	DRDDU	UUUD	**Schumann** Der Hidalgo (song) op30/3
*UUUDU	DRDRU	RDR	**Schumann** Dichterliebe/15 Aus alten Märchen

```
*UUUDU  DRDUD  RDDDD  Prokofiev  Lieutenant Kije 3m 1t
*UUUDU  DRRRU  DRRUD  Mendelssohn  St Paul: Jerusalem
*UUUDU  DRRUU  UDUDR  Brahms  symphony/1 in Cmi op68 2m 2t
*UUUDU  DRUDU  DUDU   Sullivan  Yeomen of the Guard II: Here-upon we're
*UUUDU  DRUUD  UDDUD  Thomas Arne  Where the bee sucks (song)
*UUUDU  DRUUD  UUDRD  Poulenc  Concert champêtre, piano 1m 1t
*UUUDU  DUDDD  D      Schumann  piano concerto in Ami op54 3m 3t
*UUUDU  DUDDD  UUDDD  Bach  St Matthew Passion/26 Ich will bei meinem
*UUUDU  DUDDU  DDDDD  Brahms  quartet piano/strings in Gmi op25 2m 3t
*UUUDU  DUDDU  DUDUD  Mozart  piano concerto/18 in B♭ K456 3m 2t
*UUUDU  DUDDU  RDDUD  Stravinsky  Apollon Musagète: Pas d'action 1t
*UUUDU  DUDDU  RDURD  Wagner  Der fliegende Holländer I: Dich frage ich
*UUUDU  DUDDU  UUDUD  Bach  suite/1 in C: gavotte BWV1066
*UUUDU  DUDDU  UUUDU  Handel  concerto grosso in F op6/9 6m
*UUUDU  DUDDU  UUUUU  Chopin  piano sonata in Bmi op58 2m
*UUUDU  DUDRU  DUDD   Walton  violin concerto 2m 2t
*UUUDU  DUDUD  DUUDR  Handel  sonata oboe or vln/fig bass E op1/15 1m
*UUUDU  DUDUD  RDUUU  Debussy  La plus que lente (waltz) piano 1t
*UUUDU  DUDUD  UDDDD  Scarlatti  harpsichord sonata in Dmi Kp9
*UUUDU  DUDUD  UDU    Chopin  Ecossaise/2 op72
*UUUDU  DUDUD  UDUDU  Beethoven  piano sonata/22 in F op54 2m
*UUUDU  DUDUD  UDUDU  Sibelius  King Christian II suite: serenade 1t
*UUUDU  DUDUD  UDUDU  Bach  Well-tempered Clavier Bk I: fugue/10 BWV855
*UUUDU  DUDUD  UUDDD  Haydn  symphony/98 in B♭ 1m
*UUUDU  DUDUD  UUUDU  Brahms  trio piano/vln/cello in Cmi op101 1m 3t
*UUUDU  DUDUD  UUUUU  Schubert  nocturne in E♭ 2t, piano trio D897
*UUUDU  DUDUR  DUUUD  Haydn  symphony/98 in B♭ 1m intro
*UUUDU  DUDUU  DDDUU  Adam  Si j'étais Roi: overture 1t
*UUUDU  DUDUU  DRDUU  Pergolesi  concertino in Fmi, str orch 3m
*UUUDU  DUDUU  DUDDD  Bach  Well-tempered Clavier I: prel/12 BWV857
*UUUDU  DUDUU  RDDUD  Mendelssohn  sym/3 in Ami op56 'Scotch' 1m intro
*UUUDU  DUDUU  UDDDU  Mahler  symphony/1 in D 3m 2t
*UUUDU  DUDUU  UDUDU  Bach  harpsichord concerto/4 in A 1m BWV1055
*UUUDU  DUDUU  UUDUU  Verdi  Otello Act I: Inaffia l'ugola
*UUUDU  DUUDD  DUUUD  Liza Lehmann  In a Persian garden (song)
                            Myself when young...
*UUUDU  DUUDD  DUUUU  Brahms  str quartet in Ami op51/2 4m 1t
*UUUDU  DUUDD  UUUDU  Ravel  Valses nobles et sentimentales/2
*UUUDU  DUUDU  DUDUD  Ibert  Trois pieces brèves/2, wind quintet
*UUUDU  DUUDU  UDUUU  Bach  2-part inventions/1 in C, Clavier BWV772
*UUUDU  DUUUD  DD     Schumann  sonata vln/piano Dmi op121 2m 1t, 3m 2t
*UUUDU  DUUUD  DUD    Mascagni  Cavalleria rusticana: Tempo è si mormori
*UUUDU  DUUUD  UDUUU  de Falla  La vida breve: dance/1 1t
*UUUDU  DUUUD  UDUUU  Weber  clarinet concerto in Fmi 3m (Jahns 114)
*UUUDU  DUUUD  UUUDD  Prokofiev  violin concerto/2 1m 1t
*UUUDU  DUUUD  UUUDU  Chopin  scherzo in Bmi op20 1t
*UUUDU  DUUUD  UUUDU  Max Reger  organ pieces op59/5 toccata
*UUUDU  DUUUD  UUUUD  Rimsky-Korsakov  Tsar's bride overture 1t
*UUUDU  DUUUR  DDU    Waldteufel  Dolores waltzes/4 2t
*UUUDU  DUUUU  DDUUU  Mozart  Mass/18 in Cmi K427 Domine Deus
*UUUDU  DUUUU  DURRD  Kodály  Háry János: Battle & defeat of Napoleon
*UUUDU  DUUUU  UUUDD  Debussy  Pour le piano: prélude 2t      [1t, 3t
*UUUDU  DUUUU  UUUDD  Sibelius  symphony/4 in Ami op63 4m 2t
*UUUDU  RDDRR  RURD   Grieg  Landkjending (song) Og det var Olav Tryg-
*UUUDU  RDDUU  RDUU   Weber  Oberon overture: intro             [vason
*UUUDU  RDURD  DUDDR  Bach  St Matthew Passion/31 Was mein Gott
*UUUDU  RDURD  URDU   Grieg  Album leaf op12/7 piano
```

187

*UUUDU	RUDRU	UUD	**Mendelssohn** Elijah: Is not his word
*UUUDU	RUURD	UDD	**Bach** Motet/1 Singet den Herrn/2 Lobet den Herrn
*UUUDU	RUUUD	UDDUU	**Tchaikovsky** Serenade in C op48 3m 2t [BWV225
*UUUDU	RUUUR	DD	**Mascagni** Cavalleria rusticana: E stamattina
*UUUDU	UDDD		**Schubert** string quartet/8 in B♭ 4m D112
*UUUDU	UDDDD	DRUUU	**Verdi** Il trovatore Act II: Mal reggendo
*UUUDU	UDDDD	DUURU	**Handel** concerto grosso in A op6/11 5m
*UUUDU	UDDDD	DUUUU	**Rimsky-Korsakov** Antar symphony 1m 3t
*UUUDU	UDDDD	UUUUU	**Berlioz** Vilanelle (song) op7/1
*UUUDU	UDDDR	RDUUD	**William Schuman** New England Triptych 3m Chester,
			based on a hymn by Billings
*UUUDU	UDDDU	DUUUD	**Wieniawski** violin concerto/2 op22 2m 3t
*UUUDU	UDDDU	UDDDU	**J Strauss Jr** Frühlingsstimmen 5t
*UUUDU	UDDDU	UUDDD	**Hindemith** Kleine Kammermusik op24 1m 2t
*UUUDU	UDDDU	UUUDU	**Berlioz** Requiem: Dies Irae
*UUUDU	UDDUD	DDDUD	**Britten** Young person's guide to the orchestra:
			(Variations &) fugue on a theme of Purcell
*UUUDU	UDDUU	DDUUD	**Berlioz** Romeo et Juliette pt I: opening fugato
*UUUDU	UDDUU	DUDDU	**Handel** sonata for flute/fig bass in Bmi op1/9 2m
*UUUDU	UDDUU	DUUDD	**Brahms** Hungarian dances/7 in A, piano 4 hands
*UUUDU	UDDUU	UDUUD	**Chopin** étude in G♭ op25/9 'Butterfly'
*UUUDU	UDDUU	UDUUD	**Debussy** Children's Corner suite: Doctor Gradus
*UUUDU	UDRRU	DDU	**Warlock** Pretty ring time (song)
*UUUDU	UDUDD	UUDDU	**D'Indy** sonata for violin/piano in C op59 3m 2t
*UUUDU	UDUDD	UUDDD	**Brahms** string sextet in B♭ op18 3m 1t
*UUUDU	UDUDU	UUDUD	**Handel** concerto grosso in D op6/5 3m
*UUUDU	UDUDU	DUDUD	**Ravel** La valse, orch 6t
*UUUDU	UDUUD	DDD	**Verdi** Un ballo in maschera II: Non sai tu che
*UUUDU	UDUUD	DUDDD	**Leoncavallo** I Pagliacci: Tutto scordiam
*UUUDU	UDUUD	DUDUU	**J Strauss Jr** Blue Danube/5 1t
*UUUDU	UDUUD	UDDUU	**Handel** Water music 13m 1t
*UUUDU	UDUUD	UDUDU	**Rachmaninov** symphony/2 in Emi 2m 1t
*UUUDU	UDUUD	UUD	**Mahler** symphony/6 in Ami 4m 1t
*UUUDU	UDUUD	UUDUU	**Telemann** concerto 3 oboes/3 vlns in B♭ allegro
*UUUDU	UDUUU	DDDU	**Chopin** prelude/17 op28
*UUUDU	UDUUU	UUU	**Lehar** Frasquita: serenade 'Hab' ein blaues'
*UUUDU	URRDU	RUURR	**J Strauss Jr** Wiener Blut/3 1t
*UUUDU	URUDD	UUDUR	**Järnefelt** Praeludium, piano or orch
*UUUDU	URUUD	DDDDD	**Haydn** string quartet/78 in B♭ op76/4 1m 2t
*UUUDU	URUUR	DDUUU	**Brahms** piano concerto/1 in Dmi op15 3m 2t
*UUUDU	UUDD		**Respighi** Fountains of Rome: Trevi at mid-day
*UUUDU	UUDDD	DDDDD	**Handel** sonata violin/fig bass in D op1/13 1m
*UUUDU	UUDDD	DDDU	**Bach** Magnificat in D/2 Et exultavit
*UUUDU	UUDDD	DUDDU	**Berlioz** Les Troyens Act I: Malheureux roi!
*UUUDU	UUDDD	RUDUD	**Wagner** Tristan & Isolde Act III: Wie sie selig
*UUUDU	UUDDD	UDDDD	**Hubert Parry** Blest pair of Sirens: To live with him
*UUUDU	UUDDD	UDDDU	**Schumann** piano concerto in Ami op54 2m 1t
*UUUDU	UUDDD	UDDUD	**Handel** concerto grosso in Gmi op6/3 3m 1t
*UUUDU	UUDDD	UDDUD	**Schumann** Album for young: The happy farmer op68
*UUUDU	UUDDD	UDDUU	**Grieg** symphonic dances/4 op64 2t [piano
*UUUDU	UUDDR	DUUDU	**Rimsky-Korsakov** Le coq d'or suite 3m 2t
*UUUDU	UUDDU	DDUDU	**Prokofiev** Lieutenant Kije 3m 2t
*UUUDU	UUDDU	DR	**Mahler** symphony/1 in D 4m 1t(a)
*UUUDU	UUDDU	DUDDD	**Bach** choral prelude, organ 'Komm, heiliger Geist'
*UUUDU	UUDDU	RDDUD	**R Strauss** Also sprach Zarathustra 5t(a) [BWV651
*UUUDU	UUDDU	UDDUU	**Bach** sonata viola da gamba/harps'd G 3m BWV1039
*UUUDU	UUDRU	UUDDR	**Ravel** Rapsodie espagnole 3m 1t

*UUUDU	UUDUD	DDUDU	**J Strauss Jr** Frühlingsstimmen 3t
,UUUDU	UUDUD	DUDDU	**Bach** harpsichord concerto/5 in Fmi 2m BWV1056
*UUUDU	UUDUD	UUUDU	**Beethoven** piano sonata/11 in B♭ op22 3m
*UUUDU	UUDUU	DDDD	**Suppé** Die schöne Galathé : overture 4t
*UUUDU	UUDUU	DDRDU	**Hummel** piano concerto in Ami op85 1m 2t
*UUUDU	UUDUU	DDUDD	**Donizetti** Don Pasquale Act I: Vado coro
*UUUDU	UUDUU	UDUUU	**Beethoven** piano sonata/14 C♯mi 'Moonlight' 3m 1t
*UUUDU	UUDUU	UDUUU	**Chopin** étude in C op10/1 [op27/2
*UUUDU	UUDUU	UDUUU	**Bach** Well-tempered Clavier II: fugue/22 BWV891
*UUUDU	UUDUU	UDUUU	**Chopin** prelude/1 op28
*UUUDU	UUDUU	UR	**Mozart** piano concerto/15 in B♭ K450 1m 1t
*UUUDU	UUDUU	URDDU	**Inghelbrecht** Four fanfares/2 Pour le Prèsident,
*UUUDU	UUDUU	URDRD	**J Strauss Jr** Wiener Blut/4 [brass
*UUUDU	UUDUU	URRU	**Schubert** quintet piano/str in A 'Trout' 3m 1t D667
*UUUDU	UUDUU	UU	**Chopin** waltz in E♭ op18 1t
*UUUDU	UUDUU	UU	**Schubert** symphony/1 in D 2m 2t D82
*UUUDU	UUDUU	UUDDD	**Mozart** violin concerto in D K218 3m 3t
*UUUDU	UUDUU	UURDD	**Kodály** Háry János: K zjátek 1t
*UUUDU	UUDUU	UURDD	**Verdi** La forza del Destino: overture 1t
*UUUDU	UUDUU	UUU	**Schubert** symphony/3 in D 4m 2t D200
*UUUDU	UUDUU	UUUDD	**Beethoven** symphony/2 in D 3m 1t
*UUUDU	UUDUU	UUUDD	**Haydn** string quartet/78 in B♭ op76/4 1m 1t
*UUUDU	UUDUU	UUUDU	**Prokofiev** Peter & the wolf: March of hunters
*UUUDU	UUDUU	UUUUU	**Schumann** symphony/2 in C op61 1m 2t
*UUUDU	UUDUU	UUUUU	**Wagner** Tristan & Isolde Act III: prelude
*UUUDU	UURUD	URUUD	**Donizetti** Don Pasquale Act I: Ah, un foco
*UUUDU	UURUD	UUDD	**Richard Strauss** O süsser Mai (song) op32/4
*UUUDU	UURUU	DRDDD	**Beethoven** symphony/5 in Cmi 4m 3t
*UUUDU	UUUDD	DDDUU	**Bach** Motet/6 Lobet den Herrn BWV230
*UUUDU	UUUDD	DDUUU	**Brahms** Serenade in D op11 5m 1t
*UUUDU	UUUDD	DUUUD	**Brahms** Rhapsody in Gmi op79/2 piano 1t
*UUUDU	UUUDD	DUUUD	**Lehar** Merry Widow: 'Lippen schweigen' waltz
*UUUDU	UUUDD	DUUUD	**Richard Strauss** Also sprach Zarathustra 2t
*UUUDU	UUUDD	UDUDU	**Handel** organ concerto in Dmi op7/4 2m
*UUUDU	UUUDD	UUD	**Thomas Weelkes** Sing we at pleasure
*UUUDU	UUUDD	UUDDU	**Rachmaninov** symph/3 1m theme 5 bars before fig 7
*UUUDU	UUUDD	UUUUR	**Franck** Les Eolides 2t
*UUUDU	UUUDR	UDUR	**R Strauss** Capriccio: Ihre Liebe schlägt
*UUUDU	UUUDR	UUUDD	**Brahms** Serenade in D op11 1m 2t
*UUUDU	UUUDU	DDDDD	**Delius** Eventyr 2t
*UUUDU	UUUDU	DDDDU	**Rossini** William Tell III: A nos chants (Toi que
*UUUDU	UUUDU	DUDDD	**Rossini** La Cenerentola: overture 3t [l'oiseau)
*UUUDU	UUUDU	DUDUD	**Bach** Cantata/212 'Peasant'/12 Fünfzig Thaler
*UUUDU	UUUDU	DUDUU	**Rossini** William Tell Act I: Pas de six, used
			by Britten in Matinées musicales op24 march
*UUUDU	UUUDU	UUUDU	**Bruckner** symphony/8 in Cmi 2m 1t
*UUUDU	UUUDU	UUUUU	**Waldteufel** Immer oder Nimmer waltzes/2 2t
*UUUDU	UUURD	UDUDD	**Shostakovich** symphony/5 in Dmi op47 4m
*UUUDU	UUURD	UUUUR	**Vaughan Williams** London symphony 1m intro
*UUUDU	UUUUD	DDUDD	**Mahler** Ich ging mit Lust (song)
*UUUDU	UUUUD	DDUUD	**Bizet** Carmen Act I: chorus of cigarette girls
*UUUDU	UUUUD	DUDDD	**Bach** Brandenburg concerto/5 in D 2m BWV1050
*UUUDU	UUUUD	DUUDD	**Debussy** La Mer 2m 1t
*UUUDU	UUUUD	UUUDD	**Meyerbeer** Dinorah: Ombre legere
*UUUDU	UUUUD	UUUDD	**Schubert** Rondo in A violin/str orch 1t D438
*UUUDU	UUUUU	DUU	**Gounod** Faust: Avant de quitter ces lieux
*UUUDU	UUUUU	URDRD	**Lalo** Le Roi d'Ys overture 1t

*UUUDU	UUUUU	UUDUD	**Berlioz** Benvenuto Cellini I: chorus of maskers
*UUURD	DDDDU	DUDDR	**Scarlatti** harpsichord sonata in Dmi Kp213
*UUURD	DDDUD	DUDDD	**Haydn** symphony/96 in D 'Miracle' 2m
*UUURD	DDDUR	RRUDD	**John Farmer** Fair Phyllis I saw
*UUURD	DDDUU	DUU	**Brahms** string sextet op36 1m 1t
*UUURD	DDDUU	RDDDU	**Mozart** horn concerto in E♭ K495 2m 1t
*UUURD	DDDUU	URDDU	**Massenet** Roi de Lahore 1t
*UUURD	DDRDD	UUDDU	**Mozart** concerto flute/harp in C K299 1m 2t
*UUURD	DDRDU	UURDD	**Beethoven** sextet in E♭ op71 adagio
*UUURD	DDRDU	UUUUR	**Ippolitov-Ivanov** Caucasian sketches op10 1m 3t
*UUURD	DDRRR	UUUUU	**Mozart** symphony/33 in B♭ K319 2m 2t
*UUURD	DDRRU	UUUDD	**Mozart** trio for clar/piano/viola K498 rondo 1t
*UUURD	DDRUD	DURDD	**Bellini** I Puritani: O rendetemi la speme
*UUURD	DDRUR	UUDRU	**Michael Head** The singer (song)
*UUURD	DDRUU	RUU	**Morley** It was a lover and his lass
*UUURD	DDUDU	UUUUD	**Schumann** symphony/3 in E♭ op97 'Rhenish' 3m 2t
*UUURD	DDUDU	UUUUR	**Dvořák** quintet piano/strings op81 2m 1t(c)
*UUURD	DDUUU	DDDUD	**Mendelssohn** Athalia: Priests' march
*UUURD	DDUUU	DU	**Brahms** symphony/4 in Emi op98 1m 6t
*UUURD	DDUUU	RDDD	**Debussy** Images: Iberia 1m 2t
*UUURD	DUDDD	UDDUD	**Mendelssohn** Fingal's cave overture (Hebrides) 2t
*UUURD	DUDDU	UU	**Beethoven** Prometheus overture 3t
*UUURD	DUUDD	RUUUD	**Verdi** Requiem: Lacrymosa
*UUURD	DUUDU	RRDDU	**Mozart** Die Zauberflöte I: Bewahret euch
*UUURD	DUURD	DUUDU	**Khachaturian** violin concerto 1m 2t
*UUURD	DUUUR	RUDDU	**Mahler** Scheiden und Meiden (song)
*UUURD	DUUUU	DDDUU	**Richard Strauss** Alpine symphony 9t
*UUURD	RDRDR	DUDRD	**Beethoven** piano sonata/17 in Dmi op31/2 1m 1t
*UUURD	RDURD	UDDDR	**Mozart** quartet flute/strings in A K298 2m 1t
*UUURD	RDUUU	URDR	**Bach** sonata for viola da gamba in G 2m BWV1027
*UUURD	RRDDU	DDUUU	**Delius** Brigg Fair 2t
*UUURD	RRRDU	RRDRR	**Puccini** La Bohème Act I: Nei cieli bigi
*UUURD	RRUDR	RUUDD	**Schubert** piano sonata in D 4m 3t D850
*UUURD	RRUUU	DDUDU	**Mozart** Cosi fan tutte Act I: Non siate ritrosi
*UUURD	UDDDU	DUDDU	**Bach** choral prel, organ, Wachet auf BWV645
*UUURD	UDDUU	DDUDR	**Rossini** Il barbiere di Siviglia I: Ecco ridente
*UUURD	UDUDD	UDDUU	**Wagner** Götterdämmerung II chorus: Gross Glück
*UUURD	UDUUU	RDUUU	**Bach** chromatic fantasie & fugue: fugue BWV903
*UUURD	UUDDD	DDUUD	**de Falla** El amor brujo: Pantomime
*UUURD	UUDDD	UDRDR	**Wagner** Lohengrin Act III: prelude 1t
*UUURD	UUDDU	UDRDU	**Schubert** piano sonata in D 2m 3t D850
*UUURD	UUDRD	RRDRR	**Beethoven** piano sonata/1 in Fmi op2/1 4m 2t
*UUURD	UUDUD	DDUDD	**Bach** French suite/5 in G: bourrée BWV816
*UUURD	UUDUU	DDDD	**Bizet** Les pêcheurs de perles II: Comme autrefois
*UUURD	UUDUU	RUUUR	**Elgar** violin concerto in Bmi 1m 2t
*UUURD	UURDU	DRDUU	**Chopin** mazurka/47 op68/2 1t
*UUURD	UURUD	DUUUU	**Handel** Judas Maccabeus: Arm, arm ye brave
*UUURD	UUUDD	DRDUU	**Schubert** piano sonata in G 3m 2t D894
*UUURD	UUUDU	UUURD	**Beethoven** Consecration of the House, overture
*UUURD	UUURD	DDDDD	**Handel** Messiah: Ev'ry valley [op124]
*UUURD	UUURD	DDUDD	**Bach** St John Passion/18 Erwäge, erwäge
*UUURD	UUURD	UUDDD	**Mozart** Deutsche Tänze/1 orch K600
*UUURD	UUURD	UUUR	**Schumann** Abegg variations, piano op1
*UUURD	UUUUD	DUUDU	**Paganini** violin concerto/2 in Bmi 1m 1t
*UUURD	UUUUR	DRUUD	**Franck** symphony in Dmi 1m 2t
*UUURR	DDDRU	DRDUU	**Elgar** The Light of Life: Thou only hast op29
*UUURR	DDDUR		**Lehar** Der Zarewitsch Act I: Einer wird kommen

*UUURR	DDDUR	RDDD	**Liszt** Rapsodie espagnole, piano/orch 3t (Grove254)
*UUURR	DDDUR	RDUDD	**Beethoven** symphony/2 in D 4m 2t
*UUURR	DDDUU	UUR	**Verdi** I vespri Siciliani Act III: Quando al mio
*UUURR	DDUDD	UUURR	**Beethoven** piano sonata/25 in G op79 2m 1t
*UUURR	DDUUU	DDDUU	**Richard Strauss** Arabella Act I: Aber der Richtige
*UUURR	DRDUU	UDUDR	**Donizetti** Lucia di Lammermoor III: Dalle stanze
*UUURR	DRUUD	DDDDD	**Beethoven** Missa solemnis: Sanctus 2t
*UUURR	DRUUU	DUDDR	**Delibes** Coppelia: czardas 1t
*UUURR	DUDDD	URUDD	**Dvořák** trio piano/vln/cello Emi op90 'Dumky' 2m
*UUURR	DURRD	UUUDD	**Debussy** La puerta del vino, piano
*UUURR	DUUDU		**Mozart** Serenade in Cmi for wind K388 1m
*UUURR	DUUU		**Schubert** trio piano/vln/cello in B♭ 4m 1t D898
*UUURR	RDDUD	DDDDD	**Tchaikovsky** symphony/4 in Fmi op36 2m 1t(b)
*UUURR	RDRRD	RRDUU	**Haydn** symphony/83 in Gmi 'La poule' 1m
*UUURR	RDRUR	URDRD	**Mozart** Serenade G K525 Eine kleine Nachtmusik 4m
*UUURR	RRDDD	RRUDU	**Mozart** Die Entführung Act III: In Mohrenland
*UUURR	RRDDU	DD	**Liszt** piano sonata in Bmi 3t
*UUURR	RRDUU	URRRR	**Sullivan** HMS Pinafore Act I: I am the monarch
*UUURR	RRRUD	DDURR	**Copland** El salòn Mexico 1t
*UUURR	RRUDD	UUDDD	**Mozart** flute concerto in G K313 2m
*UUURR	RUDDD	RUDDR	**Mendelssohn** songs without words/4 op19/4, piano
*UUURR	RUDRR		**Verdi** Falstaff Act III: Dal labbro il canto
*UUURR	RUDUD	UDDUD	**Vaughan Williams** symphony/9 3m 1t
*UUURR	RUUDD	DUUUR	**de Falla** 7 Spanish popular songs: Jota
*UUURR	UDDDD	RUDRU	**Poulenc** mouvement perpetuel/3 1t
*UUURR	UDDUU	RUUDD	**Josef Strauss** Mein Lebenslauf ist Lieb' und Lust/4
*UUURR	UDDUU	UDUDD	**Liszt** Years of travel, piano: sonnet 123 Petrarch
*UUURR	UDUDD	UUUDU	**Ippolitov-Ivanov** Caucasian sketches: Sardar's
*UUURR	UDUDU	UURRU	**Tchaikovsky** Capriccio italien 3t [procession
*UUURR	URDDR	DDRDR	**Mozart** string quintet/4 in Gmi K516 1m
*UUURR	UURDR	UDDD	**Ravel** Chanson épique (Don Quichotte)
*UUURR	UUUDD	UDDR	**Albeniz** Suite española, piano: Cuba
*UUURU	DDDDD	DDDRR	**Handel** Messiah: Why do the nations
*UUURU	DDDDD	DDU	**Verdi** Rigoletto Act I: Questa o quella
*UUURU	DDDDU	DRUUU	**Dvořák** violin concerto in Ami op53 2m 1t
*UUURU	DDDUD	DDRUD	**Donizetti** Lucia di Lammermoor Act II: Per te
*UUURU	DDDUD	DDUDU	**Beethoven** symphony/2 in D 2m 1t(a)
*UUURU	DDDUD	DRUUU	**de Falla** El amor brujo: Terra 2t
*UUURU	DDDUU	UUURU	**Sibelius** symphony/6 in Dmi op104 3m 2t
*UUURU	DDDUU	URUDD	**Elgar** The Light of Life op29 Be not extreme
*UUURU	DDRDR	UURUR	**Grieg** waltz op12/2 piano 1t
*UUURU	DDRUU	URRUD	**Holst** St Paul's suite 3m intermezzo 1t
*UUURU	DDUDD	DDUDD	**Donizetti** L'Elisir d'amore Act I: Quanto è bella
*UUURU	DDUUU	DUDUU	**Vaughan Williams** symphony/3 'Pastoral' 1m 2t
*UUURU	DRDDR	DU	**Schubert** octet in F 3m 1t D803
*UUURU	DRDRD	UDDDD	**Wagner** Lohengrin Act III: Athmest du nicht
*UUURU	DUDDD	UUUDU	**Tippett** A child of our time: Nobody knows
*UUURU	DUDUR	DUUUU	**Richard Strauss** sonata for violin/piano E♭ 3m 3t
*UUURU	DURDD	DRDUU	**Beethoven** Der Kuss (song) op128
*UUURU	DURDD	UDDDR	**Rachmaninov** Isle of the Dead op29 orch 1t
*UUURU	DURUD	UDDDU	**Bach** choral prelude, organ: Lob sei dem BWV602
*UUURU	DUUUU	UDDDU	**Lalo** Namouna suite: prelude 1t
*UUURU	RDDUD	DUUUU	**Giovanni Martini** Plaisir d'amour (song)
*UUURU	RRDUR	RDURR	**Vaughan Williams** symphony/4 in Fmi 4m 2t
*UUURU	RUDUD	UUUUU	**Prokofiev** violin concerto/2 Gmi op63 3m 1t
*UUURU	UDDDU	RUUDD	**Telemann** trumpet concerto in D 2m
*UUURU	UDDUU	DUUUD	**Wagner** Parsifal: prelude 1t

*UUURU UDRUU DRDDU   **Offenbach** La belle Hélène I : Au mont Ida
                          (Le jugement de Paris) also overture 2t
*UUURU UDUUD DDD   **Bizet** symphony/1 in C 2m 2t
*UUURU UDUUU U   **Schubert** string quartet/10 in E♭ 1m 1t D87
*UUURU URDDD DDDDU   **Bach** French suite/4 in E♭ : sarabande BWV815
*UUURU URRUD D   **Beethoven** symphony/2 in D 1m 2t
*UUURU UUDUU DUDDD   **Handel** harpsichord suite/5 in E 2m
*UUURU UUUDD DUDDD   **Schumann** string quartet/2 in F op41/2 4m 1t
*UUURU UUURU URDRD   **Berlioz** Les Troyens Act I : Châtiment effroyable
*UUURU UUUUD DDD   **Tchaikovsky** symphony/6 in Bmi 'Pathétique' 1m 3t
*UUUUD DDDDD DUDDD   **Walton** Façade suite/1 : polka 1t
*UUUUD DDDDD DURRR   **Mendelssohn** string quartet/3 in D op44/1 1m 1t
*UUUUD DDDDD DUUDD   **Brahms** Rhapsody in E♭ op119/4 piano 2t
*UUUUD DDDDD UDDUU   **Mahler** symphony/9 in D 3m 3t
*UŬUUD DDDDD UUDD   **Franck** sonata for violin/piano in A 2m 2t
*UUUUD DDDDR UDDUU   **Waldteufel** Immer oder Nimmer waltzes/4
*UUUUD DDDDU DDDUR   **Clementi** Rondo from piano sonatina in G op36/5
*UUUUD DDDDU DDUDD   **Bach** St Matthew Passion/17 Trinket alle daraus
*UUUUD DDDDU DUDDU   **Bach** suite/2 flute/strings Bmi : minuet BWV1067
*UUUUD DDDDU RDDUD   **Haydn** string quartet/34 D op20 'Rose of Venice'
*UUUUD DDDDU RURUD   **Mozart** violin concerto/2 in D K211 3m   [3m
*UUUUD DDDDU UDUUU   **Chaminade** Automne
*UUUUD DDDDU UUDDD   **Dvořák** string quartet in G op106 3m 2t
*UUUUD DDDDU UUUUD   **Respighi** Pines of Rome : Pines of the Gianicolo 2t
*UUUUD DDDDU UUUUD   **Verdi** Aida : ballet 3t
*UUUUD DDDDU UUUUU   **Glinka** Russlan & Ludmilla : overture 1t
*UUUUD DDDRD DDUUD   **D'Indy** symph on a French mountain theme op25 2m
*UUUUD DDDRD RUDDU   **Mendelssohn** songs without words/48 op102/6
*UUUUD DDDRD RURDR   **Bach** Cantata/56/1 Ich will den Kreuzstab BWV56
*UUUUD DDDRD URRUU   **Mozart** piano concerto/21 in C K467 3m 1t
*UUUUD DDDRR URRD   **Mozart** str quartet/19 C K465 'Dissonance' 3m 1t
*UUUUD DDDRU RRRDU   **Stravinsky** Petrushka : Peasant and bear
*UUUUD DDDUD DDDDU   **Mahler** symphony/9 in D 2m 2t
*UUUUD DDDUD DRRUD   **Waldteufel** Mein Traum waltzes/3 2t
*UUUUD DDDUD R   **Debussy** Préludes Bk I/2 Voiles 2t, piano
*UUUUD DDDUD RUUUU   **Brahms** trio/I piano/vln/cello in B op8 1m 1t
*UUUUD DDDUD RUUUU   **Jean Françaix** concertino for piano/orch : menuet
*UUUUD DDDUD UDDDU   **Dvořák** trio piano/vln/cello Emi op90 'Dumky' 3m 2t
*UUUUD DDDUR RRUUR   **Puccini** Tosca Act I : Non la sospiri
*UUUUD DDDUR RUUDR   **Puccini** Tosca Act III : Oh! dolci baci
                          from the aria : E lucevan le stelle
*UUUUD DDDUR URDUU   **Dvořák** symphony/9 in Emi 'New World' op95 1m 1t
*UUUUD DDDUU   **Tchaikovsky** Nutcracker suite : overture 2t
*UUUUD DDDUU DDDUU   **Mendelssohn** Songs without wds/30 'Spring song'
*UUUUD DDDUU DUDDD   **Waldteufel** Mein Traum waltzes/3 1t   [op62/6
*UUUUD DDDUU DUDDU   **Liszt** Les préludes, symphonic poem/3 5t
*UUUUD DDDUU RUU   **Rachmaninov** prelude op23/8 piano
*UUUUD DDDUU UDDDU   **Saint-Saëns** cello concerto/1 in Ami op33 3m coda
*UUUUD DDDUU UDUUD   **Dvořák** string qtet in F 'American' 1m 1t op96
*UUUUD DDDUU UUDDD   **Bruckner** symphony/5 in B♭ 3m 4t
*UUUUD DDDUU UUDDD   **Mussorgsky** Night on a bare mountain 1t
*UUUUD DDDUU UUDDU   **Beethoven** string quartet/16 in F op135 2m
*UUUUD DDDUU UUDUU   **Roussel** Sinfonietta 3m 2t
*UUUUD DDDUU UUDUU   **Walton** Façade suite/1 : Tarantella Sevillana 1t
*UUUUD DDDUU UUUDD   **Schumann** Kreisleriana op16/2 piano
*UUUUD DDDUU UUUUU   **Debussy** Préludes/6 General Lavine - Eccentric
*UUUUD DDRDU UUDDD   **Puccini** Turandot II Death of Liu : Tu che di

*UUUUD	DDRDU	UUUUD	**Brahms** piano sonata in Fmi op5 3m 2t
*UUUUD	DDRRU	DDDDD	**Bach** Well-tempered Clavier Bk II: prel/18 BWV887
*UUUUD	DDRUD	RDUDD	**John Dunstable** Sancta Maria
*UUUUD	DDRUD	UDDDU	**Elgar** Dream of Gerontius I chorus: Holy Mary
*UUUUD	DDUDD	DRUUU	**Shostakovich** Three fantastic dances/1 piano
*UUUUD	DDUDD	DUDDD	**Beethoven** piano sonata/28 in A op101 1m
*UUUUD	DDUDD	DUDUU	**Inghelbrecht** Nurseries/3/1 Nous n'irons plus
*UUUUD	DDUDD	DUUDU	**Beethoven** piano sonata/23 in Fmi 'Appassionata'
*UUUUD	DDUDD	RUUUU	**Mozart** string quintet in C K515 2m [op57 3m 1t
*UUUUD	DDUDD	UDUDD	**Bach** choral prelude, organ: Allein Gott BWV675
*UUUUD	DDUDD	UDUUR	**R Strauss** Der Bürger als Edelmann: Courante 2t
*UUUUD	DDUDD	UUDDD	**Stravinsky** Apollon Musagète: coda
*UUUUD	DDUDU	DRDD	**Rachmaninov** piano concerto/1 in F♯mi 3m 2t
*UUUUD	DDUDU	DRUUU	**Brahms** string quintet in F op88 3m 1t
*UUUUD	DDUDU	DRUUU	**Rimsky-Korsakov** Le coq d'or suite 3m 1t
*UUUUD	DDUDU	DUDDD	**Richard Strauss** Aus Italien: Campagna 2t
*UUUUD	DDUDU	DUDUD	**Rachmaninov** piano concerto/3 Dmi op30 3m 3t
*UUUUD	DDUDU	UDD	**Mozart** Divertimento in B♭ K287 4m
*UUUUD	DDUDU	UDDDU	**Brahms** concerto vln/cello/orch in Ami op102 3m 2t
*UUUUD	DDURD	DUUUU	**Berlioz** Damnation de Faust: soldiers' chorus
*UUUUD	DDUUD	DUUUU	**Sibelius** symphony/2 in D op43 2m 1t
*UUUUD	DDUUD	UDDUU	**Mozart** sonata/21 violin/piano Emi K304 1m
*UUUUD	DDUUD	UDURD	**Mendelssohn** Midsummer night's dream: intermezzo
*UUUUD	DDUUD	UUUUD	**Dvořák** Slavonic dances/9 op72/1 3t [3t
*UUUUD	DDUUR	DUDRD	**John Dowland** Away with these self-loving lads
*UUUUD	DDUUU	DDDUU	**Bach** Mass in B minor/17 Et in spiritum sanctum
*UUUUD	DDUUU	DDRDU	**Bizet** 'Roma' symphony in C 3m 2t
*UUUUD	DDUUU	DDURU	**Mozart** piano sonata/16 in B♭ K570 3m
*UUUUD	DDUUU	DUDD	**Beethoven** symphony/2 in D 3m 2t
*UUUUD	DDUUU	UDDUU	**Sibelius** Nightride and sunrise op55 orch 3t
*UUUUD	DDUUU	UDURU	**Mendelssohn** symph/3 in Ami op56 'Scotch' 2m 1t
*UUUUD	DDUUU	UUDDD	**Berlioz** L'Enfance du Christ pt1: Cabalistic dance
*UUUUD	DDUUU	UUDUD	**Haydn** symphony/103 in E♭ 'Drum roll' 2m
*UUUUD	DRDDU	RUDD	**Mozart** piano sonata/8 in Ami K310 2m
*UUUUD	DRDDU	UR	**Verdi** Otello IV willow song: Piangea cantando
*UUUUD	DRDUU	UDUDU	**Mahler** Ich bin der Welt abhanden (Rückert song)
*UUUUD	DRDUU	UUDDU	**Ravel** Marot épigramme/1 Lorsque je voy (song)
*UUUUD	DRRRR	UDDDD	**Scarlatti** harpsichord sonata Kp6
*UUUUD	DRUDD	UUUUU	**Beethoven** sonata/3 violin/piano in E♭ op12/3 1m 2t
*UUUUD	DRURD	RURDR	**Chopin** Tarantelle in A♭ piano
*UUUUD	DRUUU	UDUDD	**Poulenc** Mouvement perpetuel/2
*UUUUD	DUDDD		**Bartok** violin concerto/1 3m 2t
*UUUUD	DUDDD	D	**Vaughan Williams** sym/7 'Sinfonia Antartica' 5m 1t
*UUUUD	DUDDD	DUUUU	**Brahms** Ein deutsches Requiem op45/5 Ihr habt nun
*UUUUD	DUDDD	RUUUU	**Brahms** trio piano/vln/cello in Cmi op101 4m 2t
*UUUUD	DUDDD	UDUDD	**Anton Rubinstein** Gelb rollt mir (song 'For ever')
*UUUUD	DUDDR	UD	**Berlioz** Harold in Italy 3m 2t
*UUUUD	DUDDU	DD	**Rachmaninov** Polichinelle, piano 2t
*UUUUD	DUDDU	DDUDD	**Alfvén** Midsommarvarka (Swedish rhapsody) 1t
*UUUUD	DUDDU	DUDDD	**Malcolm Arnold** Brass quintet 1m
*UUUUD	DUDDU	DUUUU	**Chopin** mazurka/7 op7/3
*UUUUD	DUDDU	DUUUU	**Vaughan Williams** symphony/4 in Fmi 3m 3t
*UUUUD	DUDDU	RRDDD	**Mendelssohn** Prelude (& fugue) Emi op35/1 organ
*UUUUD	DUDDU	UDDUD	**Wallace** Maritana: overture 2t
*UUUUD	DUDDU	UUUDD	**Brahms** symphony/3 in F op90 1m 3t
*UUUUD	DUDRU	UU	**Schubert** sonata cello/piano in Ami 2m D821
*UUUUD	DUDUR	UU	**Haydn** string quartet/81 in G op77/1 3m 1t

*UUUUD DUDUU DDDUD **Bach** Well-tempered Clavier Bk I: fugue/1 BWV846
*UUUUD DUDUU DDUDU **Ibert** Escales (Ports of call) orch 1m 2t
*UUUUD DUDUU DUUUD **Brahms** trio piano/vln/cello in B op8 4m 2t
*UUUUD DUDUU DUUUU **Mozart** Fantaisie in Cmi K475 piano
*UUUUD DUDUU DUUUU **Liszt** 3 concert studies/3 D♭ piano (Grove 144)
*UUUUD DUDUU UUDDU **Handel** sonata violin/fig bass in A op1/3 3m
*UUUUD DUDUU UUDUU **Honegger** Pastorale d'été, orch 1t
*UUUUD DURDD URDDU **Beethoven** str qtet/9 in C op59/3 'Rasoumovsky' 1m
*UUUUD DUUDD DD **Bach** Mass in B minor/16 Et resurrexit
*UUUUD DUUDD UUDRD **Dvořák** violin concerto in Ami op53 3m 1t
*UUUUD DUUDD UURDU **Walton** Façade suite/1: polka 3t
*UUUUD DUUDU DUDDU **Debussy** Petite suite, 2 pianos: menuet 2t
*UUUUD DUUDU DUU **Gounod** Faust Act IV: Mephistopheles's serenade
*UUUUD DUURR URURD **Liszt** Hungarian rhapsody/6 D♭ piano 4t
*UUUUD DUURU DDD **Tchaikovsky** Romeo & Juliet overture 1t
*UUUUD DUURU DDUUD **Bartok** Rumanian folk dances/2 piano
*UUUUD DUUUD DDD **Massenet** Scènes Alsaciennes III
*UUUUD DUUUD DUUUU **Richard Strauss** Don Quixote 4t
*UUUUD DUUUU UDDUU **Walton** Façade suite/1: valse 1t
*UUUUD DUUUU DDDUU **Prokofiev** Peter and the wolf: Peter
*UUUUD DUUUU DDRRD **Haydn** symphony/86 in D 2m
*UUUUD DUUUU DDUUD **Nielsen** symph/3 'Sinfonia espansiva' 1m 2t
*UUUUD DUUUU DDUUU **Mendelssohn** octet in E♭ op20 1m 1t
*UUUUD DUUUU DDUUU **Mozart** symphony/12 in G K110 1m 1t
*UUUUD DUUUU DDUUU **Rachmaninov** symphony/2 in Emi 3m intro
*UUUUD DUUUU DUDDU **Chopin** nocturne in G op37/2 1t
*UUUUD DUUUU DUDUD **Handel** concerto grosso in F op3/4 4m
*UUUUD DUUUU UDDDU **Max Bruch** violin concerto Gmi 1m opening cadenza
*UUUUD DUUUU UUD **Mahler** symphony/9 in D 4m 2t
*UUUUD DUUUU UUU **Beethoven** Fidelio: Leonora/1 overture 1t
*UUUUD RDDRD DRDDU **Haydn** symphony/43 in E♭ 4m
*UUUUD RDDRD URDDR **Beethoven** trio 2 oboes/cor anglais op87 minuet 1t
*UUUUD RDDRD UUDRD **Richard Strauss** Don Juan op20 5t
*UUUUD RDDUU UURUR **Lalo** cello concerto in Dmi 1m 1t
*UUUUD RDRDD **Beethoven** symphony/9 in Dmi 'Choral' 2m 3t(a)
*UUUUD RDUDD **Constant Lambert** The Rio Grande: By the Rio G
*UUUUD RRUDD UDDDU **Mozart** quartet/1 piano/strings in Gmi K478 3m 1t
*UUUUD RRUUU URRRR **Waldteufel** Immer oder Nimmer waltzes/3 1t
*UUUUD RUDDD URDUD **Mozart** Die Entführung Act I: Marsch, marsch
*UUUUD RURUD DUDD **Mahler** symphony/2 in Cmi 1m 2t
*UUUUD RUUUU UUDDU **Elgar** Pomp & Circumstance march/4 2t
*UUUUD UDDD **Liszt** Tarantella, piano 2t
*UUUUD UDDDD DDDUU **Delius** sonata/2 violin/piano 1t
*UUUUD UDDDD DU **Schumann** Album for the young: folk song, piano
*UUUUD UDDDD DUD **Massenet** Werther Act III: Des cris joyeux
*UUUUD UDDDD DUDUD **Kreisler** Schön Rosmarin, violin/piano 1t [op68
*UUUUD UDDDD DUUUU **Chopin** prelude/6 op28
*UUUUD UDDDD DUUUU **Delibes** La source: Danse Circassienne 2t
*UUUUD UDDDD RUDD **Grieg** Norwegian dances/4 op35 2t
*UUUUD UDDDD UDDUU **Giovanni Gabrieli** Jubilate Deo
*UUUUD UDDDD UUDDD **Beethoven** piano sonata/32 in Cmi op111 1m
*UUUUD UDDDD UURUD **Vaughan Williams** London symphony 3m 3t
*UUUUD UDDDD UUUUU **Brahms** piano concerto/1 in Dmi op15 3m 3t
*UUUUD UDDDD UUUUU **Bach** sonata/3 solo violin in C allegro BWV1005
*UUUUD UDDDR U **Debussy** Jardins sous la pluie 2t
*UUUUD UDDDU DDDDU **Bartok** violin concerto 1m 1t
*UUUUD UDDDU DDUUU **Delius** Paris, nocturne 2t

```
*UUUUD  UDDDU  DDUUU   Schumann symph/3 E♭ op97 'Rhenish' 2m 1t
*UUUUD  UDDDU  DUDDU   Rimsky-Korsakov Mlada ballet 2t
*UUUUD  UDDDU  RU      Massenet Scènes pittoresques III 1t
*UUUUD  UDDUD  DDDDD   Weber Der Freischütz I: Durch die Wälder
*UUUUD  UDDUD  DDUDD   Tchaikovsky Queen of Spades Act III: Lisa's aria
*UUUUD  UDDUD  DUDUU   Grieg Peer Gynt suite/1: Hall of Mountain King
*UUUUD  UDDUD  DURUR   Brahms Der Gang zum Liebchen (song) op48/1
*UUUUD  UDDUD  UDUDU   Elgar Wand of youth suite/2 3m Moths & butterflies
*UUUUD  UDDUD  UUDUD   Ivanovici Donauwellen/2 (Waves of the Danube) 2t
*UUUUD  UDDUU  UDDDD   Handel concerto grosso in Dmi op6/10 2m
*UUUUD  UDDUU  UDUDD   Rachmaninov piano concerto/1 in F♯mi op1 1m 1t
*UUUUD  UDDUU  UUDDD   Thomas Raymond overture 1t
*UUUUD  UDDUU  UUUDU   Rachmaninov suite/1 (Fantasy) 1m Barcarolle 2t
*UUUUD  UDRDD  DDUDR   Chopin Fantaisie in Fmi op49 3t
*UUUUD  UDRDD  UDDUD   Mozart symphony/41 in C K551 'Jupiter' 2m 2t
*UUUUD  UDRDD  UDDUD   Verdi Aida Act III: Si fuggiam da questa mura
*UUUUD  UDRDR  DRDRD   Rimsky-Korsakov Capriccio espagnole: Gypsy 2t
*UUUUD  UDRDU  UUDUU   Beethoven piano sonata/8 in Cmi 'Pathétique' 3m 1t
*UUUUD  UDRUD  DUU     Richard Strauss Tod und Verklärung 5t          [op13
*UUUUD  UDUDD  DDUUU   Mozart Sérenade G Eine kleine Nachtmusik 3m 1t
*UUUUD  UDUDD  DUUDU   Mendelssohn violin concerto Emi op64 3m 1t
*UUUUD  UDUDD  RDUUR   J Strauss Jr Der Zigeunerbaron: overture 2t
*UUUUD  UDUDD  UDUD    Handel concerto grosso C Alexander's Feast 1m
*UUUUD  UDUDD  UDURU   Handel Messiah: Amen
*UUUUD  UDUDD  UUDUD   D'Indy suite en parties op91 3m 2t
*UUUUD  UDUDU  DDDDD   Bach sonata/3 solo violin in C: largo BWV1005
*UUUUD  UDUDU  DDUDU   Mozart Deutsche Tänze/5 orch K600 1t
*UUUUD  UDUDU  DUD     Chopin scherzo in C♯mi op39 3t
*UUUUD  UDUDU  DUDUU   Debussy La Mer 1m 5t
*UUUUD  UDUDU  DURDU   Ravel piano concerto for left hand 2t
*UUUUD  UDUDU  DUU     Handel sonata for flute/fig bass in C op1/7 1m
*UUUUD  UDUDU  UUDUD   Haydn symphony/82 in C 'The bear' 1m
*UUUUD  UDUDU  UUUUD   Debussy Images: Iberia 1m 4t
*UUUUD  UDUDU  UUUUU   Debussy Estampes: Pagodes, piano
*UUUUD  UDURU  DDDUD   Dvořák Slavonic dances/9 op72/1 1t
*UUUUD  UDUUD  D       Schubert symphony/4 in Cmi 'Tragic' 3m 2t
*UUUUD  UDUUU  UDUDU   Vaughan Williams symphony/8 2m 3t
*UUUUD  UDUUU  UUDUD   Waldteufel Skaters waltz/2 1t
*UUUUD  UDUUU  UURUD   Richard Strauss Ein Heldenleben 2t(b)
*UUUUD  UDUUU  UUUUD   Handel Fantasia/4 in C, keyboard
*UUUUD  URDDD  DUDDU   Liszt Faust symphony 3m 1t
*UUUUD  UUDDD  UDUDU   de Falla 3-cornered hat: Jota 2t
*UUUUD  UUDDD  URUDD   Gerald Finzi Dies Natalis/5 The salutation
*UUUUD  UUDDD  UUUU    Liszt Valse mélancolique, piano 1t
*UUUUD  UUDDU  DURUD   Donizetti Lucia di Lammermoor Act III: Oh qual
*UUUUD  UUDDU  UUUDD   Wagner Das Rheingold: Entry of Gods to Valhalla
*UUUUD  UUDUU  DDDUU   Jeremaiah Clarke suite trumpets/str in D: Serenade
*UUUUD  UUDUU  DUUDD   Handel concerto grosso in B♭ op6/7 4m
*UUUUD  UUDUU  DUUDU   Liszt Hungarian rhapsody/4 in E♭ piano 1t
*UUUUD  UUDUU  DUURR   Bach Well-tempered Clavier Bk II: prel/5 BWV874
*UUUUD  UUDUU  UDUDU   Chopin impromptu op29 2t
*UUUUD  UUDUU  UUDUU   Bach Well-tempered Clavier Bk I: prel/1 BWV846
*UUUUD  UURDD  DUUUD   Liszt Hungarian rhapsody/10 in E piano 2t
*UUUUD  UURRU  DUUUD   Tchaikovsky symphony/3 in D 1m 1t
*UUUUD  UUUDD  DDUUU   Bach harpsichord concerto/5 in Fmi 3m BWV1056
*UUUUD  UUUDD  DUDDR   Handel Acis & Galatea: Love in her eyes sits
*UUUUD  UUUDD  UUUDD   J Strauss Jr Die Fledermaus: overture 2t
```

*UUUUD	UUUDU	UUDUD	**Shostakovich** sonata cello/piano op40 3m 1t
*UUUUD	UUUDU	UUDUD	**Delius** Koanga: La Calinda
*UUUUD	UUUDU	UUUDU	**J Strauss Jr** Kiss waltz 2t
*UUUUD	UUUDU	UUUDU	**Rachmaninov** piano concerto/1 in F♯mi 1m 2t
*UUUUD	UUUUD	DDUUD	**Borodin** symphony/2 in Bmi 3m 3t
*UUUUD	UUUUD	UDU	**Liadov** Kikimora op63 orch 1t(b)
*UUUUD	UUUUD	UDUDR	**Suppé** Morning, noon & night in Vienna ov 3t
*UUUUD	UUUUD	UUUUD	**Mozart** Divertimento in B♭ K287 3m
*UUUUD	UUUUD	UUUUU	**Tchaikovsky** violin concerto in D op35 1m 2t
*UUUUD	UUUUD	UUUUU	**Fauré** quartet piano/strings in Cmi op15 3m
*UUUUD	UUUUU	UUUUU	**Richard Strauss** Till Eulenspiegel 2t
*UUUUD	UUUUU	DDDDU	**Richard Strauss** Sinfonia domestica 1m 1t(b)
*UUUUD	UUUUU	DUDDD	**Bach** Motet/3 Jesu, meine Freude/8 Gute Nacht
*UUUUD	UUUUU	DUUUU	**Fauré** sonata/1 violin/piano in A op13 3m 1t(b)
*UUUUD	UUUUU	UDU	**Mascagni** Cavalleria rusticana: Il cavallo
*UUUUD	UUUUU	UUDDD	**Vaughan Williams** symphony/9 in Emi 4m 1t
*UUUUR	DDDDU	DUD	**Debussy** Ballade, piano 2t
*UUUUR	DDDUD	UUUUR	**Sullivan** The Mikado Act I: I mean to rule
*UUUUR	DDRDD	UUUUR	**Schubert** symphony/4 in Cmi 'Tragic' 1m 1t D417
*UUUUR	DDUD		**Waldteufel** Ganz Allerliebst waltz 2t
*UUUUR	DDUUU	UUUUD	**Berlioz** La damnation de Faust pt3 Mephistof-
*UUUUR	DRDRU	DUDDR	**Handel** March from Joseph [eles's serenade
*UUUUR	DUDDD	DUUUU	**Bach** harpsichord concerto/3 in D 3m BWV1054
			also concerto in E for 2 violins 3m BWV1042
*UUUUR	DUDDD	UDDRD	**Walton** viola concerto 1m 2t
*UUUUR	DUDDU	DUD	**Paganini** violin concerto/1 in E♭(D) 1m 2t
*UUUUR	DUUDD	DDDDD	**Fauré** Dolly suite op56 piano 4 hands: Tendresse
*UUUUR	DUUUU	RDRUD	**Wagner** Der fliegende Holländer III: Willst je-
*UUUUR	DUUUU	RURDR	**Mahler** symphony/9 in D 2m 1t [nes Tag's
*UUUUR	DUUUU	UUURD	**Schubert** symphony/9 in C 'Great' 2m 2t D944
*UUUUR	RDDDU	UUR	**Mahler** symphony/2 in Cmi 2m 3t
*UUUUR	RDDUR	RDDUR	**Alfvén** Midsommarvarka (Swedish rhapsody) 2t
*UUUUR	RDURD	RRDRU	**Cimarosa** Il matrimonio segreto: overture 1t
*UUUUR	RDUUD	RRUDR	**Mozart** piano sonata/14 in Cmi K457 1m
*UUUUR	RRRRR	RRRRU	**Shostakovich** concerto for piano/trpt op35 4m 1t
*UUUUR	RRRRU	DRDDU	**Gerald Finzi** Dies Natalis/2 Rhapsody
*UUUUR	RRRUD	UDUDU	**Walton** Portsmouth Point overture 2t
*UUUUR	RRUDD	DUDDD	**Verdi** Ernani Act II: Vieni meco
*UUUUR	RUDDD	DDUUU	**Dvořák** Slavonic dances/15 op72/7 2t
*UUUUR	RUDDU	DDD	**Vaughan Williams** Flos campi 6m 1t
*UUUUR	RUDUD	UUDDU	**Bach** partita/3 solo violin in E: gavotte 2t
*UUUUR	RURRD	RRRUD	**Suppé** Die schöne Galathé: overture 2t [BWV1006
*UUUUR	RURRD	UDDD	**Poldini** Poupée valsante
*UUUUR	RUUUD	DDUDD	**Albinoni** oboe concerto op7/3 1m
*UUUUR	UDDUD	DUDUD	**Vaughan Williams** Sea symphony 1m: Token of all
*UUUUR	URUUD	DUDDD	**Richard Strauss** horn concerto/2 in E♭ rondo
			theme at fig 41
*UUUUR	UUUUD	DUDDD	**Viotti** violin concerto/22 Ami 1m 3t
*UUUUU	DDDDD	DDDDD	**Beethoven** sonata/4 cello/piano in C op102/1 1m
*UUUUU	DDDDD	DDDDD	**Shostakovich** quintet piano/strings op57 5m 1t(b)
*UUUUU	DDDDD	DDDDU	**Vaughan Williams** symphony/9 in Emi 1m 1t
*UUUUU	DDDDD	DDUUD	**Handel** sonata for flute/fig bass in C op1/7 4m
*UUUUU	DDDDD	DRU	**Schumann** Davidsbündler op6/5 piano
*UUUUU	DDDDD	DUDDD	**Schumann** string quartet in F op41/2 3m 1t
*UUUUU	DDDDD	DURUD	**Chopin** mazurka/23 op33/2
*UUUUU	DDDDD	DURUD	**Vaughan Williams** Linden Lea (song)
*UUUUU	DDDDD	DUUUU	**Chopin** waltz in A♭ op34/1 2t

*UUUUU	DDDDD	UD	**Dvořák** trio piano/vln/cello Emi op90 'Dumky' 3m 1t
*UUUUU	DDDDD	UDD	**Elgar** serenade for strings 1m 1t
*UUUUU	DDDDD	UDDDU	**Beethoven** trio for clar/cello/piano B♭ op11 3m
*UUUUU	DDDDD	UDUDU	**Haydn** horn concerto in D (1762) 1m
*UUUUU	DDDDD	UUUUD	**Mozart** serenade G K525 Eine kleine Nachtmusik
*UUUUU	DDDDR	DDDDU	**Weber** Invitation to the dance 1t [3m 2t
*UUUUU	DDDDR	DR	**Liszt** Hungarian rhapsody/14 in Fmi piano 1t
			(same theme used in the Hungarian fantasia)
*UUUUU	DDDDR	UUDDD	**Puccini** Tosca Act I: Qua l'occhio al mondo
*UUUUU	DDDDU	DUDUD	**Rachmaninov** piano concerto/2 in Cmi op18 1m 2t
*UUUUU	DDDDU	DUDUD	**Rachmaninov** waltz op10/2 piano
*UUUUU	DDDDU	DUDUU	**Beethoven** violin concerto in D op61 1m 2t
*UUUUU	DDDDU	DUDUU	**Cornelius** Weinachtslieder op8/2 Die Hirten
*UUUUU	DDDDU	DUUUD	**Vaughan Williams** London symphony 1m 5t
*UUUUU	DDDDU	RDUUU	**Sibelius** str quartet Dmi op56 'Voces intimae' 3m 1t(a)
*UUUUU	DDDDU	UDDUU	**Wagner** Das Rheingold: Entry of Gods to Valhalla
*UUUUU	DDDDU	UUUDD	**Lehar** Gold and silver waltz 1t [1t
*UUUUU	DDDRD	RDDUU	**Berlioz** Romeo et Juliette pt4: Invocation
*UUUUU	DDDRU	RDDUU	**Mendelssohn** string quartet/4 Emi op44/2 1m 1t
*UUUUU	DDDRU	UUUU	**Verdi** Il trovatore Act II: Perigliarti
*UUUUU	DDDUD	DDDUD	**Saint-Saëns** piano concerto/2 in Gmi op22 2m 1t
*UUUUU	DDDUD	DDUDD	**Sibelius** symphony/1 in Emi op39 1m 3t
*UUUUU	DDDUD	DUDDU	**Bach** concerto 2 violins in Dmi 1m BWV1043
*UUUUU	DDDUD	DUDDU	**Sibelius** En saga op9 4t
*UUUUU	DDDUD	UDDUD	**Mozart** str quartet/19 K465 'Dissonance' 3m 2t
*UUUUU	DDDUD	UDUDD	**Tchaikovsky** symphony/4 in Fmi 1m 2t
*UUUUU	DDDUD	UUUDD	**Handel** Messiah, Pastoral symphony
*UUUUU	DDDUD	UUUDR	**Stravinsky** Apollon Musagète: Pas de deux
*UUUUU	DDDUD	UUUUD	**Bach** Cantata/212 'Peasant'/6 Ach Herr Schösser
*UUUUU	DDDUD	UUUUD	**Beethoven** piano sonata/1 in Fmi op2/1 1m 1t
*UUUUU	DDDUD	UUUUU	**Chopin** nocturne/2 in E op62
*UUUUU	DDDUD	UUUUU	**Haydn** string quartet/82 in F op77/2 1m 2t
*UUUUU	DDDUR	DRDRD	**Beethoven** concerto violin/cello/piano/orch op56
*UUUUU	DDDUU	UDDDD	**Bach** St John Passion/7 Ich folge dir [3m
*UUUUU	DDDUU	UUDUD	**Nielsen** symph/3 'Sinfonia espansiva' 1m 1t
*UUUUU	DDDUU	UUUD	**Schumann** symphony/2 in C op61 4m 3t
*UUUUU	DDDUU	UUUDD	**Sullivan** The Gondoliers I: Thank you gallant
*UUUUU	DDDUU	UUUDD	**Delius** Irmelin: prelude
*UUUUU	DDRDD	DUUUU	**Delius** Walk to the Paradise Garden 2t
*UUUUU	DDRDD	RDDD	**Fauré** string quartet in Emi op121 1m 2t
*UUUUU	DDRDU	UUUUD	**Scriabin** étude in C♯mi op2/1 piano
*UUUUU	DDRDU	UUUUU	**Holst** The planets: Jupiter 2t
*UUUUU	DDRRD	RURDR	**Sullivan** The Mikado I: Young man despair
*UUUUU	DDRUU	UUUDD	**Britten** Simple symphony 1m Boisterous bourrée 2t
*UUUUU	DDRUU	UUUDD	**Tchaikovsky** symphony/5 in Emi op64 1m 2t
*UUUUU	DDUDD	DDU	**Sibelius** symphony/7 in C op105 6t
*UUUUU	DDUDD	DRDD	**Pachelbel** Was Gott tut (cantata)
*UUUUU	DDUDD	DUDDD	**Grieg** Norwegian melody op12/7 piano 2t
*UUUUU	DDUDD	RUDDD	**Wagner** Tannhäuser Act I: Als du im kühnen
*UUUUU	DDUDD	UDDUD	**Fauré** Sicilienne for cello/piano op78
*UUUUU	DDUDD	URDDU	**J Strauss Jr** Artist's life/1 2t
*UUUUU	DDUDD	UUUUU	**Dvořák** sonatina violin/piano in C 4m 3t
*UUUUU	DDUDD	UUUUU	**Mendelssohn** string quartet/4 Emi op44/2 4m 2t
*UUUUU	DDUDR	DUDUD	**Puccini** Tosca Act III: Amaro sol
*UUUUU	DDUDU	DDUUD	**Mozart** symphony/40 in Gmi K550 4m 1t
*UUUUU	DDUDU	DUDD	**Respighi** Fountains of Rome: Medici at sunset 1t
*UUUUU	DDUDU	DUDDU	**Grieg** Norwegian dances/1 op35 1t

*UUUUU	DDUDU	UD	**Saint-Saëns** cello concerto/1 Ami op33 3m 2t
*UUUUU	DDUDU	UUUUD	**Beethoven** piano sonata/5 in Cmi op10/1 3m 2t
*UUUUU	DDUDU	UUUUD	**Verdi** Don Carlos Act V: S'ancor si piange
*UUUUU	DDUDU	UUUUD	**Shostakovich** quintet piano/strings op57 5m 2t
*UUUUU	DDURU	DDRUU	**Lalo** cello concerto in Dmi 2m 2t
*UUUUU	DDUUD	DRDDD	**Mozart** piano concerto/20 in Dmi K466 3m 1t
*UUUUU	DDUUD	DUDDD	**Bizet** L'Arlésienne suite/1: overture 2t
*UUUUU	DDUUD	DUUDD	**J Strauss Jr** Treasure waltzes/4 2t
*UUUUU	DDUUU	UU	**Bruckner** symphony/4 in E♭ 1m 2t
*UUUUU	DDUUU	UUD	**Mozart** Figaro: overture 4t
*UUUUU	DDUUU	UUDUR	**Jean Françaix** piano concertino: finale
*UUUUU	DDUUU	UUUDD	**Beethoven** symphony/5 in Cmi 3m 1t
*UUUUU	DDUUU	UUUUD	**Vaughan Williams** sym/7 Sinfonia Antartica 1m
*UUUUU	DRDDD	DDDDU	**Massenet** Scènes pittoresques/1 4t
*UUUUU	DRDDD	UDU	**Beethoven** string quartet/14 C♯mi op131 7m 1t
*UUUUU	DRDDU	RRUDR	**Bellini** La Sonnambula: Ah! non crede
*UUUUU	DRDRR	RDUUD	**Beethoven** piano sonata/3 in C op2/3 1m 2t
*UUUUU	DRRDU	DDD	**Wagner** Die Meistersinger Act III: Verachtet nur
*UUUUU	DRRDU	DURRD	**Josquin des Prés** La déploration de Jehan Ockegehm
*UUUUU	DRRRR	RRRRR	**Verdi** Aida Act I: Ritorna vincitor!
*UUUUU	DRRRU	RRRUR	**Haydn** symphony/6 in D 2m intro
*UUUUU	DRRUD	DDUD	**Richard Strauss** Die Nacht (song) op10/3
*UUUUU	DRUDD	UUUUD	**Mozart** piano concerto/26 in D K537 1m 2t
*UUUUU	DRUUU		**Handel** sonata for flute/fig bass in Bmi op1/9 4m
*UUUUU	DU		**Brahms** symphony/4 in Emi op98 4m 1t
*UUUUU	DUDDD	DUDDD	**Bach** 2-part inventions/11 in Gmi Clavier BWV782
*UUUUU	DUDDD	DUDDD	**Vaughan Williams** symph/5 D 4m passacaglia 2t
*UUUUU	DUDDD	DUUUD	**Bach** 2-part inventions/4 in Dmi Clavier BWV775
*UUUUU	DUDDD	UDDDD	**Chopin** étude/9 in Fmi op10
*UUUUU	DUDDD	UDDDD	**Chopin** piano concerto/1 in Emi op11 2m 1t
*UUUUU	DUDDD	UDDDU	**Wagner** Götterdämmerung, Siegfried's Rhine journey
*UUUUU	DUDDD	UDDUU	**Shostakovich** concerto piano/trpt/orch 4m 4t　　[1t
*UUUUU	DUDDD	URUUD	**Vaughan Williams** Fantasia on Greensleeves: allegretto theme
*UUUUU	DUDDD	UUDDD	**Norman Cocker** Tuba tune for organ
*UUUUU	DUDDU	DDDDU	**Berlioz** Harold in Italy 1m 3t
*UUUUU	DUDDU	DDDUD	**Waldteufel** Ganz Allerliebst waltz 3t
*UUUUU	DUDDU	DDUDU	**Mozart** symphony/36 in C K425 'Linz' 1m 1t
*UUUUU	DUDDU	UUUD	**MacDowell** piano concerto/2 2m 3t
*UUUUU	DUDDU	UUUUD	**Josquin des Prés** La Bernadina
*UUUUU	DUDRU	UDUDD	**Jean Françaix** piano concertino 1m 1t
*UUUUU	DUDRU	UUUDD	**Schubert** symphony/5 in B♭ 2m 2t D485
*UUUUU	DUDUD	DUDRD	**Mozart** Vesperae solennes K339/5 Laudate dominum
*UUUUU	DUDUD	UDDUD	**Handel** concerto grosso in D op6/5 6m
*UUUUU	DUDUD	UDRRU	**J Strauss Jr** Tales of the Vienna Woods/2 2t
*UUUUU	DUDUD	UDRUD	**Elgar** Wand of youth suite/1 op1a: Sun dance
*UUUUU	DUDUD	UDUDR	**Grieg** string quartet in Gmi op27 4m 1t
*UUUUU	DUDUU	UUU	**Schubert** Sonata (Duo) violin/piano 2m D574
*UUUUU	DUDUU	UUUDU	**Beethoven** piano sonata/12 in A♭ op26 2m 1t
*UUUUU	DURDD	DUDUD	**Purcell** Dido & Aeneas: Haste, haste to town
*UUUUU	DURDU	RRD	**Puccini** La Bohème Act I: Si, mi chiamano Mimi
*UUUUU	DURRD	RRUUD	**Lortzing** Undine: overture 2t
*UUUUU	DURUD	DRUUD	**Wagner** Parsifal Act II: Im Lenz pflückt uns
*UUUUU	DURUU	URUDD	**Mahler** symphony/9 in D 3m 2t
*UUUUU	DURUU	URUUR	**Handel** sonata for violin/fig bass in F op1/12 3m
*UUUUU	DUUDD	DUDDU	**Vaughan Williams** London symphony 1m 4t(b)
*UUUUU	DUUDD	DUDUD	**Bach** English suite/4 in F prelude BWV809

*UUUUU	DUUDD	UDDDU	**Schumann** Papillons op7/2 piano
*UUUUU	DUUDU	DUUDD	**Bach** suite/2 flute/strings Bmi: bourrée BWV1067
*UUUUU	DUUDU	UR	**Beethoven** sonata/10 violin/piano in G op96 1m 2t
*UUUUU	DUUDU	UUDR	**Tchaikovsky** symphony/2 in Cmi op17 1m 3t(a)
*UUUUU	DUUDU	UUUUD	**Bruckner** symphony/3 in Dmi 3m 2t(a)
*UUUUU	DUURD	DDDDU	**Richard Strauss** Ein Heldenleben 1t
*UUUUU	DUURU	RRDRR	**Torelli** concerto/2 trumpet/str: allegro fig 31
*UUUUU	DUUUD	DUUUD	**MacDowell** Woodland sketches op51/4 In autumn, pft
*UUUUU	DUUUD	UDUDD	**Mahler** symphony/8/II Er überwächst uns schon
*UUUUU	DUUUD	UUUDD	**Elgar** cello concerto in Emi op85 3m
*UUUUU	DUUUU	DDUUU	**Handel** harpsichord suite/8 in G 5m minuet
*UUUUU	DUUUU	UDDDU	**Rachmaninov** suite/2 2 pianos 3m
*UUUUU	DUUUU	UDUDD	**Prokofiev** piano concerto/5 in G op55 3m 1t
*UUUUU	DUUUU	UDUUU	**Bach** Fantasia in G, organ 3m BWV572
*UUUUU	DUUUU	UDUUU	**Verdi** Aida Act I: Celeste Aida
*UUUUU	DUUUU	UDUUU	**Bruckner** symphony/9 in Dmi 2m 2t
*UUUUU	RDDDR	UDU	**Sullivan** The Gondoliers II: Take a pair of sparkling eyes
*UUUUU	RDDDU	DUUUD	**Chausson** quartet piano/strings in A op30 2m 1t
*UUUUU	RDDDU	RD	**Richard Strauss** Ein Heldenleben 2t(c)
*UUUUU	RDDRD	DDDUD	**Haydn** cello concerto in D 1m 2t
*UUUUU	RDDRU	URDD	**Beethoven** symphony/8 in F 3m 2t
*UUUUU	RDDUD	R	**Schumann** Ständchen (song) op36/2
*UUUUU	RDDUR	DDDD	**Saint-Saëns** Le rouet d'Omphale 2t
*UUUUU	RDRDR	DRDRD	**Grieg** Lyric suite op54/3 March of the dwarfs 1t
*UUUUU	RDUDD	UUDUD	**Verdi** La Traviata Act II: Matadors' chorus
*UUUUU	RDURD	UD	**Schumann** Davidsbündler op6/2 piano
*UUUUU	RDUUD	DDUDD	**Delibes** Naila valse: Pas des fleurs 2t
.*UUUUU	RDUUD	DDUDU	**Suppé** Light Cavalry overture 2t
*UUUUU	RDUUU	DUDUU	**Brahms** piano concerto/1 in Dmi op15 3m 1t
*UUUUU	RDUUU	RDUUU	**Brahms** string quartet in Cmi op51/1 1m 1t
*UUUUU	RRDUU	UUURR	**Verdi** Aida Act II: Vieni sul crin ti piovano
*UUUUU	RRRDD	DDDDD	**Bach** Magnificat in D/10 Suscepit Israel
*UUUUU	RRRDU	UDDDR	**Liszt** Transcendental étude/7 Eroica, piano
*UUUUU	RRRRD	U	**Mozart** symphony/34 in C K338 2m 1t
*UUUUU	RRRRR	RRRUD	**Bizet** L'Arlésienne suite/2: pastorale 2t
*UUUUU	RRRRR	UDDDR	**Rossini** Tancredi: overture 1t
*UUUUU	RRRRU	DDUUD	**Tchaikovsky** violin concerto in D op35 2m 1t
*UUUUU	RRRUD	DDDUU	**Sibelius** Karelia suite, orch 3m 2t
*UUUUU	RRRUD	RRDRR	**Waldteufel** Mein Traum waltz/2 2t
*UUUUU	RRURD	RDRRD	**Smetana** Ma Vlast (my country) 1t
*UUUUU	RUDD		**de Falla** 4 piezas españolas: Aragonesa
*UUUUU	RUDRU	DRDDU	**Fauré** Dolly suite op56 piano 4 hds: Miaou 2t
*UUUUU	RUDUD	RUDUD	**Rachmaninov** symphony/2 in Emi 4m 1t
*UUUUU	RUDUD	URUDU	**Britten** Fantasy (oboe) quartet op2 4t
*UUUUU	RUDUD	UURRD	**Walton** Façade suite/2: Old Sir Faulk
*UUUUU	RUDUU	UUDDD	**Holst** The planets op32: Uranus 3t
*UUUUU	RUUDD	DRDUU	**Richard Strauss** sonata violin/piano E♭ 1m 3t
*UUUUU	RUURD	DDDDD	**Mahler** Lieder eines f Gesellen/3 Ich hab' ein
*UUUUU	RUUUR	R	**Beethoven** sym/3 in E♭ 'Eroica' 1m 3t [glühend
*UUUUU	U		**Wagner** Das Rheingold: prelude
*UUUUU	UDDDD	DDDUD	**Ibert** Trois pièces brèves/3, wind quintet
*UUUUU	UDDDD	DDDUD	**Erik Satie** 3 morçeaux en forme de poire, piano: Manière de commencement
*UUUUU	UDDDD	DDU	**Saint-Saëns** Carnaval des animaux: Kangarous
*UUUUU	UDDDD	DDUUU	**Schumann** Papillons, op2/1 piano
*UUUUU	UDDDD	DDUUU	**Debussy** Arabesque/1 in E piano 1t(a)

*UUUUU UDDDD DUDUD **Honegger** piano concertino 3m 1t
*UUUUU UDDDD DUUD **Stravinsky** Apollon Musagète: Pas d'action 2t
*UUUUU UDDDD DUUDD **Scarlatti** harpsichord sonata Gmi 'Cat fugue' Kp30
*UUUUU UDDDD DUUUU **Delibes** Maids of Cadiz
*UUUUU UDDDD DUUUU **Humperdinck** Hansel & Gretel II: Ein Männlein steht
*UUUUU UDDDD RDUUD **Chopin** Ballade/3 op47 1t
*UUUUU UDDDD UDDUD **Lehar** The merry widow: Vilia waltz
*UUUUU UDDDD UDDUU **Wagner** Siegfried: Forest murmurs 3t
*UUUUU UDDDD UDUDU **Mahler** Das Lied von der Erde/3 Von der Jugend
*UUUUU UDDDD UDUUD **Britten** Young person's guide to the orchestra, variations (& fugue) on a theme of H Purcell
*UUUUU UDDDD UDUUU **Dvořák** Slavonic dances/10 op72/2 3t
*UUUUU UDDDD UU **Brahms** Ein deutsches Requiem: Der gerechten
*UUUUU UDDDD UUUUU **R Strauss** Der Bürger als Edelmann: Tailors 1t
*UUUUU UDDDR DDUDU **Offenbach** La belle Hélène Act II: entr'acte
*UUUUU UDDDU DDDDD **Schumann** Kreisleriana op16/8 piano
*UUUUU UDDDU DDUDD **Chabrier** España 5t
*UUUUU UDDDU DUDUD **Mendelssohn** string quartet/1 in Eb op12 2m
*UUUUU UDDDU UDUUU **Richard Strauss** Don Quixote 2t
*UUUUU UDDRD DRUDD **Mendelssohn** Songs without words/23 2t piano
*UUUUU UDDRD UDDDD **Verdi** I Vespri Siciliani: overture 1t
*UUUUU UDDUD DDD **MacDowell** piano concerto/2 3m 1t
*UUUUU UDDUD DDDDU **Beethoven** piano sonata/13 in Eb op27/1 2m 1t
*UUUUU UDDUD DDDDU **Mozart** Serenade in D K250 'Haffner' 4m 2t
*UUUUU UDDUD DDUDD **Bartok** theme from concerto for orchestra
*UUUUU UDDUD DDUUU **Mendelssohn** symphony/4 in A op90 'Italian' 4m 4t
*UUUUU UDDUD DUUD **Liszt** Hung'n rhapsody/9 Eb 'Carnival in Pesth' 1t
*UUUUU UDDUD RDDDD **Schumann** string quartet in A op41/3 3m 1t
*UUUUU UDDUD UDDU **Chopin** scherzo in E op54 2t
*UUUUU UDDUD UDDUD **Chopin** mazurka/38 op59/3
*UUUUU UDDUD UDUDD **Bach** Cantata/29 Wir danken dir/3 Hallelujah
*UUUUU UDDUR RDDDD **Dvořák** trio piano/vln/cello Emi op90 'Dumky' 4m 2t
*UUUUU UDDUU DDDDD **Brahms** Ein deutsches Requiem/4 Wie lieblich sind
*UUUUU UDDUU DDUUD **Mendelssohn** Midsummer night's dream: ov 4t(b)
*UUUUU UDDUU DUUDD **Brahms** quintet piano/strings in Fmi op34 3m 1t
*UUUUU UDDUU DUUDU **Brahms** Ständchen (song) op106/1
*UUUUU UDDUU UDD **Schumann** symphony/1 in Bb op38 'Spring' 4m 3t
*UUUUU UDDUU UUUUD **Schumann** string quartet in A op41/3 4m 2t
*UUUUU UDRDD DDUDD **Bach** St Matthew Passion/19 Ich will dir mein
*UUUUU UDRDD DUUD **Josef Suk** Serenade for strings in Eb op6 4m
*UUUUU UDRDR DDDUU **Hugo Wolf** Westöstliches Divan (song)
*UUUUU UDRRD D **Beethoven** Fidelio: Leonora overtures 2 & 3 3t
*UUUUU UDRRR RRDUD **Rossini** Il Signor Bruschino: overture 1t
*UUUUU UDRUD RR **Bizet** Carmen Act II: Chanson Bohème
*UUUUU UDRUU UDUDD **Wagner** A Faust overture 5t
*UUUUU UDRUU URRD **Bach** Well-tempered Clavier Bk II: prel/11 BWV873
*UUUUU UDUDD DDDDD **Handel** harpsichord suite/8 in G 6m gavotte
*UUUUU UDUDD DRRUU **Debussy** symphonic suite, Printemps 1m 2t
*UUUUU UDUDD DUDUD **Honegger** King David, symphonic psalm: 1m intro
*UUUUU UDUDD UDDUD **Debussy** Nocturnes, orch: Fêtes 1t
*UUUUU UDUDD UDDUU **Saint-Saëns** violin concerto/3 in Bmi op61 3m 1t(b)
*UUUUU UDUDD UDUDU **Wagner** Tannhäuser: Venusberg music 3t, overture 2t
*UUUUU UDUDD UUUUD **Saint-Saëns** Le rouet d'Omphale 1t
*UUUUU UDUDR DDR **Mahler** Des Knaben Wunderhorn: Lob des hohen
*UUUUU UDUDR DUDRD **Mussorgsky** Night on a bare mountain 4t
*UUUUU UDUDU DDDRR **Giles Farnaby** Fantasia (Fitzwilliam V B 208)
*UUUUU UDUDU DUDDU **Handel** concerto grosso in Gmi op3/2 3m

*UUUUU	UDUDU	DUDUD	**Haydn** string quartet/67 D op64 'The lark' 3m 2t
*UUUUU	UDUDU	DUDUU	**Richard Strauss** Ein Heldenleben 6t
*UUUUU	UDUDU	UDDUD	**Handel** sonata oboe or vln/fig bass in E op1/15 2m
*UUUUU	UDUDU	UDUDD	**Brahms** Capriccio in C♯mi op76/5 piano
*UUUUU	UDURR	RUDUU	**Handel** concerto grosso in F op3/4 2m
*UUUUU	UDUU		**Beethoven** string quartet/14 C♯mi op131 5m 2t
*UUUUU	UDUUD	DDDDD	**Bach** Partita/6 in Emi, Clavier: air BWV830
*UUUUU	UDUUD	UDDD	**Mozart** concerto 3 pianos/orch in F K242 3m
*UUUUU	UDUUU	UDUUU	**Malcolm Arnold** brass quintet 2m
*UUUUU	UDUUU	UUU	**Fauré** sonata for violin/piano in A op13 2m 1t(b)
*UUUUU	UDUUU	UUU	**Wagner** Götterdämmerung: Siegfried's Rhine journ-
*UUUUU	UDUUU	UUUDU	**Haydn** symphony/7 in C 2m [ney 4t
*UUUUU	UDUUU	UUUU	**Schubert** string quartet/10 in E♭ 4m D87
*UUUUU	UDUUU	UUUU	**Tchaikovsky** symphony/2 in Cmi op17 1t(b)
*UUUUU	UDUUU	UUUU	**Shostakovich** Three fantastic dances/2 op1 piano
*UUUUU	URDDU	UUDD	**Humperdinck** Hansel & Gretel: prelude to Act III
*UUUUU	URDRD	DRURD	**Grieg** Peer Gynt suite/2 4m Solveig's song 1t
*UUUUU	URDUD	RD	**Donizetti** La fille du Régiment I: Il faut partir
*UUUUU	URDUU		**Bach** sonata/5 violin/Clavier in Fmi 4m BWV1018
*UUUUU	URDUU	UUUUR	**Schubert** symphony/1 in D 1t(b) D82
*UUUUU	URRUU	DUDUD	**Shostakovich** quintet piano/str op57 1m (prel) 1t
*UUUUU	URUUD	DDU	**Tchaikovsky** 1812 overture 3t
*UUUUU	URUUU	UUUDD	**Beethoven** piano sonata/8 in Cmi op13 'Pathétique'
*UUUUU	UUDDD	DDD	**Mendelssohn** Songs without words/20 E♭ [1m 1t
*UUUUU	UUDDD	DDRRR	**Beethoven** Busslied (Gellert song) op48/6
*UUUUU	UUDDD	DDU	**Bizet** Carmen Act I Seguidilla: Près des remparts
*UUUUU	UUDDD	DUDUU	**Stravinsky** Petrushka: The merchant
*UUUUU	UUDDD	DUUUD	**Sibelius** En saga 6t
*UUUUU	UUDDD	RDRDU	**Liszt** Hungarian rhapsody/10 in E piano 1t
*UUUUU	UUDDD	RUUDD	**Sibelius** symphony/4 in Ami op63 4m 1t
*UUUUU	UUDDD	UDDDD	**Tchaikovsky** Nutcracker suite: Chinese dance
*UUUUU	UUDDD	UDUU	**Haydn** symphony/6 in D 4m
*UUUUU	UUDDD	URRDU	**Kodály** Galanta dances 1m
*UUUUU	UUDDD	UUUUU	**Grieg** string quartet in Gmi op27 2m 2t
*UUUUU	UUDDR	DDDU	**Mendelssohn** symph/5 D 'Reformation' op107 3m 3t
*UUUUU	UUDDR	UD	**Mozart** Deutsche Tänze/5 2t (Kanarienvogel) K600
*UUUUU	UUDDU	DDUDD	**Walton** Façade suite/1: Tarantella - Sevillana 2t
*UUUUU	UUDDU	UDDDD	**Beethoven** piano sonata/15 D 'Pastoral' op28 1m 2t
*UUUUU	UUDDU	UUDDD	**Tchaikovsky** piano concerto/2 in G op44 3m 1t
*UUUUU	UUDDU	UUUUD	**Beethoven** string quartet/4 in Cmi op18/4 3m
*UUUUU	UUDRR	UDURU	**Haydn** string quartet/75 in G op76 3m 2t
*UUUUU	UUDUD	DDUUU	**Beethoven** piano sonata Cmi op13 'Pathétique' 1m 2t
*UUUUU	UUDUD	DUDDD	**Haydn** symphony/101 in D 'Clock' 1m
*UUUUU	UUDUD	RUDUU	**Wagner** Der fliegende Holländer I: Sailors' song
*UUUUU	UUDUD	UDDD	**Puccini** La Bohème II: Una cuffietta [Mit Gewitter
*UUUUU	UUDUD	UDUDU	**Shostakovich** symphony/6 in Bmi op54 3m 2t
*UUUUU	UUDUU	DD	**Wagner** Siegfried: Forest murmurs 4t
*UUUUU	UUDUU	UDDUR	**Tchaikovsky** symphony/3 in D op29 5m 2t
*UUUUU	UUDUU	UDUUD	**Tchaikovsky** Serenade in C strings op48 2m 1t
*UUUUU	UUDUU	UUUUD	**Tchaikovsky** Queen of Spades II: Prince Yeletsky's
*UUUUU	UUDUU	UUUUU	**Fauré** quartet/1 piano/str Cmi op15 4m 1t [aria
*UUUUU	UURDD	DRDDD	**Schumann** quartet piano/strings in E♭ op47 1m 2t
*UUUUU	UURDR	URUDD	**Beethoven** symphony/1 in C 4m 1t
*UUUUU	UURRD	UUUUU	**Beethoven** Serenade in D flute/vln/vla op25:
*UUUUU	UURRR	RRRUD	**Sibelius** Karelia suite 3m 1t [allegro scherzando
*UUUUU	UURRR	RUUDD	**Schubert** symphony/3 in D 1m 2t D200
*UUUUU	UURUU	UDUUU	**Gounod** Faust Act V: ballet music 5t

*UUUUU	UUUDD	DDU	**Chopin** piano concerto/1 in Emi op11 1m 3t
*UUUUU	UUUDD	DUUD	**Brahms** symphony/1 in Cmi op68 1m intro(a2)
*UUUUU	UUUDD	DUUUU	**Beethoven** piano sonata/2 in A op2/2 4m 2t
*UUUUU	UUUDD	UUDDU	**Liszt** Hungarian rhapsody/4 in E♭ piano 2t
*UUUUU	UUUDD	UUDDU	**Mahler** symphony/2 1m 3t
*UUUUU	UUUDU	D	**Shostakovich** symphony/5 in Dmi op47 1m 1t(d)
*UUUUU	UUUDU	DRDUD	**Tchaikovsky** The seasons op37 piano/6 Barcarolle
*UUUUU	UUUDU	DUDRU	**Haydn** symphony/92 in G 4m [(June) 1t
*UUUUU	UUUDU	DUDUD	**Vaughan Williams** symphony/4 in Fmi 3m 1t
*UUUUU	UUUDU	DUDUD	**Shostakovich** symphony/7 2m 3t
*UUUUU	UUUDU	DUDUU	**Beethoven** piano sonata/22 in F op54 1m 1t
*UUUUU	UUUDU	DURDD	**Stravinsky** symphony in 3 movements 1m 1t
*UUUUU	UUUDU	DUUDU	**Poulenc** piano concerto 2m 2t
*UUUUU	UUUDU	UUDDD	**Sibelius** symphony/6 in Dmi op104 2m 3t
*UUUUU	UUURD	DDDUD	**Beethoven** string quartet/12 in E♭ op127 2m
*UUUUU	UUURD	UUDUU	**Bach** Well-tempered Clavier Bk II: prel/23 BWV892
*UUUUU	UUURR	RDDDD	**Haydn** symphony/101 in D 'Clock' 3m trio
*UUUUU	UUURU	DDDUU	**Bartok** Rhapsody/1 vln/orch 1m 1t (folk dances)
*UUUUU	UUURU	UDDUD	**Brahms** violin concerto in D op77 3m 2t
*UUUUU	UUUUD	DDRDD	**Dvořák** Slavonic dances/16 op72/8 2t
*UUUUU	UUUUD	DDUUD	**Verdi** Aida Act I: L'insana parola
*UUUUU	UUUUD	DUDUU	**Schumann** Vogel als Prophet op82/7 piano 1t
*UUUUU	UUUUD	DUUUU	**Prokofiev** violin concerto/1 2m 1t
*UUUUU	UUUUD	RRRDD	**Lalo** cello concerto in Dmi 3m
*UUUUU	UUUUD	UDDDU	**Tchaikovsky** Serenade in C for strings op48 3m 1t
*UUUUU	UUUUD	UDUDD	**Shostakovich** symphony/6 in Bmi op54 2m 2t
*UUUUU	UUUUR	DDUUU	**Mozart** string quintet/3 in C K515 1m
*UUUUU	UUUUU	DUUDU	**Bach** St John Passion/26 Eilt, eilt
*UUUUU	UUUUU	DUUDU	**Mendelssohn** piano concerto/1 in Gmi op25 1m intro
*UUUUU	UUUUU	DUUUU	**Schumann** quintet piano/strings in E♭ op44 3m 1t
*UUUUU	UUUUU	R	**Humperdinck** Königskinder: prelude 1t(b)
*UUUUU	UUUUU	U	**Borodin** symphony/2 in Bmi 2m 1t(a)
*UUUUU	UUUUU	U	**Sibelius** symphony/7 in C op105 1t
*UUUUU	UUUUU	UDRDU	**Schumann** symphony/2 in C op61 4m intro
*UUUUU	UUUUU	UDUDU	**Beethoven** piano sonata/10 in G op14/2 3m 1t
*UUUUU	UUUUU	UDUU	**Sibelius** symphony/4 in Ami op63 3m 2t
*UUUUU	UUUUU	URD	**Mendelssohn** symph/5 in D op107 'Reformation' 1m
*UUUUU	UUUUU	URRDD	**Ravel** Valses nobles et sentimentales/1 [intro
*UUUUU	UUUUU	URRRD	**Beethoven** piano sonata/2 in A op2/2 4m 1t
*UUUUU	UUUUU	UU	**Sibelius** Swan of Tuonela 1t(c)
*UUUUU	UUUUU	UUDDD	**Schubert** string quartet/9 in Gmi 1m D173
*UUUUU	UUUUU	UUUDD	**Haydn** symphony/91 in E♭ 1m
*UUUUU	UUUUU	UUUUR	**Liszt** Grand galop chromatique, piano 1t
*UUUUU	UUUUU	UUUUU	**Chopin** étude/2 in Ami op10
*UUUUU	UUUUU	UUUUU	**Rimsky-Korsakov** Antar symphony 1m intro 1t

Reader's Notes

Reader's Notes

Reader's Notes